창의와 도전을 향한

경영학의 이해

석 영 기

청목출판사

머리말

오늘날 세계경제의 패러다임은 생산성 기반에서 창의성 기반으로 바뀌고 있으며, 우리나라의 경우에는 선두주자를 따라잡는 패러다임에서 이제는 앞서가는 패러다임으로 기업환경이 변화하고 있다. 이런 환경 하에서 우리나라의 국가경쟁력을 제고하기 위해서는 창의적 사고에 기반하여 시장을 선도할 수 있는 고난도의 기술을 개발해야 하는 도전적 R&D가 요청되고 있다.

인간은 사회생활을 하면서 다양한 욕구를 성취하고자 최첨단의 과학기술이 반영된 재화와 서비스를 사용하여 건강하게 오랫동안 행복한 삶을 영위하고자 한다. 동시에 모든 사람들이 한마음 한뜻으로 골고루 잘 살기를 바란다. 경제사회에서 생산주체인 기업은 인간의 이와 같은 욕구를 파악하여 관련된 재화와 서비스를 효율적으로 제공하면서 성장하고 있다.

21세기로 들어서면서 기업경영환경은 정보화와 세계화에 더하여 4차 산업혁명의 바람이 매우 거세지면서 무국경 무한경쟁으로 가속화되고 있다. 이와 같은 환경에서 조직들이 직면하고 있는 상황은 이전과 비교해볼 때 그 양상이 큰 폭으로 또한 빠르게 변화되고 있으며, 기업들은 생존과 성장을 위해서 그야말로 전혀 새로운 차원의 창의적인 문제해결을 통한 경쟁력 제고가 요구되고 있다.

향후의 기업들은 조직 자체의 생존과 발전을 위한 변화요구, 소비자들의 다양한 욕구 변화, 정보통신기술을 활용한 생산·마케팅·인적자원 및 재무관리의 능력향상 요구, 규제완화에 따른 경쟁심화 등을 반영하는 새로운 경영이론과 혁신기법들을 능동적으로 받아들여야 할 것이다. 디지털화된 경영정보기술은 글로벌 시대를 살아가는 개인, 조직 및 국가에 있어서 가장 중요한 자원이며 경쟁우위를 확보할 수 있는 핵심역량이다.

이 책은 디지털화된 경영환경 속에서 조직이 영속기업(going concern)으로 발전하고 성장하는데 필수적인 이론과 기법들을 정리하여 소개하고자 한다. 이 책은 모두 14개의 단원으로 구성되어 있다.

제1부에서는 기업과 경영과 기업환경에 관한 기초적인 내용을 서술하며 3개

의 장으로 구성되어 있고, 제2부에서는 경영의 기본 과정(계획수립, 조직화, 지휘, 통제)을 다루며 4개의 장으로, 제3부에서는 경영의 주요한 기능(생산운영관리, 마케팅관리, 인적자원관리, 재무관리, MIS)을 다루며 5개의 장으로, 그리고 제4부에서는 기업의 성장과 지식경영에 관해서 2개의 장으로 설명하고 있다.

이 책은 경영학 전반에 관한 입문수준의 지식과 지혜를 배우려는 대학생들에게 초점이 맞춰져 있어서, 심도있는 이론의 전개는 줄이고 핵심이론을 중심으로 간결하게 정리하고자 하였다. 하지만 쉽게 기술한다고 하면서 어려운 내용이나 전문용어를 사용한 이유는 경영학도로서 반드시 익혀야 할 기본적인 지식을 터득해야 하기 때문이다. 그리고 매 단원의 말미에는 핵심이론에 연계된 사례를 소개하여 이론이 적용되는 방법을 이해할 수 있게 하였고, 핵심용어와 연습문제를 통해서 그 단원의 주요 내용을 복습할 수 있게 하였다.

이 책은 저자 혼자 썼지만, 그 내용은 경영학계의 많은 연구자들과 기업 현장의 경영자들의 산물이라고 판단된다. 지금까지 저에게 경영학적 사고방식을 심어주신 국내외 대학의 은사님들과 동료 교수님들께 진심으로 고마움을 전한다.

모든 일이 그러하듯이 이 책이 당초 의도대로 만족하게 준비되었다고 생각하지 않는다. 책을 쓴다는 것은 어쩌면 자신의 무지함을 공개적으로 밝히는 것인지도 모른다. 고객중심의 책이 될 수 있도록 노력을 하였지만, 내용상의 지적사항이 많을 수 있다. 표현의 한계나 오탈자로 인한 내용의 왜곡은 전적으로 저자 자신의 불찰이다. 미래의 대학생들이 더 나은 경영학의 기초를 다룬 책을 접할 수 있도록 독자 및 제현의 매서운 질책을 기다리며 이 책을 세상에 내놓는다.

이 책의 구상에서 출간에 이르기까지 많은 분들의 도움이 있었다. 이 책이 출간될 수 있도록 배려해 주신 청목출판사의 유성열 대표님, 심재국 상무이사님과 출판가족들에게 감사드린다. 그리고 저자가 이 자리까지 올 수 있도록 보이지 않는 곳에서 항상 보살펴주신 어머니, 또한 잘 따라 준 처와 자식들에게도 감사함을 전한다.

2019년 7월 하순, 3 · 1운동과 대한민국 임시정부수립 100주년을 기념하면서

석 영 기

차 례

제2부 경영의 기본과정

제3부 경영의 주요 기능

제1부

기업과 경영과 환경

제 1 장 기 업

1.1 기업의 개요

인간은 사회적 존재이다. 인간은 사회생활을 통해서 재화와 서비스를 사용하여 삶의 욕구를 충족하고 있다. 다양한 인간들로 구성된 우리 사회를 경제적 관점에서 살펴보면, 크게 가계와 기업과 정부로 구성되어 있다. 이 중에서 가계는 소비의 주체이며, 기업은 생산의 주체이다. 특히 기업은 인간의 삶에 필요한 재화와 서비스를 생산하고 판매하며 이윤을 추구하면서 사회발전의 직접적인 원동력이 되고 있다. 기업은 경영학의 연구대상인 조직으로, 다수의 사람들이 공동 목표를 달성하기 위하여 투입에 비해 보다 많은 산출을 생산한다는 경제성의 원칙에 입각하여 운영되는 유기적이고 영속적인 행동의 집합체로 정의할 수 있다.

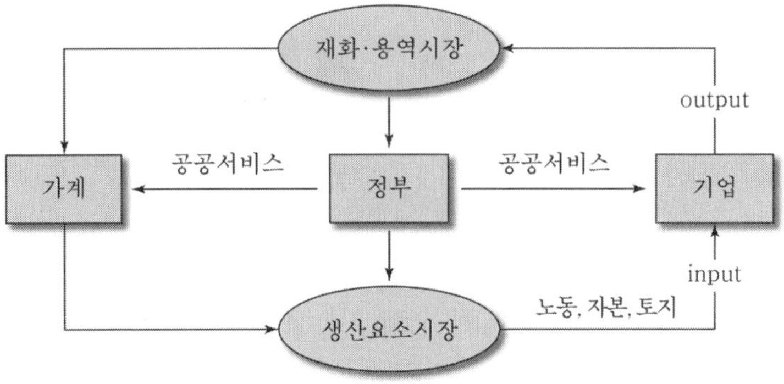

[그림 1-1] 경제주체의 구성과 순환

기업의 기본목적(goal)은 고객만족(customer satisfaction)을 통한 주주 부의 극대화(maximization of shareholder wealth)라고 정의할 수 있다. 기업경영의 목적이란 기업의 '존재이유(raison d'etre)'를 말하는 것으로, 기업체가 가장 우선시하는 가치와 기업이 원하는 행동방향을 기업구성원들에게 제시해 주는 것이다.

드럭커(P. F. Drucker)는 1954년의 저서에서 "기업의 유일한 목적은 고객을 창조하는 것"이라고 말하고 있다. 기업이란 결국 고객이 원하는 것을 알아내어 그들을 최대한으로 만족시키는 것이 기업의 사명이어야 한다고 지적한 것이다. 현대의 세계적 기업들은 모두 '고객만족(customer satisfaction)'을 최우선적인 기업가치로 내세우고 있는데, 그런 추세는 국가를 초월하여 21세기에 들어와서도 지속될 것으로 예상된다.

다른 한편, 기업의 주인은 주주이므로 기업체는 당연히 주주의 이익을 최우선적으로 생각하여야 할 것이다. 실제로 미국 기업의 경우 예나 지금이나 철저하게 '주주 부(富)의 극대화(maximization of shareholder's wealth)'를 신성불가침의 원리로 삼아왔고, 그것은 새로운 천년의 시점에서도 세계적 패러다임으로 자리를 잡아가고 있다.

드럭커의 지적처럼, 고객을 위하고 사회번영을 추구하는 행위가 바로 그 기업의 성장과 발전을 꾀하는 것으로, 기업체가 생산하는 상품을 고객이 원하지 않으면 아무런 의미가 없으므로 기업이 창조하는 가치는 모두 고객으로부터 나온다. 고객이 없으면 기업이 생존할 수 없고 그들을 최대한 섬기는 것이 기업을 번성하게 하는 지름길이다. 기업이 번창한다는 것은 바로 주주가 원하는 것이다. 주주가 없으면 기업이 존재할 수 없는 것은 엄연한 현실이지만 기업이 고객만족을 최우선으로 내세워도 주주와의 이해상충은 일어나지 않는 것이다. 정리해서 말하면, 기업경영의 목적은 '주주의 이익'임이 분명하지만 그것을 달성하기 위한 가장 효과적인 수단이 바로 '고객만족'이라고 할 수 있다.

기업에 관한 관점은 우리 사회의 환경이 변화함에 따라 생산 중심적 개념에서 마케팅 중심적 개념으로, 나아가 인간 중심적 개념으로 변천하고 있다.

가. 생산 중심적 개념

산업화의 초기에는 공급보다 수요가 많은 상태여서 수요충족을 위한 대량생산에 관심이 많던 시기로, 균일한 품질의 제품을 반복적으로 생산하는 표준화와 대량생산을 통한 경제성 추구에 초점이 맞춰졌다. 생산중심적인 기업은 제품생산의 효율성을 높이고 유통망을 확보하는 데 노력을 집중한다. 이런 상황에서는 제품의 정확한 규격이나 품질보다는 판매할 제품의 확보가 우선이어서 기업의 입장에서는 생산성 향상, 생산량 증대, 유통망 확대 등을 위해 우선적으로 노력하게 된다. Taylor의 과학적 관리법과 Ford 자동차의 이동조립법 등이 대표적인 사례라고 할 수 있다.

나. 마케팅 중심적 개념

소비자들의 소득증가와 취향의 다양화로, 기업의 입장은 소비자들의 다양한 욕구를 충족시키기 위해 신제품의 개발과 차별화로 경쟁력을 제고시키는 것이 요청되었다. 기업이 생산한 제품이나 서비스가 가치가 있더라도 팔리지 않으면 기업은 결국 문을 닫을 수밖에 없다. 따라서 기업은 고객의 필요와 욕구를 파악하고 이에 맞춘 제품이나 서비스를 경쟁사보다 더 효과적·효율적으로 제공해서 고객만족을 통한 이윤창출을 할 수 있다. 기업은 활동의 중심을 고객에 두어야 장기적 존속과 성장이 가능하다. Drucker는 기업을 '고객을 창출하는 존재'라고 정의하였다.

다. 인간 중심적 개념

토플러(A. Toffler)는 산업사회가 정보화 사회로 전환하는 과정에서 기업의 환경이 변화함에 따라 기업의 미래도 변화한다고 예측하였다. 기존의 산업사회에서는 기업은 건물과 공장을 자산으로 활용하여 인적 및 물적 자원을 투입하여 이윤을 창출하였다고 한다면, 미래의 지식정보화사회에서는 사람들이 창조적인 두뇌활동을 하여 새로운 아이디어를 제시하고 이를 바탕으로 가치를 창출할 것이다. 따라서 건물과 공장을 대신해서 인간이 이윤창출에 가장 중요한 자산이 될 것이므로, 기업의 사명은 사람의 능력을 개발하는 것이어야 한다.

1.2 기업의 역할

기업이 우리 사회에서 하는 활동을 한마디로 정의하기란 쉽지 않다. 기업이란 소비자들이 생활에서 필요로 하는 재화와 서비스를 생산하기 위해 자원을 투입하고 변환시키고, 시장을 통해서 판매하여, 이윤을 추구하는 경제주체이다. 그리고 기업은 사회의 한 구성원으로 존재하고 있어서 기업은 사회의 발전을 위해 적극적인 역할을 해야 한다.

가. 생산활동의 주체

기업은 사회에서 필요로 하는 재화와 서비스를 경제적으로 생산하여 공급하는 핵심적인 경제주체의 하나이다. 기업의 생산활동은 기본적으로 인간의 의식주를 해결하고, 나아가 삶의 질을 제고시키는 역할을 한다.

기업의 형태와 규모는 매우 다양하지만, 간단히 포스코나 삼성전자와 같은 주식회사 형태를 띤 대기업과 편의점, 약국, 세탁소 등과 같은 소규모 기업을 연상할 수 있다. 그리고 우리나라와 일본의 경우 기업집단(그룹)이 있어서 일단의 기업이 그룹본부의 통제에 따라 일사불란하게 운영되는 것을 흔히 보게 된다. 이 경우에는 법률상으로 독립된 기업이라도 실제운영에 있어서는 그 독립성이 제한된다. 이 모든 형태와 규모의 기업은 영리를 목적으로 운영된다고 할 수 있다.

좀더 범위를 넓혀 영리를 목적으로 하지 않는 조직인 정부기관, 학교, 군대, 교회, 협회 등도 기업의 행동원리에 입각해서 분석할 수 있다. 이러한 조직은 명시적으로 이윤극대화를 추구하지는 않지만, 영리활동을 하는 기업과 마찬가지로 내부운영의 합리화와 적정수준의 재화나 서비스 생산에 관심을 갖고 있다.

이 책에서 기업이라고 할 때는 우선 영리활동을 추구하는 주식회사 형태의 기업을 의미에 두고 관련 내용을 전개하기로 한다.

나. 자원의 효율적 배분주체

기업의 역할을 경제학의 기본주제인 자원배분과 연관시켜 생각해 볼 때, 자본주의사회의 특징은 분업(division)과 전문화에 의한 특화(specialization)이다. 각각의 경제주체는 효용충족을 위해 자신의 생산물을 타인에게 제공하고 타인의 생산물을 획득하여 소비해야 한다. 이것이 교환(exchange)이다. 이 교환에서 초과공급이나 초과수요가 이루어지지 않거나 이런 상황이 쉽게 해소되도록 하기 위해서는 조정(coordination)이 필요하다.

이 조정장치로는 시장과 조직(기업)이 존재한다. 시장을 통한 조정의 예로는 우리 주변의 농산물시장을 보자. 여름철에는 수박, 참외 등과 같은 농산물이 많이 거래된다. 여기서 생산자는 자신의 판단에 따라 호박, 오이, 토마토 등과 같은 농산물의 생산보다는 수박을 생산한 것이다. 다시 말하면 수박농사가 다른 작물보다 더 많은 이익이 예상되어 독자적 판단으로 수박의 공급을 결정한 것이다. 시장에 참여하는 소비자도 누구의 지시에 의해서가 아니라 자신의 판단에 따라 쌀이나 쇠고기 또는 토마토의 소비를 줄이고 과일 소비를 택한 것이다. 이처럼 시장을 통한 조정에서는 시장참여자 스스로의 판단에 따라 공급과 수요의 결정이 이루어진다.

조직을 통한 조정의 방법은 이와 다르다. 어떤 기업에서 부서 A는 봄옷을, 부서 B는 겨울옷을 생산하는데 두 부서에 각각 15명의 직원이 배치되어 있다고 하자. 봄철이 다가와서 봄옷에 대한 수요증가가 예상되어 부서 B의 직원 중 5명을 부서 A로 배치하는 결정을 했다고 하자. 이런 배치전환은 5명의 종업원이 스스로 결정한 것이 아니라 기업주의 계획과 명령에 따라서 이루어진 것이다. 이런 점에서 시장을 통한 조정에 비하여 조직을 통한 조정은 차이가 있다.

이처럼 조직에서의 중요한 자원은 개인이 마음대로 쓸 수 있는 것이 아니라, 조직구조상의 위계의 라인을 따라 보다 많은 이익이 예상되는 부분으로 자원배분이 된다. 일반적으로 직위가 높은 사람은 낮은 사람보다 자원배분에 관해 더 많은 권한을 갖고 있고, 하급자는 상급자가 승인하여 준 자원을 받아서 일을 하게 된다.

시장을 통한 조정을 할 수 있음에도 조직을 통한 조정을 선호하는 이유는 거래비용(transaction cost)의 절감을 통해서 경영효율이 높아질 수 있기 때문이다. 거래비용이란 거래에서 발생하는 비용으로, 계약을 체결하는데 소요되는 사전적 비용과 계약을 이행하도록 하는데 소요되는 사후적 비용으로 구성된다. 사전적 비용은 구매하려는 제품이나 서비스의 성능과 품질을 확인하는데 필요한 정보비용과 거래가 성립될 때까지의 협상에 들어가는 협상비용으로 구성된다. 사후적 비용은 감시비용과 계약유지비용으로 구성된다.

일반적으로 정보비용이 상대적으로 낮고 감시비용이 상대적으로 높을수록 시장에 의한 조정의 거래비용이 낮고, 정보비용이 상대적으로 높고 감시비용이 상대적으로 낮을수록 기업에 의한 조정의 거래비용이 낮다. 예컨대, 유능한 종업원(전문직이나 관리직)을 선발하는 비용은 많지만, 이들은 자발적으로 열심히 일하는 경향이 있어서 감시비용이 상대적으로 낮은 편이어서 조직(기업)을 통한 조정이 유리하다. 단순한 작업을 담당할 종업원의 선발하는 경우, 정보비용보다 감시비용이 많이 발생할 수 있어서 시장을 통한 조정이 유리하다.

기업을 통한 조정은 관리비용이 발생하지만, 이를 상쇄하고도 거래비용이 절약되어 경영효율이 높아지기 때문이다. 따라서 기업이라는 전문조직을 활용하여 경영효율을 높일 수 있어서 자본주의사회에서는 기업이라는 조직의 탄생이 필수불가결한 것으로 인식하고 있다.

다. 이윤추구의 자본구성체

기업은 이윤획득을 목적으로 하는 영리경제주체이다. 기업은 자본을 투하하여 지속적으로 경영활동을 수행하는 계속기업(going concern)으로 존재하게 되며, 경제적 자원을 효과적이고 효율적으로 활용하여 우리 사회가 필요로 하는 재화와 서비스를 생산하고 가치와 효용을 창출하는 과정을 통해서 보다 많은 이윤을 획득하려고 노력한다. 만약 기업이 이러한 역할을 제대로 수행하지 못할 경우 생존에 필요한 이익을 창출하지 못하게 된다. 자본주의가 발전하면 발전할수록 이러한 현상은 더 강하게 나타날 것이다. 기업의 이윤은 다음과 같이 나타낼 수 있다.

이윤(profit) = 수익(revenue) - 비용(cost)

여기서 이윤은 수익을 얻기 위해 자원을 배분하는 투입(input)과 그 결과로 나타나는 산출(output)과의 차액이며, 경영자가 중심이 되어 종업원과의 협력을 통해 위험부담을 줄이고 혁신을 이룩한 대가로 얻게 되는 사회적 보수(rewards)라고 할 수 있다. 이러한 이윤의 실현은 불확실하고 변동적인 경영환경을 경영자가 정확하게 예측하고 이를 바탕으로 불특정 다수의 소비자 욕구를 충족하기 위해 생산기능을 혁신적으로 수행하는지 여부에 따라 달라질 수 있다. 따라서 실패한 경우에는 손실이 발생할 수 있다.

기업이 취할 수 있는 이윤의 유형에는 최저소요이윤(minimum required profit)과 적정이윤(reasonable profit)이 있다. 최저소요이윤은 기업이 존속하는데 최소한으로 필요하며 사회적으로 용인될 수 있는 이윤을 의미하며, 미래비용·사회비용·미래 확장대비비용 등이 포함된다. 기업은 최저소요이윤을 초과하여 공정한 방법으로 이윤극대화를 추구해야 한다. 하지만 이윤극대화는 사회적인 반발을 초래할 수 있어서 기업을 다음과 같은 사유로 적정이윤을 추구하게 된다.

* 기업의 장기적인 존속과 유지.
* 잠재적 경쟁자의 시장진입에 대한 억제.
* 독과점 규제의 회피.
* 안전한 노동환경 유지.
* 기업윤리의 준수

라. 사회적 책임 주체

오늘날 기업의 사회적 역할에 관심이 증대하고 있다. 기업은 우리 사회의 한 구성원으로, 사회가 있기에 기업이 존재하는 만큼 기업은 사회의 발전을 위해 전향적으로 역할을 해야 한다. 기업의 외부에는 소비자(고객), 경쟁자, 공급자(거래회사), 금융기관, 지역사회, 국가 등의 이해관계자 집단(interest group)이 있으며. 기업의 내부에는 주주, 채권자, 경영자, 종업원, 노동조합 등의 이해관계자가 있다. 기업은 조직 내외부의 이해관계자와 지속적으로 상호작용을 하면서 이윤창출활동을 한다. 기업은 사회구성원들 간의 이해관계를 조정하면서 사회적 역할을 수행해야 한다. 기업은 이윤을 추구하는 존재이면서 동시에 사회적 책임을 다하는 존재이다. 따라서 기업은 사회로부터 획득한 이윤을 어떠한 형태로든 사회에 환원하려고 노력할 때 기업의 사회적 책임(corporate social responsibility; CSR)을 이행한다고 할 수 있다. 국제표준화기구(international standardization organization; ISO)에서는 기업의 사회적 책임에 관한 국제기준으로 ISO26000을 2010년 11월에 제정하여 지침을 포괄적으로 제공하고 있다.

기업은 우리 사회가 사용권한을 준 유한한 자원을 사용하여 사회를 경제적으로 부강하게 만들고 사회구성원의 소득수준, 지적수준 및 생활의 질을 향상시켜야 한다는 것이다. 기업의 경영자는 자기의 이익에만 초점을 맞추어 기업활동을 전개해서는 안되며, 성공적인 기업이 되려면 이해관계자 간의 상호 조화와 조정이 무엇보다 중요하다.

기업의 이러한 이해 조정을 위하여 일차적으로 필요한 것은 기업의 경영상태와 성과에 관한 정보를 정확하게 밝히는 일이다. 기업경영의 투명성이 강조되고, 공인회계사를 통하여 기업 활동에 관한 회계처리를 감사하게 하고, 증권시장에서 주식이 거래되는 상장회사의 정보공시를 엄격히 규정하고, 기업집단에 대해서는 결합재무제표를 작성하게 하는 이유도 바로 여기에 있다.

1.3 기업의 형태

기업의 형태란 기업의 종류를 말하는 것으로 기업의 활동에 활용되는 생산수단의 소유와 지배에 관한 구조적 관계를 나타내는 것이다. 기업형태는 창업과정과 향후 기업의 성장 및 발전에 중요한 영향을 미치기 때문에 명확히 하는 것이 필요하다.

기업은 출자자, 소유와 지배, 법률 규정, 기업규모, 업종 등에 따라 다음과 같이 분류된다.

① 기업의 출자자의 성격에 따라 공기업(정부나 공공단체에서 출자; 석유개발공사, 산업은행, KOTRA 등), 사기업(민간부문에서 출자; 현대자동차, 삼성전자, NHN 등) 및 공사공동기업(정부와 민간이 공동출자; 강원랜드, 증권거래소 등)으로,

② 소유와 지배를 중심으로 개인기업, 인적 공동기업(합명회사, 합자회사, 유한회사 등) 및 자본적 공동기업(주식회사, 협동조합)으로,

③ 법률상의 규정에 따라 합명회사, 합자회사, 유한회사, 주식회사 등으로,

④ 기업규모의 크기(자본액, 판매액, 종업원수 등)에 따라 대기업, 중기업 및 소기업으로,

⑤ 기업이 영업활동영역에 따라 공업, 상업, 광업, 금융업, 통신업 등으로 구분될 수 있다.

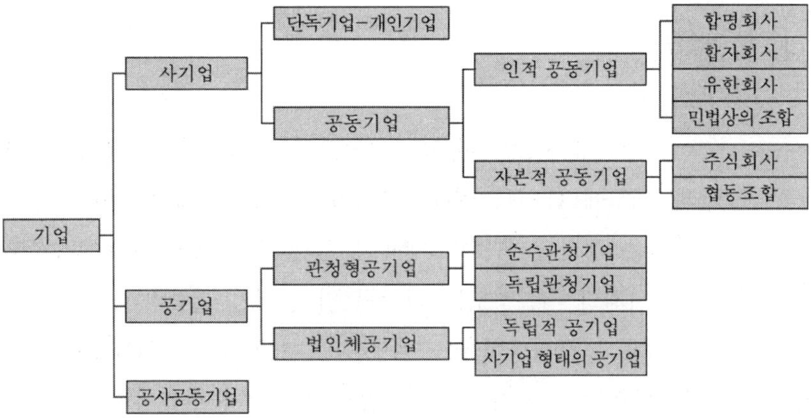

[그림 1-2] 기업의 형태

가. 개인기업

개인기업은 한 사람에 의해서 출자하여 지배하며, 경영상의 모든 위험과 손실을 부담하며, 이윤이 독점되는 기업이다. 이는 도소매상, 음식점, 제과점, 약국 등과 같은 소규모의 사업에는 알맞으나, 대규모의 자본을 필요로 하는 사업에는 부적당하다.

개인기업은 ① 기업의 설립과 청산이 용이하고, ② 의사결정이 신속하고, ③ 이윤획득과 위험부담이 개인에 속하므로 전력적인 경영활동이 가능하고, ④ 기업의 비밀유지가 가능하다는 점에서 유리하다.

그러나 ① 자본조달에 한계가 있고, ② 기업의 채무에 대한 무한책임을 져야 하며, ③ 개인의 사업능력에 한계가 있고, ④ 기업의 존속여부가 개인에 의해 결정되어서 영속성이 결여될 수 있으며, ⑤ 우리나라의 경우, 법률과 세제 측면에서 법인을 우대하고 있어서 개인기업이 불리하다고 할 수 있다.

나. 합명회사

합명회사는 2인 이상의 공동으로 출자하여, 각 사원이 회사의 경영과 채무에 대하여 연대무한책임을 지는 기업형태이다. 합명회사의 각 사원은 정관에 특별한 내용이 없는 한 전원이 회사의 경영에 참여하며, 사원의 지분양도는 전 사원의 동의가 필요하다.

사원의 출자방법에는 재무출자(현금, 채무, 현물출자), 노무출자(정신적 또는 육체적 노무 제공), 신용출자(사원이름의 상호사용) 등이 있다.

합명회사는 공동경영과 무한책임을 부담하기 때문에 신뢰관계가 높은 사람들(친척이나 친구 등)에 의해 조직되는 경향이 있다. 특히 설비투자를 필요로 하지 않는 서비스업(법무법인, 회계법인 등)에서 많이 이용되고 있는 형태이다.

합명회사의 장단점은 개인기업과 비슷하나, 개인기업의 단점 중 자본조달의 제약이나 개인의 경영능력한계 등의 문제가 약간 개선되었다는 점이 다르다고 할 수 있다.

다. 합자회사

합자회사는 출자와 업무집행을 담당하는 1인 이상의 무한책임사원과 출자만을 하는 1인 이상의 유한책임사원으로 구성된다. 무한책임사원이 그 지분을 양도하고자 할 때에는 전사원의 동의가 필요하지만, 유한책임사원의 경우에는 무한책임사원의 동의만을 필요로 한다.

합자회사는 출자액만큼 책임을 지는 유한책임사원의 참가할 수 있기 때문에 합명회사보다 다양하게 자본을 조달할 수 있는 장점이 있지만, 지분양도가 쉽지 않고 대중적·개방적으로 기업자본을 조달할 수 없다는 단점이 있다. 합자회사는 경영능력은 있으나 자본이 부족한 기업가와 반대로 자본은 있으나 경영능력이 없는 자본가가 결합하기에 적합한 기업형태라고 할 수 있다.

라. 유한회사

기업이 합명회사와 같이 무한책임사원만으로 구성되면 채권자 보호에는 유익하지만 출자자에 대한 무한책임은 사원들에게 지나친 부담이 되고 있다. 따라서 유한회사는 출자자의 이러한 불편을 덜고 또한 가족기업과 같은 소규모 기업의 유지 성장을 위해서 고안된 기업형태라고 할 수 있다.

유한회사는 출자액을 한도로 하여 기업채무에 대한 유한책임을 갖는 2인 이상 50인 이하로 한정된 유한책임사원만으로 구성된 회사이다. 사원은 출자에 비례한 지분을 받으며, 지분의 타인 양도는 사원총회의 승인을 받아야 한다.

유한회사의 기관에는 이사, 감사 및 사원총회가 있다. 이사는 회사의 운영에 관한 권한과 책임을 갖는데, 이사는 사원총회에서 선출된다. 감사는 법정 필수기관이 아니고 설치여부는 사원총회의 의결에 따르는 임의기관이다. 사원총회는 주식회사의 주주총회와 같은 회사의 최고의사결정기관이며, 의결권 행사는 소유지분에 따라 1구좌 1표로 하고 있다.

유한회사는 기업공개의 의무나 재무제표의 공시의무가 없고, 그 설립절차가 주식회사에 비해 간편하다는 장점이 있으나, 지분양도의 제한, 조직의 폐쇄성, 대중적·개방적 자본조달의 어려움과 같은 단점이 있다. 중소기업의 경영에 많이 이용된다.

마. 주식회사

1) 주식회사의 의의

자본적 공동기업으로서의 주식회사는 오늘날 가장 대표적인 기업형태이며, 경영학의 주요한 학문적 연구대상이 되고 있다. 유한회사 같은 인적 공동기업은 개인기업보다 많은 자본을 조달할 수는 있었으나, 지분양도의 제약 때문에 충분한 자본을 조달할 수는 없었다. 그러나 주식회사에서는 이러한 단점을 보완하여 출자지분을 주식이라는 소액 분할증권으로 발행하여 불특정다수로부터 대규모의 자본조달과 기업규모의 대형화가 가능하다.

2) 주식회사의 특징

① **자본의 증권화**; 일반적으로 기업경영자는 기업활동에 필요한 자본이 안정적이며 영구적인 자본으로 활용되기를 원하지만, 투자가는 투하자본이 영구적으로 고정되는 것을 원하지 않는다. 이와 같은 상호배반적인 양측의 요구를 충족시키기 위해 고안된 것이 자본의 증권화제도이다.

주식회사는 자본금을 조달할 때, 출자지분을 나타내는 주식을 소액으로 균등 분할(우리나라의 경우 1주당 액면가는 100원 이상)하여 매각한다. 이와 같은 주식을 매입한 주주는 출자자로서의 권한(주주권; 의결권, 배당청구권, 잔여재산분배청구권)을 갖는다.

주식은 소액의 증권으로 분할되어 거래되기 때문에 적은 자금을 갖고 있는 수많은 투자자가 주식을 쉽게 매입할 수 있다. 그리고 경영자가 원하는 영구자본의 이용과 투자자가 원하는 자유로운 지분양도 가능성 때문에 거액의 자본조달이 가능하다고 할 수 있다.

② **유한책임제도**; 회사의 모든 주주는 기업경영실패에 따른 자본손

실을 자신이 출자한 자본의 한도 내에서만 채무변제의 책임을 진다. 즉 유한책임에 따라 주주의 재산과 회사의 재산이 구별되므로 주주는 회사의 채무에 대해서 개인재산으로 이를 책임질 필요가 없어진다. 따라서 투자자는 개인기업이나 합명회사의 경우와 같은 무한책임의 부담이 없이 안심하고 투자할 수 있다.

③ **소유와 경영의 분리**; 주식회사의 주주는 다수이기 때문에 모든 주주가 경영에 참여할 수 없는 실정이다. 너무 많은 주주에 의한 기업의 경영은 '배가 산으로 가는' 것처럼 신속하고 통일된 의사결정을 할 수 없게 된다. 특히 기업규모의 대형화, 그에 따른 경영의 복잡화, 주주성격의 변화 등에 따라 주식회사의 입장에서는 주식을 전혀 소유하고 있지 않더라도 경영능력이 뛰어난 전문경영자에게 기업 경영을 의뢰하는 것이 가능하게 되었다.

3) 주식회사의 기관

① **주주총회**; 회사의 주요 안건을 처리하는 최고의사결정기관으로 주주들은 1주당 1의결권을 가지며, 주주총회에서는 정관의 변경, 자본의 증감, 영업의 양도와 양수, 합병과 인수, 이사·감사 등의 임면, 주식배당, 재무제표의 승인 등에 관한 사항을 결정한다. 주주총회는 매결산기에 정기적으로 소집되는 정기총회와 필요에 따라 수시로 소집되는 임시총회로 구분된다.

② **이사회**; 주주총회로부터 경영에 관한 모든 권한을 위임받아 회사의 업무집행을 결정하는 상설기관이다. 이사회는 주주총회에서 선임된 3인 이상의 이사로 구성되며, 그 임기는 3년이며, 대기업에서는 주로 전문경영자를 의미한다. 그리고 이사 중에서 대외적으로 회사를 대표하고 대내적으로 업무를 집행하는 대표이사를 선임한다.

③ **감사**; 감사는 회사의 회계장부와 업무를 감사하며, 주주총회에서 선임하며, 그 임기는 2년이다. 감사는 직무집행상 전문적인 지식과 경

험이 필요하여 상법에서는 감사의 직무권한을 확대하고 감사의 법적 지위를 강화하고 있다.

바. 공기업

공기업이란 국가 또는 지방자치단체가 소유와 경영의 주체가 되어 재화나 용역을 공급하는 기업형태로, 사회의 공공복지를 증진하기 위해 정부가 직·간접적으로 투자해 소유권을 갖거나 통제권을 행사하는 기업을 말한다. 공기업과 사기업 모두 수익성을 요소로 하는 점은 같으나 사기업에서 맡을 수 없는 사회공공의 복리향상이라는 공공성이 요구된다는 점에서 공기업은 본질적으로 사기업과 구분된다. 공기업은 국가의 재정수입의 확보, 독점 방지, 사회적인 공공이익을 위하여 국가나 지방자치단체가 직접 출자하고 운영하는 기업이다. 국민생활의 편의와 공공의 이익을 도모하기 위해 전화, 우편, 전기, 가스, 철도, 수도, 도로, 항만, 공항, 조폐 등의 공익사업분야에서 설립되어 운영된다.

공기업은 조직 형태에 따라 정부부처형·주식회사형·공사형 공기업으로, 운영 주체에 따라 국가 공기업과 지방 공기업으로 구분된다. 정부부처형 공기업은 우리나라의 현행 법률에서 '정부기업'이라고 부르는 행정부의 부처와 같은 조직 형태를 지닌 공기업이다. 주식회사형 공기업은 상법 또는 특별법에 의해 설립되고 정부가 그 기업의 주식을 전부 또는 일부를 소유하는 형태의 공기업이다. 공사형 공기업은 자본금 전액이 정부로부터 출자되고 독립적인 특수법인의 형태를 지니는 공기업이다.

국가 공기업은 공공성 및 기업성의 정도에 따라 시장형 공기업·준시장형 공기업·기금관리형 준정부기관·위탁집행형 준정부기관·기타 공공기관 등으로 구분된다. 지방 공기업은 지방자치단체가 직접 설치하거나 법인을 설립하여 경영하는 기업으로, 지방자치단체가 직접 운영하는 지방 직영기업과 지방자치단체가 법인을 설립하여 간접적으로

운영하는 지방공사 및 지방공단 등이 있다.

사. 협동조합

협동조합은 소규모의 생산자와 소비자가 서로 협동하여 판매, 구매, 제조 등을 시행하는 단체로, 경제적 · 사회적 약자들이 뜻을 같이하여 자신들의 지위 향상과 권익 옹호를 목적으로 만든 자발적 · 민주적 · 자율적 경제조직이다. 경제활동의 목적이 조합의 이윤 추구에 있지 않고 조합원에게 봉사하는 데 있어서 주식회사와 구별된다. 농산품의 가공과 판매, 다양한 장비와 원자재의 구매, 도 · 소매업, 발전소, 은행업, 주택건설업 등의 다양한 분야에서 성공적으로 운영되어 왔다. 소매 협동조합의 수익은 대개 일정기간의 구매량을 기준으로 책정된 배당금 형태로 소비자에게 주어진다.

1.4 기업의 행동기준

기업의 행동기준이란 기업 및 그 구성원이 경영활동을 수행하면서 준수해야 할 기본적인 행동원리 및 기준을 의미한다. 이런 기준들은 절대적이거나 불변적인 것은 아니지만, 기업경영의 목적을 달성하는데 판단근거가 되는 필요한 개념들로 인식되고 있다. 이와 관련된 것으로는 효과성과 효율성, 수익성, 경제성, 생산성 등이 있다. 그중에서 효과성과 효율성을 정확하게 이해하는 것이 필요하다.

가. 효과성과 효율성

효과성과 효율성의 차이를 정확하게 구별하는 것은 대단히 중요한 일이다. 효과성(effectiveness; 유효성)은 기업목표의 달성 정도를 말한다. 목표에 가장 근접하거나 그 이상으로 달성할수록 효과성이 높다고 한다. 예를 들면, 설사환자가 약을 복용한 후 설사가 멈췄다면, '그 약은 효과가 있다.'고 할 수 있다.

효율성(efficiency; 능률성)은 생산과정에서 투입요소와 산출의 비율로 정의되는데, 이 비율이 높을수록 기업경영활동은 효율적이라고 할 수 있다. 이와 반대로 생산과정에서 투입자원이 낭비되거나 많이 활용되지 못할수록 경영활동은 비효율적으로 된다.

적은 투입으로 많은 산출물을 만들어내는 효율성도 분명 필요하지만, 그러나 하지 말아야 할 일을 열심히 하는 것은 효율성은 높일지라도 효과성 관점에서는 문제가 크다. 따라서 올바른 방향이나 올바른 과업을 찾아내는 일, 즉 효과성이 효율성보다 늘 앞서야 하는 이유다. "Do the right thing"이 효과성이고, "Do things right"이 효율성입니다. 성공적인 기업의 경우에는 효과성이 있고 효율성도 높다고 할 수 있다.

나. 수익성

수익성(profitability)이란 자본주의 경제체제 하에서 기업이 최대이윤을 얻고자 행동하는 원리를 말한다. 이는 자본에 대한 이윤의 관계로서 이윤극대화의 원칙과 직결되고 있다. 자본에 비해 이윤이 클수록 수익성이 좋다고 할 수 있다. 수익성의 추구는 기업의 경영활동을 합리화하고 동기부여를 해줄 뿐만 아니라 기업의 성장을 가능하게 한다. 수익성 원칙만을 추구하면 전체 경제적 측면에서 불평등을 심화할 가능성이 있다. 수익성을 수식으로 표현하면 다음과 같다.

$$수익성 = \frac{수익}{자본} = \frac{이윤}{투입자본}$$

다. 경제성

경제성(economic principles)이란 최소의 비용(희생)으로 최대의 효과를 달성하는 것을 의미한다. 이는 수익성과 같이 화폐적 가치에 의해 판단하지 않고, 투입된 모든 재화 및 서비스와 이로부터 산출된 성과와의 비율로서 판단하는 넓은 의미의 개념이다. 이는 기업의 사회적 책임(적정수준을 초과하는 수익의 사회 환원)을 대변하는 지표이다. 투입가치는 투입요소의 소비와 관련된 비용이고, 산출가치는 목적이나 성과와 관련된 수익이다. 따라서 경제성은 성과극대화의 원칙, 최대효과의 원칙 또는 수단극소화의 원칙이라고도 한다.

$$\text{경제성} = \frac{\text{목표}}{\text{수단}} = \frac{\text{성과}}{\text{희생}} = \frac{\text{효과}}{\text{비용}}$$

라. 생산성

생산성(productivity)이란 생산활동의 성과를 나타내는 지표로, 얼마의 노력으로 어느 정도의 생산을 달성하였는가를 나타낸다. 기업활동의 능률 및 업적을 측정·평가하여 생산성 변동의 원인을 찾아내고 생산된 성과를 합리적으로 배분하기 위한 척도(경영합리화의 척도)이다. 생산성은 생산요소의 투입량(inputs)에 대한 산출량(outputs)의 비율로 측정된다.

$$\text{생산성} = \frac{\text{산출량}}{\text{투입량}}$$

1.5 기업의 사회적 책임과 기업윤리

가. 기업의 사회적 책임

기업의 사회적 책임(corporate social responsibility; CSR)이란 사회가 있기에 기업이 있는 만큼 기업은 사회를 위해 봉사해야 한다는 것으로 사회를 위해 봉사하면 자연히 기업성과가 좋아진다는 것이다. 기업은 사회의 선도자임과 동시에 사회가 사용권한을 준 자원을 가지고 있는 만큼 유한한 자원을 사용하여 사회를 경제적으로 부강하게 만들고 사회구성원의 소득수준, 지적수준 및 생활의 질을 향상시켜야 한다는 것이다.

기업의 사회적 책임에 대한 논쟁은 크게 두 가지로 구분된다. 하나는 기업은 자산의 집합체이며 이것을 운영하는 경영진의 책임은 합법성의 테두리 내에서 주주의 이익을 극대화하는 것이라고 보는 주주 이론이다. 이에 대해 기업은 사회 제도의 일부분이므로 기업의 책임은 주주뿐만 아니라 기업이 영향을 미치는 모든 이해 관계자의 이익을 포괄해야 한다고 보는 이해 관계자 이론이 있다. 이는 "기업과 사회의 적절한 관계가 무엇인가?"라는 질문으로 요약된다. 주주 이론을 주장하는 학파는 기업이 최소한의 도덕적 제약과 법의 테두리 내에서 이윤을 극대화할 의무가 있다고 주장하는 반면, 이해 관계자 이론의 입장을 취하는 학파는 기업에는 사회에 대한 광범위한 의무가 있다고 주장한다.

회사를 경영하는 경영자는 자기의 이익에 초점을 맞추어 경영해서는 안되며, 다른 특정 집단 이익만을 우선하고 그 외 집단의 이익을 무시하는 방식으로 경영하면 회사가 발전하기 어렵다. 따라서 성공적인 회사경영이 되려면 위에서 본 이해집단 간의 상호 조화와 이를 위한 조정이 무엇보다 중요하다.

회사의 이러한 이해 조정을 위하여 일차적으로 필요한 것은 회사경영상태에 관한 정보를 정확하게 밝히는 일이다. 기업경영의 투명성이 강조되고, 이를 위해서는 공인회계사를 통하여 회계처리의 정확성을 감사하게 하고, 증권시장에서 주식이 거래되는 상장회사의 정보공시를 엄격히 규정하고, 기업집단에 대해서는 결합재무제표를 작성하게 하는 이유도 바로 여기에 있다.

국제표준화기구에서는 2010년 11월에 ISO26000을 발표하여 기업의 사회적 책임에 관한 국제표준을 제정하였다. 이는 사회의 모든 조직이나 기업이 의사결정 및 활동 등을 할 때 소속된 사회에 이익이 될 수 있도록 하는 책임을 규정한 것이다. 사회적 책임활동을 얼마나 잘하고 있는지를 검증할 수 있는 글로벌 점검 기준이다. 산업계, 정부, 소비자, 노동계, 비정부기구(NGO) 등 7개 경제 주체를 대상으로 지배구조, 인권, 노동관행, 환경, 공정거래, 소비자 이슈, 공동체 참여 및 개발 등 7대 의제를 사회적 책임 이슈로 규정하고 이에 대한 3백여 개의 실행지침과 권고 사항을 담고 있다. 이 조항은 강제 조항은 아니나 제품이나 서비스처럼 국제 인증을 받을 필요가 없으나 새로운 '무역장벽'이 될 가능성이 높다. 변화하는 경제구조에서 기업의 사회적 책임은 선택이 아니라 기업 생존의 필수조건으로 바뀌고 있다.

나. 기업윤리

기업윤리(business ethics)는 기업체가 하지 말아야 할 행위와 관련된 개념으로 기업이 사회구성원과 약속한 것이라면 반드시 지켜야 한다는 것이다. 기업의 목표인 이윤추구를 너무 강조하다 보면 자칫 수단의 합법성이나 방법의 도덕성을 무시할 수 있는데 이런 비윤리적인 행위(환경오염, 뇌물공여 등)는 이사회가 철저히 막아야 한다는 것이다.

전략적 의미에서 기업윤리를 강조하는 이유는 ① 사람들은 기본적으로 타고난 윤리의식이 있으므로 기업윤리가 확실한 기업은 유능한 인재의 확보와 그들의 충성심을 기대할 수 있다. ② 기업윤리에 충실한 기업은 고객과 사회에 좋은 이미지를 심을 수 있어서 장기적으로 더 나은 성과를 기대할 수 있다. ③ 정보화 사회에서 기업에 대한 사회적 감시기능 강화로 비윤리적인 기업에 대한 징벌이 엄중해지고 있으므로 부적절한 기업행위에 따른 원가상승을 예방할 수 있다.

기업과 그 구성원은 상호작용을 하며 서로 의존하고 있다. 최근에 수많은 기업비리 사건들이 터진 가장 큰 이유는 기업의 조직구성원 개개인이 다른 기업의 조직구성원들보다 덜 윤리적이기보다는 오히려 개개인이 윤리적으로 행동할 수 있는 도덕적이고 윤리적 기업문화를 개발하는데 관심과 자원을 투자하지 못했기 때문일 것이다. 기업이 윤리적 문화를 개발해야 하는 이유는 다음과 같이 제시될 수 있다.

첫째, 비윤리적 기업행위는 반드시 엄청난 위험과 비용을 수반한다는 사실이다. 최근 거대기업들은 기업에 부정적 결과를 초래할지도 모르는 상황에 대응하는 위기관리(risk management)를 새로운 업무로 추가하고 있는데 그 가운데서도 잠재적 위기에 대한 사전적 처방에 더 많은 관심을 보이고 있다.

둘째, 조직의 윤리적 건강을 유지함으로써 비윤리적 기업행위에 대한 예방을 하고 개인의 인격을 강화하고 지원할 수 있기 때문이다. 궁극적으로 기업의 윤리적 경영문화 정착은 내부구성원의 근무태도에 영향을 미쳐 생산성 향상, 품질제고, 고객만족과 가치 증대와 같은 전사적 품질경영(total quality management)을 가능케 함으로써 기업의 경쟁력을 높여준다.

셋째, 시장경제체제의 틀 안에서 기업이 효율적으로 활동하자면 일정한 제약조건 하에서 자기 이익을 추구하는 기업시민으로서 책임 있는 윤리적 행동을 수행해야 한다. 그렇지 않을 경우, 시장실패를 유발하여 정부의 시장개입을 자초하게 된다.

실제로 윤리적 기업에 투자하는 것이 투자수익률이 더 높다는 것이 실증적으로 증명되기도 했다. '사회책임투자'(Socially Responsible Investing: SRI)이론에서는 다우존스지수(Dow Jones Industrial Average: DJIA)가 1976~1989년의 13년 간 174% 증가하였는데, 여기에 비해 '윤리적인 기업' 30개를 선정하여 조사한 '착한 기업 산업지수'(Good Money Industrial Average)는 같은 기간 동안 무려 647%나 증가하였다고 한다. 또한 대기업 및 중소기업 1,000개 중에서 윤리수준이 높은 400개 회사를 선정하여 작성한 평균주가지수인 '사회지수'와 S&P사 선정 500개 회사의 평균지수를 1983~1988년 사이 비교한 결과, 1983년에 1,000달러를 투자하였다면 사회지수 수익률은 164.7%이었는데 비해 S&P 500개 회사의 투자수익률은 101.7%이었다고 한다. 이렇게 기업이 윤리수준을 높이 유지하면 기업외부와 기업내부의 두 방면에 영향을 미쳐 기업이익에 기여한다.

그러나 항상 윤리적인 기업만이 사업에 성공한다는 논리는 오해의 소지와 위험이 도사리고 있다. 그렇다고 해서 윤리적인 기업이 사업에 성공하기 어렵다는 말은 아니다. 대부분의 윤리적인 기업이 사업에도 성공하고 있다. 그러나 윤리적인 기업활동이 항상 기업의 최선책일 수는 없으며 또한 경기가 좋지 않거나 어려운 상황에 부딪혔을 경우 윤리와 기업의 이익이 상충될 때 어떠한 윤리 프로그램도 실패할 수밖에 없을 것이다. 그러므로 우리가 기업윤리를 진작시키려고 할 때에는 윤리적 기업이라야 사업에 성공할 수 있다는 논리를 내세우기보다는 근본적으로 기업이 모든 거래행위에 있어 도덕적·윤리적으로 행동해야 할 책임을 지고 있다는 논리가 합당하다. 사업활동을 해 나가는 데에는 윤리적 행위에 대한 비용이 들기 마련이고 그 비용을 지불할 준비가 되어 있어야 된다는 말이다. 그리고 그 비용이 어떤 경우에 있어서 아주 비쌀 때가 있더라도 이것은 우리가 개인과 기업의 신의 성실, 즉 인격을 지켜 나갈 때 마땅히 지불해야 하는 비용인 것이다.

전국경제인연합회(2002c)에서 매출액 500대 기업을 대상으로 한 2002년 기업윤리 실태조사 결과에 따르면, 설문에 응한 292개 사의 95.9%가 윤리경영이 필요하며, 필요 이유로는 사회적 책임(69.1%), 수익성 및 생존전략(28.5%) 등으로 나타나 윤리경영이 주요한 경영 전략의 하나로 간주되어 가고 있는 것으로 조사되었다. 이 보고서에 따르면 조사에 응한 기업 중 49.7%가 기업윤리 헌장을 보유하고 있는 것으로 나타나 지난 99년의 21.8%, 2001년의 45.2%에 비해 꾸준한 증가 추세를 보이고 있다. 특히 30대 기업집단의 경우 99년의 33.3%, 2001년의 69.4%에 이어 2002년에는 76.3%로 나타나 대기업을 중심으로 윤리경영이 빠른 속도로 확산되고 있는 것으로 나타났다.

최근 기업윤리에 관한 관심이 고조되고 윤리경영이 확산되고 있는 이유는 첫째, 기업활동에 대한 사회의 신뢰도가 낮아졌다는 점을 들 수 있고, 둘째, 작업환경이나 공해 등에 대하여 '삶의 질'을 강조하는 사회분위기를 꼽을 수 있다. 셋째, 기업과 임직원이 법에 어긋나는 행위를 했을 경우 부과되는 형벌이 날이 갈수록 무거워지고 있다는 점에서 찾을 수 있다. 넷째, 특정 이익집단, 예를 들어 소비자 단체의 영향력이 커지는 것도 하나의 이유이다. 다섯째, 현대사회에서 언론의 위력이 커지면서 기업의 긍정적인 행위에 대한 광고효과가 높다는 것도 기업들이 기업윤리에 관심을 기울이는 또 하나의 이유이다. 기업의 윤리적인 행위가 기업의 이익과 연결되는 것이다. 여섯째, 앞의 이유들과 모두 관련된 것으로 기업의 목표가 바뀌었다는 점을 들 수 있다. 이전에는 단기적 이익을 중요시했지만 새로운 사회분위기에서는 장기적인 이익극대화를 추구하는 쪽으로 기업의 목표가 바뀌면서 기업윤리에 대한 관심이 높아지고 있다. 일곱째, 국내외적 기업경영 환경이 변화했기 때문이다. 90년대 중반이후 미국 등 선진국들이 주축이 되어 국제경제기구에서 '국제간 거래에서 건전하고 투명한 경쟁'을 추진하는 '부패방지라운드'를 추진하여 왔고, 우리나라에서도 1999년 '국제상거래뇌물방지법'을 제정 · 시행하고 있다.

다. 기업문화

어느 사회나 조직이건 독특한 문화가 있다. 기업체마다 기업문화가 있음은 당연하다. 기업문화(corporate culture)란 기업의 구성원인 경영자와 종업원들이 공유하는 가치관, 신념, 이념, 습관, 규범, 전통 및 지식과 기술을 모두 포함하는 종합적인 체계를 말하며, 구성원들의 의사결정과 행동에 영향을 미친다. 종업원들로 하여금 경영자가 원하는 성과를 올리게 하는 데에는 다양한 제도적 장치를 도입하여 강제하는 방법도 있지만, 바람직한 기업문화를 통하여 자율적으로 일하게 하는 방법도 있다. 기업은 성장함에 따라 사내·외적으로 작용하는 문화기능이 변화하게 되어 이에 적응할 수 있는 새로운 기업문화를 규정할 필요가 있다.

기업문화는 궁극적으로 최고경영자의 철학에 따라 좌우된다고 할 수 있다. 경영자의 철학에 따라 기업의 목적과 목표가 정해지고, 그것을 달성하기 위한 수단의 윤리성이 결정되며, 그런 것들이 지속될 때 기업문화로 자리를 잡게 된다. 하지만 기업을 경영하는 과정에서 경영철학이 바뀔 수도 있고, 후임 최고경영자의 철학이 전임자와 다를 수도 있어서, 이와 같은 철학의 변경은 역으로 기업문화의 영향을 받을 수도 있다.

기업문화는 기업이념, 경영이념, 경영철학, 기업정신, 기업목표, 사훈, 사시(社是), 기업상(像)이란 용어와 혼동되기도 하나 기업문화는 이런 것들을 포함하는 광의의 뜻으로 쓰인다. CI(corporate identity)나 기업 광고 등이 기업 이미지를 심어주는 수단이라는 점에서 기업문화와 연관을 갖는다. CI는 자기기업의 사회에 대한 사명, 역할, 비전 등을 명확히 하여 기업 이미지나 행동을 하나로 통일시키는 역할을 한다. 사외적으로는 동일 회사의 것인가 아닌가를 상대에게 식별시키고, 사내적으로는 기업의 존재의의를 인식시킨다. 즉 시각을 통하여 기업 이미지의 통일화를 꾀하는 것으로 1950년대 IBM이 근대적인 CI 개념을 도입해 회사의 마크와 쇼룸의 인테리어, 편지지, 봉투에 이르기까지 모든 아이템을 통일적으로 디자인하여 주목을 끌었는데, 이같은 IBM의 성공에 자극 받아 세계적으로 급속히 확산되었다. 여기에는 VI(visual identity, 시각 이미지 통일), BI(behavioral identity, 행동양식 통일), MI(mind identity, 심리 통일) 등이 있다.

[사례 1-1] 효과성과 효율성 - TOEFL 유학준비

효과성(effectiveness)과 효율성(efficiency)은 비슷해 보이지만 다르다. '효과성이 있다.'는 것은 어떤 일을 하면서 그 '목적'에 부합한다는 것이고, '효율성이 있다.'는 것은 일의 목적과는 상관없이 경제적이고 능률적인 것을 말한다. 즉 효과성은 '방향성'과 관련이 깊고 효율성은 '힘'과 관련이 있다. 그렇다면 가장 어리석인 행동은 무엇일까? 바로 효과성은 없는데 효율성만 높은 것이다. 화살이 과녁에서 벗어났을 경우, 날아가는 속도와 강도가 강할수록 목적지에서 더욱 멀어질 뿐이다.

나는 대학교 시절 유학을 가고자 토플공부를 했다. 지금 학생들이야 초등학교부터 영어교육을 받으니 영어듣기나 회화를 잘하겠지만 내가 대학에 다닐 때만 해도 영어를 유창하게 듣고 말하는 이는 별로 없었다. 나도 전형적인 한국식 영어교육을 받은 학생이어서 문법과 어휘와 독해는 어느 정도 했지만 듣기와 말하기는 별로였다. 당시에 토플에서는 말하기 문제는 없고 듣기 문제만 있었는데, 내가 토플에서 원하는 점수를 얻기 위해서는 꼭 넘어야 할 산이 듣기시험이었다. 그래서 듣기에 좀더 심혈을 기울여서 준비했지만 좀처럼 실력이 늘지 않았다. 아니 정확하게 말하면 실력이 늘 만큼 노력하지 않았다. 조급증에 시달린 나는 2~3주 해보고 '나는 영어 듣기가 안 되는 인간이구나.'라고 결론을 내렸다. 그러나 유학을 가기 위해서 토플점수는 꼭 필요했다. 그래서 이른바 쪽집게 족보를 보기 시작했다. 당시 토플 시험 커뮤니티에 가면 특히 듣기 문제를 풀었던 이들이 기억을 더듬어 정보를 올려주었고, 사이트의 주인장이 모아 잘 정리해 족보로 만들었다. 족보는 한글로 되어 있었는데 나는 열심히 읽어 답을 달달 외웠다.

몇 개월 후 원하는 점수를 얻었다. 하지만 과연 내게 남은 것은 무엇일까? 매일 족보를 열심히 읽었지만 남은 것은 아무것도 없었다. 토플을 준비하는 궁극적인 이유는 외국에서 수업을 원활하게 듣고 학교생활을 잘 할 수 있는 영어실력을 기르기 위한 것이다. 하지만 나는 효율성만 생각한 나머지 영어공부를 하지 않고 족보만 외웠다. 내가 쏜 화살은 족보를 열심히 읽을수록 더 엉뚱한 곳으로 날아가고 있었던 것이다.

현대 경영의 대가인 Peter Drucker는 "하지 않아도 될 일을 효율적으로 하는 것만큼 쓸모없는 것은 없다."라고 말했다.

요즘 세상은 '효율성'을 무척이나 강조하다 보니 목적에 부합하는 행동이 아니라 어설픈 편법을 쓰게 된다. 족보를 보며 벼락치기 공부를 하고, 철근도 제대로 넣지 않은 겉만 번지르르한 건물을 짓고 일이 여의치 않으면 땜질로 처리해 버린다. 그림을 크게 보면 어리석고 엉뚱한 짓인데도 말이다.

[사례 1-2] 기업의 사회적 책임 - 경동나비엔

가정용 보일러나 온수기 같은 생활에너지기기 전문업체인 경동나비엔은 '따뜻한 세상을 만드는 기업'이라는 모티브를 정하여 사회공헌 활동을 하고 있다. 경동나비엔의 홈페이지를 접속하게 되면, 사회공헌이라는 항목이 있다. 보일러를 만드는 기업답게 따뜻함을 강조하고 있는 것을 볼 수 있다.

경동나비엔은 우선 해비타트 최장수 후원사로, 해비타트 운동의 참여를 통해서 소외계층에 가정용 보일러를 지원하면서 따뜻한 겨울을 지낼 수 있게 도와주고 있다. 무엇보다 겨울철 차가운 바닥에서 생활을 하게 되면 각종 병에 걸릴 확률이 높은데 보일러를 지원하면서 안정적인 주거생활을 할 수 있도록 돕고 있는 것이 인상적이다. 또 수해지역 복구활동, 환경보호와 자원의 합리적 사용을 위한 연구활동, 출판사업을 통한 도시환경개선활동 등을 적극 지원하고 있다.

마지막으로 경동나비엔 CEO의 인사말에도 가장 먼저 강조한 것이 사회공헌 실천이다.

핵심용어

기업	시장을 통한 조정	기업을 통한 조정	적정이윤
최저소요이윤	개인기업	합명회사	합자회사
유한회사	주식회사	자본의 증권화	유한책임제도
효과성	효율성	수익성	소유와 경영의 분리
경제성	생산성	기업의 사회적 책임	기업윤리
기업문화	CI(corporate identity)	거래비용	

연 습 문 제

1. 기업의 주요한 역할을 설명하시오.

2. 기업의 형태를 정리하고, 그 핵심적 특징을 비교하시오.

3. 효과성과 효율성의 개념을 정리하고, 생활 속에서 적용할 수 있는 사례를 제시하시오.

4. 기업을 통한 조정이 왜 필요한가?

5. 주식회사의 특징을 설명하시오.

6. 주식회사가 다른 형태의 기업에 비해 갖는 장단점을 설명하시오.

7. 기업의 사회적 책임이 왜 필요한가?

제 2 장 경 영

2.1 경영과 경영자

가. 경영의 개요

1) 경영의 정의

경영(management)이란 조직체가 목적을 설정하여 달성하는 것과 관련된 의사결정 과정을 의미한다. 2인 이상으로 구성된 조직체에서 공동으로 설정한 목적을 효과적이고 효율적으로 달성하고자 한정된 자원을 유기적으로 변환하는 것과 관련된 의사결정이라고 말할 수 있다. 따라서 기업은 외형적으로 나타나는 조직체(하드웨어)로 파악할 때, 경영은 기업조직의 목적달성을 위한 방안(소프트웨어)으로 이해할 수 있다.

경영의 주된 관심은 개별경제주체 중에서 특히 영리추구를 목적으로 활동하는 생산주체인 기업에 있다. 기업에 대한 종합적인 이해와 기업 활동의 수행방식에 관한 행동원리를 종합 과학적 입장에서 다루어 이를 하나의 지식체계로 정리한 것으로서, 일반적으로 경영을 말할 때는 기업경영을 의미하고 있다. 조직의 목적달성에 필요한 보편적 활동으로 경영을 언급하고 있는데, 이는 학교, 군대, 종교단체와 같은 비영리조직의 활동(학교경영, 군부대경영, 교회경영, 지방자치단체 경영 등)에도 일상적으로 사용되며 경영의 개념이 확대되고 있다.

우리는 경영을 구성하는 요소들을 시스템으로 설명할 수 있다. 경영은 하나의 시스템으로서 기업조직은 내부 환경과 외부 환경으로부터 투입된 자원을 관리기능과 조직 활동을 통한 변환과정을 거쳐 다양한 형태의 성과를 산출한다.

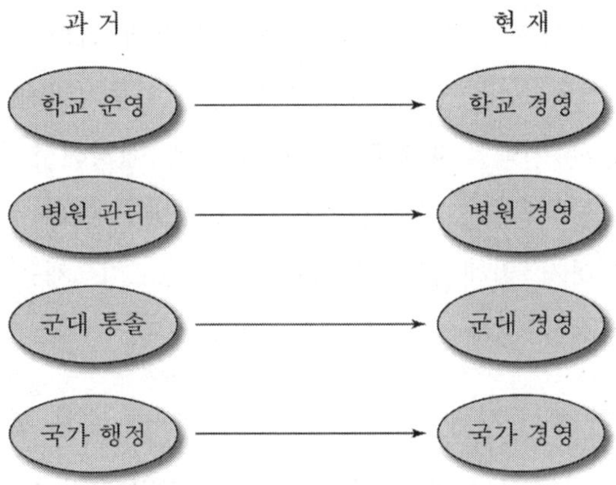

[그림 2-1] 비영리조직의 경영활동

2) 경영과정과 경영기능

경영과정(management process)이란 조직의 목적 달성을 위해 필요한 활동으로, 계획수립(planning), 조직화(organizing), 지휘(directing)와 통제(controlling) 활동으로 구성된다. 경영기능(management function)이란 조직의 목적을 달성하기 위한 조직 내의 부문별 활동으로, 생산과 마케팅의 기본적 활동과 인적자원 · 재무 · 정보(회계와 경영) 등의 지원적 활동을 말한다.

3) 경영자원

경영자원이란 경영활동에 필요한 자원으로, 제품이나 서비스 같은 최종산출물의 생산에 소요되는 여러 종류의 투입요소를 의미한다. 이에는 인적 자원(노동력), 물적 자원(토지, 자본, 기술), 정보 등이 있다. 이와 같은 자원은 사용에 제약이 있어서 한정된 자원은 사회의 이익을 위해 사용해야 하는 것이 생산주체인 기업의 경영에 중요하다.

(1) 인적 자원

경영목표를 달성하기 투입하는 경영자원으로 인적자원(노동력)을 들 수 있다. 이는 노동집약적인 기업은 물론이고 자동화설비를 갖춘 자본집약적 기업에서도 노동력이 필요하다. 자동화설비를 개발·운영·관리하는 활동은 로봇이 아닌 사람에 의해 진행되기 때문이다. 실제로 거의 모든 일은 사람에 의해서 이루어지기 때문에 기업의 성패는 유능한 인력을 확보하여 적재적소에 배치해서 목표를 달성할 수 있도록 인적자원을 활용하느냐에 달려 있다. 따라서 기업은 우수한 인재를 채용하기 위해 많은 노력을 하고 있으며, 채용 이후에도 지속적인 교육훈련을 통해 역량을 함양시키고 있다.

(2) 물적 자원

기업이 실질적인 경영활동을 하려면 인적자원에 더하여 물적 자원, 특히 자본이 필요하다. 자본이란 자금(돈)만을 의미하는 것이 아니라 건물이나 생산설비와 같은 실물 자본을 의미한다. 경영활동에 필요한 자본은 자체적으로 조달(자기자본)하거나 타인으로부터 차입하여 조달(타인자본)하는 방법이 있다.

이렇게 조달된 자본으로 경영자는 사무실을 확보하고, 생산설비를 구입하고, 종업원을 채용하는 등 경영활동을 수행한다. 특히 경영자는 투하된 자본을 바탕으로 하여 이윤을 창출되도록 경영활동을 함으로써, 그 기업은 생존과 성장이 가능하게 된다.

기술은 재화나 서비스를 생산하는데 사용되는 방법을 의미하는 것으로, 주로 기계나 전자와 관련된 것으로 과학이나 지식에도 적용할 수 있다.

(3) 정보

의사결정 활동으로 정의되는 경영활동은 기업이나 산업에 관한 정확하고 신속한 의사결정을 위해서 정보가 필요하다. 특히 산업사회에서 정보사회로 전환됨에 따라 기업의 경쟁력은 정확한 정보의 확보에 좌우된다. 최근에 기업들은 의사결정에 필요한 충분한 정보를 정확하고 신속하게 전략적으로 활용하기 위해서 정보전담 최고경영자(Chief Information Officer: CIO)를 두고 있다.

(4) 전략

전략(strategy)이란 기업의 활동방향과 이의 실현을 위한 자원배분과 관련된 최고경영자의 청조적인 의지와 비전이 담긴 활동을 말한다. 아는 인적자원과 물적자원의 조달계획과 정확하고 신속한 의사결정을 할 수 있는 정보가 뒷받침되어야 한다. 향후 경영자원에는 지식(knowledge)나 기술(technology)과 같은 새로운 형태의 자원이 추가될 것으로 기대가 된다.

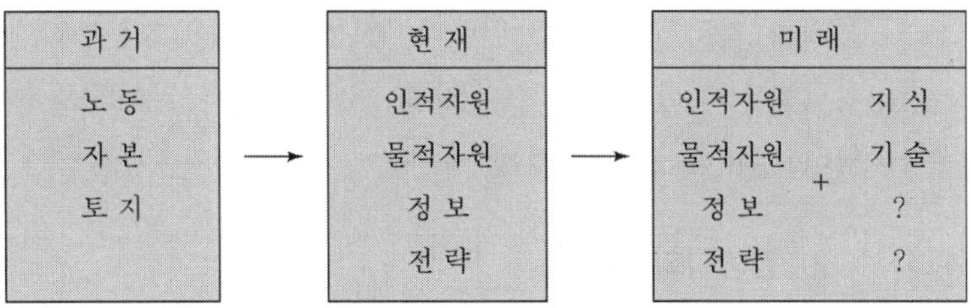

[그림 2-2] 경영자원의 변천

나. 경영자의 의의와 유형

경영자란 기업의 경영과 관련된 중요한 의사결정을 하는 사람으로 정의할 수 있다. 경영자는 기업의 나아갈 방향을 결정하며, 그것이 제대로 수행되도록 지휘하며 조직운영에 대한 모든 책임을 진다. 소규모 기업에서는 자본의 출자자가 동시에 경영자(소유경영자)이지만, 기업의 대형화와 주식회사 제도의 출현에 따른 주식의 분산과 소유와 경영의 분리가 촉진되어 전문적 지식과 능력을 갖춘 전문경영자가 등장하게 되었다.

1) 경영자의 유형

대규모 자본조달과 기업규모 대형화에 따른 소유와 경영의 분리현상은 경영자를 소유경영자, 고용경영자 및 전문경영자로 구분하고 있다. 소유경영자는 기업의 초기상태에서 자본의 출자자가 경영도 함께 수행하여 실질적으로 기업을 소유하고 지배하는 경영자를 말한다. 기업규모의 확대와 경영활동의 복잡화로 인하여 소유경영자는 자신의 경영기능을 분담할 경영자를 고용하게 되는데, 이를 고용경영자라고 한다. 이러한 고용경영자는 소유경영자에 의해 고용되었기 때문에 소유경영자의 대리인으로서 소유경영자의 이익을 위해 위임받은 경영기능을 제한적으로 수행할 뿐이다(소유와 경영의 형식적 분리). 전문경영자는 대규모 기업을 효율적으로 경영할 수 있는 전문적인 경영지식과 능력을 갖춘 경영자를 말한다. 전문경영자는 자본투자에 의한 경영자 지위획득이 아니라, 경영능력에 의해 경영자의 지위를 확보한 다(실질적인 소유와 경영의 분리).

2) 경영자의 계층

경영활동내용이 복잡해짐에 따라 1인 경영자만으로는 모든 경영기능을 수행하기 어려워 복수의 경영자 경영기능을 분담하게 된다. 경영자는 기업배부의 위치에 따라 최고경영자, 중간경영자 및 하위경영자로 구분된다.

최고경영자는 기업의 전반적인 경영을 책임지는 경영자로서, 기업내 최상계층에 속한 경영자 집단(회장, 부회장, 전무이사, 상무이사 등의 회사 임원)을 말한다. 이들은 기업의 장기적 전략과 목표에 관한 의사결정을 하며, 기업경영의 사회적 책임과 혁신기능을 주로 담당하고 있다. 중간경영자는 최고경영자가 의사결정을 한 경영전략과 목표가 실행되도록 관리하는 경영계층(부장, 차장, 공장장 등)을 말한다. 하위경영자를 지휘감독하거나, 최고경영자의 요구와 하위경영자의 능력을 조화하여 상하간의 의사소통을 원활하게 중계하는 역할을 한다. 하위경영자란 각 부문별 중간경영자의 지시에 따라 작업현장의 사무원이나 근로자를 직접 지휘 감독하는 경영층(사무직의 계장이나 대리, 생산현장의 조장이나 반장 등)을 말한다.

다. 경영자의 직무

1) 경영자의 기능

경영자는 주어진 목표를 효과적·효율적으로 달성하기 위해, 전략을 수립하고 활동을 통합·조정하는 계획기능(planning), 조직의 구성원들이 각각 담당해야 할 역할구조를 설정하는 조직화기능(organizing), 조직구성원들이 목표달성에 기여할 수 있도록 능력을 발휘하게 하는 지휘기능(directing)과 수행된 결과가 계획과 일치하도록 구성원들의 활동을 측정하고 수정하는 통제기능(controlling)을 수행한다.

2) 경영자의 역할

경영자가 기업에서 수행하는 역할은 대인관계 역할, 정보 역할 및 의사결정 역할이 있다. 대인관계 역할이란 사람들과의 대면과정에서 수행하는 역할로서 대외적 대표자, 조직내의 리더, 연락자 역할이 해당된다. 정보 역할이란 경영에 필요한 정보를 수집하고 전달하는 역할로서 감시자, 전파자, 대변인 역할이 해당된다. 의사결정 역할이란 경영활동을 수행하면서 선택해야 하는 역할로서 창업자, 문제해결자, 자원배분자, 협상자 역할이 해당된다.

3) 경영자의 능력

경영자로서 수행해야 할 임무와 활동에 요구되는 능력은 전문적 능력, 대인관계 능력 및 개념적 능력을 들 수 있다. 전문적 능력이란 공학, 컴퓨터, 회계 등과 같은 전문적 분야의 지식과 경험을 말한다. 이 능력은 종업원들을 직접 대하고 있는 하위경영자에게 중요하다. 대인관계 능력이란 다른 사람과 개인적이나 집단적으로 함께 잘 할 수 있는 능력을 의미한다. 경영자는 사람을 직접 대하기 때문에 좋은 대인관계 능력을 소유하고 있어야 한다. 이 능력은 모든 계층의 경영자에게 똑같이 중요하다. 개념적 능력이란 경영자가 추상적이고 복잡한 상황에 대해 사고하고 개념화할 수 있는 능력을 말한다. 이 능력은 최고경영자에게 중요하다.

2.2 기업가와 기업가정신

가. 기업가

기업의 획기적 성장과 이를 통한 산업사회의 발전에는 흔히 기업가(entrepreneur)라 불리는 혁신적 기업인의 역할이 존재하고 있다. 기업가는 정해진 목표에 따라 자원을 배분하고 그 과정을 관리하는 관리자(administrator)와 다르며, 기업을 경영한다는 의미의 기업인(manager)이나 기업의 자본소유주라는 의미의 소유주(owner)와도 다른 개념이다. 기업가는 기존의 방식을 답습하거나 타인의 방식을 모방하지 않고, 기업경영에서 혁신(innovation)을 추구하여 성공하고 그 효과를 사회에 확산시킨 경영자를 말한다.

혁신을 추구하는 곳에는 더욱 큰 이익의 기회도 있지만, 평균 이하의 이익을 얻을 위험도 있다. 기업경영에 따르는 위험은 계량화가 가능하고 보험에 가입할 수 있는 위험(risk)과 보험에 가입할 수 없는 위험인 불확실성(uncertainty)으로 구분되는데, 기업가는 불확실성을 감수하면서 새로운 것을 추구한다. 슘페터(Schumpeter)는 기업가가 추구하는 혁신(innovation)을 크게 ① 새로운 제품의 생산, ② 새로운 생산방법이나 기술의 도입, ③ 새로운 시장(판로)의 개척, ④ 원료나 반제품의 새로운 활용, ⑤ 새로운 조직의 형성이라고 말한다.

미래에 대한 예측이 어려운 불확실한 여건에서 더 많은 이윤을 창출하는 결과를 가져오는 기업가의 능력의 원천으로 상상력, 미래에 대한 예측력, 추진력, 조직적 기능 등을 들 수 있으며, 기업가적 능력을 함양시키는 데는 역경에 대한 도전의지와 모험적 정신이 매우 중요하다고 할 수 있다.

나. 기업가정신

기업가정신(entrepreneurship)이란 기업가가 마땅히 갖춰야 할 자세나 정신으로, 기업이 이윤창출과 동시에 그 이윤을 사회에 환원하여야 하는 사회적 책임을 전제로 한다.

전통적인 기업가정신은 미래를 예측할 수 있는 통찰력과 새로운 것에 과감히 도전하는 혁신적이고 창의적인 정신을 의미하고, 새로운 기업가 정신은 고객제일주의. 사업보국, 인재양성, 공정경쟁, 근로자 후생복지, 사회적 책임의식 등이 말한다.

드럭커(P. Drucker)는 기업가정신을 현재 시점에서 장래를 선취하는 정신, 즉 대부분의 사람들이 환경의 변화에 위협을 느끼고 있을 때, 그와 같은 변화 속에서 기회를 식별하는 정신으로 정의한다. 기업가는 창조적 파괴를 통해 새로운 사업을 창출해야 한다.

안철수가 정의하는 기업가란 새로운 가치 또는 일자리를 창출하고 높은 불확실성에도 불구하고, 스스로 판단하고, 행동으로 옮기고, 그 결과에 대해서 책임을 지는 사람이라 정의했다. 그리고 기업가정신이란 창업 또는 새로운 가치를 창출하는 일을 행동으로 옮기는 사람들의 활동이라 정의하였다.

기업가정신은 종종 기업의 사회적 책임과 윤리적 문제들에 직면하는 경우가 있다.

다. 성공적인 기업가

1) 현대그룹의 정주영 회장

정주영 회장은 1915년 강원도 통천군 아산리에서 가난한 농사꾼의 아들로 태어나서 가출 후 미곡상으로 시작하여, 창조적 기업가정신과 강인한 추진력으로 현대자동차, 현대중공업 등을 창립하여 세계시장에 진출하였고, 현대건설을 설립하여 중동 주베일 산업항 공사, 서산방조제 건설 등 국내외에 많은 역사적 사업을 주도하였다. 1971년 현대그룹 회장으로 취임한 이후, 대한민국의 산업화와 국제화를 선도하여 현재 세계 10위 수준의 경제발전에 토대를 세운 인물이다. 이에 더하여 1988 서울올림픽 유치와 성공적 개최를 통한 국가적 · 민족적 긍지를 선양하는 주역이었으며, 1998년 2차례에 걸쳐 소 떼를 몰고 판문점을 통해서 방북을 하여 남북한 간의 화해와 평화통일을 향한 물꼬를 트는 등 대한민국의 현대사에 큰 족적을 남겼다.

정주영 회장은 기업이윤의 사회환원이라는 신념을 가지고 1977년 아산사회복지재단을 설립하여 "우리 사회의 가장 불우한 이웃을 돕는다."는 취지 아래 의료사업, 사회복지지원사업, 연구개발지원사업, 장학사업 등을 수행하게 했다.

정주영식 기업가정신의 기본은 긍정적 사고방식과 도전정신이다. 이를 잘 표현한 것이 "시련은 있어도 실패는 없다."와 "하면 된다."라고 할 수 있다. 사우디아라비아의 건설분야 진출을 준비할 때 장관이 "더위, 물 부족 등으로 사업가능성이 없다."며 반대하자 정주영 회장은 "낮에 더우면 밤에 일하면 된다.", "물이 없으면 바닷물을 담수로 바꿔서 쓰면 된다."라고 말하며, 사우디아라비아와의 계약을 체결하고 공사를 수주한 것은 대표적으로 정주영 회장의 "하면 된다."를 보여주는 대표적인 사례로 보인다.

2) 삼성그룹의 이병철 회장

1910년 경상북도 의령군에서 태어나 10살 때까지 한학을 배우다가 진주와 서울에서 근대식 교육을 받은 후, 일본 유학을 통해서 일제강점기 하의 민족경제 건설에 시급함을 인식하고 사업을 구성하였다. 1936년 마산에서 동업으로 협동정미소를 시작하여, 1938년 대구에서 삼성그룹의 모체인 삼성상회를 설립한 후, 1953년 제일제당(주)과 1954년 제일모직(주)을 설립하여 상업자본에서 제조업으로 전환하며 산업자본화하였다. 그 뒤 동방생명(현 삼성생명), 신세계백화점, 전주제지(현 한솔제지), 성균관대학교 등을 인수하고, 중앙일보사, 동양방송, 삼성전자, 삼성석유화학, 삼성중공업, 삼성반도체통신, 삼성문화재단, 삼성사회복지재단 등을 설립하였다. 이병철식 기업가정신은 "사업보국(事業報國)"과 "인재경영(人材經營)"으로 대표된다.

이병철 회장은 사람됨과 재질을 중요시 여기며, 우수한 인재를 구하는데 최선을 다하였다. "의심이 가는 사람은 쓰지 말고, 한번 쓴 사람은 의심하지 말라."라는 말과 "국가와 기업의 장래는 사람에 의해서 좌우된다."라고 말하였다. 이 말은 이병철의 인재제일주의를 대표적으로 나타내는 말이다. 이와 더불어 이병철은 국내 최초로 공개채용실시와 국내 최초의 기업연수원인 삼성종합연수원을 설립하여 인재양성에 힘썼다.

3) 안철수 교수

안철수 교수는 1962년 경상남도 밀양군에서 태어나, 의사인 아버지를 따라 부산으로 이사하여 유년기와 청소년기를 보냈고, 독서와 과학기술에 많은 관심을 가졌다. 1986년에 서울대 의대를 졸업했지만, 컴퓨터 백신(안티바이러스 프로그램) 개발에 관심을 가져 의사의 길을 접고 1995년에 벤처기업 '안철수연구소(안철수 컴퓨터바이러스연구소; 현 안랩)'를 설립하여 백신 사업(V3 백신)을 하였다. 1999년 4월 CIH바이러스(체르노빌 원자력발전소 사고발생일인 4월 6일에 작동하는 바이러스) 사태를 계기로 안랩의 매출이 급성장하면서, 2001년 코스닥에 등록을 하며 성공한 기업가로서의 명성을 얻었다(직원 300명, 연매출 400억 원).

2005년부터 2008년까지 미국에서 벤처비즈니스 석사과정을 마치고, 2008년 5월부터 KAIST 기술경영전문대학원에서 기업가정신을 강의했다. 2009년 MBC 예능프로그램 '무릎팍도사' 출연을 계기로 대중적 인기를 얻어, 청춘콘서트를 시작하여 전국을 순회하며 청춘 멘토로 활약했고, 2011년에 서울대학교 융합과학기술대학원장을 맡았다. 안철수는 대한민국의 의사, 백신개발 프로그래머, 벤처기업인, 대학교수 출신 정치인이다. 안철수 교수는 저소득 가정의 자녀교육을 위해 자신의 주식(2,500억원)을 사회에 환원하고자 2012년 '안철수 재단(현 동그라미 재단)'을 설립하였다.

안철수 교수가 말하는 기업가란 새로운 가치 또는 일자리를 창출하며 높은 불확실성에도 불구하고, 스스로 판단하고, 행동으로 옮겨서 그 결과에 대해서 책임을 지는 사람이라 할 수 있다. 안철수는 요즈음 학생들이 여전히 도전정신을 가지고 있고 호기심이 왕성하지만, 그런 도전정신이 강한 학생들을 사회가 더 큰 힘으로 안전지향적인 선택을 하도록 몰아붙이는 사회 구조가 더 큰 문제라고 지적한다. 미국의 실리콘밸리가 성공의 요람이라고 하지만, 안철수는 실패의 요람이라고 바꿔 말한다. 그 이유는 "실리콘밸리에서는 100개의 기업이 나타나면 99개는 망하고 1개만 생존한다. 실패한 기업에게 도덕적인 문제가 없고 최선을 다했다면 계속 기회를 준다. 99번 실패를 하더라도 1번 성공하여 1,000배의 성공을 하게 된다면 그동안의 실패를 전부 갚고도 남게 된다는 것이다." 이것이 미국 실리콘밸리의 성공 모델이라고 생각하고 있으며, 실패한 사람에게도 계속 기회를 주는 것이 청년들의 도전 정신을 살리는 길이며 벤처와 청소년을 살리는 길이라고 말을 했다.

4) 소프트뱅크의 손정의 회장

재일동포 3세인 손정의 회장은 1957년 일본 규슈의 사가현에서 4형제 중 차남으로 태어났다. 그의 할아버지는 일제시대에 탄광노동자로 일본에 왔고, 아버지는 중학교를 졸업하자마자 먹고살기 위해 닥치는 대로 일을 해야만 했다고 한다.

19세기 일본 근대화의 영웅 사카모토 료마를 동경하던 열여섯 소년의 인생 전환점은 1973년 고교 1학년 때 '새로운 세상'을 알려준 한 달간의 미국 어학연수였다. 이후 학교를 자퇴하고 혼자 미국 유학을 하여 UC버클리대학교에서 경제학을 전공했다.

평생의 이정표인 '인생 50년 목표'를 세웠다: 20대, 이름을 날린다. 30대, 사업자금을 마련한다. 40대, 큰 승부를 건다. 50대, 사업을 완성한다. 60대, 다음세대에 물려준다.

1981년 일본으로 돌아와서 소프트뱅크(소프트웨어 유통업체)를 창업했고, 1994년 기업공개를 계기로 비약적인 성장을 하게 되었다. 특히 1995년 적자 기업이었던 미국 기업 Yahoo에 150억 엔(지분율 37%)을 투자한 게 엄청난 성공으로 되돌아왔다. 공격적인 인수합병(M&A)을 통해 사업을 키워나간 손정의 사장은 2004년 일본텔레콤과 프로야구단(후쿠오카 다이에호크스)을 인수하였다. 2000년 760억 달러의 재산으로 세계 4위의 부호에 선정(미국 포브스 조사, 2011년 81억 달러 · 세계 113위)되기도 했다. 이후 벤처거품이 꺼지면서 대규모 적자와 주가폭락으로 '손정의 신화'도 저무는 듯했지만, 2006년 일본 3위의 이동통신 사업자였던 보다폰재팬을 인수하면서 우려를 불식시켰다.

손정의는 첨단산업의 맥락을 읽어내는 감각이 뛰어나 비난이나 우려에도 불구하고 과감한 투자로 큰 성과를 거두었다. 2000년 창업 단계에 있던 알리바바의 마윈 회장을 만나 2천만 달러를 투자(지분율 34.4%)한 후, 2014년 알리바바가 미국 증시 상장에 성공하면서 3천배의 수익률을 올리기도 했다. 2014년 인터스텔라를 제작한 레전더리 픽처스에 2억 5천만 달러를 투자하면서 영화제작사업에도 뛰어들었을 뿐 아니라, 소프트뱅크 그룹 안에 첨단기술 생태계를 만들겠다는 목적으로 그동안 1,300여 인터넷과 모바일 업체에 투자했다. 그리고 한국의 아마존이라 불리는 전자상거래 회사인 쿠팡에 2015년부터 30억 달러(약 3조 3천억원)를 투자하고 있다.

이제 손정의 회장에게 남은 인생목표는 '60대, 다음세대에 물려주는 것'이다. 그룹의 후계자 양성 프로그램인 '소프트뱅크 아카데미아'는 300명의 수강생으로 운영된다. 200명은 2만여 명의 직원 중에서 이미 뽑았고, 나머지 100명은 트위터로 모집한 1만 명 외부지원자 중에서 선발하기로 했다. 이들은 매주 수요일 오후에 손정의 회장에게 직접 교육을 받게 된다. 손 사장은 '정보혁명으로 사람들을 행복하게'라는 소프트뱅크의 이념을 공유하는 유망한 인재가 많다며 10년에 걸쳐 체계적인 구조를 만들어서 후계자 양성에 최선을 다하겠다고 말했다. 손 회장은 2019년 5월 현재 100조원의 IT벤처 투자펀드를 운용하고 있다.

5) 애플의 스티브 잡스

스티브 잡스(Steve Jobs)는 세계 최초의 PC 개발, 세계 최초의 3D애니메이션 발표, MP3 대중화, 스마트폰의 대중화를 이끈 인물이다. 그의 기업가정신은 그의 명언인 "Stay hungry, Stay foolish"로 대변된다.

언제나 새로운 것을 찾아내고 바보처럼 우직하게 밀어 붙이라는 말이다. 그는 그가 세운 회사 애플에서도 쫓겨나는 수모를 겪었지만 10년의 방황 속에서도 그는 우직하게 기다림으로써 다시 애플로 복귀하여 지금의 애플을 만들고 유로 온라인 음악 시장인 아이튠스를 발표하였고 스마트폰의 대중화를 이끌어낸 아이폰을 발표하였다. 그는 자신이 꿈꾸면 당연히 이루어진다고 믿었으며 추호의 의심도 없었다.

6) 마이크로소프트의 빌게이츠

빌게이츠(Bill Gates)는 1955년 태어나 1975년 마이크로소프트사를 설립하였고 1981년 DOS라는 운용체제 프로그램을 개발하였고, 1990년 Windows3.0을 시작하여 Windows95, 98, XP를 발표하였다. 빌게이츠는 기업가정신의 정의에 가장 표본이 되는 인물이다

빌게이츠는 어릴 적부터 좋아하였던 컴퓨터 관련일 을 찾아 하버드대학을 중퇴하고 20세에 마이크로소프트를 창업하여 컴퓨터 운영체제인 Windows를 개발하였다. 그는 이 분야에 선구자였다. 그는 이에 멈추지 않고 Window, 오피스, 서버, 엑스박스 등을 발매하여 글로벌 창조적 아이디어로 수익을 창출하였다. 마이크로소프트는 미국 내에서 뿐만 아니라 전 세계적으로 9만여 명의 일자리를 창출하였고 지금은 일선에서 물러나서 "빌 앤드 멜린다 게이츠 재단"을 설립하여서 사회활동을 전개하고 있다. 그는 그의 재산의 대부분을 재단에 기부하기로 하였다.

이를 보면 새로운 분야 개척 + 일자리 창출 + 사회적 책임을 다한 가장 기업가정신에 부합하는 인물이라 부를 수 있다.

7) 강철왕 앤드루 카네기

앤드루 카네기(Andrew Carnegie)는 1835년에 태어나 1853년 철도회사에서 근무 후 1865년에 철강업을 경영을 시작하였고 1892년에 카네기철강회사를 설립하여 미국 철강생산에 1/4 이상을 차지하였다. 다른 철강회사와 트러스트, 합병을 통하여 미국 철강시장의 65%를 차지하는 US스틸사를 탄생시켰다.

앤드루 카네기는 철도회사에서 근무할 당시 철강업의 폭발적인 증

가를 예상하여 강철왕이 된 대표적인 미국의 경영자이다. 그는 돈 벌기에만 급급한 그 당시 시대의 기업가와는 달리 카네기 공과대학, 카네기 교육진흥 재단을 설립하여 재산을 사회에 환원하였다. 그는 "노블리스 오블리제"라는 개념을 기업과 경영에 접목한 시대를 앞서간 기업가라 불린다. 그는 미국사회에 자선문화의 정착시켰고 기업가정신을 퍼트렸다. 이는 20세기 세계경제에서 미국 경제가 주역 역할을 하는 원동력으로 작용하였다 본다.

2.3 기업의 지배구조

기업의 주인은 누구인가? 또 누가 기업의 주인이 되는 것이 옳은가? 이에 관한 논의로는 주주 자본주의(stockholder capitalism)와 이해관계자 자본주의(stakeholder capitalism)가 있다. 기업의 목표가 이윤의 극대화에 있다고 본다. 이는 기업의 주인이 자본투자자(주주)라는 것을 의미한다. 자유주의 경제학자의 경우, 자본투자자가 기업의 주인이라는 관점을 견지해 왔다. 그 논리적 근거는 주주는 배분의 우선순위가 가장 낮은 잔여소득(residual)인 이윤을 배분 받는다는 데에 있다.

하지만 역사적으로 보아 기업(주식회사)이 주주의 이익을 위해서만 경영되어야 한다는 것은 지배적 이론이 아니었다. 1920년대 이후에 기업은 고객, 종업원, 주주 등 다른 이해관계자를 고려한 이익의 균형(balance of interest)을 유지하면서 경영되어야 한다는 것이 일반적 관점이었다. 그런데 이는 어느 집단도 잘못된 경영에 대한 책임이 없는 결과를 초래한다. 이러한 문제점 때문에 법률적으로는 약 20년 전부터 주주 자본주의 경영에 대한 이론이 구체화되었다. 최근의 미국 대기업 회계부정 등으로 인하여 지배구조 개선에 관한 논의가 이루어지고 있고, 주주뿐만이 아니라 이해관계자 모두를 주인으로 보는 공동주권모형(team production model) 등이 제시되고 있다.

가. 주주 자본주의

1) 특징

주주 자본주의(shareholder capitalism)란 미국, 영국 등 주식시장이 발달한 사회에서 정착되어 있는 제도로서 주식회사를 주주의 사적 재산으로 인식하는 모델이다. 이 관점에 의하면 기업은 주주의 이익을 위하여 경영되어야 하며, 경영자는 기업의 투자수익을 극대화하기 위해 영업활동을 수행해야 할 임무가 있다. 주주가 이러한 권한을 가지는 이유는 그들이 잔여 청구권자(residual claimants)의 위치에 있기 때문이다. 이 시각은 기업 재무이론, 주식시장의 움직임 및 금융시장과도 연계되어 있어 현실 경제의 동향을 설명하는 이론으로써 나름대로의 엄밀성을 갖추고 있다.

이 모델에 입각한 기업경영의 장점으로는 첫째, 광범위한 주식분산으로 투자위험의 분산이 용이해지므로 일반인의 기업투자를 촉진하며, 둘째, 소유와 경영의 분리로 경영자의 독립성과 전문성이 재고됨으로써 경영효율이 제고된다는 점을 들 수 있다.

하지만 이 모델에서는 우선 주주와 경영자 간의 이해상충으로 인한 대리문제(agency problem)가 발생할 가능성이 있다. 예컨대 2001년의 미국 엔론(Enron)이나 월드컴(WorldCom)의 회계부정 사건에서 드러났듯이 주식의 분산으로 소유와 경영이 분리된 기업의 경영자가 주주의 이익보다는 자기 자신의 고용안정을 도모하고 임금과 부가급여 및 각종 부수혜택(perquisite)을 증가시키기 위해 행동할 수가 있는 것이다. 또한, 이 모델에서는 기업특수적 기능의 향상과 주인의식을 가진 근로자들의 능력과 창의력 발휘는 많은 기업에서 생산성 향상과 경쟁력 제고를 위하여 필수적으로 요구되는 사항임에도 이러한 요소를 고려하지 못한다는 문제점을 갖는다. 근로자의 기업특수적 지식과 기능향상을 위한 노력을 유도하고, 이를 위한 근로자들의 투자를 보상할 방안이 도출되지 않는 것이다.

이상에서 본 것처럼, 이 모델에 입각한 기업경영의 약점으로는 첫째, 경영자가 단기 경영성과에 집착하게 되어 장기적인 관점에서의 기업경영을 기대하기 어려울 가능성이 있다는 점과 둘째, 종업원의 고용불안정성이 높아지고, 기업특수적 지식과 기능향상을 위한 노력이 약화될 수 있다는 점 등을 들 수 있다.

2) 법률적 규정

주식회사의 주인이 주주집단이라는 것을 나타내는 주주총회 및 주주의 권한에 관한 한국 상법의 규정을 보면 아래와 같은 것이 있다.

회사가 다음의 행위를 함에는 제433조에 정하는 (주주의) 결의가 있어야 한다.

제374조 ① 영업의 전부 또는 중요한 일부의 양도

② 영업전부의 임대 또는 경영위임, 타인과 영업의 손익전부를 같이하는 계약 기타 이에 준할 계약의 체결, 변경 또는 해약

③ 다른 회사의 영업 전부의 양수

제433조 회사 정관의 변경은 주주총회의 결의에 의하여야 한다.

제518조 (회사) 해산의 결의는 제434조의 규정에 의하여야(주주총회의 특별결의에 의해야) 한다.

제538조 잔여재산은 각 주주가 가진 주식의 수에 따라 주주에게 분배하여야 한다.

3) 경제적 근거

왜 이러한 법과 규정이 생겼겠는가? 일부 사상가들이 주장했듯이 재산이 많은 사람이 국회의원이 되었거나 재산가들이 국회의원을 매수했기 때문이 아니라 이렇게 하는 것이 효율적인 기업경영에 도움이 되기 때문이다. 이를 자세히 보기로 한다.

가) 효율적 회사경영 유도

회사가 망했을 때의 손실이 가장 큰 집단이 누구인가를 기준으로 주인으로서의 권한과 책임을 부여함으로써 이들로 하여금 손실을 피하기 위하여 효율적 경영을 유도한다는 의미를 지닌다.

회사가 망했을 때 손실이 가장 큰 집단은 누구인가? 바로 주주이다. 이는 1997년 말의 외환위기로 퇴출이 결정된 은행 소액주주가 입은 손실을 보면 잘 알 수 있다. 당시 5개 시중은행의 지분 5% 미만의 소액주주는 약 86만 3천 명인데, 이들이 입은 손실은 퇴출 직전일인 27일 종가 기준으로 따지면 약 878어원, 액면가 기준으로 따지면 8,500억원이 넘는다는 기사가 보도된 바 있다.

나) 위험부담에 대한 대가

주주가 투입한 것은 물적자본인데 반하여 종업원은 인적자본을 투입했다. 인적자본과 물적자본은 어떤 차이가 있어서 주주에게 주인의 권리를 인정하는 것일까?

기업경영에는 언제나 위험이 따르며, 주주가 출자한 물적자본은 부채를 조달할 때에 담보가 되지만 인적자본은 담보가 될 수 없다. 그러므로 회사가 계속 적자여서 채권을 갚지 못하면 담보자산은 채권자에게 넘어가서 원금을 회수할 수 없다. 회사가 적자를 보면 임금이 내려가기도 하고 파산하면 실업자가 되는 등 근로자도 일정하게 손실을 본다. 하지만 경제학적으로 보면 실업한 근로자가 시장임금을 받아들인다면 시장에서 다른 직장을 구할 수 있으며, 현재의 임금이 시장임금보다 낮다면 시장임금을 받을 수 있는 일자리로 옮겨갈 것으로 보고 있고, 실제로 이런 이유에 의한 노동이동이 많이 있다. 그러므로 담보자산을 잃는 주주에 비하면 근로자의 손실은 없는 것이나 사실상 마찬가지이다.

다) 자본시장의 성립

회사의 주인이 누구인가는 단지 학술적인 논의 차원에서 끝나는 것이 아니다. 주주가 주인이라고 보지 않는다면 자본주의 경제의 한 축인 자본시장이 성립되고 기능할 수 없다는 문제가 제기된다. 주주가 주인이 아니라면 기업은 임금극대화나 종업원 복지극대화, 아니면 기업 자체의 성장극대화 등 이윤극대화가 아닌 목표를 추구하는 것이 당연하다. 현재 각국의 제도는 회사가 벌어들인 이윤의 크기에 따라 그 회사의 가치가 평가되고 이를 반영하여 주식가격이 변동한다. 또 이 주식의 유통 때문에 자본시장이 성립한다. 그러므로 기업의 이윤추구 동기를 인정하지 않으면 이러한 자본시장기구가 작동할 수 없게 된다.

나. 이해관계자 자본주의

1) 특징

이해관계자 자본주의(stakeholder capitalism)는 주식회사를 주주, 경영자, 종업원, 채권자, 거래기업, 소비자, 정부 등 다양한 이해관계자로 구성되는 공공이익의 연합체로 인식하는 자본주의 모델이다. 이는 독일, 일본 등과 같이 주식시장이 발달하지 않았거나 주식회사가 제대로 뿌리내리지 않은 사회에서 성행한다. 이해관계자 자본주의 모델에 의하면 경영자는 주주뿐만 아니라 다양한 이해관계자의 이익을 극대화하는 한편 기업의 사회적 책임도 수행해야 할 임무가 있으며, 이해상충을 조정하기 위한 방안으로 다양한 이해관계자들이 기업경영에 참여하는 형식을 취한다. 독일에서는 주식회사는 사회적 조화(social harmony)를 창출하고 유지하기 위해 경영되는 것으로 간주되어 왔으며, 주식회사의 감사회는 주주가 아니라 회사에 책임을 지는 것으로 되어있다.

이 모델에서는 기업들이 자금을 주로 은행차입을 통해 조달함에 따라 은행이 기업경영에 상당한 영향력을 행사하며 이해관계자들은 내부 상호감시를 통해 대리인문제를 해소하고 이해관계자 전체이익의 극대화를 추구한다. 독일, 일본 등 대표적인 이해관계자 자본주의 모델의 국가에서도 최근 이사회 기능 및 주주권익 강화, 기업간 상호출자 해소, 투명성 및 공개기준 강화 등 주주 자본주의 모델의 장점을 수용하는 제도로 개편하는 움직임을 보이고 있다.

이 모델에 입각한 기업경영의 장점으로는 첫째, 안정적인 지배구조를 바탕으로 장기적인 안목에서 경영이 가능하며, 둘째, 이해관계자 간의 이해상충을 조화롭게 해소할 수 있을 때 체제유지 비용이 감소한다는 점을 들 수 있다. 반면 그 단점으로는 기업이 추구하는 목표가 다원적이어서 의사결정이 지연되고, 잘못된 경영에 대한 인식이 늦고 그 책임소재가 불명확하여 경영효율이 저하될 우려가 높다는 점이 지적된다.

2) 현실과 이상의 괴리

구성원 모두를 주인으로 하는 공동주권형 기업은 모든 기업구성원의 권한과 참여를 중시한다는 점에서 민주주의 원칙에 맞고 그만큼 이상적인 면이 있다. 그럼에도 대부분의 기업이나 사회제도가 이를 채택하지 않는 이유는 어디에 있는가? 공동주권형 기업에서는 운영과정에 다음과 같은 문제점이 등장할 수 있기 때문이다.

첫째, 현대와 같은 급속한 변화에 적응하기 곤란할 만큼 의사결정이 더디다는 점이다. 의사결정이 느린 것은 이해관계자 전원합의에 의한 결정을 원칙으로 하기 때문이다.

둘째, 기업이 잘못된 방향으로 경영될 때 이를 알아내기가 어렵고, 그 책임소재가 불분명하다. 기업이 잘못될 때 구성원 전체에게 책임이 있다는 것은 현실적으로는 아무에게도 책임이 없다는 것과 통하는 것이다.

다시 강조한다면 기업은 민주주의를 추구하는 것이 아니라 효율성을 추구하는 조직이다. 기업에서 소수의 엘리트가 방향을 제시하고 나머지 다수가 그 방향에 따라 일사불란하게 움직여 줌으로써 효율성을 제고시킬 수 있다면, 이를 민주성의 원칙에서 비판할 수만은 없다.

다. 기업의 경영권

1) 주주와 경영권

회사의 주주는 ① 회사의 경영에 참여하는 것을 목적으로 한 의결권과 ② 재산적 이익을 청구할 권리를 가지고 있다. 여기서 말하는 재산적 이익청구권이란 이익배당 청구권, (회사해산시의) 잔여재산 분배 청구권 등을 의미한다.

이익이란 회사의 총수입에서 비용을 공제한 잔여(residuals)이다. 주주가 이익 청구권을 갖는다는 것은 회사가 잘 운영되어 발생한 이익의 주인은 주주라는 의미가 된다. 같은 논리에서 손실이 발생한 경우에는 당연히 주주가 이를 부담한다.

의결권은 주식회사의 최고 의사결정기구인 주주총회에 참여하여 그 의안에 대해 찬반의사를 표시하는 권리이다. 주주총회의 권한으로는 회사의 기초 내지 영업에 근본적 변경을 일으킬 사항(예컨대 정관의 변경, 합병, 해산 등)과 이사와 감사 등 회사 임원의 선임에 관한 사항 등을 들 수 있다. 정기 주주총회는 보통 한 해에 한 번 열리고, 임시 주주총회는 특별한 사유가 있을 때에 대표이사가 소집공고를 냄으로써 열린다. 정기 주주총회에서는 지난 한 해 동안의 영업실적을 결산하고 배당률을 결정하는 한편 필요한 임원을 선임한다.

주주총회에서는 주식평등의 원칙에 입각하여 1인 1표로 결정하지 않고 1주당 1표의 투표권이 주어지므로 다수의 소액주주보다도 1인의 대주주가 큰 투표권을 행사한다. 회사의 경영책임을 맡은 임원은 주주총회에서 선임한다. 따라서 대주주는 다수 투표권을 이용하여 자기가 원하는 사람을 선임할 수 있으며, 이를 통하여 회사의 경영권을 장악하게 된다.

상장회사의 경우에는 소액주주도 많은 주식을 매입하면 대주주가 되고 경영권을 장악할 수 있다. 주식매입을 통한 회사의 인수는 외국에서는 흔히 있는 일이다. 외국에서 일어나는 주식매입을 통한 경영권 인수는 경쟁회사를 인수하거나, 주가가 낮은 기업을 인수했다가 주가를 끌어올린 후에 되파는 등 다양한 방법으로 이루어지고 있다.

한국에서는 과거에 증권거래법에서 소액주주가 공개시장을 통하여 10% 이상의 주식을 가질 수 없도록 규제함으로써 주식매입을 통한 소위 '적대적 인수'를 사실상 차단하여 왔다. 이는 경영권 보호를 위해 한국에만 있는 조항이었으나, 오랜 논란 끝에 당국에서는 1997년 1월 증권거래법을 개정한 이후 이 조항은 점차 완화되었다.

시장개방확대 등을 목표로 하는 새로운 다자간 무역기구인 WTO가 설립되고 한국이 선진국 문턱에 접어드는 계기로써 1996년에 OECD에 가입하고 1997년 이후에는 IMF의 권고에 따라 자본시장 개방이 더욱 진전됨에 따라, 기업인수에 대한 제약조건도 없어지게 되었다. 이러한 영향을 받아 한국에서도 주식의 공개매입을 통한 기업인수가 활발히 일어날 전망이다.

회사주식이 다수 소액주주에 분산되어 있거나 과반수 미만을 가진 대주주사이에 의견대립이 있는 경우에는 주주총회의 의사결정이 순조롭게 진행되지 않는다. 이러한 어려움에 봉착하지 않으려면 주주가 회사의 경영권을 장악할 수 있을 만큼 많은 주식을 소유하고 이를 근거로 주주총회에서 자신이 바라는 바대로 결정하도록 해야 한다. 대주주가 뚜렷하지 않거나 대주주 간의 의견차이가 있을 때에 가장 문제가 되는 것은 회사 경영을 책임질 임원선임에 대한 의견대립이라 할 수 있다.

2) 경영자 지배론

경영자 지배론은 현대의 대규모 주식회사의 실질적인 지배자는 주주가 아니라 실제 경영을 담당하고 있는 경영자라고 보는 견해이다. 이는 조직 내에서의 경영자 역할과 권한에 근거를 두고 있다고 할 수 있다.

경영자 지배론의 효시는 1932년에 미국의 벌리(A. Berle)와 민스(G. Means)에 의해서 발표된 주식회사와 사유재산(The Modern Corporation & Private Property)에서 찾을 수 있다. 이들은 당시 미국의 144개 대기업을 대상으로 한 주식분산에 관한 조사 결과를 토대로 이러한 이론을 주장했다. 그들의 조사결과에 의하면 주주수가 5천 명 이하의 회사는 20개 사에 불과하며 5천 명에서 2만 명까지의 회사가 53개 사, 2만 명 이상의 주주를 가진 회사가 71개사라는 것이다. 이처럼 주식소유가 분산됨에 따라서 소유에 기초한 회사지배가 어려워지고 있어 조사 대상기업의 44%가 경영자지배 기업에 속한다고 보았다.

이들의 경영자 지배론은 주식회사의 규모가 커짐에 따라서 주식소유의 분산도가 커지고, 이에 따라 회사의 지배형태도 사적 소유지배 → 과반수 소유지배 → 소수자지배로 옮겨가고 궁극에는 경영자지배로 나아간다는 관점이다. 이는 주식소유의 분산도에서 경영자지배가 나타날 논리적 근거를 찾고 있다는 의미에서 제도론적 접근방법이라고 할 수 있다. 이 단계가 되면 소유자의 직접적 지배(구체적으로는 임면권)에서 독립하여 경영자지배가 확립되며, 이들의 지배하는 회사는 영리추구를 위주로 하는 사기업적 성격이 희박해지고 준공기업적 성격을 갖게 된다고 보는 것이다.

벌리와 민스 이후에는 제도론적 접근 이외에 경영자의 기능에 입각하여 경영자 지배론을 주장하는 기능론적 접근방법이 추가되기도 했다. 기능론적 접근에 의한 경영자 지배론의 핵심은 오늘날의 회사처럼 거대화, 복잡화, 고도화한 실제 기업경영과정은 대주주의 손에서 벗어나 현실의 경영담당자인 경영자의 수중에 들어간다는 것이다. 즉, 경영규모의 확대와 고도화는 주식의 분산을 가져왔을 뿐만 아니라, 전문경영자의 출현과 그들에 의한 기업지배를 가져왔다는 것이다.

그러나 경영자 지배론은 앞서 논의한 바와 같이 기업의 주인이 주주라는 원칙과 위배된다. 현대기업에서 경영자의 권한과 역할이 커짐에 따라 경영자가 주주의 이익보다는 자신의 이익을 추구하는 문제가 발생할 수 있어 최근 이에 대한 논의가 매우 활발하다. 다음 절에서는 어떻게 이 문제를 극복할 것인가를 살펴보기로 한다.

2.4 주주의 경영자 감시와 유인

가. 경영자 감시의 필요성

1) 대리문제

이론적으로 보면 경영자는 주주를 대신하여 기업을 경영하는 사람이다. 그런데 현실의 기업경영을 보면 대주주와 경영자, 경영권을 가진 대주주와 중소주주 사이의 이해가 상충하는 현상을 간혹 본다.

소유와 경영이 분리될 수 있는 회사제도인 주식회사가 탄생한 19세기 이래 주주가 어떻게 경영자 특히, 최고경영자를 통제할까 하는 점이 과제가 되어왔다. 주식회사 제도는 자본을 가지고 있는 전문적인 투자자와 이를 이용할 줄 아는 경영자 사이의 분업과계를 발전시킴으로써 효율을 높일 수가 있었다. 주식회사 제도는 전세계적으로 광범위하게 발전하고 있으나 경영자를 감시하여 주주를 위하여 열심히 일하도록 하는 제도의 마련은 계속해서 주주들의 고민거리가 되고 있다.

의도적으로 회사를 부실하게 경영하여 주주의 재산 즉, 회사자산을 낭비하는 경영자가 많지 않다. 대부분은 어려운 경영여건에서 최선을 다한다. 선량한 대부분의 경영자에게는 경영자에 대한 감독과 통제가 자신들의 일에 주주가 간섭하려 하거나 순발력을 발휘하는 경영자의 행동을 구속하는 것으로 비칠 수 있다. 자신들의 원하는 바대로 하도록 경영자들을 놓아두면 안되는가? 이에 답하기 위해서는 경영위이기에 빠진 대기업들을 생각해 볼 필요가 있다. 이들이 겪는 곤경의 대부분은 경영자의 주주에 대한 무책임에서 발생한 것이며, 이와 반대로 주주가 과다하게 간섭해서 생긴 것은 많지 않다.

이상적인 기업의 통제는 여러 가지 좋은 결과를 초래한다. 우선 경영자가 경영을 잘할 수 있도록 자율성이 주어진다. 이러한 자율성은 주주의 이익을 최대로 실현하는 데 이용된다. 현재의 경영자보다 일을 잘하는 사람이 있다면 그를 경영자로 앉힐 수 있다. 이러한 체제 하에서 경영자는 주주가 원하는 것이 무엇인지를 잘 알고, 주주는 자신들이 바라는 대로 회사가 운영되는지 판단할 수 있는 정보를 가지고 있고 기대에 못 미치면 단호하게 행동할 권한을 가지고 있다. 그러면서도 주주는 내부거래 금지규정에 저촉되지 않고 회사의 주식을 거래할 수 있도록 회사 경영자와 일정한 간격을 유지해야 한다. 주식회사의 기본 장점인 투자자의 투자지분 처분이 원활히 이루어져야 하는 것이다.

주주와 경영자 간의 이해가 서로 배치되는 현상을 설명하는 하나의 이론모형으로서 주인-대리인 모형(principal-agent model)이 있다. 이와 같은 갈등을 대리문제(agency problem)라 하고 이에 따른 비용을 대리비용(agency cost)이라고 한다. 대리문제는 주주와 경영자 이외에도 소송의뢰인과 변호사, 노조조합원과 노조간부 등 여러 인간관계에서 나타날 수 있다.

2) 도덕적 해이

소유자와 경영자가 동일인이 아닌 한 주주는 기업경영의 결과만 사후적으로 알 뿐이고, 이러한 결과에 이르도록 한 경영자의 행동은 알 수 없는 경우가 많다. 이러한 정보의 비대칭 하에서는 경영자의 행동에 도덕적 해이 현상(moral hazard)이 나타날 수 있다.

이러한 예로써 경영자의 행동에 따라 다음과 같은 경영성과가 예측되는 상황을 가정해 보자. 〈표 2-1〉에서 가장 유리한 여건인 상황 1인 경우 경영자의 노력과 무관하게 기업은 2억 원의 이윤을 번다. 가장 나쁜 여건인 상황 3인 경우에는 경영자의 역할과 무관하게 1억 원의 이윤이 생긴다. 상황 2에서는 경영자의 역할에 따라 열심히 하면 평균 2억 원, 소극적으로 하면 1억 원의 이윤이 생긴다. 각 상황이 나타날 확률이 1/3로 동일하다고 가정하면 경영자가 열심히 일하면 평균 1.7억 원, 소극적으로 일하면 평균 1.3억 원의 이윤을 기대할 수 있다.

〈표 2-1〉 경영자의 행동과 상황에 따른 기업의 이윤

구분	상황 1	상황 2	상황 3	기대값
열성적	2억	2억	1억	1.7억
소극적	2억	1억	1억	1.3억

주주는 당연히 경영자가 열심히 일하기를 요구할 것이다. 그러나 경영자의 노력에 대한 정보를 완벽하게 파악할 수 없으면 실제로 열심히 일하는지 아닌지를 알 수 없다. 따라서 경영자는 열심히 일하겠다고 약속하고는 소극적으로 일할 수도 있는데, 이것이 경영자의 도덕적 해이이다.

3) 역선택

〈표 2-1〉의 상황 1이나 상황 3에서는 경영자의 노력과 기업 실적은 무관하다. 이러한 정보를 미리 안다면 주주는 경영자에게 실적에 따라서 급료를 지불하려고 하지 않을 것이다. 경영자는 주주에게 이러한 정보를 완벽하게 전달하지 않고, 노력에 따라 경영성과가 달라질 수 있는 것처럼 과장함으로써, 자신에게 유리하도록 계약을 체결할 수 있다.

이러한 문제는 역선택(adverse selection)으로 인해서 발생하는 문제이다. 이는 정확한 정보를 가지고 있는 거래참여자 사이에 보유하는 정보가 차이가 있고, 정보를 많이 가진 한 거래당사자가 자신에게 유리하도록 정보를 이용하는 현상이다. 이러한 현상은 중고차거래나 보험계약에서 많이 볼 수 있다.

나. 경영자 감시

1) 시장을 통한 감시

시장을 통한 감시는 주식시장의 유동성을 이용하는 방식이다. 주주는 경영자들에게 일정한 기준에 따라 기업을 운영하도록 재량권을 주고 주가를 일종의 성적표로 이용하면서 증권시장 거래를 통해서 감독한다. 경영자에게 불만이 있는 주주는 주식을 매각함으로써 그 의사를 표시한다. 매각하려는 주주가 많아져 주가가 떨어지면 현명한 경영자는 그 의미를 곧 알아차린다. 경영자가 이를 알아차리지 못하고 계속 잘못하면 적대적인 인수자가 나타나 다수주식을 매입함으로써 경영진이 바뀐다. 이 제도는 주주에 대한 완전한 정보공개와 내부정보를 이용한 주식거래의 철저한 통제에 기초하여 운영된다.

회사주식이 대량 처분되고 주식소유가 변동되어 새로운 대주주가 등장하면 자연히 현 경영진이 퇴진하게 될 것이다. 따라서 경영자는 자신의 경영능력을 보여주고, 회사의 소유권이 안정적으로 유지되도록 하기 위해서 회사의 주가 유지에 큰 관심을 가지게 된다. 주식가격이 낮아진 것을 이용하여 회사의 소유권이 바뀌는 현상은 시장의 주식매입을 통해서 경영권을 확보할 수 있는 미국에서 흔히 나타나는 현상이다.

한국에서는 주식소유가 집중되어 있고, 주식매입을 통한 경영권 확보도 비교적 어려웠기 때문에 이러한 감시가 제대로 작동하지는 못했다. 한국에서도 1997년에 일반 투자자에게 적용하고 있던 주식소유상한규정을 철폐하여 주가가 지나치게 낮아지면 적대적 인수자가 나타나 회사의 소유권이 바뀔 수 있다. 따라서 한국의 증권시장에도 본격적인 합병·매수(M&A: mergers & acquisitions) 바람이 불게 될 것이다.

투자자들은 자신이 회사의 경영권을 장악할 마음은 없더라도 어떤 기업이 M&A 대상이 되는 지에 대해 깊은 관심을 가지고 있다. 일단 한 기업이 M&A의 대상으로 거론되면 그 기업의 주가가 뛸 가능성이 높기 때문이다. 기업 사냥꾼(corporate raiders, 회사경영권 장악을 위한 주식매입자를 의미함)에게 넘어가면 새로운 경영진이 구성돼 경영에 매진하니 회사 실적이 좋아질 수밖에 없고, 혹시 실패하더라도 기존 경영자에게 자극이 되어 주가를 올리는 작용을 기대할 수 있기 때문이다.

2) 관계를 통한 감시

관계를 통한 감시는 일본과 독일에서 주로 이용된다. 여기서는 주식의 유동성이 별로 크지 않다. 또한 독일에서는 다른 선진국에 비하여 개인기업의 비중이 높고 따라서 주식의 유동성은 그만큼 낮다. 일본의 계열기업 간 주식 상호소유와 독일에서의 은행의 대규모 주식보유가 이를 나타낸다. 여기서는 주주는 스스로 엄격하게 감독하거나 은행과 같은 믿을 만한 제3자를 통하여 감독한다. 주주들은 흔히 많은 주식을 장기간 보유함으로써 경영자들과 긴밀한 관계를 맺고 있다. 이들은 영국이나 미국처럼 주식시장에 대한 정보공시를 통하여 기업정보를 알기보다, 이러한 관계를 이용하거나 때로는 회사의 이사회에 참여함으로써 장기계획에 관한 정보를 수집한다. 여기서는 회계정보가 불분명한 경우도 많고, 내부거래에 관한 통제도 불철저하다. 경영자통제와 관련된 주식시장의 역할은 영국과 미국에 비하여 낮다.

일반적으로 말하면 주주는 회사 평균 수익률의 극대화를 실현할 수 있는 경영을 원하고, 채권자인 은행은 파산 가능성을 극소화하는 경영을 원한다. 수익률이 낮더라도 적자를 보지 않는 안전 위주 경영은 부도를 모면하게 한다는 점에서 은행을 만족시킨다. 그러나 이러한 경영은 배당수익률과 주가상승을 가져오지 않기 때문에 주주에게는 불만이다. 따라서 채권자인 은행과 주주의 이해가 언제나 일치하는 것은 아니다.

차입금을 갖고 있는 회사는 차입상태를 유지하기 위해서 경영에 관한 정보를 은행에 제공하게 된다. 또 은행은 빌려준 원금과 이자가 상환되도록 담보하는 의미에서 회사가 지나치게 위험한 투자에 손대지 않도록 간섭하게 된다. 이러한 은행의 회사경영에 대한 간섭은 - 비록 주주와 이해관계가 완전히 일치하지는 않지만 - 기업경영에 직접 참여할 수 없는 소액주주의 이익을 부분적으로 대신하는 역할을 한다. 채무기업이 부도를 당하거나 채권을 회수하기 어려운 곤경에 처하게 되면 채권자인 은행도 매우 심각한 경영위기에 처하게 된다. 1997년의 경제위기 도래 이후 은행의 부실채권이 급속히 증가하여 1998년에 한국에서 일부 시중은행이 강제로 합병되는 사태가 생긴 것은 기업의 부실이 은행의 부실을 가져온다는 것을 잘 보여준다.

시장을 통해서 감시하는 사회와 관계를 통해서 감시하는 사회 간에 회사주식의 소유구조도 다르다. 회사의 경영자를 감독하기 어려운 형편에 있는 개인주주의 비중은 미국이 단연 높다. 일본과 독일에서는 대체로 거래관계가 있는 회사나 은행의 주식지분이 높다. 예컨대 GM사의 5대 주주의 지분은 9%에 불과하지만 독일 메르세데스-벤츠 사의 경우에는 그 비중이 68%나 된다.

한국의 경우에는 지배주주가 직접 경영자가 되거나, 친인척이나 학연이나 지연이 있는 사람이나 창업공신 중에서 능력을 인정한 사람을 주로 경영자로 발탁한다. 그러므로 경영자는 지배주주의 통제를 직접적으로 받는 경우가 많다.

3) 제도를 통한 감시

(1) 주주총회와 이사회

경영자의 경영방침 및 경영성과에 불만이 있을 때 주주는 관계를 단절한다. 제도상으로 보면 기업의 임원(경영자)은 주주총회에서 선임되는 것이기 때문에 주주가 현 경영진에 대해서 불만을 가지면 이들을 다른 경영자로 교체할 수 있는 것이다.

주식이 다수 소액주주에게 분산되어 있으면 경영진 교체가 어렵다. 소액주주들의 무임승차자 성향 때문이다. 이들은 주주총회에 참석하여 현 경영진을 교체하도록 직접 노력하기보다 누군가 다른 사람이 그러한 노력을 해 주면 그 이익을 향유하려고 행동하는 것이다. 주주가 주주총회에 참석하지 않을 경우에는 이사회에 투표권을 위임할 수 있도록 규정하고 있는데, 소액주주의 투표권을 위임받은 이사회는 현 경영진에 불만을 가진 주주들과는 다르게 투표할 것이다. 특히 대주주가 경영권을 장악하고 있을 경우에는 다수의 소액주주가 모여 불만스런 경영진을 교체하기는 매우 어렵다. 주주들의 이익을 충실히 반영하지 않는 경영자가 끈질기게 자리를 지키는 사례는 주주의 권리보장이 잘 되어 있는 선진국에서도 흔히 있는 일이다.

한국에서는 그 동안 주주총회와 이사회는 거의 형식적으로 운영되어 왔다. 주주를 위해서 경영에 대한 감시 내지 통제기능을 수행하기보다는 제1대 주주의 의도대로 운영되는 유명무실한 존재였다. 최근 이러한 독단적 경영이 경제위기를 초래한 한 원인이었다는 지적과 소액주주의 권익을 위한 시민운동에 힘입어 소수주주의 권한을 강화하는 등 제도적 보완을 한 바 있다. 향후 한국 기업의 지배구조도 새로운 형태로 변모할 것으로 전망된다.

(2) 사외이사제도

정보의 편중에서 발생하는 경영자의 도덕적 해이문제를 최소하고 경영자가 주주의 이익에 보다 충실하도록 통제하려는 의도에서 도입하고 있는 또 다른 제도로 사외이사제도를 들 수 있다.

사외이사(outsider director)란 사내이사와 함께 주식회사 이사회의 구성원이 되지만 법률적으로 사용자의 지위를 가지지 않는 사람을 말한다. 이들은 회사의 일상적 업무에는 간여하지 않으나 이사회에서 회사의 주요 안건을 심의하고 의결하는 데 참여한다.

사외이사제도가 가장 발달되어 있는 나라는 미국이다. 미국에서는 일정 범위 이상의 사외이사를 확보하는 것이 상장기업의 요건이다. 대부분의 미국 상장회사의 경우 이사의 과반수 이상을 사외이사가 차지하고 있다고 한다. Spencer Stuart 사의 미국 100대 기업 이사회 조사결과를 보면 1993년 평균 이사의 수는 약 13명이었는데, 이 중 사내이사는 평균 약 3명이었다. 미국에서 사외이사가 회사운영에 실질적인 권한을 행사하는 대표적인 사례로는 GM을 들 수 있다. GM의 이사회는 12명의 사외이사와 사장, 부사장으로 구성되어 있다. 사외이사가 수적으로 절대 우위를 차지하고 있고, 실제 권한에 있어서도 최고경영자(CEO)보다 우위에 있는 것으로 평가되고 있다.

사외이사는 구체적으로 어떤 역할을 하는가? 이를 우선 GM의 사례를 통해 알아보자. GM에서 사외이사의 역할이 강화된 배경에는 1980년대 당시 최고경영자(CEO) 겸 이사회 회장으로 강력한 권한을 가지고 있던 스미스에 대한 견제의 필요가 있었다. 당시 스미스는 자신에게 충성하는 이사들을 대거 기용하고 기업경영에 관한 정보를 장악함으로써 절대적인 권한을 행사하고 있었다. 그 결과 GM은 승용차 시장에서 시장점유율이 10%나 저하하는 부진을 보이게 되었고, 이에 대한 주주의 반발로 개혁의 필요성이 제기되기에 이른다.

여기서 등장한 것이 사외이사의 역할 강화였다. 이전에 별 권한이 없었던 사외이사들에게 많은 권한과 정보를 줌으로써 최고경영자의 독단을 방지하고자 했던 것이다. 또 사외이사와 최고경영자의 권한이 명확히 나누어져 있으면 주주의 의견이 보다 많이 반영될 수 있고, 노동조합과의 교섭에서도 유리한 명분을 가질 수 있다고 보았다. 이러한 이유로 GM에서는 주주의 의사를 대표하는 사외이사를 선발하고 그들이 최고경영자의 기업경영에 간여하도록 함으로써 의사결정 권한행사에서 견제와 균형이 이루어지도록 했던 것이다. 이상 GM의 예를 통하여 설명한 사외이사 역할강화의 효과를 요약하면 다음과 같다.

① 경영자 견제 및 이사회 권한 강화

이사와 대표이사는 원래 주주총회에서 선임하도록 되어 있으나 실제로는 재벌그룹의 경우 소위 '총수'에 의해 임명됨으로써 상호 감시·견제하는 역할을 제도로 수행하지 못하고 있었다. 주주의 권익을 대변할 수 있는 사외이사에 의해 사내이사의 견제력 부족을 보완하고 이사회 본연의 임무를 달성하도록 할 수 있다.

② 기업 통치권의 분산

현재의 제도 하에서 최고경영자는 인사권과 정보독점을 이용해서 기업지배권을 독단적으로 행사할 수 있다. 그러나 집행권을 가진 최고경영자 및 사내이사와 주주의 권익을 대변하는 사외이사로 권한을 분리시켜 견제와 균형의 원리에 충실한 기업운영이 될 수 있다.

③ 주주 권한의 강화

지금까지의 기업경영은 일부 대주주나 경영자를 위해서 이루어져 왔다고 해도 과언이 아닐 정도로 소액주주의 이익은 반영되지 못했다. 그러나 사외이사제가 도입되면 소액주주를 비롯한 일반 주주들이 사외이사를 통하여 그들의 의견을 반영하고 이익을 보장받을 수 있을 것이다. 나아가 일반 주주의 이익에 반하는 의사결정에 제동을 걸 수도 있을 것이다.

한국에서는 1998년부터 상장기업에 사외이사를 선임하도록 의무화하였고, 1999년부터는 상장기업 이사의 25% 이상을 사외이사로 선임하도록 규정하고 있다.

(3) 경영진의 재산권에 대한 제한

임원에게 기업의 대출용 담보로 임원의 집이나 토지 등의 부동산을 제공하도록 하는 기업이 있다. 이렇게 되면 회사의 경영이 어려워져 대출금을 상환하지 못하면 임원의 개인재산이 압류 당한다. 그만큼 경영자는 기업의 발전을 위해서 노력하지 않을 수 없는 확실한 압력을 받게 된다. 이는 기업과 경영자가 같은 배를 탄 공동운명체로 행동하도록 하는 중요한 수단의 하나가 된다.

기업이 이러한 의무를 부과하지 않더라도 임원이 자발적으로 개인재산을 담보로 제공하고 자금을 차입하여 기업에 필요한 자금을 제공하는 경우도 있다. 이는 기업의 투자 사업이 성공할 가능성이 매우 높고 회사의 수익증가와 연계되어 경영자에게 임금과 보너스 인상, 주식배당이 이루어지는 개인적 인센티브제도가 도입되어 있을 때에 흔히 나타난다. 경영자들이 이처럼 적극적으로 회사의 사업에 임한다는 것은 외부투자자에게는 투자사업의 성공 가능성이 높다는 것을 타나내는 신호로 해석된다. 따라서 이는 회사의 주가를 높이고 자금의 유입을 원활하게 하는 순기능을 발휘할 것이다.

그러나 기업이 의도적으로 기업 위험과 개인의 위험을 결부시키면 부작용이 생길 수도 있다. 이는 경영자에게 지나치게 안전위주로 행동하도록 하고, 기업 경영을 위해서 필요하기도 한 과감한 행동을 가로막는 부작용이 있다.

다. 경영자의 관리와 유인

1) 경영자 관리의 필요성

앞에서도 말했듯이, 비록 최고경영자의 지위에 오르더라도 경영자는 주주와 완전히 동일한 이해관계에 있는 것은 아니다. 경영자는 호화로운 사무실과 많은 비서진의 유지, 값비싼 해외여행, 연고 관계가 있는 기업에 대한 특혜의 제공 등 여러 형태로 개인적인 이익을 추구하면서 기업 효율을 떨어뜨릴 수 있다. 또 업무시간 중에 일을 빙자하여 사우나나 골프장을 출입하며 정작 할 일은 소홀히 할 수도 있다. 주주가 배당을 많이 받기 위해서는 경영자의 이러한 행동을 막는 것이 중요한 과제이다.

한국에서 대주주나 그 친인척이 직접 경영자로 나서는 것은 대주주의 이러한 고민과 관련된다고 할 수 있다. 그러나 기업이 커짐에 따라서 기업이 필요로 하는 경영자의 수가 늘어나고 또 급속하게 변화하는 경영환경에 대응할 수 있는 고도의 전문지식을 갖춘 경영인이 필요해짐에 따라 친인척 경영으로 이 문제를 완전히 해결할 수는 없게 되었다. 따라서 기업의 효율적인 경영을 위해서는 경영자가 적극적으로 일하도록 하는 효율적 관리제도와 인센티브제도를 마련하지 않으면 안 된다.

2) 경영자 관리의 방안

(1) 승진

임원이 된 경영자에게도 승진은 이들을 적극적으로 일하도록 하는 큰 유인이 된다. 한국의 기업에서는 임원급 내에서도 이사-상무-전무-부사장-사장-회장 등의 서열을 마련해 두고 있다. 이러한 위계체계 하에서는 경영자들이 능력을 발휘함으로써 한 단계 더 높은 직위로 오르려고 노력하게 된다.

기존 경영진이 순조롭게 승진할 수 있으려면 회사의 조직과 사업영역이 확대 되는 것이 필요하다. 조직과 사업영역이 확대되려면 회사의 경영이 원활하고 필요한 자금을 쉽게 조달할 수 있을 만큼 대외적 신인도가 높아야 한다. 반대로 회사의 경영이 부진하면 회사의 조직과 규모가 축소된다. 이 경우에는 승진이 늦어지고 기존 임원들이 자리를 유지하지 못하고 쫓겨나는 일도 생기게 된다.

경제사정이 좋을 때에는 경영자들의 승진 가능성이 높아지기 때문에 그들의 일에 대한 열성도 그만큼 높아질 수 있다. 이 경우에는 '좋은 경영상태→조직의 확대→빠른 승진→회사 일에 대한 몰입도 증가→한층 양호한 회사 경영상태'라는 좋은 인과관계가 형성된다. 반대로 회사경영이 부진하여 승진이 정체되면 이 정체가 경영자들의 의욕을 위축시켜 경영상태가 더욱 악화되는 악순환이 나타날 수도 있다.

(2) 보수

경영자가 회사로부터 받는 소득도 경영자들에게 강력한 인센티브로 작용한다. 사회에서 높은 소득은 풍요로운 소비, 안락한 생활 등으로 개인과 가족의 효용을 높이는 기초적 수단이다. 또한, 높은 소득은 당사자의 능력과 사회로부터 인정받는 정도를 나타내는 것으로 인식되기 때문에 소비지출과는 관계없이 그 자체가 하나의 목표로 간주되기도 한다. 따라서 재산의 과다나 지위의 고하를 막론하고 사람들은 더욱 높은 개인소득을 추구하므로 소득의 인상은 경영자들의 일에 대한 열성을 높이는 주요 수단이 된다.

최고경영자의 보수는 연봉, 보너스, 장기보상금(long-term compensations) 등으로 구성되는데, 소득의 대부분이 연봉 및 보너스보다는 장기보상금으로 구성되어 있다. 장기보상금은 스톡옵션 등 시중가격보다 낮은 가격으로 회사의 주식을 인수할 수 있는 권리를 가짐으로써 얻는 주식판매에 따른 시세차익과 주가 상승에 연동되어 있는 경영자들에 대한 보상금 등으로 구성되어 있다. 스톡옵션(stock option)이란 (자사)주식매입선택권으로 번역되는데, 일정시점의 사격으로 자기 회사 주식을 살 수 있는 권리이다. 스톡옵션을 확보한 다음에 기업의 실적이 좋아지면 주가가 그 동안 상승할 것이므로 큰 시세차익을 얻을 수 있다. 경영자에게 스톡옵션을 제공하면 경영자는 주가가 높아질수록 급여 외에 추가소득을 확보할 수 있다. 그러면 자기의 개인적 이익을 위해서라도 경영자들은 좋은 신규사업을 발굴하고 이를 성공시키기 위하여 전력을 다하게 되는 것이다.

경영자의 지위가 올라가 최고경영자가 되면 승진은 더 이상 인센티브의 의미가 없게 된다. 최고경영자가 되지는 않았더라도 그에 가까운 지위로 승진하면 그만큼 승진의 가능성은 적어지고 따라서 승진의 인센티브는 약화된다. 이러한 경우에도 고소득을 통한 경영자의 유인은 여전히 중요한 기능을 한다. 기업의 근로자가 부장에서 임원이 되면 갑자기 대우가 달라지는데 이 대우의 차이도 이러한 점을 고려한 때문이다.

대기업 최고경영자(CEO)들이 깜짝 놀랄 만큼 많은 연봉을 받는다는 사실은 항상 뜨거운 논란을 일으키고 있다. 현대 경영학의 아버지로 불리는 피터 드러커는 '경영진과 직원의 급여 격차는 20 대 1을 넘지 말라'고 충고했지만 현실은 다른 방향으로 가고 있다. 미국에서 CEO와 일반 직원 간 평균 임금 격차는 이미 500배를 훌쩍 넘어섰다. 미국 주요 대기업 최고경영자의 보수는 1980년에 시간제 임금을 받는 근로자 임금의 42배였는데, 그 격차가 점차 벌어져서 1990년에는 85배, 2000년에는 531배로 커졌다.

2001년 기준으로 한국의 대기업 최고경영자(CEO)의 보수수준이 세계에서 꼴찌수준인 것으로 조사됐다. 캐나다의 경제지 파이낸셜 포스트에 따르면 세계 26개국의 연매출 5억달러 이상 업체들을 대상으로 CEO의 보수수준을 조사한 결과 한국은 19만4천421달러(약 2억2천500만원)로 23위에 그쳤다.

국가별로는 미국이 한국의 8배에 달하는 140만 달러(18억2천만원)로 가장 많았으며, 2위인 아르헨티나의 86만704달러보다도 40% 이상 많은 것으로 나타나 다른 국가들과의 격차가 심했다. 특히 미국의 경우 조사대상국들 가운데 유일하게 기본급여에 비해 스톡옵션 등 각종 인센티브에 의한 보수가 11%나 더 많은 것으로 조사됐다. 3위는 캐나다로 75만2천228달러의 보수를 받는 것으로 조사됐으며, 영국(71만9천665달러)과 벨기에(65만5천390달러)가 각각 그 뒤를 이었다.

아시아국가들 가운데서는 중국(상하이지역 기준)이 조사대상국 가운데 유일하게 10만 달러 이하인 9만3천393달러의 보수를 받는 것으로 조사돼 꼴찌를 기록했으며 대만(17만9천486달러)과 태국(14만5천173)도 한국에 비해 보수가 낮은 것으로 조사됐다. 그러나 홍콩은 63만5천186달러로 아시아국가들 가운데서 1위를 기록했으며 싱가포르와 일본도 각각 62만1천871만 달러와 54만5천233달러로 세계 상위권에 든 것으로 나타났다.

2008년 말의 미국발 금융위기 이후, 대기업 최고경영자(CEO)들의 보수 시스템에 변화가 일어나고 있다. 미국 기업의 주주들이 '급여에 대한 주주 발언권(say on pay)'을 행사해 경영진의 과도한 보수에 제동을 걸고 있다.

주주들은 인수·합병(M&A)으로 퇴임하는 임원에게 주는 거액의 퇴직금과 스톡옵션 등에 대해서도 투표할 수 있으며 회사에 지급 계획에 관한 정보를 요구할 수도 있다. 미국 기관투자자들은 최근 발언권을 행사해 10개 기업이 경영진 보수 시스템과 정책 등을 바꾸도록 했다. 노동조합과 공공연금펀드가 주도하는 주주 연합체는 미 보험회사인 올스테이트와 자산운용사 노던 트러스트가 '그로스업(gross up)' 제도를 없애도록 영향력을 행사했다. 이같은 그로스업 제도는 배당소득을 받았을 때 이중으로 과세된다는 이유로 경영진이 낸 세금을 기업이 보상해 주는 제도다.

2.5 경영학의 발전과정

경영에 대한 관심은 인간의 역사와 함께 하며 매우 오래 전부터 존재해 왔다. 고대 사회에서도 계획을 세우고 실행에 옮겨서 성과를 통제하는 경영의 개념은 존재했고, 고대 이집트 사회에서 피라미드의 축조에는 고도의 경영기법이 사용되었다. 또한 고대 로마제국의 건설에는 정교한 조직 개발이 있었다고 판단된다. 하지만 그 당시의 활동에서는 효율성(생산극대화, 비용최소화 등)의 개념이 포함되지 않아서 진정한 의미의 경영이라고 말할 수 없다. '경영학'이라는 학문분야가 형성된 것은 그리 오래되지 않았다. 학자들에 따라 견해가 다르긴 하지만 경영이론에 대한 과학적인 접근과 기업조직에의 적용과 같은 현대적 의미에서의 경영개념은 제1차 산업혁명 이후인 19세기 말부터 시작되었고, 경영활동에 대한 과학적 연구는 20세기 초부터 본격적으로 시도되었다.

사회과학의 한 분야인 경영학의 학문적 특성은 이론(theory)과 실천(practice)의 두 측면을 모두 지니고 있다. 경영학의 발전에 많은 영향을 미친 양대 조류는 독일 경영학과 미국 경영학이다. 독일 경영학은 경제학과 밀접한 관련을 유지하며 이론적 측면이 강한 경영경제학으로 발전되어 왔고, 미국 경영학은 작업현장인 공장에서의 실무와 관련하여 실천적이고 응용적인 측면이 강한 경영관리학으로 발전되어 왔다. 현대 경영학은 이 두 조류의 특성이 상호보완적으로 통합되면서 종합화된 학문으로 발전하고 있는데, 우리나라의 경영학은 주로 미국 경영학의 영향을 많이 받았다고 볼 수 있다. 본 교재의 내용은 미국 경영학의 연구성과를 중심으로 전개하고자 한다.

경영학은 학문적 정체성을 확립하는데 필요한 보편적 이론이 많지 않다. 하지만 경영학은 현대 자본주의와 밀접한 관계를 가지고 있는 학문이다. 경영학의 발전과정을 연구하는 학자들의 이름은 또한 대부분 사회학과 경제학 분야에서도 언급되고 있어서 경영학에만 특유한 이론가는 많지 않다고 볼 수 있다. 따라서 현재의 경영학은 이론보다는 기업의 운용과 관리를 위한 기술에 가깝다고 볼 수 있다.

경영이론 / 연대	1. 고전적 경영이론	2. 행동론적 경영이론	3. 계량 경영이론	4. 시스템 이론	5. 현대 경영이론
1900년대					• 상황적합 이론과 전략경영 • Z이론 • 벤치마킹 • 리엔지니어링과 리스트럭처링 • 지식경영 등
1930년대					
1950년대					
1960년대					
1970년대					
2000년대					

[그림 2-2] 경영이론의 발전과정

이처럼 현대 자본주의에서 경영학은 기업을 위한 기술로 이해되는 경우가 많다. 그렇다면 경영학이라는 용어 대신 그냥 경영이라는 용어를 사용하는 것이 맞을 수도 있다. 그래서 경영학이라는 용어 대신, 어떠한 조직이든 관리라는 개념은 필수적인 것이므로 관리학이라는 용어를 사용하자는 주장도 있다. 이 경우 경영학은 현대 자본주의 기업만을 위한 학문이 아니라 국가, 공공기간, 비영리단체, 사조직 등 모든 조직의 경영을 위한 학문으로 자리매김을 할 수 있을 것이다. 결론적으로 현재의 경영학은 불확실성과 경쟁의 심화로 특징지어지는 현대 자본주의 기업의 필요에 의한 학문으로 존재하고 있으며 보편적인 조직의 관리와 경영을 위한 학문으로서 정체성을 확립하기 위한 노력도 필요할 것이다.

가. 고전적 접근법

1) 테일러의 과학적 관리법

20세기가 시작될 무렵 미국의 기업들은 생산성의 향상과 생산량 증대에 많은 관심을 기울였다. 기업이 성장함에 따라 자본은 축적되고 있었지만, 노동은 공급부족 상태였다. 생산원가의 절감을 위해서는 노동력의 효율적 활용이 중요했으나 노동자들의 생각은 달랐다. 노동자들은 오히려 임금이 적다고 생각했고 임금투쟁과 조직적 태업을 벌였다. 미국의 20세기 초반은 역사에서 보는 것처럼 노동자들의 투쟁과 혼란으로 점철되었던 것이다.

테일러(F. Taylor; 1856~1915)는 이에 대한 과학적인 해결을 시도했는데 노사간의 갈등 해소는 작업에 대한 명확한 분석으로부터 출발한다는 것이다. 과거에는 임금산정에 있어 주먹구구식 방법으로 사용했으나 노동자의 작업에 대한 분석과 연구를 통해 공헌도에 따라 성과급을 지급한다면 임금과 관련된 분쟁을 해결할 수 있을 것으로 믿었던 것이다. 이렇게 함으로써 자본가와 노동자 모두가 인정할 수 있는 합리적인 해결점을 찾을 수 있다고 주장했던 것이다.

테일러는 필라델피아에 있는 Midvale 철강회사에서 직장(foreman)으로 근무하면서 관리이론을 체계화하여, 「성과급제도」, 「공장관리」, 「과학적 관리의 원리」 등 3권의 저서를 출간하며 자신의 관리이론을 제시하였다. 테일러 이전에도 체계적 관리에 대한 연구가 존재하였으나 경제학이나 사회학의 연구에 보다 가깝다고 볼 수 있으며 테일러의 연구에 들어와서 비로소 개별 기업에 대한 과학적 관리라고 하는 미시적 관리기법들이 체계적으로 정리되기 시작하였던 것이다. 따라서 일부 학자들은 테일러의 과학적 관리법을 현대 경영학의 시작으로 보기도 한다. 테일러의 과학적 관리법의 핵심은 과학적 방법을 통해 노동효율성을 높여서 자본가에게는 높은 이윤을, 노동자에게는 높은 임금을 지불하고자 하는 다소 이상적인 실무이론을 제공하는 것이다.

테일러의 과학적 방법에서는 노동자의 작업에 대한 시간연구(time study)를 통해 작업을 요소별로 세분화하고, 동작연구(motion study)를 통해 각각의 세분화된 작업에 대한 표준시간(standard time)을 제공함으로써 불필요한 동작을 최소화하려 하였다. 그리고 표준시간을 기초로 초과 작업을 한 경우에는 성과급을 지불하게 함으로써 동기부여도 꾀하였다. 그러나 테일러의 원래 의도와는 달리 작업이 단순화, 표준화됨으로써 작업에 대한 만족도가 떨어지고, 성과급 제도는 작업에 대한 의욕을 높이기보다는 성과급을 달성하지 못하는 종업원들에 대한 해고의 수단으로 이용되는 경우가 많아 여러 문제점을 노출시켰다.

테일러의 과학적 관리법은 노사가 협력하여 과거의 주먹구구식 방법을 대체할 수 있는 과학적인 방법을 사용하자는 주장을 함으로써 이후 경영학의 발전에 결정적인 역할을 한다. '과학적 관리법'이라는 단어를 음미해 보면, 이전의 관리, 즉 경영은 과학적이지 않았다는 것이다. 그리고 그만큼 '과학적'이라는 것을, 자연과학의 문제가 아닌 인간과 조직의 문제에는 아직 적용하려고 하지 않았다는 것이다. 따라서 생각보다 테일러의 '과학적 관리법'의 영향은 지대했으며 그 가치는 지금까지도 많은 시사점을 제시하고 있다. 과학적 관리법의 주요 내용은 다음과 같다.

(1) 과업관리

과학적 관리법의 첫 번째 원칙은 과업에 대해 기존처럼 일반적인 가이드 라인만 제공해서는 안 되며 과학적 접근을 통해서 분명하고도 정확하게 제시되어야 한다는 것이다. 이를 위해서는 과업에 대한 연구가 이루어져야 하는데 표준적인 노동자가 표준적인 작업환경에서 행하는 작업들에 대하 시간연구 및 동작연구를 행하게 된다. 예를 들어 스톱워치 등을 이용하여 실제 노동자들의 작업시간을 동작별로 세분화하여 측정하는 것과 같은 것이다. 이를 통하여 작업을 요소 작업별로 분할하고 휴식 등과 같은 여유시간도 고려하여 표준시간을 구하게 된다. 표준시간이 결정되면 노동자별 표준생산량이 결정될 것이다.

이러한 직무연구와 직무설계는 경영자에 의해 행하여진다. 이를 통하여 경영자와 노동자의 직책이 분명히 구분된다. 경영자는 노동자의 직책과 기능을 분명히 정하고 노동자는 이를 그대로 수행함으로써 공장의 관리를 효율화시킬 수 있다는 것이다.

(2) 과학적인 노동자의 선발과 훈련

과학적 관리법의 두 번째 원칙은 경영자가 노동자를 과학적으로 선발, 훈련, 교육시켜 적절한 과업에 적절한 노동자를 배치해야 한다는 것이다. 이를 위해 과업연구를 통해 설계된 직무내용 및 직무수행 방법, 노동자의 자격조건을 명시하고 이에 따라 노동자를 선발해야 한다는 것이다.

(3) 경영자와 노동자의 협력

세 번째 원칙은 이러한 계획과 원칙을 제대로 구현하기 위해서는 경영자와 노동자가 협력해야 한다는 것이다. 그리고 이러한 경영자와 노동자의 협력은 경영자와 노동자가 모두 인정할 수 있는 과학적이고 합리적인 원칙과 기준에 의해 가능하다고 보았던 것이다. 노동자에게는 일한 만큼의 보상을, 경영자에게는 생산성 향상에 의한 이익을 줌으로써 상호 이익이 가능하다는 것이다.

(4) 차별성과급제

일반적으로 테일러의 과학적 관리법에 대해 많이 언급되는 원칙은 차별적 성과급제(differential piece rate system)다. 차별적 성과급제는 생산량에 정비례하여 성과급을 지불하는 순수성과급제와는 다르다. 표준생산량까지는 순수성과급제로 운영하고 표준생산량을 초과하는 부분에 대해서는 순수성과급보다 더 높은 임금률을 적용하는 것이다. 이렇게 함으로써 노동자에게 표준생산량 이상을 달성함으로써 더 높은 성과급을 올리려고 노력하는 동기를 부여함으로써 생산성을 높일 수 있는 것으로 보았다.

(5) 분업과 직능별 감독제도

이처럼 테일러의 과학적 관리법의 원리에서는 경영자와 노동자의 분업이 매우 중요한 요소가 된다. 이러한 분업의 요소는 경영자와 노동자 뿐만 아니라 경영자 간에도 적용된다. 이전까지는 한 명의 경영자가 자신이 관리하는 공장의 모든 직무를 담당하였다. 그러나 테일러는 경영자의 직무가 바뀌면 감독자도 바뀌어야 한다고 주장하였다. 테일러는 감독자의 업무도 분업화하여 일반감독자는 노동자의 작업에 대한 감독업무만 담당하고, 작업계획을 담당하는 감독자는 작업계획만 담당하고, 작업평가를 담당하는 감독자는 작업평가만을 담당하는 식으로 감독자 간에도 분업의 원리를 적용하는 직능별 감독제도를 주장하였다.

2) 간트의 성과급제

간트(H. L. Gantt; 1861~1919)는 테일러와 함께 일을 한 동료로서 테일러의 과학적 관리법을 더욱 발전시켰다. 간트는 프로젝트 관리에 많이 사용되는 간트 차트(Gantt Chart)의 개발자이기도 하다. 테일러의 차별성과급제는 표준생산량까지는 순수성과급제로서 만약 질병이나 결근 등으로 생산량이 하나도 없을 경우에는 임금을 하나도 지불하지 않는 제도다. 이러한 테일러의 차별성과급제는 근로자의 의욕을 높이기보다 이러한 측면에서 오히려 근로자의 의욕을 떨어뜨리는 면이 발생할 수 있다.

이에 간트는 테일러의 차별성과급을 개선하여 기준생산량까지는 고정 임금을 지불하고 그 이상의 생산량에 대해서는 상여금을 지불하는 형태의 임금제도를 제안함으로써 테일러의 차별성과급 제도의 문제점을 보완하려고 하였다.

3) 포드의 이동조립법

포드(H. Ford; 1863~1947)는 1903년 포드 자동차를 설립하고 운영하면서 자신의 과학적 관리법을 체계화시킨다. 이러한 포드의 과학적 관리법을 표준화된 제품의 대량생산을 통하여 규모의 경제를 달성하고 원가절감을 추구하는 생산방식으로 이후의 경영이론에 큰 영향을 미쳤기 때문에 포드 시스템(Ford system), 포디즘(Fordism)이라 불린다. 이는 기업경영활동을 일반 대중에 대한 봉사활동(생활수준의 향상과 구매력의 증대)으로 정의하고 있다. 즉 기업의 목적이 '이윤 동기'에서 '봉사 동기'로 전환됨을 의미하고 있다.

포드 시스템은 컨베이어 시스템에 의한 이동조립법으로서 불필요한 동작이나 작업시간 상의 손실을 최소화함으로써 생산성의 향상을 꾀하는 방법이었다. 포드는 또한 이를 효과적으로 구현하기 위해 부품의 표준화(standardization), 제품의 단순화(simplification), 작업의 전문화(specialization)의 '3S 운동'을 주장하였다. 이러한 3S 운동은 이후 표준화된 제품의 대량생산운동으로 각국에 보급되기도 한다.

4) 페이욜의 경영관리론

페이욜(H. Fayol; 1841~1925)은 프랑스의 광산회사 최고경영자로 근무하면서 1916년에 『일반 및 산업관리』라는 책을 저술하였다. 이 책이 1930년에 영문으로 번역이 되면서 경영이론가로 각광을 받게 되었으며, 페이욜의 관리이론은 페이욜리즘(Fayolism)이라고 불리기도 한다. 페이욜은 기업의 관리 과정을 계획 → 조직화 → 지휘 → 통제의 과정으로 파악하였으며, 기업의 관리 활동을 기술활동, 영업활동, 재무활동, 안전활동, 회계활동과 관리활동으로 파악하는 체계적인 정리를 시도함으로써 현대 경영학에서 다루는 많은 부분의 기초를 놓았다. 페이욜은 기업의 관리가 일관되고 분명한 원칙에 따라 운영될 수 있다고 보았으며 이를 경영의 일반원리라고 하는 것으로 체계화시켰다. 페이욜의 경영의 일반원칙은 다음과 같다.

〈표 2-2〉 페이욜의 14가지 경영의 일반원칙

구분	경영원칙	내 용
1	분업의 원칙	업무의 세분화로 생산성을 증대시킬 수 있다.
2	권한의 원칙	권한에는 명령을 내리는 힘이어서 반드시 책임이 부과된다.
3	규율의 원칙	구성원들은 조직의 규칙을 준수해야 한다.
4	명령 일원화의 원칙	종업원은 오직 한명의 상사로부터 명령을 받고 보고를 한다.
5	방향통일의 원칙	종업원의 노력은 목표 지향적이어야 한다.
6	공동목표 우선의 원칙	개인의 이익보다 조직 전체의 이익이 더 우선되어야 한다.
7	합당한 보상의 원칙	조직의 지시에 따른 성과는 합리적 · 체계적으로 보상해야 한다.
8	집권화의 원칙	하위계층의 권한은 축소되고, 상위계층의 집권화가 이루어진다.
9	계층연쇄의 원칙	의사소통은 상하의 수직적인 연결계층을 통해서 이루어진다.
10	질서의 원칙	조직의 인적 · 물적 자원은 목표지향적으로 배치해야 한다.
11	공평의 원칙	공평한 규율과 질서를 통해 종업원을 관리한다.
12	고용안정의 원칙	고용의 안정과 장기근속으로 종업원의 충성심을 기른다
13	자발의 원칙	계획을 주도하고 실천하는데 모든 구성원이 참여하도록 한다.
14	단결정신의 원칙	생산성 향상은 종업원 상호간의 단결과 조화로부터 나온다.

5) 베버의 관료제

독일의 사회학자이자 법률가인 베버(M. Weber; 1864~1920)는 사회학, 경제학에서도 중요한 학자로서 자주 언급이 되는 인물이다. 그의 저서『사회 및 경제 조직의 이론』이 영문으로 번역된 1947년에 비로소 알려지기 시작하였다. 그는 이상적인 조직형태를 관료조직으로 보았다. 관료조직이란 분업, 명확히 정의된 계층, 세부적인 규칙과 규제, 공과 사의 명확한 구분 등의 특징을 갖고 있는 조직을 말한다. 페이욜의 경영의 일반원리와 베버의 관료조직 이론은 현대의 복잡해지는 조직의 명령, 권한, 책임, 위계질서 등을 명확히 하는데 공헌했으나 지나친 관료화의 경향에 대해서는 비판이 제기되기도 하였다.

나. 인간행동학파

1) 메이요의 호손연구

메이요(E. Mayo)를 비롯한 호손(Hawthorne) 연구자들은 1924년부터 1932년까지 호손 공장에서 실험을 진행했다. 원래 이 실험은 소음, 조명 등과 같은 물리적 작업환경이 생산성 증가에 미치는 영향을 연구하는 것이었다.

1차 실험(조명 실험; 1924~1926)은 작업장의 조명을 변화시키는 실험집단의 생산성과 조명을 변화시키지 않는 통제집단의 생산성을 비교하였다. 실험 결과는 기대했던 것과 달리, 조명을 높였을 때 두 집단의 생산성은 동시에 증가하였고, 실험집단의 조명을 낮추었을 때에도 생산성은 계속 증가되었으며(호손 효과), 달빛 수준으로 조명을 낮추었을 때에 비로소 생산성이 감소하기 시작하였다. 이 실험에서 생산성 향상은 조명 요인의 변화만으로는 설명될 수 없다는 결론을 도출하였다.

2차 실험(계전기 조립 실험; 1927~1928)은 경제적·물리적 노동조건의 변화(임금인상, 휴식시간 증가, 작업환경의 개선 등)와 생산성과의 관계를 관찰하였다. 1차 실험과 마찬가지로 노동조건의 개선이 생산성을 향상시켰으나, 다시 원래 상태로 환원시켜도 생산성은 여전히 높게 유지되는 실험 결과를 얻었다. 오히려 그보다는 회사 측에서 종업원들을 인간적으로 대우하고 관심을 갖고 있다고 하는 사실이 이들의 감정과 태도에 작용을 하여 생산성이 향상되었다고 추정하였다. 결국 연구자들은 물리적인 측면보다 심리적이고 사회적인 요인들이 생산성에 영향을 미친다고 믿게 되었다. 경제적 욕구보다 오히려 집단에 대한 소속감과 같은 사회적 요인이 생산성을 높이는 데 보다 큰 역할을 한다는 것이었다.

3차 실험(면접 실험; 1928~1930)은 종업원의 감정과 태도 변화를 근본적으로 규명하기 위하여 종업원에 대한 개별 면접조사를 진행하였다. 생산성 향상은 종업원이 속하는 조직 내의 사회적 조건과 인간관계에 따라 변화한다는 것을 발견하였다. 또한 종업원들 간에 자생적으로 존재하는 소규모의 비공식 조직(informal group)이 종업원의 감정과 태도와 행동에 결정적 역할을 한다는 사실이 밝혀졌다.

호손 공장의 실험은 사람에 대한 관심이 생산성 향상에 매우 중요한 역할을 한다는 사실을 알려주었다. 그리고 이전의 경영이론들이 인간을 단순히 자극에 반응하는 기계와 같은 것으로 보았던 것을 비판하면서, 인간관계와 조직행동에 관한 연구에 중요한 출발점이 되었다.

2) 매슬로우의 욕구단계론

매슬로우(A. Maslow; 1908~1970)는 인간은 자신의 욕구가 충족될 때 동기부여가 된다는 욕구단계론(needs hierarchy theory)을 주장하였다. 인간의 욕구는 5단계(생리적 욕구, 안전 욕구, 소속감과 애정 욕구, 존경 욕구와 자아실현 욕구)로 구성되어 있으며, 가장 낮은 단계의 욕구는 의·식·주와 같은 생리적인 욕구이며, 이것은 기본적인 만족을 요구하지만 기본적인 만족을 넘어서 과도하게 만족된다고 해서 생산성이 그만큼 높아지지는 않는다는 것이다. 그리고 일단 생리적 욕구가 만족되면 인간은 그 다음 단계인 안전의 욕구를 추구하며, 이런 식으로 상위의 단계로 나아가는 욕구 계층적 구조가 존재한다고 보았다[그림 2-3 참조].

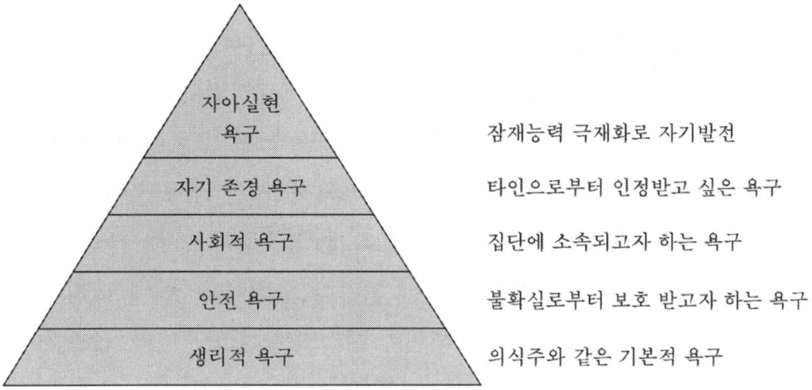

[그림 2-3] 매슬로우의 욕구 5단계

3) 맥그리거의 XY이론

맥그리거(D. McGregor; 1906~1964)는 경영자가 종업원들에 대해 어떠한 가정을 하느냐에 따라 기업의 문화가 결정된다고 보았다. 맥그리거는 인간의 특성에 대해 유명한 X 이론과 Y 이론을 제창한다. X 이론은 사람은 일하기 싫어하고 책임을 회피하고 창의성이 없으며 명령받기 좋아하므로 강제, 명령, 처벌의 수단을 사용해야 한다는 것이다. Y 이론은 사람은 자기통제를 할 수 있으며 책임감이 있고 창의적이지만 이를 잘 북돋아 주어야 가능성을 최대로 발휘한다는 이론이다. 따라서 경영자가 인간에 대해 부정적인 견해를 가지고 있으며 많은 규칙을 만들고 종업원들을 철저히 감독하는 문화를 만들 것이며 인간에 대해 긍정적인 견해를 가지고 있다면 창의적이고 서로 협력하는 문화를 만들 것이다.

4) 허즈버그의 동기-위생이론

허즈버그(F. Herzberg)는 1950년대 미국의 피츠버그에서 약 200명에 이르는 회계사와 기술자를 대상으로 직무수행 중 특별히 만족스러웠던 경우와 불만족스러웠던 경우, 그리고 그에 대한 직접적인 이유가 무엇인지를 심층면접조사를 실시한 결과 전혀 다른 두 가지 동기 요인들이 이에 관련되어 있다는 것을 발견하였다. 허즈버그는 일에 대한 만족과 불만족이 서로 다른 요인에 의해 발생한다는 동기-위생이론(motivation-hygiene theory)을 제창하였다.

허즈버그가 제시한 2요인은 불만족 요인인 위생요인과 만족 요인인 동기요인이다. 위생요인은 만족되지 않을 경우 상당한 불만족을 가져오는 요소이나 이것이 과도하게 만족된다고 해서 동기부여와 직무에 대한 만족으로 연결되지는 않는다는 것이다. 이에 비해 동기요인은 직무 자체에 대한 성취감으로 연결되는 요인으로서 위생요인이 다소 만족되지 못할 경우에도 직무에 대한 만족감으로 연결될 수 요인으로 보았다. 위생요인과 동기요인의 예는 다음과 같다.

인간행동학과는 인간이 단순히 화폐적 자극에 반응하는 기계가 아닌 보다 고차원적인 욕구를 지닌 것으로 봄으로써 경영학의 새로운 지평을 열었으나 직무 만족감이 반드시 생산성 향상에 연결되는 것은 아니라는 반대의 주장에 직면하게 되었다. 과연 따뜻하고 화기애애한 직장 분위기, 동료들 간의 좋은 관계가 생산성에 어떠한 영향을 미칠지 생각해 보자. 이러한 것이 긍정적인 측면도 있겠지만 오히려 방만한 분위기로 인해 생산에 나쁜 영향을 끼치지는 않을까? 차라리 권한과 책임이 분명하고 명령의 통일성이 존재하는 관료조직 형태가 생산성 측면에서는 더 효율적이지 않을까? 이러한 경영학의 고전적 이론과 인간행동학과의 연구들은 지금도 조직과 경영의 문제에 있어 논의해 볼 필요가 있는 주제다.

〈표 2-3〉 허즈버그의 동기-위생이론

위생요인	임금, 안전성, 작업조건, 회사 정책, 감독자, 동료와의 관계
동기요인	승진, 성취도, 책임의식, 다른 사람으로부터의 인정

5) 버나드의 조직균형이론

버나드(C. I. Barnard; 1886~1961)는 기업조직에서 인간관계나 인간의 심리만을 지나치게 강조하다보면 능률을 높이기 위한 합리적 경영이 등한시 될 뿐만 아니라 공식적인 조직의 문제를 심도 있게 다루지 못한다고 주장하였다.

뉴저지에 위치한 벨(Bell)사 사장이었던 버나드는 자신의 관리경험과 사회학, 철학 등에 관한 폭넓은 지식을 바탕으로 조직경영자의 직무를 분석하여 1938년에 『경영자의 기능』(*The functions of the executive*)이라는 저서를 출간하였다. 오늘날에도 이 책은 경제학에 있어서 케인스 혁명처럼 '버나드 혁명'이라고 불릴 정도로 미국 경영학계에 커다란 영향을 미쳤다. 왜냐하면 버나드는 대외적·전체적·동태적이라는 전혀 새로운 시각에서 경영을 다루었기 때문이다. 더구나 전통적 관리론이 인간성을 경시하는 이론이고, 인간관계론은 공식 조직의 문제를 경시한 이론이었다면, 버나드의 조직균형이론은 합리적 경영과 인간적 경영을 연결하고 종합하였다는데 그 의의를 둘 수 있다.

버나드의 이론체계를 요약하면, 인간은 자유의사에 의한 선택 능력과 의사결정 능력을 갖기는 하지만 혼자의 노력으로 달성할 수 없는 목표를 달성하기 위해 조직을 형성한다는 것이다. 조직을 2인 이상이 의식적으로 결합한 활동시스템(a system for consciously coordinated activities of two or more persons)으로 정의하고, 개인이 자기의 능력 이상으로 목적을 달성하려 할 때에는 협동체계(a system of cooperation)가 형성되어야 한다는 의미가 내포되어 있다.

또한 조직의 목적 달성여부를 효과성으로, 개인의 동기충족 여부를 효율성이라는 용어로 구분하여 조직목적과 개인동기는 서로 대립될 수도, 통합될 수도 있다고 보았다. 그는 유인-공헌(incentive and contribution)의 개념을 발전시켜 조직균형(organization equilibrium)의 개념을 끌어내고 있다. 즉, 조직이 개인의 공헌을 얻기 위해 공헌의 정도와 비슷하거나 그 이상의 유인을 제공함으로써 조직은 생존하고 발전할 수 있다는 논리이다. 버나드는 조직이 성립되기 위해서는 활동주체들의 공통목적, 협동의지, 의사소통의 3요소가 필수불가결하다고 보았다.

버나드가 공헌한 또 다른 하나는 권한수용설(acceptance theory of authority)이다. 종업원이 경영자의 명령을 수용하게 되는 것은 경영자가 무엇을 요구하는지를 알고, 그 명령이 조직목표의 달성과 일치하며, 수행을 통해 긍정적 효과가 있는 것을 인지할 때라고 주장하였다.

6) 사이몬의 의사결정이론

사이몬(H. A. Simon; 1916~2001)은 기업의 의사소통이나 의사결정이 합리적으로 이루어지는 것이 경영의 핵심문제라고 파악하고 의사결정활동 그 자체를 바로 경영활동으로 인식하였다. 의사결정을 위한 정보에는 여러 제약이 따르고, 이러한 제한적 정보를 바탕으로 경영의 문제를 분석하고 이해하는 것에 한계가 있다고 하였다. 이를 근거로 사이몬은 '합리적 경제인' 가설 대신에 '관리인(administrative man)' 가설을 바탕으로 하여 인간행동을 분석하였다. 즉, 경제학에서 전제하는 '합리적 경제인'을 비현실적 설정이라 판단하고 그 대신 '제한된 합리성(bounded rationality)', 즉 정보수집 능력의 한계와 계산능력의 한계 하에서 주관적·합리적으로 선택하게 되는 행동특성을 강조하였다. 여러 한계 속에서 경험과 분석력을 기초로 상황판단을 하면서 적절한 의사결정을 내리는 것이야말로 관리적 경험을 갖춘 훌륭한 경영자의 자질이라고 보았다.

사이몬의 경영이론은 버나드의 『경영자의 기능(*The functions of the executive*)』으로부터 많은 영향을 받았다. 그의 저서인 『관리행동』은 버나드의 이론을 발전시킨 것으로 명쾌한 조직이론과 관리이론을 전개시키고 있다. 버나드의 시스템론적 조직관은 사이몬에게 계승되고 있는데, 여기에서도 조직 자체가 시스템이라는 점에 초점을 맞추고 있다. 인간관에서는 의사결정력의 한계를 강조하고 있으며, 여기에서 「관리행동」의 기본과제가 도출되고 있다. 또한 앞에서 고찰한 '효과성과 효율성의 이분법'은 조직균형에 대한 논의 속에 흡수되어 있다.

'제한된 합리성'을 추구할 수밖에 없는 사유로는 첫째, 객관적 합리성은 가능한 모든 대안의 나열을 요구하는데, 현실적으로 그 중 일부밖에 열거할 수 없다. 둘째, 객관적 합리성은 모든 대안의 결과에 대한 완전한 지식을 요구하지만, 현실적으로 거기에 대한 우리들의 지식은 항상 단편적이고 불완전하다. 셋째, 만일 결과에 대한 지식이 완전하다고 할지라도 우리들은 동시에 그 모두를 완전한 형태로서 평가할 수 없다. 또 평가의 기초인 평가체계가 변하지 않는다고 보장할 수 없다. 따라서 대체행동의 평가는 정확성과 일관성이라는 면에서 제한받지 않을 수 없다는 것이다.

다. 현대경영이론

1) 시스템이론

시스템이론(system theory)은 2차 세계대전 이후 독일의 생물학자 베르탈란피(Ludwig von Bertalanffy)가 제창한 일반 시스템이론에 근원을 두고 있다. 시스템이론은 기존의 경영관리에 대한 여러 원칙과 기법들을 통합하려는 움직임에서 비롯되어, '전체는 부분의 합 이상이다'라는 대전제를 가지고 있다. 기존의 경영이론들이 조직의 일부분에만 관심을 가지고 부분최적화(local optima)에만 노력을 기울였다는 점을 비판한다. 조직은 환경과 상호작용하는 하나의 유기체이며, 조직내부의 하위 분야들도 서로 밀접하게 연관된 역동적 시스템으로 파악해야 한다는 것이다. 기업환경의 급격한 변화는 예측을 어렵게 하였고, 기존의 경영기법이나 처방이 일관성 있게 효과를 발휘하지 못하고 있다. 시스템은 기본적으로 하나의 실체로서 조직을 환경과 절연된 폐쇄시스템(closed system)이 아니라, 환경과 부단히 상호작용하는 개방시스템(open system)으로 보는 관점이다.

시스템으로서의 기업은 다음과 같은 특징을 가진다. 첫째, 기업은 종합적 존재(integration)이다. 기업 활동은 생산기능, 마케팅기능, 재무기능, 인사기능 등의 독립적 영역들을 포함하고 있으며, 각각의 영역은 그 자체의 고유한 기능을 수행하면서 동시에 기업 전체의 목적을 위해 존재하는 유기적 통합체로서, 즉 하나의 시스템으로 구성되어 있다고 할 수 있다.

둘째, 기업은 목표를 가진 존재(goal)이다. 시스템으로 인식되기 위해서는 그 자체가 추구하는 명확한 목표를 가지고 있어야 한다. 기업이 이윤추구, 고객만족 등과 같은 목표를 갖고 있다.

셋째, 기업은 유기적 구조(organic structure)이다. 시스템의 구성요인들은 유기적으로 연결되어 상호작용을 한다. 만약 구성요인들이 무질서하여 상호관련성을 찾을 수 없다면 시스템이라고 할 수 없다.

넷째, 기업활동은 상승효과(synergy effect)를 갖는다. 시스템은 그 목적을 달성하기 위하여 하위시스템과 상호작용을 한다. 전체적 틀 속에서 하위시스템들을 통합하고 조정하여 새로운 가치나 더 큰 가치를 창출할 때 이를 상승효과라고 하는데, 이를 근거로 기업은 시스템으로서의 존재의 이유와 사회발전을 위해 지속적 안정성을 확보할 수 있다.

다섯째, 기업활동은 변환과정(transformation process)이다. 시스템은 기본적으로 투입물을 산출물로 변환시키는 장치로서의 역할을 한다. 시스템으로서의 기업은 그 하위시스템과 함께 목표달성을 위해 유기적으로 상호작용을 한다. 즉 기업은 투입된 자원, 정보, 에너지를 변환시켜 제품과 서비스라는 산출물을 만들어내는 역할을 한다.

여섯째, 기업활동은 환류(feedback) 절차를 포함한다. 시스템이 동태적 균형을 이루기 위해서는 그것은 피드백을 가지고 있어야 한다. 피드백이란 어떤 원인에 의해 나타난 결과가 다시 원인으로 작용하여 전체 과정을 조절하는 것을 말한다. 시스템에 투입된 것과 산출된 것을 끊임없이 분석하고 조정하는 정보의 피드백이 있어야 안정적 균형과 자기통제를 할 수 있게 된다. 이윤추구와 같은 목적달성을 위해 투입물을 산출물로 변환시키는 기업활동(생산시스템)은 환류절차를 포함하고 있다.

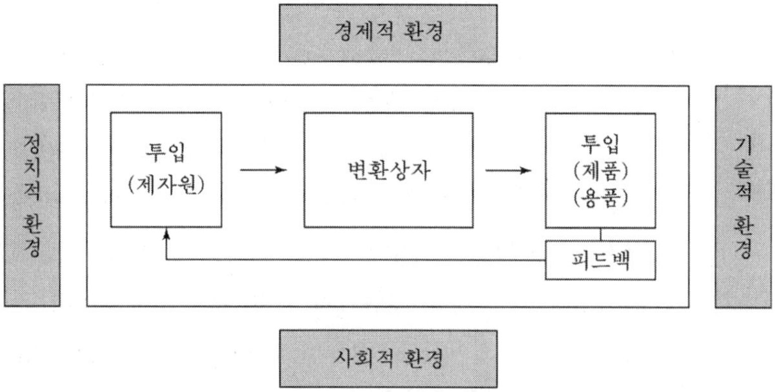

[그림 2-4] 개방시스템의 일반모형

경영학에서 시스템 이론은 조화라는 측면을 강조한다. 기업 시스템이란 사용자와 노동자가 조화를 이루는 시스템이다. 이러한 시스템적 관점에 대한 반대 입장은 갈등의 측면을 강조할 것이고 때로는 공존 불가능한 적대적 관계까지 주장하기도 한다. 이것은 경영학을 비롯한 현대 사회과학이 논쟁하고 있는 일반적인 문제이기도 하다. 경영학에서의 시스템 이론은 기업이 사회시스템과 상호작용하고 있으며, 기업 내부의 여러 기능들도 서로 작용하고 있는 하나의 시스템적 관점에서 파악한다.

2) 상황적합이론

시스템이론과 함께 현대경영이론을 구성하고 있는 것이 상황적합이론(contingency theory)이다. 시스템이론과는 달리 상황적합이론은 경영활동과 조직의 성과에 영향을 미치는 기업 내적 및 외적 변수에 초점을 두는 접근방법이다. 경영에 대한 상황적합적 접근법은 시스템 개념을 기초로 하여 실무관리자와 학계, 그리고 경영상담자들의 실무적 경험을 반영하면서 탄생하였다. 과거의 경영이론들은 기업(조직)이 직면하고 있는 문제를 해결하기 위하여, 보편타당한 '한 가지 최선의 방법(one best way)'을 찾고자 하였다. 그러나 1970년대 이후의 오일 쇼크와 변동환율제 도입 등과 같이 기업환경이 급격히 변화하면서, 모든 상황에 동일하게 적용할 수 있는 경영이론은 존재할 수 없다는 것을 인식하면서 상황이론이 개발되었다. 따라서 급변하는 경영환경 속에서 경영자는 기업목적을 달성하기 위한 최선의 방법, 즉 전략을 제대로 제시할 수 있어야 한다. 전략(strategy)이란 미래의 기업환경 변화에 기업이 올바른 경영활동을 전개할 수 있도록 장기적인 목표와 비전을 설정하고, 이를 실현하기 위한 계획을 수립하여 자원을 배분하는 경영활동을 의미한다. 오늘날 경영자에게는 경쟁기업과 비교하여 경쟁우위를 확보할 수 있는 전략을 개발할 수 있는 의사결정능력이 필수적인 자격요건이 되고 있다.

시스템이론을 기업에 적용하면서 기업의 내외부에 존재하는 여러 가지 요인들에 의해서 조직의 성과가 결정된다고 하는 상황적합이론이 경영학의 여러 연구 분야에 적용되기 시작하였다. 따라서 상황적합이론에 따르면 기업과 조직을 운영하는 단 하나의 대원칙은 있을 수 없으며 상황에 따라 기업의 전략은 달라져야 한다. 최근 경영학에서의 한 연구방법인 사례연구(case study)는 이러한 상황이론에 근거를 두고 있다.

상황적합이론에서 기업경영에 영향을 미치는 주요한 요인은 조직내외의 환경이다. 즉, 경제, 사회, 정치, 기술적 외부환경과 기술 수준, 과업유형, 구성원의 특성과 같은 내부환경에 따라 적합한 경영이 이루어져야 성과를 기대할 수 있다는 주장이다. 기업을 둘러싼 환경을 분석하고 그에 대한 대응을 유연하게 할 수 있다는 점에서 상황이론은 장점을 가지고 있으나, 모든 경영환경에서 적용될 수 있는 이론이 아니라는 점이 단점이다.

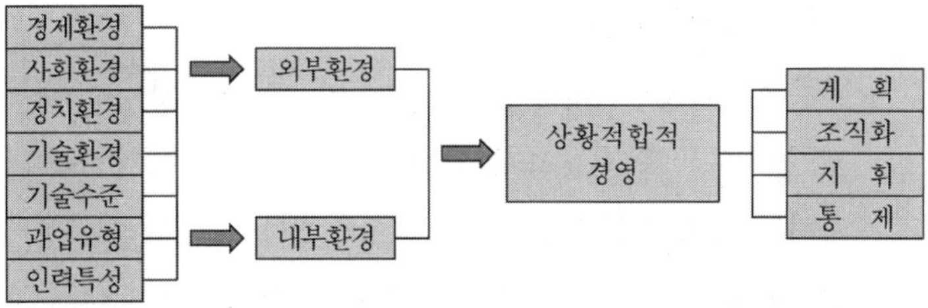

[그림 2-5] 상황적합이론

3) 기타 최신경영이론

(1) 리엔지니어링

1980년대부터 미국 기업들은 생산성과 경제성 측면에서 일본 기업에 비해 현저히 떨어지는 것을 따라잡기 위해서 경영활동과정을 혁신적으로 개선해야 하는 것이 요청되었다. 이러한 활동을 해머(M. Hammer)는 1993년에 재설계라 명명하였고, 그 목적은 빠른 의사결정을 할 수 있는 조직을 구축하는데 있다고 하였다.

리엔지니어링(reengineering)은 고객만족 · 이익 · 품질 · 서비스 등과 같은 핵심적 성과를 획기적으로 향상시키기 위해 기업의 활동과정을 근본적으로 재검토하여 혁신적으로 재설계하는 것이다. 이의 핵심적 내용은 다음과 같다:

① 피라미드식 계층구조의 축소,

② 조직 내의 의사소통과 정보공유의 활성화,

③ 순차적 업무처리 과정을 동시처리나 병렬처리 과정으로 전환,

④ 의사결정에 필요한 수단과 정보와 권한의 하부 위양.

리엔지니어링의 유형에는 ① 업무과정 재설계(business process redesign), ② 네트워크 재설계(business network redesign)와 ③ 사업영역 재정의(business scope redefinition)가 있다.

(2) 리스트럭처링

리스트럭처링(restructuring)이란 기업이 장기적 관점에서 지속적으로 경쟁우위를 확보하기 위해서 계획적으로 사업영역을 검토하여 재구축하는 구조조정을 의미한다. 구조조정은 기업의 수익성을 높이고 시장수요와 경쟁에 적합하도록 기업의 인력구조, 영업구조, 재무구조, 법적구조, 소유구조 등을 최적화하려는 경영행위이다. 기업구조조정은 부실기업의 인력감축이나 자산매각만을 의미하는 것은 아니고, 기업의 경쟁력 강화를 위한 사업의 축소, 확장, 다각화 등을 포함하는 포괄적 개념이다. 일반적으로 기업구조조정은 부실 정도가 심각한 기업을 대상으로 큰 폭의 노동력 감축, 임금 삭감, 자산 매각 등으로 나타나는 과정으로 이해되기도 한다. 실제 한국 사회에는 1997년 IMF외환위기로 인한 구조조정 때 대규모 정리해고가 단행돼 '구조조정=정리해고'라는 불편한 등식이 있다.

우리나라에서의 기업구조조정은 부실정도에 따라 채권단 자율협약, 채권단 주도의 워크아웃(기업구조개선작업), 법원 주도의 기업회생(법정관리) 등의 순서로 진행된다.

(3) 지식경영

지식경영(knowledge management)은 조직 내의 구성원들이 소유하고 있는 아이디어, 경험, 노하우, 지식 등을 체계화하여 전사적으로 공유함으로써 조직 전체의 문제해결(목표달성) 능력을 향상시키는 경영기법이다.

지식경영이 이루어지는 절차는 기업 활동을 통해서 획득한 다양한 자료(data)를 정보(information)로 체계화하고, 이어서 그 정보를 기업의 보편적 지식(knowledge)으로 전환시키며 전사적으로 공유하는 것이다. 기업 내부의 한 조직이 획득한 지식을 다른 조직이 활용함으로써 기업 전체의 비효율을 제거하고 경쟁력을 제고시킬 수 있다.

(4) 윤리경영

윤리경영(moral management)이란 기업의 의사결정과 행동에 대한 기준을 사회의 윤리적 가치체계에 두는 경영활동으로, 이는 기업의 사회적 책임과 투명성에 대한 요구가 증대되면서 강조되었으며, 법적 책임을 준수하는 것과 사회가 요구하는 윤리적 기대를 반영하여 기업윤리를 추구한다.

사회의 한 구성원인 기업은 정당한 이윤추구, 적극적인 사회공헌과 환경보호, 정확한 정보의 투명한 공개 등을 통해서 가치를 창출해야 사회로부터 신뢰를 받고 장기적으로 성장할 수 있다. 국제표준화기구(International Standardization Organization: ISO)에서는 2010년 11월에 ISO26000을 제정하면서 기업의 사회적 책임을 강조하고 있다. 이는 사회책임경영, 이해관계자경영, 지속가능경영 등으로도 불린다.

지속가능경영(sustainable management)이란 기업경영에 영향을 미치는 경제적, 환경적, 사회적 이슈들을 종합적으로 균형 있게 고려하면서 기업의 지속가능성을 추구하는 경영활동이다. 즉 기업들이 전통적으로 중요하게 생각했던 매출과 이익 등 재무성과뿐 아니라 윤리, 환경, 사회문제 등 비재무성과에 대해서도 함께 고려하여 기업의 가치를 지속적으로 향상시키려는 경영철학이다.

(5) 플랫폼 비즈니스

플랫폼 비즈니스(platform business)란 사업자가 구축하여 놓은 네트워크에 소비자가 시간과 공간의 제약 없이 언제든지 어디서나 참여할 수 있도록 만든, 그리고 여러 기업의 요구를 중개하여 기업 간 상호작용을 촉진하고 그 시장의 영역을 구축하는 사업 형태를 말한다. 이는 사업자가 제품 또는 서비스를 직접 제공하는 것이 아니라 제품이나 서비스를 제공하는 생산자 그룹과 이를 필요로 하는 사용자 그룹을 서로 연결하는 것이다. 사업자는 생산자 그룹과 사용자 그룹이 플랫폼 내에서 활발한 거래가 발생하도록 기회의 장을 제공함으로써 가치를 생성하고 궁극적으로 수익을 창출한다.

플랫폼(platform)이란 소비자와 기업들이 재화나 서비스를 매매하는 상호작용이 이루어지는 일종의 '장터'개념이다. 기차역이 승객과 기차를 연결해 주듯이, 플랫폼 기업들은 사람들과 그들이 원하는 것을 연결하는 매개체 역할을 한다. 최근에 IT의 발달로 다양한 모바일·인터넷 플랫폼이 등장하고 있는 가운데, 이를 기반으로 각종 제품·서비스를 중개하고 받는 수수료 등을 수익으로 하는 사업을 플랫폼 비즈니스라고 말한다. 스마트폰·컴퓨터·게임기 제조업체, 소셜미디어 업체 등이 각종 소프트웨어 공급자들에게 다양한 서비스를 제공할 수 있는 장을 마련해 주는 것이 대표적인 플랫폼 비즈니스 사례다. 애플, 아마존, 페이스북, 구글 등 잘 나가는 기업들의 공통점은 모두 플랫폼 비즈니스 모델을 구축한 기업이다.

IT업계에서는 컴퓨터 시스템의 기반이 되는 하드웨어 또는 소프트웨어가, 그리고 인터넷에서 콘텐츠를 수용하고 발행할 수 있는 웹사이트가 바로 플랫폼이다. 플랫폼의 역량을 결정짓는 핵심 요소는 이용자 규모다. 이용자가 많을수록 힘 있는 플랫폼이 된다. 그래서 더 많은 이용자를 확보하기 위해 디지털 공간에서 무한 경쟁이 일어나고 있다.

S&P Capital IQ(2019)에 따르면, 세계에서 시가총액이 높은 상위 10개 기업 중 6개가 플랫폼 비즈니스 기업이다: 애플, 알파벳(구글), 아마존, 페이스북, 알리바바, 텐센트. 10년 전만 해도 에너지와 은행·금융 분야의 전통거대 기업들이 상위권에 포진되어 있던 것과 비교해 보면 놀라운 변화다. 기업가치가 1조원 이상인 스타트업의 대다수도 플랫폼 비즈니스가 차지하고 있다. 아울러 다양한 분야에서 플랫폼 비즈니스가 생겨나고 성공하면서 플랫폼 형성과 유지 능력이 새로운 경쟁우위의 원천으로 부상하고 있다.

플랫폼은 생태학적으로 접근한다. 유기체들이 서로 영향을 주고받고 환경과도 영향을 주고받는다. 생태계는 폐쇄적이기보다는 개방적이고, 경쟁보다 협력이 중요한 곳이다. 누구나 참여해 플랫폼을 확장하거나 바꿀 수 있다. 그래서 플랫폼에서 강조되는 것은 개방, 공유, 협업과 같은 정신이다. 이러한 시장이 활성화되기 위해서는 네트워크 효과가 필수적이다. 네트워크 효과란 상대 집단의 크기가 클수록 보다 높은 이익이나 효용을 얻는 효과를 말한다. 충성도가 높고 사용자수가 많은 한쪽 측면을 먼저 확보할 수 있다면, 해당 플랫폼에 입점하려는 판매자 집단은 비교적 쉽게 확보할 수 있다.

플랫폼 비즈니스는 수익모델의 형태가 다양하게 확장하면서 발전하고 있다. 플랫폼 비즈니스의 수익모델을 크게 중개수수료, 구독료, 광고료, 라이센싱, 아이템 판매 등 5가지로 구분할 수 있다. 이에 따르면 첫째 중개수수료 모델은 애플의 앱스토어·우버·에어비앤비·알리바바 등이 선택하고 있다. 애플은 앱스토어 입점을 신청한 앱을 검토한 후 입점을 승인하고, 유료 판매 시 수수료를 가져간다. 우버(Uber)의 경우도 운전자가 벌어들인 매출의 20~30%를 중개수수료 명목으로 가져간다. 전 세계 최대 숙박 공유업체인 에어비앤비(Airbnb)는 숙박을 예약한 투숙객(guest)과 숙소를 빌려주는 집주인(host)으로부터 중개수수료를 받는다.

둘째는 구독료 방식이다. 제품이나 서비스에 대한 비용을 한번 또는 지속적으로 선지급하는 고객을 미리 확보하는 수익모델 방식이다. 예를 들어 채용에 특화된 버티컬 플랫폼인 링크드인(www.linkedin.com)은 기본적인 서비스를 무료로 제공하고, 고급 정보 서비스를 구독료 형태로 하여 수익모델을 선택하고 있다. 링크드인의 수익모델 중 프리미엄 구독료 매출의 비중은 약 18%를 차지하고 있으며, 나머지는 광고와 솔루션 부문에서 발생한다.

셋째는 광고이다. 구글, 페이스북 등 많은 사용자 집단을 가진 플랫폼 기업의 경우 매출의 대부분이 광고수익으로 발생하고 있다. 페이스북은 2015년 179억 달러의 매출을 기록했다. 구글도 2015년 매출액 745억 달러의 90%를 광고에서 벌어들였다.

넷째는 라이센싱이다. 라이센싱은 계약된 조건에 따라 제품이나 서비스를 사용할 권리를 개인이나 기업에게 제공하는 것이다. 아마존 웹 서비스(AWS)가 대표적이다. AWS의 매출은 아마존의 전체 매출의 1/10 수준이나 영입이익은 전체의 30%를 상회하고 있다.

다섯째는 아이템 판매 방식으로 플랫폼에서 유용하게 사용할 수 있는 기능을 판매해 수익을 창출하는 모델로, 게임 아이템과 캐릭터 판매, 기프티콘 판매 등이 있다.

많은 기업들이 궁극적으로 플랫폼 비즈니스 모델을 지향하고 있지만, 실제 플랫폼 비즈니스 모델을 구현하는 것은 매우 어렵다. 이유는 플랫폼에 참여하는 다양한 이해관계자들의 역할과 플랫폼에 참여함으로써 얻게 되는 궁극적인 혜택이 명확하게 제시돼야 하기 때문이다.

국내 상황에서는 아직 카카오, 라인 등 모바일 메신저 기반의 플랫폼 비즈니스 모델 외에는 아직까지 성공했다고 자부할 만한 플랫폼 비즈니스 모델은 많지 않고 수익모델도 취약하다.

라. 경영학의 연구방법

사회과학으로서 경영학에 독자적인 학문정체성을 확보하기 위해서는 적합한 연구방법(study method) 또는 접근방법(approach)이 확립되어야 한다. 그런데 이러한 방법은 한 가지만이 적용되는 경우는 드물며, 몇 가지 방법들이 단계적, 중복적으로 적용되는 것이 보통이다. 따라서 경영학의 연구방법에는 다른 사회과학 분야에 거의 공통적으로 쓰이는 일반적 연구방법과 경영학이라는 학문의 성격에 알맞은 특수한 연구방법이 있다.

1) 귀납법(inductive method)

베이컨을 비롯한 경험론자들이 전개한 추론 방법으로, 특수하거나 개별적인 여러 사실과 현상으로부터 출발하여 보편적 법칙을 이끌어 내는 방법이다. 귀납법은 경험적인 현상에서 원리를 생각하여 참

(true)/거짓(false)을 판단하는데, 전제가 모두 참이더라도 결론이 반드시 참이라는 보장이 없다는 것이 특징이다. 이는 이론적 또는 순수과학적 경향이 짙은 독일 경영학에서의 주된 연구방법이다. 귀납법을 예시하면,

맹자는 죽었다. 석가도 죽었다. 공자도 죽었다. [개별적 사실]
이들은 모두 사람이다. [공통점]
그러므로 모든 사람은 죽는다. [결론/일반적인 원리]

2) 연역법(deductive method)

아리스토텔레스, 데카르트, 스피노자 등의 이성론자들이 전개한 추론 방법이다. 이미 알려진 보편적이고 일반적 원리나 사실을 전제로 하여 특정하거나 개별적인 원리나 법칙을 이끌어내는 방법이다. 즉 논리적으로 필연적인 원리나 진리 보존적 추리규칙에 따라 주어진 전제로부터 결론을 추론하는 방법이다. 대전제 - 소전제 - 결론의 3단 논법이 대표적이다. 특히 개념적, 가정적인 추론 도출을 위해서는 연역법이 적용된다. 연역법을 예시하면,

모든 사람은 죽는다. [대전제]
소크라테스는 사람이다. [소전제]
그러므로 소크라테스는 죽는다. [결론]

3) 관찰법(observational method)

어떤 이론이나 결론은 연구자 개인의 신념이나 바람이 아니라, 경험적 관찰에 근거를 두어야 한다. 관찰이란 각종 사물의 실체를 상세히 파악해보는 것으로, 모든 연구방법에 필수적으로 적용되는 '연구방법 이전의 연구방법'이다. 실천적인 이론과학으로서의 경영학은 '사실의 관찰'에서부터 시작된다. 앞서 설명한 귀납법의 원용은 관찰이 그 전제가 된다.

4) 모형적 방법(model method)

모형(model)이란 어떤 현상을 설명하고 표현하기 위하여 고안된 현상에 관한 틀을 총칭하는 것으로, 모형을 설정하여 계량적으로 접근하는 과학적인 연구방법을 모형적 연구방법이라고 한다.

컴퓨터의 출현은 방대한 양의 수치적 자료를 신속하고 정확하게 처리할 수 있게 하였으며, 모형을 바탕으로 하는 새로운 각종 수학적 기법의 개발로 소위 계량경영학이라는 새로운 경영학의 한 분야까지 형성시켰다.

5) 실험법(experimental method)

이는 실험에 의해서 연구를 진행하는 것으로, 이론적인 학문이라기보다 실천과학적 성향이 강한 미국 경영학에서 전통적으로 적용해온 방법이다. 미국경영학의 시작이라고 할 수 있는 테일러리즘(Taylorism)의 기초가 모두 실험에서 연유한 것을 볼 때 그러한 사실을 뒷받침해준다. 테일러리즘뿐 아니라 그 후 현대 미국 경영학의 바탕을 제공한 메이요 교수 연구그룹의 호손공장 실험이나, 사이먼에 의해 발전된 조직관리론, 그 이후의 행동과학 등도 그 이론적 기반은 실제로 행해진 여러 가지 실험에 의존하는 바가 크다.

6) 사례연구(case study)

사례(case)란 기업 경영을 보다 현실적으로 이해하기 위해 실제의 경영 현장에서 발생한 사건이나 문제를 경영 연구와 교육에 활용하기 위한 소재로 개발한 것이다. 특히 학습 자료로 활용하기 위해서는 기업을 방문하고 경영자나 관리자를 면접하거나 문헌조사를 통해 취재하는 활동이 수반되어야 한다.

사례연구는 실제문제를 접하면서 생생한 경영 문제를 집단토론 방식에 의해 해결하는 것으로 그 학습효과가 매우 크지만, 과거의 상황이 미래에 그대로 일어날 것이라 보기에는 무리한 면도 있다.

[사례 2-1] 안철수 재단, 안철수 정치철학 담는 그릇되나

야권의 유력 대선주자인 안철수 서울대 융합과학기술대학원장이 정치에 한발짝 더 다가서며, 그의 정치적 지향점이나 좌표도 구체화하는 양상을 보이고 있다. 우선 6일 '안철수재단(가칭)' 측이 사업방향의 큰 줄기를 사회의 격차해소 등이라고 밝히면서 여기에 안 원장의 정치 철학이 투영되고 있는 게 아니냐는 해석이 힘을 얻고 있다. 정치권에서는 그래서 안철수재단은 일종의 '거점'이 되어서 정책방향의 밑그림을 그려가는 시험무대 역할을 할 것으로 보는 시각도 있다.

기자간담회에서 안 원장이 밝힌 안철수재단의 설립 목적은 명료하다. '수평적 나눔'을 실천하는 전진기지를 설립하겠다는 것이다. 수평적 나눔은 기부자가 일방적으로 제공하는 형태의 기부가 아닌, 수혜자가 다시 기부자가 되는 기부(복지)의 선순환 구조를 구축하겠다는 것을 주된 골자로 하고 있다. 이와 관련, 안철수재단 측은 "사회적 약자나 소외계층은 무한한 잠재력을 지닌 미래의 가치"라며 "재단은 이런 가치의 선순환과 지속 가능성을 추구하는 연결고리 역할을 할 것"이라고 밝혔다. 박영숙 안철수재단 이사장도 "재단은 물고기를 주는 게 아니라 물고기를 잡는 법을 일러 주려 한다"고 덧붙여 설명하기도 했다. 기부가 일회성 행사에 그치지 않고 수혜자가 자립할 수 있도록 도움을 주고, 그가 다시 사회적 기여를 할 수 있도록 토대를 만들겠다는 의미로 읽힌다.

이와 같은 재단의 기본운용방향은 지난해부터 정치권에서 거세게 불고 있는 '복지 프레임'과 맥이 닿아 있다. 여권의 유력 대선주자인 박근혜 새누리당 비대위원장은 지난해 중순 재정건전성에 기초한 '자립·자활 복지론'을 꺼내든 바 있다. 민주통합당 역시 성장과 고용의 선순환 구조를 만들겠다며 복지를 주요 공약으로 내세우고 있다.

이런 관점에서 바라보면 안철수재단이 내세운 '사회격차 해소' 등의 운용방향은 정치의 기본가치를 사회양극화 해소를 위한 복지정책에 두고 있다는 해석과 이어질 수 있다. 의미를 확대할 경우, 안 원장은 이명박(MB)노믹스의 '작은 정부론'보다는, 정부의 보다 적극적 개입과 자립·선순환 구조를 강조했다는 측면에서 박근혜 새누리당 비상대책위원장의 복지론에 가까운 듯 보인다.

야권 한 관계자는 7일 뉴스1과의 통화에서 "재단은 안 원장이 여러 번 강조했듯이 사회의 발전에 기여하고자 하는 안 원장 개인의 가치철학이 담겨 있는 집합체적 성격이 강할 것"이라며 "향후대권에 도전할 경우에 정치적 구상의 밑그림이 될 수 있다"고 분석했다. 안 원장은 또 기자간담회에서 △ 일자리창출 △ 교육지원 △ 세대간 재능기부 등 중점사업 3가지를 제시했다. 이 역시 고용을 통한 성장, 미래세대 육성, 소통을 통한 세대갈등 해소라는 가치와 직결돼 사회의 기본적인 정치적 기능과 불가분의 관계에 있다.

특히 일자리 창출 등 고용 분야를 넣은 데 대해 안 원장 측은 "우리 사회가 당면한 시급한 과제가 일자리라고 봤다"며 "현금기부보다 지속가능한 기부가 될 수 있어 선택하게 됐다"고 설명했다. 정치권에서 4·11 총선 공약의 핵심으로 '고용'을 꺼내든 것과 무관치 않아 보인다. 실제 재단은 창업지원사업과 사회적 기업 창업자에 대한 사무실 무상임대 등 편의를 제공함으로써 일자리 창출에 기여하겠다는 다소 구체적인 계획을 내놓기도 했다.

교육 지원 사업은 '기회 균등'에 초점을 두고 있다. 고소득층 자녀가 고액 사교육을 통해 좋은 대학, 좋은 일자리를 구하고 저소득층 자녀는 사회의 변방으로 떠밀리는 등 신(新) 신분갈등이 빚어지고 있는 사회적 문제를 교육이라는 근본적 방식으로 해결하겠다는 의지가 담겨 있다. 이와 관련해서는 장학금이나 과외재능 기부를 통한 교육, 등록금 대출사업 등이 모색되고 있다. 민주화운동에 투신한 분들의 자녀, 결손가정의 자녀, 저소득층 자녀 등을 특정해 교육지원의 주요한 수혜대상자로 지목한 점도 정치적 의도에서 비롯됐다는 행간을 읽을 수 있는 대목이다.

세대간 재능기부와 관련해선, IT(정보기술)에 뛰어난 2030세대는 노년층에 컴퓨터 등 IT 교육에 나서고 역사나 한자에 밝은 5060세대는 젊은 층을 대상으로 한 강연자로 나서는 등 지식교환을 통한 세대간 갈등 해소와 소통의 장 구현을 목표로 삼고 있다. 이같은 일련의 재단 사업들이 안 원장의 정치적 지향점을 형성하면서 정책으로 발전할 수 있다는 측면에서 재단이 안 원장의 정치적 토대가 될 것이라는 관측이 나오고 있는 것이다.

한편으로 재단이 IT나 SNS(social network service)를 활용한 기부를 추진하려 하는 점에서 기부자와 수혜자 혹은 그 밖의 관계자들을 손쉽게 끌어들일 수 있어 안 원장의 21세기형 정치적 자산이 될 것이라는 전망도 나온다. 그래서 일각에서는 안 원장이 안철수연구소 주식 절반이라는 비싼 수업료를 들여 정치적 자산을 키워가고 있다고 보는 것이다.

야권 다른 관계자는 "안철수재단이 밝힌 사업은 정부기관이나 지자체, 공익재단 등이 추진해온 사업과도 연계해 진행될 것으로 안다"며 "점차 정부의 정책으로 진화해나갈 수도 있을 것"이라고 예상했다.

(뉴스1, 2012. 2. 7)

[사례 2-2] 스티브 잡스의 스탠포드大 졸업식 연설문

세계적으로 유명한 명문대학인 Stanford University 졸업식에 초대받아 이 자리에 서게 된 것을 무한한 영광으로 생각합니다. 저는 대학을 졸업하지 못했습니다. 솔직히 말하면, 지금 여러분 졸업식에서 말하는 것이 대학 졸업식에 처음으로 가본 경험이 될 것입니다. 이 자리를 빌어 지금까지 살아오면서 일어났던 3가지 이야기를 여러분에게 하려고 합니다. 물론 그렇게 대단한 일은 아니고 단지 여러분에게 저의 이야기 3가지를 하려고 합니다.

나의 첫 번째 이야기는 점을 연결시키는 것입니다(The first story is about connecting the dots.). Reed University에 입학한 후 6개월 만에 중퇴했습니다. 학교를 중퇴한 후에도 18개월이나 학교에 남아 청강생으로 제가 듣고 싶던 과목을 들었습니다. 학교를 그만 둔 이유가 무엇이냐구요? 이유는 내가 이 세상에 태어나기 전부터 시작되었습니다. 저의 생모는 대학생 때 임신을 한 미혼모였습니다. 나를 키울 자신이 없었던 엄마는 태어나기 전부터 이미 입양을 하기로 결정하였고, 입양을 하되, 양부모는 반드시 대학출신이어야 한다는 조건을 세웠습니다. 생모 뱃속에 있을 때, 이미 변호사 부부에게 입양이 된 상태였지만, 그들이 원하는 것은 아들이 아니었고 딸이었습니다. 남자로 태어났기에 변호사 부부와의 입영 계약은 깨지고, 대신 웨이팅 리스트에 있던 지금의 부모님이 어느 늦은 밤에 생모에게 전화를 했습니다. 딸이 아니고 아들인데 괜찮겠냐는 생모의 질문에 아들이라도 상관없다고 했지만 나중에 지금의 어머니가 대학문턱에도 가보지 못하고, 아버지 또한 대학을 다니다 말았다는 이야기를 듣고 생모는 입양 계약서에 사인을 하지 않았다고 합니다. 양부모님이 나를 대학에 꼭 보내겠다는 각서를 받은 후에야, 입양을 허락했다고 합니다.

17년 후에, 리드대학에 입학했습니다. 부모님 사정도 생각하지 않고 바보같게도 스탠퍼드처럼 학비가 비싼 대학을 선택했습니다. 부모님이 노동자로 가난하게 살면서 어렵게 모은 돈을 모두 저의 학비에 써야 했습니다. 대학에 들어갔지만, 내가 원하는 것이 무엇이고, 대학 교육이 나에게 인생을 살아가는 데 있어 어떤 도움을 줄 것인가를 알 수 없었던 나에게 가난한 부모님이 평생 모은 돈을 학비에 써버리기에는 그럴만한 가치가 없다고 생각했습니다.

학교를 그만두면서 모든 일이 잘 될 것이라고 믿었습니다. 물론 학교를 그만두겠다는 결정을 했을 때, 많이 두려웠습니다. 하지만 지금 생각해 보면 그때 그 결정이 지금까지 살아오면서 내가 한 결정 중에 가장 훌륭한 결정중의 하나라고 생각합니다. 학교를 그만두니, 평소 흥미를 갖지 못했던 전공과목이나 교양과목을 듣지 않아도 되고 대신 제가 좋아하는 다른 과목들을 들을 수가 있었습니다. 물론 쉽지는 않았습니다. 우선 정규 학생이 아니기 때문에 기숙사 방을 구할 수가 없어, 친구 방바닥에서 잠을 자야 했으며, 밥을 사먹을 돈이 없어, 코카콜라 병을 갖다 주고 받은 5센트를 모아 밥을 사먹거나, 일요일이면 밥을 공짜로 주는 하레 크리스나 절에 가 식사를 했습니다. 물론 그 당시에는 호기심과 직감에 의해 그 절을 다녔지만, 그때의 경험이 나중에 나에게 아주 귀중한 경험이었다는 것을 알게 되었습니다.

예를 들면, 그 당시 리드 대학에서 가르치는 서예 강좌는 미국에서 최고로 알려져 있었습니다. 학교 게시판에 붙이는 모든 포스터나, 심지어는 학교의 모든 책상 서랍에 붙이는 라벨까지도 아름답게 손으로 직접 만들어진 것이었습니다. 정규학생이 아니기 때문에 전공과목을 꼭 들어야 할 필요가 없기에, 서예(Calligraphy)를 배우기로 하였습니다. 또한 세리프와 산세리프에 관한 것도 배웠고 다른 글자체 사이에 어떤 식으로 간격을 다르게 하는 가도 배웠고, 활판 인쇄술에 관해서도 배웠습니다. 과학적으로는 어떻게 표현할 수 없는 아름답고, 역사적이면서 예술적인 것들에 많이 빠져 버렸습니다. 그 당시 이것들을 배우면서, 나중에 밥벌이가 된다는 생각이나 희망을 주지는 않았지만, 10년 후, 첫 McIntosh 컴퓨터를 디자인할 때, 그 당시 배웠던 모든 것들을 사용할 수 있었습니다. 덕분에 맥킨토시가 컴퓨터로서는 처음으로 아름다운 활판 인쇄술을 가지게 된 것입니다.

만약 그때 내가 학교를 그만두지 않고, 서예 강좌를 수강하지 않았다면, 맥 컴퓨터는 지금처럼 다양한 서체를 가지지 않았을 것입니다. 물론 그 당시 대학을 다닐 때, 모든 점들이 하나로 연결된다는 생각은 꿈도 꾸지 못했습니다. 10년이 지나서 그때를 바라보니 너무나 분명한데도 말입니다. 물론 미래를 바라보면서 모든 점들을 연결할 수 없습니다. 다만 과거를 생각할 때, 모든 점들이 하나로 이어진다는 것을 알 수 있습니다. 여러분들에게 말씀드리고 싶은 것은 앞으로 모든 점들이 하나로 연결된다는 것을 믿기를 바란다는 것입니다. 여러분들은, 무엇인가, 그것이 당신의 육감이건, 운명이건, 인생 그 자체이건 혹은 업이건, 믿어야 합니다. 그런 태도로 인생을 살아갈 때, 살아가면서 절대로 실망하지 않을 것이며, 내가 그것들을 믿었기 때문에 내 삶에서 많은 변화를 가져왔습니다.

나의 두 번째 이야기는 사랑과 손실에 관한 것입니다. 운이 좋게도 나는 내가 좋아하는 일을 아주 일찍 발견하였습니다. 워즈와 나는 내가 20대에 부모님 차고에서 애플 컴퓨터 회사를 시작하였습니다. 우리는 10년 동안 아주 열심히 일했고, 10년 만에 애플은 자산이 2조원이며 직원이 4,000명이나 되는 거대한 회사로 발전했습니다. 내 나이 29살 때 우리는 세상에서 가장 훌륭한 맥킨토시 컴퓨터를 세상에 내 놓았습니다. 그리고 내 나이 30이 되었을 때, 나는 회사에서 해고당했습니다. 내가 만든 회사에서 어떻게 해고를 당했느냐고요? 회사가 커지면서 나와 함께 회사를 운영할 수 있는 아주 재능이 있는 사람이라고 생각되어, 어떤 분을 회사 CEO로 고용했습니다. 첫해에는 모든 일이 순조로웠습니다.

하지만 미래를 바라보는 우리의 비전이 다르면서 우리 둘의 관계가 점점 나빠지기 시작했습니다. 나와 그 사람의 사이가 아주 나빠졌을 때, 회사 이사회가 그 사람편에 서서 나를 회사에서 해고시켰습니다. 그때 내 나이 30살이었습니다. 나의 해고 소식은 전세계에 알려졌습니다. 성인이 된 이후로, 나의 모든 관심이었던 것이 하루아침에 사라진 것입니다. 참으로 힘들었습니다. 처음 몇 개월 동안은 정말이지 아무 일도 할 수 없었습니다. 그 당시 나처럼 젊은 사업가로 시작해서 중년이 된 유능한 사람들에게 바톤을 받았다고 생각했는데 그들을 많이 실망시켰다는 생각이 나를 무척 힘들게 했습니다. 데이비드 팩커드와 봅 노이스를 만나 그들을 실망시켜 미안하다고 사과했습니다. 그 당시 나는 공공의 적이 아니라 공공의 실패자였고, 너무 힘들어 삶을 포기하고자 하는 생각도 들었습니다.

그럴 때, 조심스럽게 나의 관심을 끄는 것이 있었습니다. 비록 애플에서 쫓겨났지만, 아직도 내가 하는 일을 무척 사랑했습니다. 비록 사람들에게 버림받았지만, 아직도 나는 그 일을 사랑하고 다시 새롭게 시작하기로 작정하였습니다. 그 당시 해고당한 후 그렇게 힘들었던 경험이, 지금 생각하면 제 인생에서 일어났던 최대의 축복이라고 생각합니다. 해고당한 후, 성공했다는 무거운 중압감이 사라지고, 또한 모든 것들을 잘 할 수 있다는 자신감이 없는 초발심의 마음이 되어 아주 편안한 마음이었습니다. 그때가 내 인생에서 창의력을 가장 활발하게 발산할 수 있었던 시기로 접어들었다고 생각합니다.

해고당한 후 5년 동안에, NeXT라는 새 회사와 또 다른 회사 Pixar를 설립하고 지금의 내 부인인 사랑하는 여자를 만나게 된 것입니다. Pixar는 세상에서 처음으로 컴퓨터 애니메이션 영화인 토이 스토리를 개발했고, 이제는 세계에서 가장 성공적인 애니메이션 스튜디오가 되었습니다. 이런 획기적인 일련의 일들이 일어나는 동안, 애플은 NeXT 회사를 병합했습니다. 그리고 나는 애플로 돌아왔습니다. NeXT에서 개발한 테크놀로지가 애플의 최신 르네상스의 핵심입니다. 부인 로레네와 나는 행복한 가정을 가지고 있습니다. 내가 애플에서 해고를 당하지 않았다면 이런 일들은 절대로 일어나지 않았을 것입니다. 좋은 약은 쓰다는 말처럼 살아가면서 당신 머리를 돌로 치는 일이 일어난다 하더라도, 신념을 잃지 마십시오.

지금까지 나를 지탱해준 것은 내 일을 사랑했기 때문입니다. 여러분들 또한 여러분이 하는 일을 사랑하기를 바랍니다. 사랑하는 사람에게 충실하듯이 여러분이 하는 일에 충실하기를 바랍니다. 당신이 하는 일이 당신 인생의 대부분을 차지하기 때문에, 자신이 좋아하고 만족해하는 일을 하기를 바랍니다. 위대한 일이라고 생각하는 것을 하는 것입니다. 위대한 일이란 당신이 사랑하는 일입니다. 당신이 사랑하는 일을 아직 찾지 못했습니까? 계속 찾도록 하십시오! 절대로 찾는 것을 중간에 포기하지 마십시오! 당신이 사랑하는 일이라는 것은 당신 가슴(Heart)과 연결된 것입니다. 당신이 그것을 찾았을 때, 당신은 느낄 것입니다. 모든 위대한 인간들이 나이가 들면 들수록 더욱 위대해지는 것처럼, 당신이 사랑하는 일 또한 세월이 가면 갈수록 더욱 더 좋아지는 것을 느낄 것입니다. 여러분이 사랑하는 일을 찾을 때까지 계속 찾기를 바랍니다. 절대 포기하지 마십시오.

나의 3번째 이야기는 죽음에 관한 것입니다. 17살이었을 때, "오늘 하루가 삶의 마지막 날이라고 생각하고 살아간다면 언젠가는 당신이 옳다는 것을 알 것입니다!"라는 글귀를 읽었습니다. 이 글이 아직도 나에게 많은 영향을 줍니다. 지난 33년간 매일 아침마다 거울을 보면서 내 자신에게, "오늘이 내 삶의 마지막 날이라면, 오늘 해야 할 일들을 계속 할 것인가?"라고 물었을 때, 'No'라는 대답이 며칠 계속 동안 나오면 무엇인가 바꾸어야 한다는 것을 압니다. 내가 곧 죽을 것이라고 그 생각이, 지금까지 살아오면서 중요한 선택이나 결정을 할 때 나에게 많은 도움을 주었습니다. 왜냐하면 거의 모든 것들이, 예를 들어 외적인 기대나, 자존심이나 망신당할까 혹은 실패할까에 대한 두려움들이 죽음에 비하면 아무것도 아니라는 것을 알게 되며, 이 세상에서 가장 중요한 것이 무엇인가를 알게 됩니다.

곧 죽는다고 생각할 때, 더 이상 잃을 것도 없다고 생각하게 됩니다. 그럴 때, 자신의 마음을 따르지 않을 이유가 없게 됩니다. 약 1년 전에 암이라는 진단을 받았습니다. 아침 7시 반 촬영을 했더니, 췌장암이라는 진단을 나왔습니다. 그때까지 췌장이 무엇인지 몰랐습니다. 의사 말로는 췌장암은 치유가 불가능하다고 하면서 3개월에서 6개월밖에 살 수 없다고 했습니다.

그 말을 하면서 의사 선생님은 저에게 집에 가서 정리할 것을 정리하라고 했습니다. 그 말은 죽을 준비를 하라는 것입니다. 그 말은 자식들에게 앞으로 10년 동안 할 이야기를 몇 개월 동안 다 하라는 이야기였습니다. 그 말은 또한 모든 것들이 다 끝났으니 식구들에게 작별인사를 하라는 이야기였습니다. 그 말을 들은 하루내내 정신이 없었습니다.

그날 밤 생체검사를 했는데, 그것은 목을 통하여 위 그리고 창자를 통하여 췌장에 주사를 넣어 종양 티슈를 꺼내는 내시경검사였습니다. 전신 마취가 된 나는 그 당시 어떤 일이 일어나는지 알 수 없었지만, 내 부인은 내내 내 곁에 있었습니다. 의사 선생님이 내 췌장에서 꺼낸 종양 티슈를 현미경으로 보고는 울더랍니다. 췌장에서 꺼낸 종양 티슈는 보기 드문 종양으로써 수술하면 치유될 수 있다는 것이었습니다. 나는 수술을 했고 이제 다시 건강해졌습니다. 그때가 죽음의 문턱에 가본 첫 번째 경험이었습니다. 앞으로 몇 십 년 동안 그때가 죽음의 문턱에 가본 유일한 경험이기를 희망합니다. 한번 그런 경험을 겪으니, 여러분에게 죽음에 대해서 지적 개념이 아니라 아주 실용적으로 말할 수 있습니다. 이 세상에 죽기를 원하는 사람은 아무도 없습니다. 죽어 천당에 간다고 하더라도 죽기를 원하는 사람은 없습니다. 하지만 아무도 죽음을 피할 수는 없습니다. 인간이라면 겪어야 하는 것입니다. 만약 그렇다면 죽음이라는 것은 삶이 만들어 낸 최상의 발명이라고 할 수 있습니다. 죽음이라는 것은 마치 체인지 에이전트와 같은 것입니다. 즉 새것이 들어올 수 있도록, 헌것이 나가야 하는 것입니다

지금 현재 여러분들은 아주 젊지만, 언젠가는, 아니 여러분이 생각한 것보다 아주 빠르게 여러분들은 늙을 것이며, 지구상에서 사라질 것입니다. 너무 잔인하게 들리는지 모르지만 사실입니다. 여러분이 이 지구상에 존재하는 시간은 아주 제한되어 있습니다. 그러기에 다른 사람의 삶을 살면서 당신의 짧은 삶을 낭비하지 마십시오. 도그마(신조나 교조)에 빠져서 시간을 낭비하지 말기를 바랍니다. 그것들은 다른 사람들이 한 생각들의 결과일 뿐입니다. 즉 다른 사람들의 생각에 맞추어 살아가지 말라는 것입니다. 다른 사람들의 시끄러운 의견이나 아이디어들이 당신 내면에서 나오는 내면의 목소리를 집어삼키지 않도록 하길 바랍니다. 무엇보다도 중요한 것은 당신의 가슴소리(Heart)와 직감을 따르십시오! 당신의 하트와 직감은 앞으로 당신이 어떤 사람이 될 것인가를 알고 있습니다. 그 외의 모든 것들을 이차적인 것들입니다.

제가 어렸을 때, '전세계 카탈로그'라는 훌륭한 잡지가 있었습니다. 그 잡지는 그 당시 내 또래 아이들의 바이블 같은 것이었습니다. 여기에서 멀지 않은 멜로 공원에서 스튜어트 브랜드라는 사람에 의해서 만들어진 것인데, 그 잡지에 시적 감각을 가미해 잡지는 더욱 더 보기 좋았습니다. 개인 컴퓨터가 나오기 전인 1960년대 말이었으니 모든 것이 타이프 라이터, 가위 그리고 폴라로이드 카메라로 만들어진 것입니다. 그 잡지는 그 당시의 구글과 같은 책이었습니다. 구글이 나오기 35년 전이었으니 아주 이상적이었고, 우리가 필요로 하는 간단한 것들과 위대한 생각들로 넘쳤습니다. 스튜어트와 그의 팀은 '온 세계 카탈

로그' 잡지를 오랫동안 발행했습니다. 잡지사가 문을 닫게 되었을 때가 1970년대였으니, 내가 여러분의 나이였을 때입니다. 최종호 잡지 뒷장에 새벽 아침의 시골길 사진이 실렸습니다. 그 사진 밑에 "Stay Hungry. Stay Foolish."라고 적혀 있었습니다. 이 말은 그들이 독자들에게 하는 마지막 인사말이었습니다. 살아가면서 항상 "Stay Hungry. Stay Foolish."라는 말을 생각합니다. 학교를 졸업하고 새로운 삶을 시작하는 여러분들에게 Stay Hungry. Stay Foolish.(계속 갈망하고 언제나 우직하게 전진하라)라는 말을 마지막으로 하고 싶습니다. 대단히 감사합니다.

핵심용어

경영	경영과정	경영기능	경영자원
경영자	소유경영자	고용경영자	전문경영자
기업가	기업가정신	주주 자본주의	이해관계자 자본주의
주주의 경영권	경영자지배론	대리문제	경영자의 도덕적 해이
역선택	주주의 경영자 감시	사외이사제도	과학적 관리법
3S 운동	포드시스템(포디즘)	경영관리론	호손실험
욕구단계론	XY 이론	2요인 이론	조직균형이론
의사결정이론	시스템이론	상황적합이론	리엔지니어링
리스트럭처링	지식경영	윤리경영	지속가능경영
사례연구	인간관계론	플랫폼 비즈니스	

연 습 문 제

1. 기업가란 어떤 자질을 가진 사람인가?

2. 성공적인 기업가정신에 대하여 설명하시오.

3. 주주 자본주의의 경제적 근거에 대하여 설명하시오.

4. 이해관계자 자본주의에 대하여 설명하시오.

5. 주주의 경영자에 대한 감시의 필요성에 대하여 설명하시오.

6. 주주의 경영자에 대한 감시 형태에 대하여 설명하시오.

7. 주주의 경영자 관리를 위한 유인방안에 대하여 설명하시오.

8. 과학적 관리법과 인간관계론을 비교하고, 현대 경영이론에 기여한 바를 설명하시오.

9. 테일러의 과학적 관리법과 페이욜의 경영관리론을 비교하시오.

10. 시스템이론과 상황적합이론을 비교하시오.

11. 윤리경영에 대하여 설명하시오.

12. 플랫폼 비즈니스와 이의 대표적인 성공사례를 3개 이상 설명하시오.

제 3 장

기업환경

3.1 기업환경의 개요

21세기에 들어서면서 기업이 직면하고 있는 경영환경의 특징은 급속한 변화와 미래에 대한 불확실성의 증대이다. 이러한 환경에 유효하게 대응하기 위해서는 지식기반경제, 네트워크 경제, 글로벌 경제, 기업의 이해관계자 등을 본질을 섭력하는 것이 요청된다. 삼성, LG, SK, Apple, Sony, Nokia, Motorola와 같은 글로벌 기업들은 기업환경의 변화 소용돌이 속에서 거듭 성장을 하거나 사라지고 있다. 기업환경(business environment)이란 기업의 내부와 외부에 존재하면서, 기업의 성과(생존과 성장)에 직접적 또는 간접적으로 영향을 주거나 영향을 받는 모든 요인의 집합체를 말한다. 이는 기업에 새로운 사업기회를 제공하거나 반대로 기업이 수행하는 경영활동을 제약하기도 한다. 오늘날 기업은 현재의 성공이 10년 후를 보장할 수 없는 불확실한 시대를 경험하고 있다. 기업은 환경과의 원활한 관계 유지와 대응을 통해서 성장할 수도 있고, 반대로 실패(쇠퇴)의 길로 갈 수 있다.

우리는 전통적으로 환경을 주어진 여건(given)으로 파악하고, 기업은 환경에 영향을 주지도 받지도 않는 폐쇄시스템(closed system)으로 간주하였다. 예를 들면 기업경영의 문제는 환경과는 상관없이 단순히 기업내부의 문제로 여겼다. 따라서 환경은 주어진 또는 안정적인 것으로 판단하여, 기업의 내부(생산 · 마케팅 · 인사 · 재무 등)의 분야에서 경영합리화만 추구하면 기업의 목표는 달성된다고 주장하면서, 기업과 환경 간의 상호작용은 존재하지 않는다고 무시하였다.

그러나 기업은 환경과 상호작용하는 생명체여서 자신이 속해 있는 사회나 환경과는 분리해서 존재할 수 없으며, 따라서 환경을 무시하고 경영의사결정을 할 수 없다. 즉 기업은 환경과 상호작용을 하면서 생존과 성장을 추구하는 개방시스템(open system)으로 여겨지고 있다. 예를 들면 기업은 생산에 필요한 자원들(inputs)을 외부환경에서 조달하고, 내부환경의 변환과정(transformation process)을 통해서 산출물(outputs; 제품이나 서비스)을 제공하고 있다.

기업이 지속적인 성장과 발전을 추구하기 위해서는 기업이 처해 있는 환경과 상호작용에 대한 적절한 분석을 통해 도약의 기회를 만들어야 한다. 기업환경은 기업의 변화와 혁신을 요구하고 있으며, 또한 기업은 그에 따라 지속적으로 적응해 나가야 한다. 기업의 활동 및 성과에 직 · 간접적으로 영향을 끼치는 경영환경요인들을 분석하여 장기적인 계획수립이나 조직구조의 변경과 같은 혁신적인 활동을 수행하여야 한다.

기업환경은 크게 외부환경(external environment)과 내부환경(internal environment)으로 구분된다. 외부환경은 기업의 외부에 존재하면서 기업의 목적달성에 영향을 미치는 외부환경은 일반환경과 과업환경으로 구분된다. 기업의 경영성과에 간접적이거나 잠재적으로 영향을 미치는 환경요인을 일반환경(general environment)이라고 하며, 이에는 경제적 환경, 기술적 환경, 사회문화적 환경, 정치법률적 환경, 자연적 환경, 국제적 환경 등이 있다.

기업의 목표달성을 위한 경영활동에 직접적인 영향을 주는 환경요인을 과업환경(task environment) 또는 산업환경(industrial environment)

이라고 하며, 이에는 기업내부의 과업환경과 기업외부의 과업환경이 있다. 기업내부의 과업환경으로는 주주, 경영자, 종업원, 노동조합 등으로, 기업외부의 과업환경으로는 소비자, 공급자, 경쟁자, 금융기관 등을 들 수 있다. 이러한 과업환경은 기업마다 고유하여 상황의 변화에 따라 급변하는 특성이 있다.

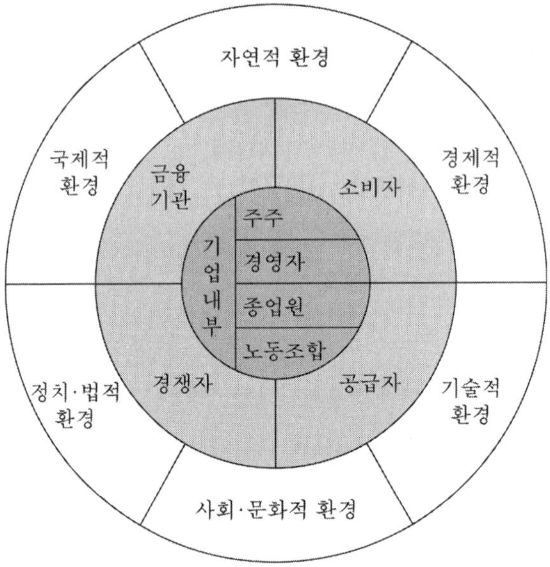

[그림 3-1] 기업환경의 구조

3.2 기업의 일반환경

기업의 경영활동에 간접적이며 잠재적인 영향을 미치는 거시적 환경요인들을 포함한다. 이러한 일반환경은 기업 입장에서 볼 때 통제하기 어려운 것이어서 기업은 환경변화를 잘 예측하여 능동적으로 대응하는 것이 요청된다. 여기서는 일반환경으로 경제적 환경, 기술적 환경, 사회 · 문화적 환경, 정치 · 법률적 환경, 자연적 환경, 국제적 환경 등에 대해서 살펴본다.

가. 경제적 환경

가계 · 기업 · 정부로 구성되는 경제시스템에서 생산주체의 역할을 담당하고 있는 기업은 자신이 속한 경제적 환경의 영향을 받으면서 기업활동을 수행하고 있다. 이러한 경제적 환경(economic environment)으로 경제체제, 산업구조, 경제규모, 시장구조 등을 들 수 있다.

1) 경제체제

경제체제는 기업활동에 대한 정부의 간섭 유무와 정도에 따라 자본주의 경제체제와 사회주의 경제체제로 크게 나눌 수 있다. 자본주의 경제체제는 기업활동이 자유롭기 때문에 경쟁과 창의력의 발휘할 수 있어서 경영의 효율성이 높은 편이다. 반면에 사회주의 경제체제에서는 정부의 계획에 따라 기업활동이 제약을 받는 관계로 기업경영이 비효율적이어서 지구상에서 점점 사라져 가고 있는 실정이다.

사회주의 경제체제보다 우월한 자본주의 경제체제의 특징으로 (1) 재산의 사적 소유가 보장된 사유재산제도(private property system), (2) 이익극대화를 위한 기업활동의 자유가 보장된 이윤동기(profit motive)와 (3) 생산자와 소비자 간의 분배가 가격에 따른다는 시장시스템(market system)을 들 수 있다.

그러나 현실적으로 정부의 간섭이 완전히 배제된 채 시장의 논리로만 운영되는 자본주의 경제체제는 없다. 그리고 사기업이라 하더라도 그 규모가 커지고 복잡해지면서 공공성이 요구되기 때문에, 대부분의 국가에서는 제한된 범위 내에서 정부의 간섭을 인정하는 수정자본주의 경제체제를 받아들이고 있는 실정이다.

2) 경제성장과 경제규모

기업의 왕성한 활동으로 국민소득이 증가되고 소비자의 생활수준이 향상되는 것을 경제성장(economic growth)이라고 하며, 이는 소비자의 구매력 증가로 이어져서 기업은 생산량 확대를 위한 시설투자와 고용을 증가시키는 등의 성장기회를 맞이하게 된다. 이러한 경제적 상황을 경기호황이라고 하며, 기업은 이런 상황을 통제할 수 없으나, 예측 가능하여 이에 적합한 대응방안을 구축하는 것이 중요하다.

또한 경제규모는 내수시장과 해외시장에서의 거래량으로 측정된다. 경제의 규모가 클수록 잠재적인 수요자가 많기 때문에, 기업은 그만큼 유리한 경제적 환경 하에서 활동을 하여 성장할 수 있는 기회를 갖게 된다. 우리나라처럼 해외수출 의존도가 90%를 넘는 나라의 기업들은 글로벌 경제환경의 변화에 많은 영향을 받는다. 심지어 글로벌 시장에 의해서 한 나라의 경제가 좌우되기도 한다.

3) 산업구조

국가경제는 공급과 수요의 구조로 구성되며, 이의 장기적인 균형을 달성하려고 하며, 공급구조의 대표적인 예로 산업구조를 들 수 있다. 산업구조란 한 나라의 경제에서 산업의 구성유형과 구성비중에 관한 내용을 의미한다.

전통적으로 산업은 1차 산업(농업, 수산업 등), 2차 산업(제조업)과 3차 산업(서비스업)으로 분류된다. 일반적으로 경제규모가 커질수록 1차 산업의 비중이 줄어들고, 3차 산업의 비중이 증가한다.

1차 산업(primary industry)은 농업, 어업, 광업, 채석업과 광물질의 추출 등을 포함하는데, 이것은 유전학적 산업과 채취산업으로 분류할 수 있다. 유전학적 산업은 인간이 천연자원의 성장과정에 개입하여 그 생산을 증진시키는 것으로, 농업·임업·축산업·어업 등이 이에 해당된다. 농업에서는 윤작, 비료, 병충해 통제, 관개시설, 온실경작,

타화수정, 교배를 통한 과학적 작물의 개량 등과 그밖에 다른 가공을 통해 산출량을 증가시킨다. 임업에서는 벌목의 제한과 정선, 육림, 병충해 통제, 과학적으로 개선된 재조립 등을 통해 더 많은 목재의 생산이 이루어진다. 축산업과 어업에서는 경영, 과학적인 교배, 개선된 사료, 양식업 등을 통해 크기와 무게가 우월한 가축과 어패류를 생산한다. 채취산업이란 경작을 통해서 증가될 수 없는 소모성 천연자원의 생산으로, 광석의 채굴과 채석, 광물연료의 추출 등이 포함된다. 1차 산업은 저개발국이나 개발도상국의 경제에서 주도적 위치를 차지하는 성향이 있다.

2차 산업(secondary industry)은 제조업이라고도 하며, 1차 산업으로부터 공급되는 원료를 가공하여 소비재나 생산재를 만드는 경제활동을 지칭한다. 이런 생산재는 다른 2차 산업부문에서 완제품, 완제품의 부품, 소비재 및 비소비재를 생산하는데 필요한 자본재 등으로 사용된다. 2차 산업은 건설업과 전력산업(수력, 지열, 태양열, 풍력발전 등)도 포함한다.

2차 산업은 중공업과 대규모 공업, 경공업과 소규모 공업으로 나눌 수 있다. 대규모 공업은 일반적으로 공장과 기계에 큰 자본투자가 요구되며, 복잡한 산업조직과 숙련된 전문노동인력을 겸비한 대량생산체제를 갖추고 있다. 석유정제업, 제철 및 제강업, 자동차 및 중기계 제조업, 시멘트 생산, 비철금속의 제련, 정육업, 수력발전 등이 이에 속한다. 경공업 또는 소규모공업에서는 비내구재를 생산하고, 공장과 기계설비에 대한 자본투자가 소규모로 이루어진다는 특징이 있으며, 저개발국 경제에서 지배적으로 나타나고, 주문생산이나 표준화되지 않은 상품생산(공예품 제작)도 포함된다. 노동력은 섬유 및 의류 제조, 식품가공, 플라스틱 제조 등에서와 같이 미숙련노동력일 수도 있고 전자 및 컴퓨터 하드웨어 제조, 정밀기계제조, 보석세공, 공예품제작 등에서 볼 수 있는 것처럼 숙련노동력일 수도 있다. 또한 상대적으로 숙련도가 떨어지는 노동력이 풍부하여 노동집약적인 산업이 유리한 나라나

중공업화된 국가보다 저이윤(低利潤) 미숙련산업의 인건비가 싼 나라에서 많이 나타난다. 2차 산업은 선발 개발도상국의 경제를 주도하며 선진국 경제에서도 중요한 역할을 한다.

3차 산업(tertiary industry)은 서비스 산업으로, 사회간접자본과 기타 서비스업으로 대별되며, 한 나라의 경제에서 서비스나 무형의 이익과 부를 창출하는 산업이다. 건축과 건설, 운수와 통신, 상업과 금융, 직업적 서비스, 행정과 변호업 등을 포함한다. 자유시장경제와 혼합경제 체제에서는 보통 이 부문에 민간기업과 정부기업이 결합되어 있다. 행정 · 건강관리 · 사회복지 · 교육 등은 사회주의적 발전계획을 따르는 경제일수록 국민소득에서 큰 비중을 차지하는 경향이 있으며, 정부가 이런 산업을 중앙집권화 한다. 미국 · 독일 · 프랑스 · 일본 등의 부유하고 공업화된 국가들은 정보 · 통신 · 금융 · 재정 · 보험 · 부동산 · 전문용역 · 자문 · 법률상담 부문에서 가장 급속한 성장을 보여주는 경향이 있다. 이 모든 부문은 컴퓨터와 전자기기를 이용한 고도기술의 2차 산업에 의해 혁명적인 발전을 이룬 것이다. 반면 전통적인 중공업 중심의 2차 산업의 성장은 둔화되었거나 쇠퇴하기 시작했다. 그 이유는 높은 인건비를 비롯한 생산비의 상승, 낡은 기술, 동일 상품을 염가로 생산하는 경쟁국들이 나타났기 때문이다. 이로 인해 공업화 이후의 국면에 접어든 국가들은 기계설비의 재정비와 기술의 현대화를 기피한다. 파나마 · 바하마 · 싱가포르 · 키프로스 · 바레인 등과 같은 작은 나라들은 해외금융 및 금융 서비스와 같은 3차 산업을 중심으로 경제를 발전시켰다. 이런 국가들은 전략적으로 유리한 지리적 위치의 확보와 빈약한 자원의 보충을 위해 우수한 교통 · 통신 · 정보 서비스를 개발함으로써 가능했다. 이 나라들은 투자가들의 안심을 위해 지역 안보, 정부의 안정과 자유로운 금융 · 투자 정책과 같은 환경조성을 통해 특별한 경제적 동기를 제공하고 있다.

한국의 산업구조는 선진국과 마찬가지로, 1차 산업의 비중은 줄어들고 제조업과 서비스업의 비중은 꾸준히 늘고 있다. 1960년대 이전까지는 성장요인이 결여되어 정체상태에 머물렀으나, 1962년부터 5차례에 걸친 경제개발계획이 실시되면서 산업구조의 고도화가 추진되기 시작했다. 그 결과 1·2·3차 산업의 구성은 1960년의 37 : 20 : 43에서 1991년의 8 : 28 : 64로, 2010년의 7 : 30 : 63로 변화했다. 그런데 선진국의 경우 산업구조가 고도화되면서 제조업 비중이 축소되는 탈산업화 현상이 나타나지만 한국은 여전히 제조업의 비중이 지속적으로 상승하는 반대현상이 나타나고 있다. 물론 서비스업 비중은 지속적으로 증가하고 있지만, 주요 선진국의 서비스업이 차지하는 비중이 70% 이상인 것을 고려할 때 한국은 60% 수준으로 상대적으로 낮다고 할 수 있다. 고부가가치를 창출하는 지식서비스산업 비중이 지속적으로 증가하고 있으나, 선진국에 비해 낮은 수준이어서 향후 우리나라의 경쟁력을 떨어뜨리는 요인이 될 수 있다. 따라서 한국 경제도 산업구조고도화와 더불어 제조업의 비중 저하가 불가피하며, 이에 대한 적극적 대응이 필요하다. 제조업과 서비스업의 융합화, 신기술과의 접목을 통한 제품 차별화, 고부가가치화를 실현하여 신흥국이 추격하는 상황에 대한 유효한 대응이 필요하다.

4) 시장구조

시장은 기본적으로 기업의 활동무대를 의미하며, 생산에 필요한 투입자원을 구매하는 노동시장, 원자재시장 및 자본시장과 생산된 재화와 서비스를 판매하는 완제품시장으로 구분된다. 시장에서는 생산요소나 완제품이 수요와 공급에 따라 교환이 이루어지고, 이때 수요자와 공급자가 무수히 많아서 누구도 가격에 영향을 줄 수 없는 상태를 완전경쟁시장이라고 한다. 그러나 오늘날의 시장환경은 대량생산체제에 따른 기업규모의 대형화로 인하여 불완전경쟁시장으로 변화하고 있다.

일반적으로 기업들은 경쟁기업의 경영활동을 분석하여 시장 전략을 수립하고, 기술혁신과 신제품개발 등으로 시장침투와 시장에서의 경쟁우위를 확보한다.

5) 거시경제적 요인들

경제성장률, 이자율, 유가, 환율, 물가 등은 기업의 수익성에 중요한 영향을 미치는 거시경제적 요인들이다. 높은 경제성장률(호황)은 소비자의 지출 확대를 이끌어서 산업 내에서 경쟁력으로 다가 오는 압박을 전체적으로 완화시키는 성향이 있다. 이에 반하여 불황(경기하락)은 소비자의 지출을 감소시켜 경쟁으로 오는 압박을 증가시키게 된다. 불황은 종종 성숙한 산업에서 가격전쟁을 야기하는 원인이 되고 있다.

이자율은 기업의 제품/서비스에 대한 수요에 영향을 주고 있다. 기업의 활동에 기회가 되기도 하고 위협이 되기도 한다. 이자율은 소비자들이 제품구매에 필요한 재원 확보(자금 차입 등)에 중요하다. 주택, 자동차, 가전제품, 자본재 등의 구입자금을 확보할 때에 이자율의 하락은 기회가 되어 수요가 증가하며, 상승은 위협이 되어 수요가 감소하게 된다.

환율(exchange rate)은 국가 간의 화폐의 교환비율로, 외국 화폐라는 상품에 붙여진 일종의 가격이다. 따라서 시장에서 수요와 공급에 의해 상품의 가격이 결정되는 것처럼 환율도 외환 시장에서 외화의 수요와 공급에 의해 결정된다. 환율, 즉 외화의 가격은 수요량과 공급량에 따라 변한다. 이때 일반적인 시장에서 나타나는 수요 · 공급의 법칙과 마찬가지로 환율이 오를수록 외화의 수요량은 감소하고 공급량은 증가한다. 외화의 수요보다 공급이 많은 초과 공급 상황에서는 환율이 하락한다. 반대로 초과 수요 상황에서는 환율이 상승한다. 결국 외화의 수요량과 공급량이 같아지는 지점에서 외화의 가격인 환율이 결정되는데, 이때의 환율을 '균형 환율'이라고 한다.

환율은 시장여건에 따라 상승하기도 하고 하락하기도 한다. 환율의 변동은 다양한 경로를 통해 수출입, 물가 등 경제 전반에 큰 영향을 끼친다. 환율이 상승하는 경우를 생각하여 보자. 예를 들어 환율이 1,000원에서 2,000원으로 올랐다고 가정해 보자. 이는 이전보다 1달러를 구입하기 위해 더 많은 원화를 지불해야 한다는 의미이다. 즉, 원화의 가치가 달러화에 비해 떨어진 것이다. 이를 원화의 가치가 떨어졌다는 의미에서 '평가 절하'되었다고 표현하기도 한다. 반대로 환율이 하락하면 수출상품의 가격은 상대적으로 오르고, 수입상품의 가격은 낮아진다. 이에 따라 수출은 감소하고 수입이 증가하면서 국내 기업들의 생산이 감소하고 고용이 축소된다. 하지만 기업들의 외채 상환 부담을 감소시키는 긍정적인 영향이 나타나기도 한다.

물가는 국민경제 내에 존재하는 여러 종류의 상품가격을 종합하여 평균한 것으로, 물가지수로 측정된다. 물가는 종합적·평균적 개념이지만, 실제로는 개별 상품가격이 종합된 기초 위에서 형성된 것이므로, 개개의 상품가격 내지 보다 본질적인 상품가치와 따로 떼어서 생각할 수는 없다. 물가는 가치에서 가격으로, 나아가서 물가수준으로 발전하는 하나의 구조적인 운동체계의 개념이라고 할 수 있다. 다시 말해서 가치가 화폐로 환산 가능해지면서 비로소 가격이 생겨날 수 있었다. 그러므로 화폐가 일반화되지 못했던 물물교환단계에서는 '물건에 대한 가치의 비교'는 있었으나 가격이란 것은 없었다. 즉, 화폐가 물건의 가치를 측정하고, 화폐를 매개로 교환이 성립되면서부터 가격이 생겨났다.

물가상승은 경제성장을 느리게 하는 것으로, 보다 높은 이자율과 급격한 통화이동을 야기하여 경제를 불안정하게 할 수 있다. 물가상승이 계속된다면 투자계획은 위험하게 된다. 물가가 상승하는 환경에서는 미래의 실제 수익가치를 확실하게 예측하는 것이 불가능하다. 이와 같은 불확실성은 기업의 투자를 회피하게 하여 결과적으로 투자감소는 경제활동을 압박하고 궁극적으로 경제침체에 이를 수 있다.

나. 기술적 환경

기술적 환경(technical environment)이란 기업에 영향을 미치는 한 나라 또는 산업의 기술수준이나 상태를 말하며, 이는 기업으로 하여금 신기술을 이용하여 신소재와 신제품을 개발하여 새로운 시장을 개척하는 데 중요한 영향을 미친다. 기술(technology)이란 일정한 목적을 달성하기 위해 자원의 이용을 보다 올바르게 관리할 수 있게 하는 수단으로서 실제문제의 해결에 과학적 지식을 응용한 것인데, 어떤 일을 어떻게 하는가 하는 방법에 관한 모든 지식, 즉 노하우(knowhow)를 말한다. 따라서 이는 언제나 새로운 지식을 특정의 목적달성과 관련하여 활용하는 데 관심을 두는 것이다. 그러므로 기술의 수준이 높으면 특정의 목적을 보다 능률적으로 달성할 수 있게 된다.

기술의 유형을 보다 구체적으로 살펴보면,

① 제품기술(제품 자체에 내재된 기술; 제품의 성능, 효력, 품질 등),

② 제조기술(생산성 향상을 위해 장비·기계·생산과정에 반영된 기술),

③ 품질관리기술(불량품 통제기술),

④ 연구개발기술(신제품과 신소재 개발 기술),

⑤ 노하우기술(직무와 관련된 기술) 등이 있다.

따라서 기술수준과 기술격차를 포함하는 기술적 환경의 여건 여하에 따라 기업의 생산성이나 합리화 수준은 크게 영향을 받게 된다. 기술수준이란 기술발전 정도를 나타내는 것이고, 기술격차란 다른 산업이나 나라의 기술수준과의 상대적인 차이를 나타내는 개념이다. 특히 기술경제 패러다임은 변화하고 있으며, IT산업의 급속한 발전으로 가속화하고 있다. 기술경제 패러다임의 변화를 보는 관점을 살펴보면, ① 지식기반 경제(knowledge-based economy), ② 신경제(new normal economy), ③ 디지털 경제(digital economy) 등이 있다.

기술의 진보(advances in technology)는 부분적인 개량을 통해서 이루어지는 연속적인 진보와 기술 그 자체의 원리를 변혁시킴으로써 얻어지는 비약적인 진보(기술혁신)가 있다. 특히 산업혁명은 에너지의 이용과 생산기술의 지속적 혁신으로 인간과 사회의 전반적인 생활양식을 바꿔버린 큰 변화를 의미한다. 18세기 이후 4차례의 산업혁명(industrial revolution)이 진행되고 있는데, 간략히 정리하면 다음과 같다.

1) 제1차 산업혁명

제1차 산업혁명은 1784년 영국에서 증기기관이 발명되었던 시점(18세기 후반~19세기 중반)을 말한다. 증기기관은 생산방식을 인간의 손에서 기계로 전환시키는 결정적인 계기를 제공하여 노동생산성은 이전에 비해 2~3배 이상 향상하게 되었다. 철도, 면사방적기와 같은 기계적 혁명을 의미한다. 농민과 자영업자는 육체노동자로 전락되었다.

2) 제2차 산업혁명

제2차 산업혁명은 1870년 경 석유와 전기와 발전기(motor)를 활용한 조립라인으로 대량생산체계를 구축한 시점(19세기 말~20세기 초)을 말한다. 2차 산업혁명의 큰 특징은 전기와 이를 기반으로 한 통신기술의 발달, 철도 건설, 대규모 철강 생산, 제조업 기계들의 광범위하고 다양한 발전 등을 들 수 있다.

3) 제3차 산업혁명

제3차 산업혁명은 컴퓨터를 활용한 정보기술시대의 개막시점(1960~1990)을 말한다. 정보화와 자동화에 기반한 대량생산 및 대량유통 시스템이 출현하게 되었다. 특히 1990년 중반에 들어 정보통신과 신재생에너지 개발이 활성화되면서 가속화 되었다. 이로써 전통적인 제조업 중심시대는 막을 내리고 사회적 네트워크와 협업 등에 의한 새로운 시대의 등장을 예고하였다. 3차 산업혁명은 반도체, 메인프레임 컴퓨터, 개인용 컴퓨터, 인터넷 등으로 특징지어진다.

4) 제4차 산업혁명

제4차 산업혁명은 2010년 이후부터 전개된 인공지능(artificial intelligence: AI) 등과 같은 최첨단 기술이 융합되는 시점을 말한다. 실제와 가상의 통합으로 사물들을 자동적·지능적으로 제어하는 가상물리 시스템(cyber physical system)을 구축하여 생산성이 극대화되는 스마트 공장이 만들어진다. 제3차 산업혁명(디지털 혁명)을 바탕으로 한 물리적 공간, 디지털적 공간, 생물학적 공간의 경계를 희석시키는 융합기술들이 경제체제와 사회구조를 변화시키는 시대로 정의된다. 이는 초연결성(hyper-connected)과 초지능화(hyper-intelligent)의 특성을 가지고 있으며, 사물인터넷(IoT), 자율주행차, 클라우드 등의 정보통신기술(ICT)을 통해 인간과 인간, 사물과 사물, 인간과 사물이 상호 연결되고, 빅데이터·인공지능·로봇 등으로 보다 지능화된 사회로 변화시킬 것으로 예측된다.

4차 산업에 대한 세계 각국의 전략은 ① 제조업과 IT기업에서 축적한 빅데이터를 바탕으로 클라우딩 컴퓨터 등의 생태계를 구축하고 선점하여 부가가치를 창출하려는 미국, ② 인더스트리 4.0을 중심으로 제조 시스템의 혁신을 꾀하고 있는 독일, ③ 인간에게 도움을 주는 로봇 서비스를 활용하여 데이터를 축적하고 인공지능기술을 강화하려는 일본, ④ 거대 자본과 시장을 기반으로 한 노동집약형 제조업에 IT를 더하여 지능형 생산시스템을 실현하려는 중국 제조 2025 등이 있다.

우리나라는 4차 산업혁명의 핵심 동력인 IoT, 클라우드 컴퓨팅, 빅데이터, O2O 분야에서 2017년 상반기 내에 IoT 생태계를 마련하고, 민간 분야의 클라우드 확산을 도모하고, 빅데이터 활성화를 위해 개인정보 보호 및 비식별 개인정보 활용을 위한 제도 개선 및 O2O 서비스의 다양한 규제 현안을 기업의 요구를 반영하여 해결한다는 계획이다.

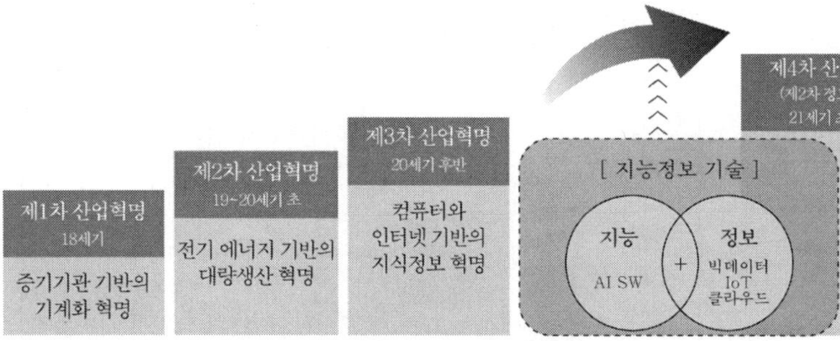

[그림 3-2] 산업혁명의 전개

다. 사회 · 문화적 환경

사회 · 문화적 환경(socio-cultual environment)이란 기업의 경영활동에 영향을 미치는 사회구성원들의 행동 · 가치관 · 신념 · 생활양식과 사회의 전통 · 관습 · 윤리 · 종교 등을 말한다. 이는 소비자 행동(consumer behavior)과 기업의 구성원인 주주 · 경영자 · 종업원들의 행동에도 작용을 하여 기업에 대한 여론이나 이미지의 형성, 나아가 기업의 성장과 발전에 중요한 역할을 한다.

최근 우리나라에서의 사회 · 문화적 환경의 대표적인 변화는 교육수준의 향상(고학력), 개인소득의 증대에 따른 중산층의 확대, 주 5일제 시행에 따른 노동시간의 단축, 인권과 노동에 대한 가치관의 변화, 노령층의 증대, 여성의 사회 활동 증가, 다문화 등 다양하게 출현되고 있으며, 이러한 변화는 기업의 장기적인 목표와 전략 수립에 기회와 위협요인으로 영향을 미치고 있다. 예를 들면, 일과 삶 사이의 균형(work and life balance; 워라밸)에 기초한 취미생활, 주말여행, 건강관리 등은 새로운 사업기회를 제공하지만, 노동력의 부족으로 인한 외국인 노동자의 고용이나 저임금 국가로의 진출 등의 전략을 고려해야 한다.

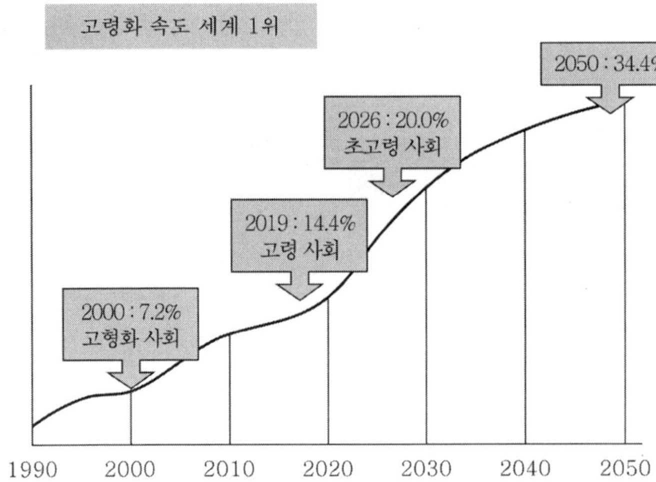

[그림 3-3] 우리나라의 고령화과정

인구규모와 인구분포에 관련된 인구구조의 변화도 중요한 환경요인이다. 인구통계학적 특성은 인구의 양과 밀도와 구조 등과 이의 동태성 등으로 구성되는 환경으로, 인구의 크기, 출생률, 사망률, 인구밀도, 인구분포, 인구의 증감, 결혼과 이혼, 기족의 수와 가족규모 등을 포함하고 있다. 최근 우리 사회는 결혼과 출산의 기피현상으로 인한 인구구조의 변화와 규모의 감소, 여성지위 향상에 따른 여성취업자와 주부취업자의 증가, 식문화 개선과 의료서비스의 선진화에 따른 노인 인구의 상대적 증가(초고령화 사회로의 진입), 가족구조의 변화(1인 가족), 지역별 및 산업별 인구이동 등이 기업활동에 영향을 준다. 따라서 실버산업(건강, 의료서비스, 노인요양, 여가 등)의 사업기회가 제공된다.

라. 정치 · 법률적 환경

기업의 활동은 정치적 · 법률적 환경(political and legal environment)에 의해 영향을 받는다. 기업과 국가는 다 같이 국가경제를 구성하는 주체로서 상호간에 밀접한 관계를 맺고 있다. 국가는 각종 법률과 제도를 통해서 기업에게 자유로운 거래활동과 공정한 경쟁 질서를 제고하고자 한다. 정부는 기업의 성장발전에 유리한 경제적 환경을 조성하고, 이를 유지할 수 있도록 기업 활동을 촉진시킨다. 다른 한편으로는 자유경쟁질서를 저해하거나 공익을 해치거나 비도덕적인 기업 활동을 규제하며 기업을 제약하고 있다. 이러한 법률은 정치적 환경에 의해 제정과 개정이 되고 시행되기 때문에 사회적 요구와 신념을 따라야 하는 정치인들의 태도에 영향을 받는다.

기업의 활동에 대한 법률적 환경을 이해관계자별로 정리하면 다음과 같다.

① 기업: 공정거래법, 독과점금지법, 어음수표법 등
② 소비자: 소비자 기본법, 할부거래법, 제조물 책임법 등
③ 종업원: 근로기준법, 노동조합법, 남녀고용평등법, 장애인고용촉진법, 노동관계 조정법 등
④ 정부: 상법, 세법, 정부구매법 등
⑤ 일반대중: 환경보존법, 공해방지법, 폐기물 관리법 등.

마. 자연적 환경

자연적 환경(natural environment)이란 기업을 둘러싸고 있는 산, 들, 하천, 계곡, 강, 바다 등의 지형(토지)과 바람, 비, 눈, 태양 등의 기후와 물, 목재, 식량, 에너지, 광물 등의 자연자원과 같은 생태적 환경으로 국가의 경제발전과 기업의 성장·발전에 큰 영향을 미치는 것을 말한다.

이와 같은 자연적 환경을 활용함에 있어서 기업은 자원활용에서의 이해관계 충돌, 천연자원의 고갈, 자연의 오염과 파괴(공해 발생) 등과 같은 문제에 직면하게 된다. 기업 활동에서 발생할 수 있는 공해문제로는 대기오염, 수질오염, 소음, 살충제, 각종 폐기물 등을 들 수 있

다. 최근 지구 온난화, 이상 기온 현상, 삼림 훼손, 지진, 홍수 등의 재해는 자연적 환경 중에서도 기업의 경영 활동에 기회를 제공하거나 위협 요인으로 작용하고 있다.

공해문제에 대한 책임은 국민, 기업 및 국가 모두에게 있으나, 기업이 가장 많은 부분을 부담해야 할 것으로 여겨진다. 따라서 기업은 유한하고 희소한 자연자원을 오염시키지 않고 낭비하지 않는 보다 효율적 생산방법을 모색해야 하고, 동시에 공해방지에 힘쓰고, 공해가 불가피하게 발생하게 되면 그 피해를 보상해야 한다. 자원의 효율적 사용에 관한 예로 종이제품의 재활용, 산업용수의 재처리 사용 등을 들 수 있다. 기업의 성장과 자원의 고갈에서 발생하는 이해충돌 사항을 슬기롭게 해결할 수 있는 방안으로 생태균형의 관점이 부각되고 있다.

바. 글로벌 환경

글로벌 환경(global environment)이란 기업을 둘러싼 환경을 국경을 넘어 세계를 대상으로 인식하는 개념으로 앞에서 기술된 모든 환경요인들이 국제적 차원에서 기업에 영향을 미치는 것을 의미한다. 국제적 환경이라고도 한다. 최근에 들어 정보통신과 수송수단의 발달에 따라 경제규모가 커지고 교역이 확대되면서 대부분의 국가에서 기업환경은 국제적인 영향 하에 있게 된다. 우리나라와 같이 자원의 해외 의존도가 높은 국가에서는 글로벌 환경의 영향이 매우 크게 작용하고 있다.

국가 간 경쟁이 치열해지면서 자유무역을 위한 여러 가지 국제적 기구의 역할이나 지역별로 강화되고 있는 블록화 현상 등은 기업이 대처해야 할 중요한 글로벌 환경 요소라고 볼 수 있다. 글로벌 시대의 자유로운 경제교역을 지원하는 국제기구에는 크게 회원국 전체를 대상으로 하는 세계무역기구(World Trade Organization, WTO)와 지역적 자유무역을 보장하는 지역경제 협력공동체가 있다. 세계적으로 대표적인 지역경제 협력공동체로는 유럽연합(European Union; EU), 북미 자유무역협정(North American Free Trade Agreement: NAFTA), 동남아시아 국가연합(Association of South-East Asian Nations; ASEAN), 남미 경제공동체(Mercosur) 등이 있다.

1) 세계무역기구

세계무역기구(World Trade Organization, WTO)란 1995년부터 세계경제질서를 규율해가고 있는 새로운 국제기구이다. 회원 각국의 무역장벽을 낮추고, 통상 분쟁을 조정하고, 무역협상의 기반을 제공함으로써 자유로운 무역질서를 지원하는 것을 목적으로 한다. 2016년 현재 회원국은 163개국이고, 스위스 제네바에 사무국을 두고 있으며, 회원국들의 분담금으로 운영되고 있다. 이는 제2차 세계대전 이후의 국제경제질서를 이끌었던 관세 및 무역에 관한 일반협정(General Agreement on Tariffs and Trade, GATT) 체제를 대신하여 출범하였다.

WTO는 지원과 조정을 위해 ① 어떤 국가든 다른 국가에 대해 우월적 권리를 행사하거나, 외국 상품이나 서비스를 차별해서는 안 된다. ② 국가 간의 무역장벽은 최소화해야 한다. ③ 무역체계는 예측 가능하여야 한다. ④ 무역체계에 있어서 경쟁의 원리를 보장해 주어야 한다. ⑤ 무역체계는 경제적 후진국들을 고려하여 유예기간, 유연성, 권리 등을 보장해 주어야 한다는 원칙을 적용하고 있다.

WTO의 조직은 각료회의, 총회, 3개 무역위원회, 사무국 등 하위기구를 두고 있으며, 법적 구속력과 감시기능을 갖춘 분쟁해결기구와 무역정책검토기구를 두고 있다. 분쟁해결기구는 제반 무역관련 분쟁을 통합 관장하며, 무역정책검토기구는 각국의 무역정책을 주기적으로 검토하여 정책의 투명성을 높이고 분쟁을 사전에 예방하여 다자간 무역체제의 효율성을 높이도록 하였다. WTO는 회원국 정부에 의해 운영되며, 주요 의사결정은 각료회의, 대사, 대표단을 통해 전체 회원국들의 합의로 이루어진다. 최고 의사결정기구인 각료회의는 2년마다 개최되며, 다자무역협정하의 모든 분야에 대한 결정권을 갖고 있다.

우리나라는 1995년 1월 1일 세계무역기구 출범과 함께 회원국이 되었으며, 그동안 WTO의 가입을 통해 무역규모를 확대하고 무역상대국을 다양화하여 무역규모 기준 세계 10위권 이내의 무역대국으로 성장하고 있다. 한국의 WTO 전체 예산의 약 2.7%를 분담하고 있다.

2) 유럽연합

유럽연합(European Union; EU)은 유럽 국가들의 연합으로, 1993년 11월에 창립됐다. 창립 당시에는 12개국이 회원국이었는데, 지금은 28개 회원국으로 확대되어있다. 회원국은 벨기에 · 프랑스 · 독일 · 이탈리아 · 룩셈부르크 · 네덜란드 · 덴마크 · 아일랜드 · 영국 · 그리스 · 포르투갈 · 스페인 · 오스트리아 · 핀란드 · 스웨덴 · 사이프러스 · 체고 · 에스토니아 · 헝가리 · 라트비아 · 리투아니아 · 몰타 · 폴란드 · 슬로바키아 · 슬로베니아 · 루마니아 · 불가리아 · 크로아티아 등 28개국이었으나, 2018년 11월 25일 영국의 탈퇴합의문이 승인되면서 공식 탈퇴일인 2019년 3월 29일 27개국으로 줄어들게 되었다.

EU의 인구는 약 5억 명으로 세계인구의 약 7%를 차지한다. EU의 GDP는 약 18.500조 달러로 세계 GDP의 약 24%다. EU 1인당GDP는 약 36,700달러다. EU의 교역규모는 수출 4.6조 달러와 수입4.5조 달러이다.

EU는 1,2차 세계대전에서 맞선 두 나라인 프랑스와 독일 사이에 적대요인을 극복하고 평화를 실현하기 위해 1952년 설립된 '유럽석탄철강공동체'(ECSC)를 모태로 한다. 이후 유럽경제공동체(EEC), 유럽공동체(EC), 유럽연합(EU), EU공식 통화인 유로화 도입 등 50년 넘게 순항하던 경제적, 정치적 유럽 통합작업으로 발전했다. 2008년 금융위기 이후 회의론이 확산되기 시작하여, 2016년 6월23일 영국 국민들이 국민투표를 통해서 탈퇴를 결정했고, 2018년 11월 25일에는 유럽연합 특별정상회의에서 영국의 EU 탈퇴(Brexit) 협상합의문을 승인한 상태이다.

EU의 목적은 △단일시장과 단일통화의 실현 등을 통한 경제통합과 사회통합의 촉진 △공동안보방위정책이 포함된 공동외교안보정책의 이행을 통해 국제무대에서 EU의 위상 제고 △유럽시민권제도 도입을 통해 회원국 국민의 권리와 이익보호 강화 △'자유・안전・정의'의 공동 영역으로 발전 등이다. 또 1999년 1월1일부터는 EU의 공식통화인 유로화를 도입했다.

EU의 주요 5대 기구에는 이사회(각료이사회, 정상회의), 집행위원회, 유럽의회, 유럽사법재판소, 유럽회계감사원이 있다. 유럽중앙은행(ECB)은 유로존 통화정책을 담당한다. EU의 상징기는 푸른색 바탕에 노란색 별 12개가 원형을 이루고 있는 모습이다. 유럽에서 12는 전통적으로 완벽함을 상징하는 것으로 회원국 수와는 무관하다. 1983년 유럽의회에서 공식 깃발로 채택했고, 1986년 유럽공동체 정상회의에서 유럽연합의 상징으로 채택했다.

하지만, 2016년 6월 23일 세계 5위 경제 대국인 영국 국민들이 EU 탈퇴에 대한 국민투표를 가결해 영국이 43년 만에 EU를 탈퇴하게 되면서 EU는 거센 위기를 맞게 됐다. 2008년 금융위기 이후 위기를 맞은 남유럽 국가들에 EU와 유럽중앙은행(ECB)이 거액의 구제금융을 주고 이 때문에 EU 회원국의 재정분담금이 늘어나자 영국 내에서 EU 탈퇴 목소리가 나왔고, 이후 EU의 간섭, 난민・이민자 수용, 복지 문제 등이 가중돼 결국 영국 국민들은 EU 탈퇴를 선택했다. 이로 인해 EU에 회의적인 다른 EU회원국들에서도 EU 탈퇴 목소리가 커질 것이라는 전망이 나오고 있다.

영국의 EU 탈퇴 합의문이 2018년 11월 EU 특별정상회의에서 승인되면서, 탈퇴가 공식적으로 확정되었다. 영국은 2019년 3월 29일 공식적으로 탈퇴하게 되는데, 합의문은 이 탈퇴 과정과 이후 EU와 영국의 원만한 관계유지를 포함하고 있다. 이 합의문이 유럽연합 의회와 영국 의회에서 비준이 되면 합의문이 발효하게 된다. 만일 이 합의문이 비준을 받지 못할 경우에는 기존 협정의 원만한 승계 및 이후의 협력관계가 파국에 이를 전망이다.

3) 북미 자유무역협정

북미 자유무역협정(North American Free Trade Agreement: NAFTA)이란 1992년 북미 지역의 경제권을 형성하기 위해 결성된 경제블록이다. 출현 당시 인구 3억6,300만 명과 GDP 7.1조 달러로 세계 GDP의 약 30%에 이르는 대규모 경제통합으로 거대한 단일시장을 이루었다. 미국의 자본, 캐나다의 자원, 멕시코의 노동력이 결합됨으로써 국제 시장에서 막강한 경쟁력을 갖추게 되었으며, 지역경제 성장에도 도움이 되고 있다.

북미지역에서의 자유무역협정은 1989년에 미국과 캐나다 간에 자유무역협정이 먼저 체결되었으며, 1992년에는 멕시코도 이에 동참하여 미국과 캐나다와 멕시코 3국이 자유무역협정을 체결하였다. 1993년 7월부터 효력이 발생한 NAFTA의 주요 내용은 상품 및 서비스 교역, 투자 및 지적 재산권에 관하여 자유무역을 시행하고, 상호고용 및 성장을 촉진하는 것을 중점으로 하고 있다. 즉 5~15년에 걸쳐 단계적으로 3국간 관세 등 무역장벽을 모두 철폐하여 15년 뒤에는 완전 철폐를 목표로 하고 있다.

NAFTA는 기본적으로 미국과 캐나다와 멕시코 3국이 1992년도 EC의 통합(현재의 EU), 소련과 동구권의 붕괴, 일본의 경제력 급신장 등 세계경제질서의 급변에 효과적으로 대응하기 위해서는 지역적 통합이 중요하다는데 인식을 같이 하고서 출발하였다. 또 경제적으로 볼 때 미국의 경제구조가 상호보완성을 갖고 있어 통합에 따른 국내 산업 피해가 비교적 작은 대신 각국별로 역내 교역 및 투자확대를 통한 고용 및 성장촉진 등의 상당한 이점을 기대할 수 있다는 판단도 작용하였다. NAFTA의 발효로 미국과 멕시코는 농산물 교역량의

50% 이상에 대해 관세를 폐지하였으며, 발효 후 10년간 전체의 94%를, 15년 내 모든 농산물의 교역을 완전자유화하도록 되어 있다. 또한 강력한 원산지 규정을 도입하고, 역외 국가의 상품에 대해 불이익을 주는 보호무역주의의 성격을 가지고 있다. 하지만 NAFTA는 EU처럼 정치적 통합까지 추구하는 공동체가 아니며, 특히 멕시코 경제위기의 근본 원인으로 지목되기도 한다.

전체 교역의 70% 이상을 미국에 의존하고 있는 멕시코는 북미 자유무역협정을 통해 미국 시장에 더욱 쉽게 접근할 수 있게 되었을 뿐만 아니라 지리적 장점을 이용하여 미국 시장에 진출하려는 다국적 기업의 투자를 유치하는 데도 성과를 거두고 있다. NAFTA는 우리나라에도 영향을 미친다. 긍정적인 요인은 북미 시장이 확대되고, 멕시코의 경제가 발전됨에 따른 북미 시장으로의 진출이 증대된다는 점이다. 반면에 부정적인 요인은 미국이 멕시코에 대한 투자를 확대함으로써 우리나라와 경쟁관계에 있는 멕시코의 산업경쟁력이 강화되어 우리나라의 경쟁력이 저하될 수 있다는 점이다.

4) 동남아시아 국가연합

동남아시아 국가연합(Association of South-East Asian Nations; ASEAN)은 1967년 8월동남아시아 지역의 경제적·사회적 기반 확립과 평화적·진보적 생활수준 향상을 위해 설립된 국제기구이다. 인도네시아 자카르타에 본부를 두고 있으며, 설립 당시 회원국은 말레이시아, 싱가포르, 인도네시아, 타이, 필리핀 등 5개국이었으며, 그 후 미얀마, 라오스, 베트남, 브루나이, 캄보디아가 가입하여 10개국으로 늘어났다. 준회원국으로는 파푸아 뉴기니와 동티모르가 있다. 설립 초기에는 경제·문화 등 비정치적 분야의 협력이 주된 관심사였으나, 1970년대 들어서 정치문제에 대해서도 협력하기로 합의하였고, 지역 발전과 안전 보장을 강조하고 있다. 2008년에는 '동남아시아 국가 연합 헌장'을 발효하고, 또한 매년 11월에 정상 회의를 개최하면서 유럽 연합

(EU)과 맞먹는 정치 · 경제공동체로 거듭나기 위해 노력하고 있다.

아세안 자유무역협정(ASEAN Free Trade Agreement: AFTA)은 유럽연합과 북미 자유무역협정(NAFTA) 등 세계 경제의 블록화에 대응하기 위해 1993년 출범하였다. 주요 활동내용은 협정체결국가 내 관세를 낮추는 것이며, 이에 따라 2018년까지 역내 관세를 철폐할 계획이다. 또한 외국인 투자를 유치하기 위해서도 노력하고 있다. 그러나 역내 거래에 있어서 농산물과 국가안보 관련 품목 등은 제외된다.

5) 메르코수르(남미경제공동체)

메르코수르(Mercosur)는 1991년에 창설된 남아메리카 국가들의 경제공동체로, 남아메리카 국가들의 물류와 인력 그리고 자본의 자유로운 교환 및 움직임을 촉진하며, 회원국과 준회원국 사이의 정치 · 경제 통합을 증진시키는 것을 목적으로 하고 있다. 현재는 아르헨티나 · 브라질 · 파라과이 · 우루과이 · 베네수엘라 5개국이 정회원국으로, 볼리비아 · 칠레 · 콜롬비아 · 에콰도르 · 페루 등은 준회원국으로, 멕시코는 옵서버 회원국으로 참여하고 있다.

메르코수르는 외부 시장에 대한 동일한 관세 체제를 만들었고, 1999년부터는 회원국 사이의 무역에서 90% 품목에 대해 무관세 무역을 시행하고 있다. 메르코수르 면적은 1천280만㎢, 인구는 2억8천900만 명, 국내총생산(GDP) 합계는 2조8천300억 달러다. 브라질이 면적의 66%, 인구의 70%, GDP의 62%를 차지한다.

6) 아시아태평양 경제협력체

아시아 태평양 경제협력체(Asian-Pacific Economic Cooperation: APEC)이란 아시아 태평양 지역의 경제적인 협력을 증대시키기 위한 각 국가 대표들의 협의 기구로 1989년 11월에 설립되었다. 설립 당시 회원국은 한국 · 뉴질랜드 · 말레이시아 · 미국 · 브루나이 · 싱가포르 · 오스트레일리아 · 인도네시아 · 일본 · 캐나다 · 타이 · 필리핀으로 12개국이었다. 그 후 중국 · 타이완 · 홍콩 · 멕시코 · 파푸아 뉴기니 · 칠레 · 러시아 · 베트남 · 페루가 가입하여 현재 총회원국은 21개국이며, 경제규모는 세계 GDP의 약50% 수준이다. 이는 다른 어떤 경제 블록보다 훨씬 큰 규모이다. 그러나 환태평양 지역 국가라는 공통점을 제외하고는 문화와 경제수준 등에서 많은 차이가 있어 협력의 걸림돌이 되기도 한다.

APEC은 개방적 지역주의에 기초한 경제협력의 달성을 목표로 개방성을 강조하고 있다. 1991년 서울에서 열린 제3차 회의에서 채택된 '서울 선언'을 통해 아시아 태평양 경제협력체의 목적과 조직, 활동범위를 위한 제도들을 마련하였고, 이듬해 열린 제4차 방콕 회의에서 마침내 공식적인 국제기구로 발돋움 하였다. 현재는 무역, 투자 및 기술이전, 인적자원 개발, 에너지, 수산업, 해양자원 보존 등 다양한 부문에 걸친 대화기구의 협력체로서 그 역할을 수행하고 있다. 이러한 비전과 목표를 효과적으로 달성하기 위해 역내의 정보 · 통신 기반구조를 확충하고자 노력 중에 있으며, 구체적으로 2020년까지 초고속 정보통신망의 구축에 박차를 가하고 있다.

7) 독립국가연합 자유무역협정

독립국가연합 자유무역협정(Commonwealth of Independent States FTA, CISFTA)이란 2011년 옛소련 국가모임인 독립국가연합(유라시아 공동체)의 11개국이 참여한 경제 · 정치공동체로 EU와 미국 등의 거대 경제권에 대항하고자 러시아의 푸틴 대통령이 강력하게 추진하고 있다. 회원국 간의 교역 품목에 대한 관세 철폐, 경제정책의 상호조정, 단일 화폐의 사용, 자유로운 경제교류의 보장 등을 추구하는 단일경제권 형성을 지향하고 있다.

3.3 기업의 과업환경

기업의 과업환경은 목표달성을 위한 경영활동에 직접적인 영향을 주는 환경요인으로, 산업환경(industrial environment) 또는 이해관계자 집단(interest group)이라고 하며, 주주, 경영자, 종업원, 노동조합 등과 같은 기업내부의 이해관계자와 소비자, 공급자(거래회사), 경쟁자, 금융기관 등과 같은 기업외부의 이해관계자로 분류된다. 이러한 과업환경은 기업마다 고유하여 상황의 변화에 따라 급변하는 특성이 있다. 기업내부의 과업환경은 통제가능한 환경요인이어서 기업이 능동적으로 대응할 수 있는 반면에 기업외부의 과업환경은 그렇지 않아서 기업이 수동적으로 적응해야 한다.

가. 기업내부의 이해관계자

1) 주주와 채권자

기업을 설립하고 운영하기 위해서는 자금이 필요하다. 자금조달방법으로는 자기자본을 투자하는 방법(주식발행)과 외부에서 차입하는 방법(채권발행)이 있는데, 현실적으로는 대부분의 기업이 두 방법을 함께 이용하고 있다. 주식을 구입하는 사람은 주주라고 하며, 채권을 구입하는 사람은 채권자라고 한다.

주주는 법적인 측면에서 보면 회사의 주인이다. 따라서 회사가 번창하여 많은 이익을 실현하면 주인인 주주는 누구보다도 큰 이익을 얻는다. 이 이익은 주가의 상승에 따른 시세차익이나 이익배당의 형태로 실현된다. 그러나 회사의 영업이 부진하여 손실을 보게 되면 누구보다도 주주에게 많은 손해(주가 하락, 무배당, 파산에 의한 원금회수 불능 등)가 돌아간다.

채권자는 일정한 이자를 받기로 하고 돈을 빌려주었으므로 회사의 경영상태에 직접적 영향을 받지는 않는다. 주주에게 배당금은 지급하지 못하더라도 채권자에게 정해진 이자를 지불해야 하는 책임이 기업에게 있다. 그러나 기업의 경영이 어려우면 이자마저 지불하지 못하는 경우도 발생할 수 있고, 부도가 나면 원금도 회수하지 못하는 경우도 있다. 따라서 대부분의 채권자(은행이나 사채업자)는 자신들의 투자자금 회수를 위해서 실물자산 담보를 확보한 다음에 자금을 빌려준다. 주주를 위한 배당의 증가는 종업원의 급여인상을 제약할 수 있어서 주주와 종업원은 상충하는 이해관계에 있다고 할 수 있다.

개인만이 주주나 채권자로서 회사에 자금을 제공하는 것은 아니다. 다른 기업이나 은행, 보험회사, 투자신탁회사, 각종 연금 및 기금(공무원연금공단, 건강보험공단 등)과 같은 비영리조직도 수익사업이나 기금사업의 일환으로써 회사의 주식이나 채권을 구입한다.

2) 경영자

경영자란 기업의 경영과 관련된 중요한 의사결정을 할 수 있는 사람으로 정의할 수 있다. 과거에는 경영자란 기업의 이사를 가리키는 것으로 이해되었으나, 사외이사 제도의 도입으로 경영자가 아닌 사람이 이사가 되는 현상이 생겼기 때문에 이 등식은 이제 성립하지 않는다.

회사에서 중요한 역할을 하는 최고경영자는 소유경영자(중소기업의 경우)거나 그 회사의 대주주 또는 대주주의 대리인으로서 신뢰할 만한 전문경영자(대기업의 경우)가 맡는 경우가 많다. 주주의 대리인인 전문경영자는 원가절감을 통한 이익창출의 경영활동을 요구받는다. 우리나라 대기업에서는 대주주나 그 친척이 최고경영자로 선임되는 예가 많다. 이는 아직 전문경영자층이 두텁게 형성되지 못한 탓도 있고, 전문경영자에 비해서 주식을 소유한 소유경영자가 더 열심히 일할 가능성이 높기 때문이기도 하다.

비록 유능한 전문경영자라도 경영자의 이해는 주주의 이해와 다를 수 있다. 이는 기업의 주식 90%를 소유한 경영자와 1%를 소유한 전문경영자의 차이를 비교하면 잘 알 수 있다. 90%의 주식을 소유한 소유경영자는 이윤이 늘어나면 자신에게 돌아올 배당금이 커진다는 것을 알기 때문에 기업의 지출을 최대한 줄이려고 할 것이다. 그러나 1%의 주식밖에 없는 전문경영자는 비용을 절약해서 이윤이 늘어나도, 그 일부만이 자기의 수중으로 들어오고, 99%는 다른 주주의 몫이 된다는 것을 안다. 따라서 그는 배당금보다는 경영자로서 누릴 수 있는 각종 혜택-높은 임금, 사치스런 사무실과 고급차량, 유능한 비서, 많은 비용을 지불하는 호화로운 해외여행 등에 더 신경을 쓰고, 비용을 절약하자는 생각은 소유경영자에 비해서 낮을 것이다. 또한 이들은 회사에 여유자금이 있으면 이를 회사의 장기 발전을 위해 투자하기보다 자신을 포함한 전체 종업원에게 특별 보너스로 지급하려 할 것이다.

그렇다고 주주가 아닌 전문경영자는 기업의 장기적 발전에는 무관심하고 자신의 단기적 이익만을 챙긴다고 보는 것은 지나친 속단이다. 오히려 오늘날과 같이 주식 대중화가 진전된 상황에서는 소액 주주가 경영자 이상으로 주가의 상승을 통한 단기적 이익추구에 더 적극성을 보일 수 있다. 경영자는 기업이 성장하면 경영자 자신의 지위가 높아지고 임금이 올라간다. 반면에 기업의 성장이 정체되거나 기업이 도산하면 경영자로서의 일자리와 명성을 잃게 된다. 그러므로 경영자들도 기업의 장기적인 발전에 신경을 써야 할 요인이 없는 것은 아니다. 유능하다는 명성을 쌓은 전문경영자라도 기업의 실적이 부진하여 주주의 이익이 충분히 실현되지 못했다고 판단되면 해임되는 일이 흔히 있다.

3) 종업원과 노동조합

종업원은 회사의 업무를 실행하는 사람들이다. 제조업체를 기준으로 보면 회사의 종업원은 장기적 고용관계를 가지고 있는 정규직 종업원과 일시적인 고용관계를 가지는 임시직 종업원으로 구분할 수 있다.

직원은 직종에 따라서 생산직, 영업직, 사무관리직, 전문기술직 등으로 구분된다.

그러나 종업원 내부의 이러한 차이를 무시한다면 종업원의 주된 관심사는 임금, 고용안정, 승진, 노동강도 및 노동시간이라고 할 수 있다. 즉, 종업원들은 가능하면 높은 임금, 안정된 고용, 빠른 승진이 보장되기를 원하며 일하기 좋은 노동환경과 낮은 노동강도가 유지되기를 원한다.

종업원이 일상적인 회사 활동으로 이러한 희망을 실현하려고 한다면 이윤을 극대화하려는 주주나 경영자와 충돌할 수도 있다. 예컨대, 종업원이 높은 임금을 요구하고 낮은 노동강도에서 일하기를 고집하면 기업의 생산성은 떨어지고 이윤이 감소한다. 또한 종업원들의 승진욕구를 충족시키기 위해서 급격히 회사 규모를 확대하면 기업의 효율이 떨어져 이윤이 줄어들 수도 있다.

종업원과 기업의 다른 구성원 사이에 이해관계와 갈등이 있을 수 있듯이, 종업원 내부에서도 견해의 차이가 나타날 수 있다. 예를 들면, 젊은 층에서는 결혼자금 마련이나 결혼 후의 내집 마련의 필요성 때문에 고임금을 가장 선호하고 이를 위해서는 파업도 불사하려는 성향이 있는 반면에 중·장년층에서는 고용안정을 훨씬 선호할 수 있다. 이런 이유는 회사의 경영이 어려워지고 고용이 불안해지면 중장년층이 훨씬 큰 고통을 겪기 때문이다. 종업원에게는 임금이나 승진과 같은 보상뿐만 아니라 노동강도나 노동시간도 매우 중요한 고려사항이다.

이러한 욕구를 달성하려면 종업원 각자가 경영자와 교섭하는 방식으로 행동하는 것보다 노동조합을 통하여 집단적 목소리(collective voice)를 내는 것이 더 효과적이라고 알려져 있다. 종업원들이 개선책이나 희망 사항을 적극적으로 말할 수 있도록 노동조합이나 노사협의회 활동이 활발히 되도록 하는 것이 회사의 생산성을 제고시키는 길이 될 수도 있다.

그러나 기업의 경영상태가 극도로 어려운 상황에서는 노동조합이 있더라도 집단적 발언을 통한 개선은 어려울 수 있다. 이러한 상황이 도래하면 경영자나 노동조합 모두가 회사의 장기적 발전보다 당장의 부도 막기나 일자리 유지에 정신을 집중한다. 따라서 노동조합이 기업의 경영에 대해서 발언하는 효과도 그 기업의 안정성이 유지되고 있다는 믿음이 있어야 되며, 그렇지 못한 여건에서는 아무런 효과를 기대할 수 없다.

나. 기업외부의 이해관계자

1) 소비자

기업이 생산하여 판매하는 재화나 서비스의 직접적인 구매자인 소비자(consumer)는 기업의 외부에 존재하는 중요한 과업환경이다. 소비자 입장에서는 동일한 기능의 제품을 생산하는 공급자 간의 경쟁이 심화되면서 소비자는 상대적으로 저렴한 가격에 좋은 품질의 제품을, 그리고 완벽한 A/S를 요구할 수 있다. 기업의 입장에서도 경쟁에서 생존하기 위해 자발적으로 소비자를 만족시키기 위한 경영활동을 시행하는 것이 중요하다.

개인으로서의 소비자는 조직화된 기업에 비해 상대적으로 불리한 위치에 있을 수 있다. 따라서 소비자들은 자신들의 권익을 보호하면서 기업에 대등한 실력을 행사할 수 있도록 소비자주권(consumerism)을 강조하며 소비자단체를 결성한다. 소비자단체는 기업에게 생산한 제품에 대한 원가 · 품질 · 성능 등에 관한 정보공개를 요구하며, 불량제품에 대한 피해보상(제조물책임)을 요구할 수 있다. 이러한 요구가 제대로 이행되지 않으면, 소비자단체는 특정 기업에 대해서 불매운동을 전개하거나 법적 소송을 제기할 수도 있다. 기업들은 고객만족(customer satisfaction)을 위한 전략을 수립하여 실행하는 것이 중요하다.

2) 거래회사

거래회사에는 회사의 제품을 필요로 하는 하류(downstream)에 있는 회사와 회사에 원자재를 공급하는 상류(upstream)에 있는 회사가 있다. 상류란 원료에 가까운 공정을, 하류란 고객에 가까운 공정을 말하는데, 이들이 별도의 회사로 설립되어 있으면 법률적 의미에서는 기업 내부의 구성원은 아니다.

그러나 경제적인 측면에서 보면 거래회사의 구성원은 회사의 내부 구성원 못지않게 회사의 경영상태에 영향을 받는다. 발주기업이 순조롭게 발전함으로써 여기에 부품을 납품하는 납품업체가 튼튼한 회사로 발전하고, 회사제품의 평가가 높아짐으로써 이를 판매하는 체인점들도 덩달아서 발전하는 사례는 흔히 있다. 반대로 발주기업의 경영이 어려워지면 여기에 납품하는 회사나 그 제품을 판매하는 회사의 경영이 부진해지고, 심한 경우에는 발주기업의 부도에 영향을 받아 연쇄 부도가 일어나기도 한다.

발주기업은 경쟁력향상을 위해 거래회사와의 깨끗한 거래와 그 내부경영에 대해서 관심을 가지지 않으면 안된다. 현대자동차가 우수한 경쟁력을 갖추기 위해서는 여기에 납품되는 부품도 가격과 품질에서 우수해야 한다. 또 현대자동차를 판매하는 판매회사나 대리점의 경영이 원활하고 영업력이 뛰어나야만 제조회사의 경영도 잘 된다. 따라서 발주기업은 자신의 경쟁력 유지를 위해서도 거래기업과의 관계와 그 합리적 경영에 신경을 쓰지 않을 수 없다.

3) 경쟁자

자본주의 경제체제에서는 자유 경쟁을 보장하고 있어서 모든 기업들은 경쟁자(competitor)가 있기 마련이다. 특히 동종 산업에 존재하는 기업들은 한정된 자원의 확보와 시장점유율 증대를 위해서 경쟁을 하게 된다. 경쟁기업은 규모를 불문하고 유사한 제품과 서비스, 유사한 생산과정과 기술, 시장을 공유하므로 경영자는 이러한 경쟁기업의 동향을 주시해야 한다. 예를 들면 김치냉장고를 생산하는 LG는 만도와 삼성전자와 경쟁을 하게 된다. 경쟁기업의 존재는 과당경쟁을 초래하여 시장질서를 교란하거나 가격체제를 붕괴시키는 등의 부정적 결과를 낳을 수 있지만, 때로는 경쟁기업과 협력하거나 담합을 하여 기존 시장의 질서를 유지할 수도 있다. 그러나 경쟁회사 간의 선의의 경쟁은 장기적으로 기술혁신을 통한 기업의 생산성 향상으로 제품의 가격 인하를 유도하며 시장규모를 확대하는 긍정적 측면도 있다.

4) 금융기관

기업은 경영활동에 필요한 자본을 조달함에 있어서 금융기관의 도움을 받게 된다. 즉 기업은 자기자본인 주식과 타인자본인 채권을 발행하여 자본을 조달할 때에 증권회사로부터 전문적인 조언과 서비스를 받으며, 은행을 통해서 차입금을 대출받는다.

기업에 있어서 자금은, 사람의 혈액과 비슷한 역할을 하고 있어서, 원활하게 순환을 하여 마비되는 부분이 없게 해주고 있다. 따라서 기업은 금융기관과 긴밀한 관계를 유지하여 필요한 자금을 적절히 공급받아 정상적인 경영활동을 할 수 있도록 힘쓰는 것이 요청된다.

5) 지역사회와 국가

지역사회는 기업에 인력과 시장을 제공하고 공장부지나 사무실과 같은 물리적 공간 및 공업용수와 같은 핵심생산요소를 제공한다. 그러므로 기업이 발전함으로써 지역사회는 고용이 늘어나고 경제가 발전한다. 예컨대, 현대자동차나 현대중공업의 경영이 순조로우면 울산지역의 경기가 좋아진다. 이는 해당 기업의 종업원이나 그 가족은 물론 울산지역의 다른 업종, 예컨대 부동산업자의 영업에까지 영향을 준다. 반면 기업의 재해나 공해물질 배출로 지역이 폐해를 볼 수도 있다.

기업이 발전함으로써 국가는 세금 수입이 늘어나고 국민의 소득수준이 향상되며, 산업과 기술의 선진화를 이룩할 수 있다. 일부국가에서 특정 산업을 전략산업으로 선정하고 그 발전을 지원하는 정책을 도입하는 배경에는 기업의 발전이 국가의 경쟁력과 영향력(power)에도 영향을 주기 때문이다.

[사례 3] 경기 불황에 최저임금 · 근로단축까지 … '사면초가 제조업'

흔들리는 경제 버팀목 / 商議 3분기 경기전망지수 조사 /
2분기보다 14P 하락한 73 집계 / 수출 경기 부진 · 내수 침체 겹쳐 /
의료 · 제약 · 조선 · 부품 분야 빼고 / 모든 부분 100 아래 비관론 확산 /
G2 갈등 · 日 보복 겹쳐 전망 악화 / "정부, 대외여건 해결 노력 시급"

우리 경제의 버팀목인 제조업이 급격하게 흔들리고 있다. 미 · 중 무역 전쟁이 멈추지 않는 데다 수출이 장기 부진에 빠지면서 제조업의 수출 · 내수 체감경기는 급격히 하락하고 있다. 여기에 일본의 경제보복까지 덮치면서 기업경기의 불확실성이 더 커질 것으로 전망됐다.

대한상공회의소는 전국 2,300여개 제조업체를 대상으로 3분기 경기전망지수(BSI)를 조사한 결과 전 분기 대비 14포인트 하락한 73으로 집계됐다고 15일 밝혔다. BSI가 100을 넘어가면 이번 분기 경기를 지난 분기보다 긍정적으로 보는 기업이 많고, 100 이하면 반대를 뜻한다.

수출기업의 경기전망지수는 88, 내수기업은 70으로 집계돼 전 분기보다 각각 12포인트, 14포인트 떨어졌다. 업종별로는 의료정밀(117), 제약(100), 조선 · 부품(100) 외에는 모든 부문이 100 아래를 기록해 3분기를 부정적으로 전망했다. 특히 주력 업종으로 꼽히는 자동차·부품(61), 철강(64), 전기장비(66), 기계(73), 정유 · 석화(75) 등에서 비관론이 두드러졌다. 대한상의는 "글로벌 교역 둔화로 수출 감소가 7개월째 이어지는 등 경제와 산업 전반의 성장 모멘텀이 약해졌다"며 "미 · 중 무역갈등 장기화까지 더해져 체감경기가 나빠졌다"고 설명했다.

이번 조사는 6월 12일~25일 이뤄진 것으로, 일본이 이달 1일 발표한 한국 수출규제에 따른 불확실성이 반영됐다면 BSI는 더 나빠졌을 것으로 관측된다.

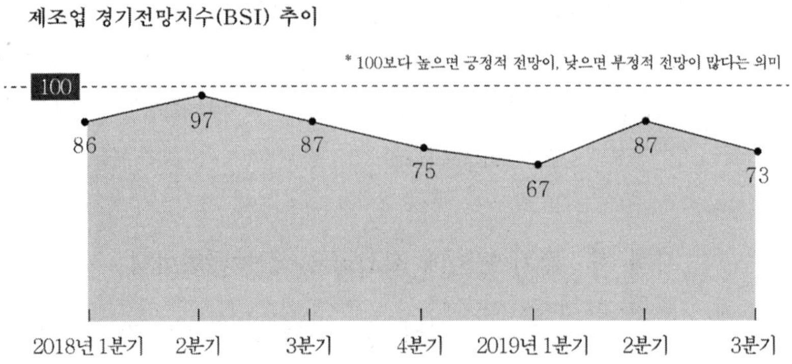

자료 : 대한상공회의소

설상가상으로 지난달 수출액도 7개월 연속 준 것으로 나타났다. 관세청 등에 따르면 지난 6월 수출액 확정치는 441억달러로 전년 동월 대비 13.7% 감소했다. 낙폭은 전년 동월 대비 -18.8%를 기록한 2016년 1월 이후 최대치였다. 국내 주력 수출품인 액정 디바이스(-55.2%), 반도체(-24.8%), 석유제품(-24.9%) 등의 수출액 감소폭이 컸다.

경제 전문가들은 최저임금 인상, 근로시간 단축 등 국내 이슈와 미·중 무역 갈등, 일본의 수출규제 등 해외 이슈가 맞물려 제조업 악화가 가속하고 있다고 분석했다. 성태윤 연세대 교수(경제학부)는 "대내 변수로는 노동비용이 올라간 문제가 심각하게 작동했다"며 "최저임금이 내년도 인상 폭은 그리 크지 않다고 하나 이미 많이 올랐고, 근로시간 단축 문제도 제조업에 큰 타격이 있다"고 분석했다. 그러면서 "대외적으로는 미·중 무역 갈등은 사실상 해결된 것 없이 계속된다고 봐야 하고 여기에 일본과의 관계 악화까지 겹쳐 상당히 어려운 국면"이라며 "이 같은 상황에서 기업들이 추가로 투자하는 데 상당한 부담을 느끼는 것으로 보인다."고 설명했다. 그는 "일본과의 문제는 기업에서 하기 보다는 정부에서 적극적으로 한·일 관계를 개선하고 회복시킬 수 있도록 노력해야 한다."고 조언했다.

이정희 중앙대 교수(경제학부)는 "대외 변수들이 작용하면서 제조업체들이 설비투자를 주저하게 하는 불확실성이 커지는 상황"이라고 진단했다. 그는 "시장 다변화 노력과 핵심 기술력 확보 노력이 중·장기적으로 필수적"이라며 "정부가 그간 연구개발(R&D) 투자를 많이 늘려 왔는데 투자한 만큼 효과를 보고 있는지, 앞으로 R&D 투자 효과를 높일 수 있는 방안이 무엇인지도 고민해야 한다."고 강조했다.

(세계일보, 2019.07.16.)

핵심용어

기업환경	외부환경	과업환경	내부환경
경제적 환경	사회문화적 환경	이해관계자	소비자주권
경쟁자	세계무역기구(WTO)	유럽연합(EU)	3차 산업
북미 자유무역협정(NAFTA)		동남아시아 국가연합(ASEAN)	
남미 경제공동체(Mercosur)		독립국가연합 자유무역협정(CISFTA)	

연 습 문 제

1. 기업의 과업환경과 일반환경을 비교 · 설명하시오

2. 기업의 이해관계자에 관해서 설명하시오.

3. 기업경영의 정치적 환경에 관해서 설명하시오.

4. 동남아시아 국가연합((ASEAN)의 각국별 사회문화적 환경에 대해 설명하시오.

5. FTA와 WTO의 차이점을 비교 · 설명하시오.

제 2 부

경영의 기본과정

제 4 장

계획수립

4.1 계획수립의 개요

가. 계획수립의 의의

모든 조직은 계획을 세운다. 조직의 크기와 특성(영리/비영리), 조직구성의 복잡성에 관계없이 조직의 공통된 목적을 달성하기 위하여 계획을 세운다. 학교는 학생들을 어떻게 교육할 것인지에 대한 계획을 세우고, 회사는 회사 전체의 계획을 세운 후 이에 근거하여 각 부문의 세부계획을 수립하게 된다.

계획을 세우는 행위는 이러한 공식화된 조직뿐만 아니라 우리의 일상생활에서도 쉽게 볼 수 있다. 친구들과 함께 여행을 가거나 가족끼리 외출을 할 때도 우리는 계획을 세우고, 심지어 쇼핑을 할 때도 계획수립을 하는 경우가 있다.

계획수립(planning)이란 조직의 목표를 달성하기 위하여 언제 어디서 어떤 일을 어떻게 할 것인가를 결정하는 과정을 말한다. 즉 계획수립은 미래에 예견되는 다양한 기회를 분석·평가·선택하는 과정을 통하여 조직의 목표를 달성할 수 있는 행동계획을 체계적으로 개발하는 것이다. 계획수립 활동의 결과물은 계획(plan)으로 나타난다.

나. 계획수립의 중요성

계획수립은 조직화 활동, 지휘활동, 통제활동에 선행하는 경영과정(management process)의 출발점이자 가장 근본적인 활동이다. 계획수립이 된 후에야 비로소 조직을 만들고 거기에 자원(인적 및 물적)을 배치하는 조직화 활동, 과업성취를 위하여 조직구성원을 격려하고 이끄는 지휘활동, 목표달성을 유도하고 그 여부를 확인하는 통제활동이 이어지는 것이다. 이러한 관계는 [그림 4-1]에 잘 나타나 있다. 계획수립과 각 관리활동이 이러한 관계에 있기 때문에, 계획수립은 향후의 조직활동에 강력한 토대가 된다.

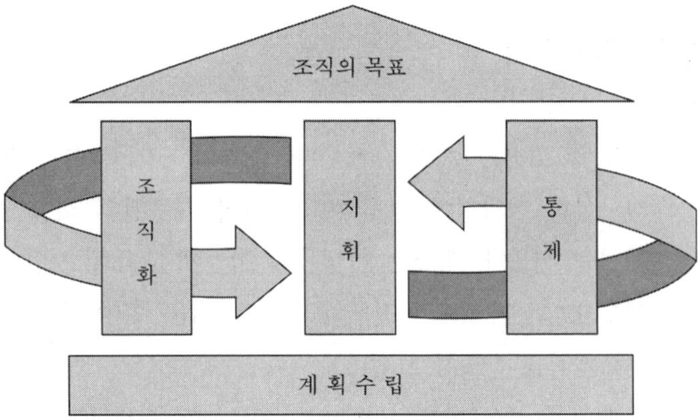

[그림 4-1] 계획수립의 중요성

다. 계획수립이 제공하는 이점

1) 집중도 및 유연성 향상

계획수립은 조직과 조직구성원의 집중도(focus) 및 유연성(flexibility)을 높여준다. 계획수립이 잘 되면 미래에 해야 할 일이 분명하게 정해지기 때문에 조직의 역량이 분산되지 않고 집중도가 커진다. 계획수립이 잘된 조직에서는 어떤 것이 최선을 다하는 것인지 알며, 고객이 무엇을 필요로 하는지, 어떻게 하는 것이 그들에게 잘하는 것인지를 알고 있다.

한편 잘된 계획에는 미래의 환경변화에 따라 당초의 계획이 변동될 가능성에 대비한 내용도 담기게 된다. 유연성 있는 계획을 가진 조직은 환경변화에 대응하고 그 자신을 변화시킬 수 있는 능력을 갖추게 되는 것이다.

2) 조직구성원의 행동지침 제공

계획은 사람들이 행동을 할 때 조직을 위한 목표 지향적 행동지침을 제공해준다. 이는 다음과 같은 방식으로 이루어진다.

① **결과 지향** : 계획수립시 달성해야 할 성과를 사전에 결정하기 때문에 사람들이 결과 지향적 행동을 하게 한다.

② **우선순위에 기초한 행동** : 어떤 일에 우선적으로 관심을 가져야 하는지 지침을 제공한다.

③ **이익 지향** : 모든 자원이 회사의 이익(advantage)을 극대화하는 방향으로 사용되도록 한다.

④ **변화 지향** : 계획수립시 미래의 기회와 문제점을 예측하고 이에 효과적으로 대응할 수 있도록 행동하게 해준다.

3) 조직내 하부조직간 조정

조직 내에서는 많은 개인, 집단, 하부 조직은 각기 다양한 업무를 동시에 수행한다. 이들이 자신의 목적을 추구하더라도 그 결과는 최종적으로 조직 전체의 목표를 달성하는데 기여해야 한다. 계획수립이 잘 이루어지면 한 조직 내에서 조직 전체의 목표와 하부의 각 세부 조직의 목표가 정해지고, 하위 단계에서는 최상위 단계의 목표에 근거하여 목표를 수립한다. 이어지는 그 다음 하위 단계에서도 이러한 일은 반복된다.

전체 목표에 부합되도록 하위 단계의 목표를 정하는 이러한 계획수립 활동은 한편으로는 각 세부 조직 간의 목표에도 조화가 이루어지도록 한다. 만일 하부 조직 간에 갈등이 발생할 때는 전체 목표에 근거하여 조정이 이루어질 수 있다. 계획수립이 잘 되면 결국 조직 상하 간, 하부 조직 간의 조정을 사전에 하고 있는 셈이며 사후적인 갈등이 발생할 때도 그 해결의 근거가 되는 것이다.

4) 시간관리의 용이성

계획수립이 제공하는 또 하나의 이점은 시간관리를 돕는다는 점이다. 조직구성원은 누구나 주어진 많은 책임이 있고 한편으로 많은 기회가 주어진다. 책임을 다하는 한편으로 기회를 적절히 활용하기 위해서는 제한된 시간을 적절히 분배해야 하는데 이는 결코 쉬운 일이 아니다. 예를 들어 시험공부를 할 때 과목별로 시간을 배정하는데 어려움을 겪은 경험은 누구든지 있을 것이다. 계획수립이 잘 이루어지면 시간을 어떻게 배분하여 활용할 것인지 준비되어 있기 때문에 시간관리를 용이하게 할 수 있다.

5) 통제의 근거

통제활동은 애초에 수립된 계획에 근거하여 이루어진다. 따라서 계획수립이 잘되면 성과의 측정 및 평가활동, 그리고 이에 대한 보상/처벌 활동이 합리적으로 이루어진다. 성과가 계획에 미치지 못하면 통제과정에서는 ① 목표를 달성할 수 있도록 행동을 수정하거나 ② 계획수립시 세웠던 목표를 수정한다. 이러한 측면에서 계획수립과 통제는 매우 밀접한 관계를 갖는다. 계획수립 없는 통제활동은, 업무가 얼마나 잘 수행되었는지를 측정하고 업무수행 결과를 개선하기 위해서 무엇을 해야 하는지를 파악할 체계가 없는 셈이다. 또한 통제활동 없는 계획수립은 당초 의도한대로 업무수행이 잘 되었는지를 보장할 후속장치가 없는 것이나 마찬가지이다.

라. 계획수립의 단계

계획수립은 [그림 4-2]에서 보는 바와 같이 크게 6단계로 이루어진다.

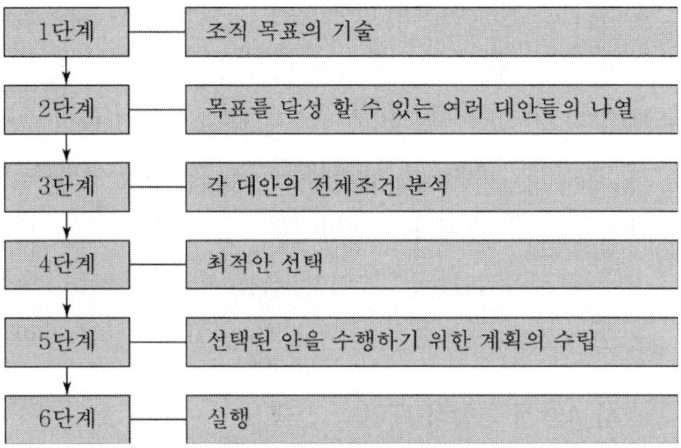

[그림 4-2] 계획수립의 단계

1) 1단계 : 조직의 목표를 기술

계획수립은 조직의 관리시스템이 어떻게 하면 조직의 목표를 달성할 것인지에 초점이 맞춰져 있기 때문에 계획수립 활동이 시작되기 전에 가장 먼저 조직의 목표가 분명하게 정리되어야 한다. 즉, 조직의 목표는 계획수립 활동의 단초가 되는 것이다. 조직의 목표는 조직이 만들어질 때 이미 정해진다. 따라서 1단계에서는 새로 계획을 수립함에 있어 조직의 목표를 다시 확인하는 것으로 보면 된다. 물론 조직에 명시적인 목표가 없거나 애매한 경우에는 이 단계에서 조직의 목표를 재정리할 필요가 있다.

2) 2단계 : 목표를 달성할 수 있는 여러 대안의 나열

조직의 목표가 명확하게 기술되면 그 목표를 달성하는 데 기여할 수 있는 가능한 많은 대안을 찾아 나열한다.

3) 3단계 : 각 대안의 전제조건 분석

어떤 대안이 조직의 목표를 달성할 성공 가능성은 그 대안이 가지고 있는 전제조건이나 가정에 좌우된다. 아무리 좋아 보이는 대안이라 하더라도 전제조건이나 가정이 까다로우면 대안으로서의 효용가치가 떨어진다. 예를 들어 조직의 목표가 이윤을 증대시키려는 것이며 이를 달성할 수 있는 A, B 두 가지의 대안이 있다고 가정하자. A안은 현재 생산중인 제품의 매출액을 늘리는 방안이고, B안은 전혀 새로운 제품을 생산 판매하는 방안이다. 두 안을 비교해 보면 A안은 기존 시장에서 시장점유율을 높여야 하는 반면, B안은 신제품 출시 후 새로운 시장에서 지명도를 높여야 하는 전제조건이 수반된다.

4) 4단계 : 최적 대안의 선택

각 대안의 전제조건이 분석되면 최적 대안 선정을 위한 의사결정을 해야 한다. 전제조건 중에는 실현 불가능하거나 타당성이 떨어지는 것들이 있다. 이러한 조건이 붙어 있는 대안부터 제외시키다 보면 실현 가능성이 높은 대안을 선택할 수 있다.

5) 5단계 : 선택된 대안을 실행할 계획의 수립

대안이 선택되면 이를 실행할 장단기 전략적, 전술적 계획을 수립하게 된다. 이러한 내용은 뒤에서 구체적으로 설명한다.

6) 6단계 : 실행

계획이 아무리 잘 수립되어 있다 하더라도 중요한 것은 이를 실제로 실행하는 것이다. 실행을 해야만 목표를 달성할 수 있다. 이 단계는 계획의 후속단계로서 엄격히 본다면 계획수립의 한 활동이라고 볼 수는 없다.

4.2 계획의 유형

계획은 분류하는 방법에 따라 여러 가지로 나눌 수 있다. 수립된 계획의 실행기간(time horizon)에 따라 단기계획, 중기계획, 장기계획 등으로 나누고, 범위에 따라 전략적 계획, 전술적 계획, 운영계획으로 나뉜다. 운영계획은 다시 처리되는 업무가 반복업무이면 정책 및 절차로 이어지고, 비반복적인 업무이면 예산 또는 프로젝트로 이어진다.

이제 각각의 계획 유형에 대하여 살펴보겠는데, 이들 여러 가지 계획을 계층구조로 정리하면 [그림 4-3]과 같다.

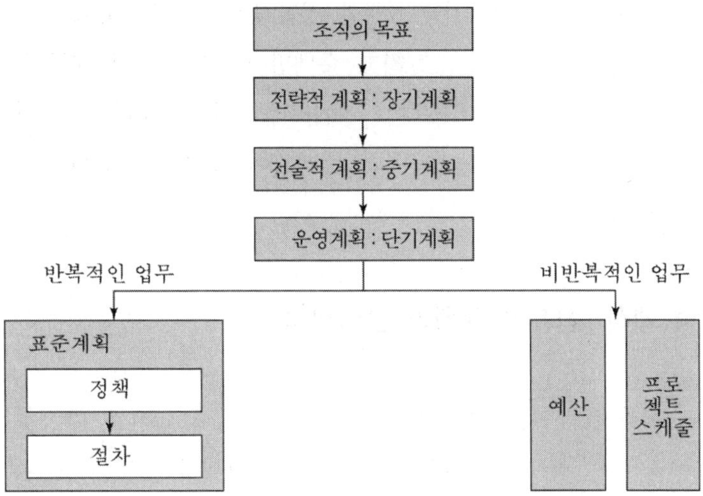

[그림 4-3] 계획의 계층구조

가. 단기계획, 중기계획 및 장기계획

조직은 미래의 시계(time horizon)상에 다양한 계획을 준비해야 한다. 일반적으로 단기계획은 1년 이하의 기간을 대상으로 하는 계획을 말하며 중기계획은 1~2년간의 계획을, 장기계획은 3년 이상의 기간을 대상으로 하는 계획을 말한다.

최고경영자는 주로 장기계획의 수립에 관여하며 하위 단계로 내려갈수록 중기, 단기계획을 수립한다. 각 시계상의 계획을 수립할 때 주의할 것은 조직의 모든 계층에서 장기계획을 제대로 이해하고 있어야 한다는 점이다. 그래야 각 계층에 맞는 계획을 수립할 때 장기계획과 일관성 있는 계획을 수립할 수 있기 때문이다.

관리자를 연구하는 쟈크에 의하면, 사람마다 미래에 대하여 생각하고, 계획을 세우고 업무를 수행하는 시계상 능력이 다르다고 한다. 즉, 대부분의 사람들은 겨우 3개월 정도만의 시계를 갖고 있으며, 소수의 사람들은 1년 정도를, 그리고 수백만 명 중 한 명 정도만이 20년 이상을 내다볼 줄 안다고 한다. 이는 장기계획을 세우는 것이 얼마나 어렵고, 결과적으로 최고경영자의 역할이 얼마나 중요한지를 잘 시사하고 있다.

나. 전략적 계획, 전술적 계획과 운영계획

전략적 계획은 장기적인 관점에서 조직이 나아갈 방향을 정하는 것이다. 최고경영자는 전략적 계획수립단계에서 조직의 목표를 설정하고 이를 달성하기 위한 자원의 조달과 배분, 그리고 그 수행방안을 결정한다. 전략적 계획은 포괄적인 계획이다.

예를 들어, 섬유산업이 주력이었던 선경그룹이 (주)유공을 인수하면서 한국의 에너지산업을 대표하는 기업 중의 하나가 된 후, 다시

(주)SK텔레콤을 인수하면서 통신업계의 강자가 된 것은 전략적 계획의 일환으로 볼 수도 있다.

전술적 계획은 전략적 계획에 근거하여 작성하는 중기적 계획이다. 전략적 계획이 다소 추상적·장기적이며 최고경영자가 행하는 의사결정으로 외부 환경의 중요성이 강조된다면, 전술적 계획은 보다 구체적·중기적이며 중간 관리자가 행하는 의사결정으로 내부환경 의존적이라고 할 수 있다.

한편 운영계획은 전략적 계획을 실천하기 위한 구체적인 활동이 담긴 계획을 말한다. 주로 단기간에 이루어지는 계획으로서, 그 기간이 1년 단위일수도 있고 짧게는 1주 단위일 수도 있다. 운영계획에는 조직이 실제로 활동하는데 필요한 계획이 담기게 된다. 운영계획의 전형적인 예로는 다음과 같은 것들이 있다.

◑ **생산계획** : 제품의 생산량과 생산시기, 재고수준 등에 관한 계획
◑ **재무계획** : 영업활동을 지원하기 위한 자금조달계획
◑ **마케팅 계획** : 제품과 서비스의 판매, 물류에 관한 계획
◑ **인적자원계획** : 사람의 채용, 선발, 배치 등에 관한 계획

시계에 따라 구분된 계획과 범위에 따라 구분된 계획의 관계를 보면 [표 4-1]과 같다.

[표 4-1] 계획의 구분

계획의 구분		기간적 구분	담당자
시계	범위		
장기계획	전략계획	3~5년	최고경영자
중기계획	전술계획	1~2년	중간관리자
단기계획	운영계획	1년 이하	하위관리자

다. 정책과 절차

대부분의 조직에서는 표준화된 계획을 설정해 놓고 이를 반복해서 업무를 수행하는 경우가 많다. 이러한 계획을 표준계획이라고 하며, 정책과 절차가 이에 속한다. 정책과 절차와 같은 표준계획은 언제 어떤 상황이 발생하더라도 사람들이 거기에 일관성 있게 따르도록 하는 하나의 방향타와 같은 역할을 한다.

정책은 특정한 상황에서 의사결정과 행동의 광범위한 지침이 되는 표준계획이다. 정책의 한 예로 인사정책을 보자. 기업에서 신입사원을 채용할 때, 출신대학이나 학교의 성적을 따지지 않고 자체의 시험성적과 면접 결과만으로 채용을 하는 것을 인사정책으로 정했다고 하자. 이러한 정책이 결정되면 채용담당직원이 계속 바뀌더라도 일관성 있는 신입사원 선발정책을 유지할 수 있을 것이다.

절차 또는 규칙은 특정한 상황에서 어떤 행동을 해야 하는지를 세세하게 규정한 것을 말한다. 절차나 규칙은 통상 매뉴얼이나 핸드북 형태로 만들어져 있어서 업무현장에서 손쉽게 활용된다.

예를 들어 요즘 여러 회사에서 종종 문제가 되는 것 중의 하나는 직장내 성희롱이다. 어느 회사가 성희롱에 대하여 남녀간, 계층 간을 막론하고 엄중 처벌하도록 하는 정책을 수립했다고 하자. 이러한 회사의 방침에 근거하여 이 회사에서는 성희롱의 종류에 따라 이 사안을 어떤 과정으로 어떻게 처리하며, 어떤 징계를 할 것인가를 절차 또는 규칙으로 자세히 문서화해 놓게 되는 것이다.

라. 예산과 프로젝트 스케줄

정책과 절차가 표준계획으로서 반복성을 갖는다면, 예산과 프로젝트 스케줄은 일회성을 갖는 계획이다. 예산(budgets)은 자원을 각종 활동이나 프로젝트, 프로그램에 배분하는 내용이 담긴 것이다. 예산은 제한적인 자원을 서로 사용하려고 하는 여러 부서간에 적절히 배분해 주는 강력한 도구이다. 유능한 관리자는 조직이 필요로 하는 예산을 조달하여 지원해줄 수 있는 관리자이다. 또한 유능한 관리자라면 책정된 범위내의 예산만을 사용하면서 목표를 달성할 수 있어야 한다.

프로젝트 스케줄(project schedules)은 특별한 과업 성취를 목적으로 수립되는 일회성 계획이다. 이 때 과업은 비교적 큰 규모의 과업을 말한다. 새로운 성능을 가진 자동차 개발, 중국시장 전문인력집단 양성과 같은 것이 프로젝트라고 할 수 있으며, 이의 스케줄을 수립하는 것이 계획수립의 한 유형인 것이다. 이러한 프로젝트들은 반복되는 성격의 과업이 아니다. 프로젝트 스케줄에서는 과업의 구체적인 목표, 수행해야 할 활동의 내용과 시기, 자원 소요 내역 등이 포함된다. 좋은 프로젝트 스케줄에는 일의 우선순위가 잘 정해져 있다. 프로젝트에 참여하는 사람들은 각기 무슨 일을 해야 하는지 뿐만 아니라 어떤 순서로 해야 하는지도 나타나 있어서 전체 프로젝트가 제때에 마칠 수 있다.

4.3 계획수립기법

계획수립은 경영의 순환과정에서 핵심적인 요소이다. 당초 수립한 계획대로 활동이 이루어져 목표의 달성 가능성을 높이려면 사람들이 계획을 쉽게 이해할 수 있어야 하고, 계획수립시 타당한 근거가 있어야 한다. 계획수립에 이용되는 기법(technique, tool)으로는 상황대응 계획법, 시나리오 계획법과 같은 예측법, 벤치마킹, 참여적 계획수립법 등이 있다. 예측법은 미래에 대한 예측에 기반을 두고 있으며, 벤치마킹은 외부 조직에서, 참여적 계획수립법은 내부의 구성원으로부터 계획수립의 기초가 제공된다.

계획수립 자료기반	계획수립 기법
예 측	– 예측법 상황대응 계획법 시나리오 계획법
외부 조직	– 벤치마킹
내부 구성원	– 참여적 계획수립

[그림 4-4] 계획수립기법

가. 예측법

예측(forecasting)은 미래에 어떤 일이 발생할 것인지에 관한 가정을 만드는 과정이라고 할 수 있다. 좋은 계획은 명시적이든 묵시적이든 예측이 포함되어 있다. 국내외를 막론하고 많은 기관들은 각종 예측을 하여 정기적으로 이를 발표한다. 국내의 경우만 보더라도 기획재정부, 통계청, 한국은행, 한국산업은행, 한국개발연구원 등의 공공기관과 삼성경제연구소, 현대경제연구원 등의 민간 기관에서 많은 예측자료를 내놓는다. 그들이 예측하는 내용은 미래의 경제상황, 이자율, 고용, 무역수지 등 경제 내외를 넘나드는 다양한 분야이다. 이들의 예측자료는 숫자로 표현되는 계량적인(quantitative) 것뿐만 아니라 질적인(qualitative) 것도 포함된다. 예측된 내용은 방송이나 신문, 세미나 등에 의하여 대부분 세상에 공표된다. 발표내용은 종종 큰 반향을 불러일으켜 특정 산업이나 기업의 주가를 급변시키거나 은행과 같은 채권자들에게 영향을 미치기도 한다.

예측은 전문가의 의견이나 정교한 계량모형에 근거하지만 당연히 오류가 포함될 수밖에 없다. 따라서 경영자는 계획수립시 외부의 예측자료를 있는 그대로 활용할 것이 아니라 하나의 자료로서 참고하여 자신의 계획수립 내용에는 자신의 예측내용을 담아야 한다. 또한 계획수립 시에는 미래가 예측된 대로 전개되었을 경우 조직에서는 어떻게 대응할 것인지도 담겨져야 한다.

예를 들어 General Electrics(GE) 가전 사업부의 경우를 보면, 이 회사는 외국의 신규 시장에 진출할 때는 기획자 회의를 열어 신규 시장에서 전개될 수 있는 모든 상황을 철저히 논의한다. 이런 후에 비로소 투자계획을 수립하여 제품이나 마케팅 계획을 현지사정에 맞게 수립한다. 즉 현지국가에서 전개될 상황을 예측하고 거기에 맞는 조직의 대응행동을 결정하는 것이다.

[그림 4-5] 예측법을 이용한 계획수립

1) 상황대응 계획법

계획수립은 미래에 대한 예측을 근거로 이루어진다. 따라서 미래 환경의 불확실성이 커질수록 당초 계획수립시의 가정이나 예상, 의도 등이 빗나갈 가능성이 커진다. 예상하지 못했던 문제나 사건들이 발생할 경우 수립된 계획을 수정하는 것이 요청된다.

상황대응 계획법(contingency planning)은 환경변화로 인하여 당초 계획이 부적절한 것으로 판단되었을 때, 새로운 환경에 적절히 대응할 수 있도록 대안을 찾아 행동을 수정하는 과정이다. 이를 위해 조직을 둘러싼 환경이 당초 계획수립 시점과 달라지고 있는지의 여부를 수시로 확인해야 하며, 변화의 식별 시점은 빠를수록 좋다.

회사에 따라서는 이러한 일-기존의 계획이 더 이상 바람직하지 않을 만큼 환경이 심각하게 변화했는지 파악하는 일 - 을 자문단이나 관리자 중 일부에게 맡기기도 하고, 아예 계획수립 시점에서 최악의 상황에 대비한 계획을 별도로 준비하기도 한다.

2) 시나리오 계획법

시나리오 계획법(scenario planning)은 미래에 전개될 여러 시나리오를 예측하고 각 시나리오에 대응되는 계획을 수립하는 것을 말한다. 상황대응 계획법이 상대적으로 단기간의 예측기법이라면 시나리오 계획법은 장기간의 예측기법이다. 다양한 시나리오를 준비하면 미래 환경변화에 유연하게 대응할 수 있다. 석유회사 로얄 더치 셸(Royal Dutch/Shell)은 15년 전부터 시나리오 계획법을 시행해오고 있다. 이 회사는 "석유 공급이 끝난 후에는 우리 회사는 무슨 일을 해야 하는가?"의 물음에 대한 답으로 시나리오 계획법을 활용하고 있다.

물론 시나리오 계획법이 미래의 발생가능한 모든 상황에 대한 대비책을 준비할 수 있도록 해주는 것은 아니다. 그러나 시나리오 계획법은 사람들이 미래에 대하여 한번 더 생각하게 해주고 미래에 충격적인 변화가 발생하더라도 의연하게 대처할 수 있게 해주는 이점이 있다. 시나리오 계획법에서 관심이 되는 분야는 주로 기후 변화, 개발의 한계, 인간의 권리, 생물학적 다양성 등이다.

나. 벤치마킹

벤치마킹(benchmarking)은 어느 특정 분야에서 뛰어난 성과(best practices)를 보이는 조직을 표적으로 삼아 자기 기업과의 성과차이를 비교하고 이를 극복하기 위해 그들의 뛰어난 운영프로세스를 배우면서 지속적으로 자기혁신을 추구하는 경영기법이다. 현재의 성과를 비교하고 미래에 취할 수 있는 행동을 결정하는데 외부의 비교기준을 활용하여 도움을 받는 것을 말한다. 벤치마킹은 토목분야와 컴퓨터 분야에서 각 분야의 성능을 비교하는 용어로 사용되다가 기업경영에 도입되었다.

벤치마킹의 목적은 최고 수준의 기술이나 업무수행방식을 도입하여 경쟁우위를 확보하고 경영성과를 향상시키는 것이다. 다른 사람이나 조직이 어떻게 잘하고 있는지를 파악하고 이를 자신에게 어떻게 이롭게 활용할 것인가 하는 것이다. 벤치마킹을 하는 내용의 범위도 인사정책이나 정보시스템처럼 단일 사안부터 전체적인 조직운영 방식까지 제한이 없다. 단지 우월한 성과를 보이고 있는 모든 사람이나 조직이 대상이 된다.

벤치마킹의 유형은 ① 같은 업종 내에서 동일한 고객을 대상으로 하는 경쟁자나 우량 기업을 활용하는 경쟁적 벤치마킹, ② 서로 다른 업종이지만 최신의 제품(서비스)이나 업무프로세스를 갖고 있는 것으로 인식되는 조직을 활용하는 기능적 벤치마킹, ③ 동일 조직 내의 서로 다른 부서(사업장)에서 일어나는 내부벤치마킹 등이 있다.

벤치마킹 기법을 활용한 경영혁신의 추진은 일반적으로 ① 벤치마킹 대상(적용분야)의 선정 ② 벤치마킹 팀의 구성 ③ 벤치마킹 상대의 결정 ④ 정보 수집과 성과차이의 분석 ⑤ 실행 및 평가의 순으로 진행된다. 벤치마킹을 성공적으로 활용하기 위해서는 벤치마킹의 적용분야, 벤치마킹 상대, 성과측정지표, 운영프로세스라는 벤치마킹의 4가지 구성요소에 대한 명확한 이해가 필요하다.

벤치마킹의 성공적인 사례로 제록스(Zerox)의 사례가 자주 인용되고 있다. 세계 복사기 시장에서 1982년에 미국의 제록스가 일본의 캐논을 벤치마킹(디자인, 원가, 생산, 품질, 마케팅 등)하여 미국 시장에서 시장점유율을 확보하며 재기에 성공했다. 최근에 지적 재산권이나 특허권의 강화에 따라 벤치마킹 기법의 적절한 활용은 예전보다 어렵지만, 성공한 경영자들의 인품과 노력 등은 조심할 필요가 없는 벤치마킹이라고 할 수 있다.

다. 참여적 계획수립법

참여적 계획수립법(participatory planning)이란 수립된 계획에 영향을 받고 또한 이를 수행해야 하는 사람들이 계획수립 과정에 참여하는 것을 말한다. 이러한 방법은 조직에 많은 효익을 가져다준다. 계획수립시 다양한 계층의 사람들이 많이 참여하면 활용가능한 정보의 양이 많아지고 창조성이 향상된다. 또한 최종적으로 확정된 계획에 대한 이해도, 수용도, 몰입도 등을 높여준다.

따라서 계획수립시에는 다양한 분야의 사람들이 참여하여 공헌하게 함으로써 그들의 능력과 이점을 활용하고 책임감을 부여할 필요가 있다. 이는 최고경영자의 몫이라고 하는 전략적 의사결정의 경우도 예외가 아니다. 전략계획수립에 보다 많은 단계의 사람들이 참여할수록 그리고 참여의 정도가 강할수록 조직의 목표를 달성하기 위한 조직구성원의 몰입 정도가 커진다.

이 방법의 단점은 계획수립시 시간이 많이 소요된다는 점이다. 그러나 이 방법이 효율적으로 사용되기만 한다면 일반적으로 시간의 지연으로 발생하는 비용의 크기보다 참여적인 계획수립 방법 자체가 제공하는 효익이 더 크다

4.4 경영전략

오늘날의 다양하고 동태적인 기업환경 하에서 각 기업은 단순히 기업내부의 부문들(생산, 마케팅, 인사, 재무 등)만을 효율적으로 관리한다고 하여 기업성과가 향상되는 것은 아니다. 이러한 문제를 해결하기 위해 경영전략이 등장하게 되었다.

경영전략이란 기업이 직면하고 있는 외부환경을 기회(opportunity)와 위협(threat)으로 분석하고 기업의 내부문화를 강점(strength)과 약점(weakness)으로 파악하여 조직의 장기적 목표를 달성하려는 경영활동을 말한다. 이와 같은 내용에 기초한 경영전략을 수립하는 방식을 SWOT 분석이라고 한다. 기업은 경영전략을 통해서 급변하는 환경에 효과적으로 대응하여 경쟁우위를 확보하고 있다.

가. Porter의 본원적 전략

Michael Porter는 기업이 사용할 수 있는 전략을 전략적 표적(전체시장과 틈새시장)과 전략적 우위(제품의 독특성과 저원가)에 따라 원가우위전략, 차별화전략 및 집중화전략으로 분류하고 있다.

1) 원가우위전략

원가우위전략(cost leadership strategy)이란 경쟁회사의 제품보다 더 저렴한 가격으로 판매량을 늘리는 전략이다. 이의 달성방법으로는 규모의 경제를 달성할 수 있는 생산시설의 확보, 경험축적(학습효과)에 의한 비용절감, 간접경비(운영비, 연구개발비, 광고 등)의 엄격한 통제와 최소화 노력 등이 있다.

2) 차별화전략

차별화전략(differentiation strategy)이란 고객이나 업계가 인정할 수 있는 독특성을 지닌 제품이나 서비스를 생산하여 경쟁회사와 차별화하려는 전략이다. 차별화는 품질, 브랜드 이미지, 성능 기술, 신뢰성, 납품, 유통경로 등을 통해서 행해진다.

3) 집중화전략

집중화전략(focus strategy)이란 특정 구매집단, 특정 제품라인 또는 특정 지역에 초점을 맞추어 이를 집중적으로 공략하는 전략이다. 이 때의 공략방법으로는 원가우위나 차별화전략을 이용한다. 차별화전략과 원가우위전략은 전체 시장이나 산업을 공략대상으로 하는 반면, 집중화전략은 일정한 표적(틈새시장)을 집중적으로 공략하는 전략이다.

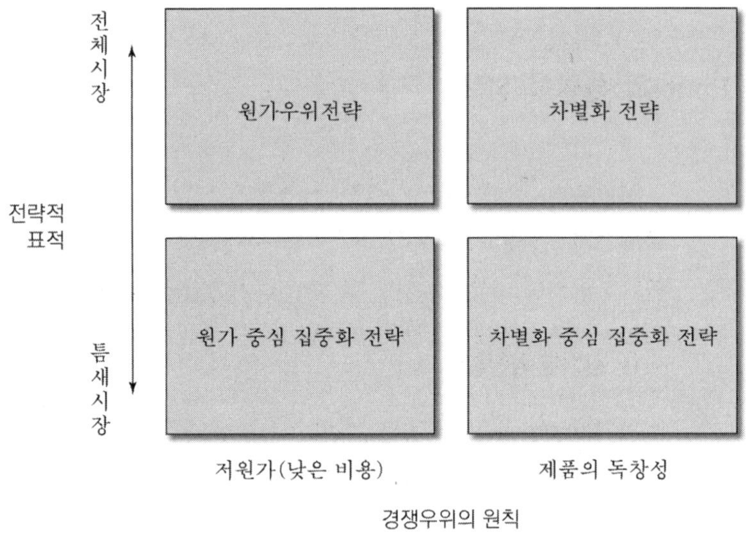

[그림 4-6] Porter의 본원적 전략

나. Snow와 Miles의 전략

Snow와 Miles는 현재 및 잠재적 경쟁자에 대한 대응방법의 선택에 따라 공격전략, 방어전략 및 혼합전략으로 구분하고 있다.

1) 공격전략

공격전략이란 생산비의 우위, 광고, 연구개발, 기업명성, 제품 다양성의 확대와 시장점유율 제고, 추가적인 시설투자 등을 통하여 경쟁기업의 진입을 봉쇄하는 전략으로, 이 전략의 선택을 위해서는 자신의 능력과 경쟁자의 능력을 비교하여 자금력, 생산기술, 비용 등에서 유리한 점을 확보하고 있어야 한다.

공격전략을 지속하여 경쟁기업을 구축하거나 진입하려는 기업을 배제하는 방안으로는 낮은 가격, 광고, 연구개발, 기업명성, 추가적 시설투자 등을 생각할 수 있다. 공격전략을 통해 어떤 수단을 선택하면 그 후 수년간 그것이 계속 유지되는 경향이 있다. 왜냐하면 전략을 바꾸면 이전에 했던 투자가 무의미한 것이 될 수 있기 때문이다.

공격전략으로 독점적 지위를 유지하며 높은 이익을 실현하는 전형적 기업으로는 Intel을 들 수 있다. Intel은 개인용 컴퓨터(PC)에 이용되는 반도체 칩의 80%를 공급하고 있으며, 이를 통한 이윤 마진은 다른 대기업보다 4배나 높다. Intel은 경쟁업체가 시장에 진입하면 가격을 낮추는 전략을 쓴다. 그래도 시장에 진입하면 경쟁자를 특허권 침해로 제소하여 꼼짝 못하게 한다. 또한 제조원가를 낮추기 위한 새로운 생산기법 개발에 대규모 투자를 한다. 이에 더하여 자사 부품을 사용할 경우에는 'Intel Inside'를 명기하도록 하여 소비자들이 애착심을 갖도록 마케팅을 하고 있다.

2) 방어전략

방어전략이란 경쟁기업 및 진입하려는 기업과 시장을 분할하여 공존하는 전략을 말한다. 방어전략으로는 IMF 경제위기 이후의 한국기업들이 실행한 구조조정을 들 수 있다. 즉 경기침체로 도산하는 기업이 늘어나고, 그에 따라 실업이 증가하면서 소비자들의 수요는 감소하고 있다. 또한 금융회사의 구조조정에 따라 시중의 자금은 경색되어 기업의 자금조달이 어려워졌다. 시장 자체가 줄어들면서 기업간 경쟁은 더욱 치열해지고 있는 실정이다.

이러한 여건 하에서 대부분의 기업들은 과거 고도성장기에 채택하였던 다각화나 세계화 전략을 근본적으로 재검토하게 되었다. 그래서 대부분의 기업들은 생존을 위한 전략으로 구조조정(restructuring)을 채택하고 있다. 기업들은 구조조정을 통해서 수익성이 없는 사업으로부터의 철수, 경쟁력이 떨어지는 제품의 생산중단 및 이에 따른 조직의 축소나 통폐합, 그 결과로 발생하는 인력의 감축, 신구투자의 유보, 불필요한 자산의 처분을 통한 재무구조 개선, 각종 불요불급한 비용의 억제, 생존 이후의 경쟁력 확보를 위한 연구개발 등의 방침을 실행하고 있다.

3) 혼합전략

혼합전략이란 공격과 방어를 혼용하는 전략으로, 예컨대 처음에 공격전략을 활용한 후 경쟁기업이 계속 시장에 남아 있거나 신규기업이 진입하면 방어전략으로 수정하는 것이다.

다. 다각화 전략

다각화된 전략적 사업(strategical business unit; SBU)을 하고 있는 기업을 분석하는데 많이 사용되는 기법으로 사업 포트폴리오 매트릭스(business portfolio matrix)이 있다. 사업 포트폴리오 매트릭스는 다각화된 사업들의 전략적 위치를 2차원으로 비교 분석하는 기업인데, 가장 대표적인 매트릭스 분석기법으로 보스턴 컨설팅 그룹(Boston Consulting Group; BCG)의 성장-점유율 매트릭스(growth-share matrix)이다. BCG 매트릭스 기법은 산업이나 시장의 성장률(growth rate)과 점유율(market share)로 사업 기회(2×2)를 분석하는 기법이다[그림 4-7].

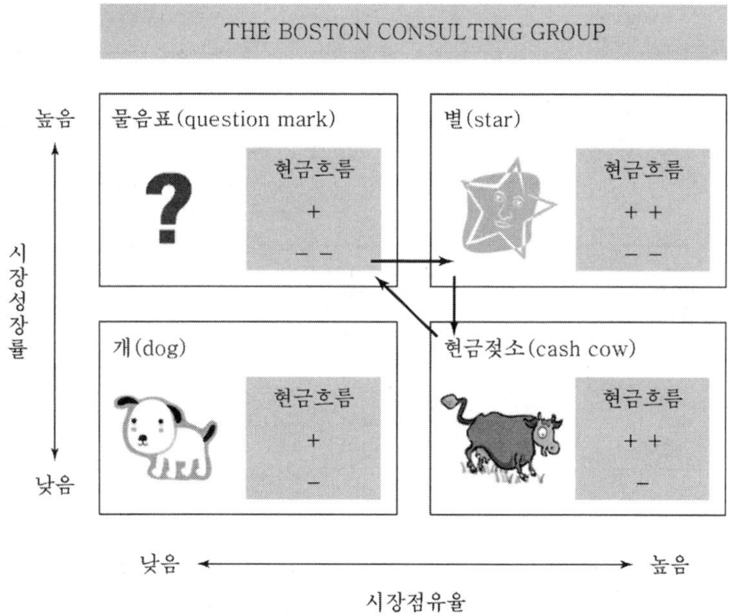

[그림 4-7] BCG의 성장-점유율 매트릭스

시장성장률의 높고 낮음과 시장점유율의 높고 낮음을 대응시키면 크게 4개의 상황이 생긴다. 물음표(question mark) 혹은 문제아(problem child), 별(star), 현금젖소(cash cow), 개(dog). 각 상황의 별칭과 특징, 그리고 기업이 취해야 할 전략을 정리하면 [그림 4-8]과 같다. 기업의 입장에서 가장 바람직한 전략은 물음표인 사업 단위를 별, 현금 젖소의 단계로 이어지도록 관리하는 것(물음표→별→

현금젖소)이다. 물론 물음표인 사업단위를 계속 개발해야 이러한 선순환이 이어질 수 있다. 반면에 경계해야 할 최악의 시나리오는 별의 시장지위가 잠식되어 물음표가 되고, 다시 물음표는 시간이 흘러 산업성장이 둔화되면서 개로 바뀌는 것(별 → 물음표 → 개)이다. 그리고 현금젖소는 시장선도자의 지위를 잃고 개가 될 수 있다. 또한 현금젖소에 과도한 투자를 하거나, 물음표를 스타로 만들기 위한 투자가 부족하거나, 너무 많은 물음표를 지원하는 것도 좋지 않은 상황을 유발시키게 된다.

별		
	상황	높은 시장성장률, 높은 시장점유율
	특징	커지고 있는 시장에 효과적으로 침투하여 있기 때문에 많은 수익을 내고 있다(큰 현금유입≒큰 현금유출)
	대응전략	시장이 커지고 있으므로 성장전략이 요구되며, 따라서 많은 투자자금이 필요하다.

물음표		
	상황	높은 시장성장률, 낮은 시장점유율
	특징	시장이 커지고 있으나 경쟁력이 떨어져 수익을 별로 올리지 못하고 있다(현금유입<현금유출)
	대응전략	시장이 성장하고 있지만 추가적인 투자에는 위험이 상존한다. 경쟁력이 확보될 수 있는부문에 집중 투자하고, 나머지는 과감한 철수를 고려해야 한다.

현금젖소		
	상황	낮은 시장성장률, 높은 시장점유율
	특징	현금을 많이 벌어들이고 수익도 크게 내고 있다. (현금유입>현금유출)
	대응전략	시장이 더 이상 커지지 않으므로 현상유지 전략이 필요하다. 여기에서 나오는 자금으로 별이나 물음표에 투자한다.

개		
	상황	낮은 시장성장률, 낮은 시장점유율
	특징	시장이 커질 가능성도 낮고 수익도 거의 나지 않는다. (작은 현금유입≒작은 현금유출)
	대응전략	사업에서 철수한다.

[그림 4-8] BCG 매트릭스 상황별 특징과 대응전략

4.5 목표관리

목표관리기법은 유용한 계획수립 및 실행방법이면서 통제방법이다. 즉 목표관리기법은 계획수립에서 출발하여 그 수행과정, 통제과정이 모두 포함되는 독특한 특성을 가지고 있다.

가. 목표관리의 의의

계획수립과 통제는 마치 동전의 양면과 같은 성격을 가지고 있다. 목표관리기법은 매일 매일의 업무수행 과정에서 계획수립과 통제활동을 통합하는 매우 유용한 기법이다. 목표관리(management by objectives; MBO)란 상급자와 하급자가 함께 목표를 설정하고 실행한 후 이를 평가하는 과정을 말한다. 즉 감독자(상급자, 리더)와 부하직원(하급자, 팀원)이 함께 목표를 설정하고 성취된 결과를 평가하는 일상적인 의사소통 과정이다. MBO에서는 감독자와 부하직원이 다음의 내용을 공식적으로 합의한다.

감독자와 부하가 합의하는 내용

◈ 특정 기간 동안 부하직원이 달성해야 할 목표
◈ 목표가 성취되어 가는 과정에 대한 계획
◈ 목표가 달성되었는지를 평가할 때 판단할 성과표준
◈ 성과를 평가하는 절차

나. 목표관리의 과정

MBO의 과정은 [그림 4-9]와 같이 정리할 수 있다. 목표관리는 상사에 의한 일방적 목표제시가 아니라, 먼저 계획수립 단계에서 상사와 부하가 함께 추구할 목표 설정, 업무수행 일정, 업무수행 후 결과를 비교 평가할 표준을 공식적으로 설정한다. 목표를 세울 때는 다음의 네 가지 기준을 충족하는 목표를 세우는 것이 바람직하다.

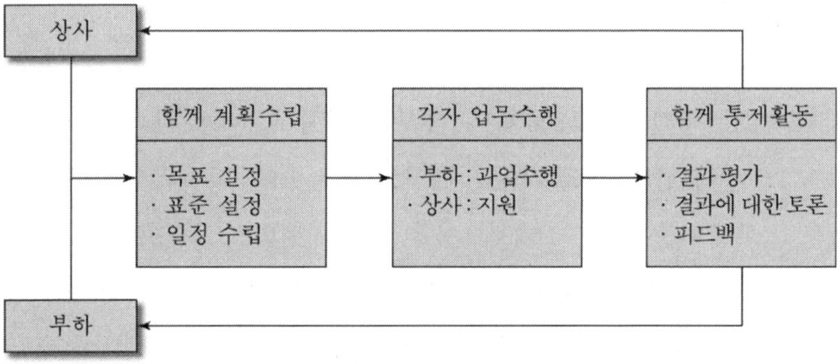

[그림 4-9] MBO의 과정

- 구체적일 것 : 추상적인 아닌 핵심사항을 중심으로 이해하기 쉽고 구체적인 목표를 설정한다.
- 시간이 명시될 것 : 목표달성 시기를 구체적으로 명시한다.
- 도전 가능할 것 : 실현 가능하여 도전 의지를 가질 정도의 목표를 설정한다.
- 측정 가능할 것 : 가능하면 숫자로 측정 가능한 목표가 바람직하다.

다. 목표관리의 장단점

MBO가 드러커(P. Drucker)에 의해 모습을 드러낸 이후 25년 동안 이 기법에 대해서는 찬반 양론이 뜨겁게 전개되어 왔다. 이러한 찬반 논쟁은 역설적으로 MBO기법을 채택할 때 어떤 점에 관심(장점)을 기울어야 하고 어떤 점은 조심(단점)해야 하는지를 알게 해줌으로써 이 기법의 장점을 극대화할 수 있도록 해준 면도 있다.

MBO기법을 활용할 때 피해야 할 대표적인 문제점으로는 쉬운 목표를 설정하는 것, 서류작업을 과도하게 요구하는 것, 감독자가 부하에게 자신이 생각하고 있는 목표수준을 단순히 말하는 것만으로 자신의 본래 의무를 다했다고 생각하는 것, 단기간의 목표만을 지나치게 강조하는 것 등이 있다. 이러한 점만 극복이 된다면 MBO는 다음과 같이 많은 이점을 준다.

부하에게는	가장 중요한 과업을 수행하고 목표를 달성하기 위하여 노력해야 할 업무가 무엇인지 알 수 있게 해준다.
상사에게는	부하와의 합의하에 설정한 목표달성을 위하여 부하를 어떻게 지원해야 하는지를 알 수 있게 해준다.
조직에는	상사와 부하가 직접 얼굴을 맞대고 협의하기 때문에 상하간의 관계형성에 도움을 준다.
	부하는 자신에게 영향을 미치는 업무의사결정에 직접 참여할 수 있는 제도화 된 기회를 갖는다.
	이로 인해 부하는 외부적인 통제에 의하여 움직이기보다는 자신이 스스로 하려는 의지를 갖게 된다.
	당연히 설정된 목표를 달성하려는 의지 또한 강해져 조직 전반에 큰 기여를 하게 된다.

[사례 4-1] 콩코드 오류(Concorde Fallacy)

몰입 상승(Escalating Commitment)이란 잘못된 의사결정임을 알게 된 후에도 이를 고치지 못하고 얽매이는 것을 말한다. 최근 British Airline사와 Air France사는 콩코드 여객기의 과도한 운영비를 감당할 수 없어서 운항을 중단할 것이라는 발표를 하였다.

콩코드(Concorde)는 영국·프랑스 양국이 협력해서 개발·제작한 초음속 여객기로, 1967년 시작기(試作機)가 완성되어 1969년 첫 비행을 했으며, 다음 해(1970) 마하 2를 기록하였다. 주로 알루미늄 합금으로 제작되었으며, 가늘고 긴 삼각날개와 4개의 엔진을 지녔고, 고도 2만m 부근을 마하 2의 속도로 비행한다. 비행 중에 공기와의 마찰로 기체(機體)가 가열되므로, 객실 주위에 연료를 순환시켜서 기체를 냉각하는 등의 새로운 장치가 채택되어 있다. 130인승, 항속거리 약 6,000km의 성능을 갖고 1976년에 상업운항을 시작하였다. 그러나 소음과 대기오염 등의 문제가 심각하여 항공기의 생산은 1976년 11월에 완성된 16기를 마지막으로 중지하기로 하였다.

최초의 초음속 여행기인 콩코드는 파리와 뉴욕 간을 7시간에서 3시간대로 단축하였다. 대서양 왕복요금은 $12,000. 이러한 '여객기의 귀족' 콩코드는 지난 2003년 10월 24일 항공업계의 불황과 계속되는 적자를 견디지 못하고 20세기를 화려하게 비상했던 날개를 접었다.

콩코드 여객기는 개발 초기단계부터 과도한 개발비, 불확실한 수익성, 기체 자체의 결함 등 여러 가지 부정적인 징후들이 나타났다. 당시 지속적으로 개발 프로젝트를 진행하여야 하는가에 대한 논란이 많았음에도 불구하고, 프랑스와 영국 정부는 포기할 경우 기존의 투자가 다 물거품이 된다라는 생각에 주변의 부정적인 피드백을 무시하고 계속적으로 자원을 투자하는 오류를 범하였다. 어찌 보면, 현재 콩코드 여객기가 처한 상황은 개발 당시부터 예견된 것이다. 콩코드 여객기는 한동안 영국과 프랑스 항공기술의 상징으로 자부심의 대상이었지만, 결국은 잘못된 의사결정을 뜻하는 '콩코드의 오류(Concord Fallacy)'라는 새로운 경제 용어의 주인공이 되어버렸다. 이처럼 우리는 종종 잘못된 의사결정을 내린 후 그것을 알게 된다 하더라도 그대로 밀고 나가는 경우를 보게 된다. 이러한 현상을 실패하고 있는 행동에 대한 '몰입의 상승'이라고 이야기한다.

현재 우리나라에서도 지방 혁신도시 사업에 대해서 지금까지 들어간 비용 때문에 유용성과 수익성이 없는 사업을 진행시키는 콩코드 오류를 범하지 말고 사업을 원점에서 재평가해야 한다는 의견이 많이 있다. 미국의 베트남 전쟁 개입도 한 예라고 할 수 있다.

선투자한 것이 있기 때문에 어쩔 수 없이 계속 개발을 강행해야 하는 악순환에 들어선 현상을 말한다. 여기서 그만둔다면, 지금까지 투자한 모든 것을 잃어버리는 결과를 못 받아들이는 무모한 시도를 의미한다. 이것이 틀린 것은 아니지만, 투자를 계속해야 한다는 뜻은 아니다. 하지만 희망 없는 투자에 매달리는 것은 잘못된 판단에 대한 결과를 못 받아들이고 시간을 벌려는 무모한 시도일 뿐이다.

비슷한 오류로 경제학에서는 '매몰비용 오류'(sunk-cost fallacy)가 있다. 사람들은 가망성 없는 투자를 할 때, 다음과 같이 합리화라는 경우가 있다. "여기서 그만둘 수 없어. 그만둔다면 지금까지 투자한 모든 것을 잃어버릴 것이다." 이 말은 사실이지만, 그것이 계획대로 투자할 것을 계속해야 한다는 것을 의미하지는 않는다. 희망 없는 투자에 매달리는 것은 그가 잘못한 판단의 결과를 직면하는 것을 좀 연기해 보려는 병적인 시도일 뿐이다.

[사례 4-2] "최대 90% 할인"… 유통업계 제살깎기 초특가 경쟁

불황 심화에 '살아남기' 안간힘 / e커머스 업체 '박리다매' 전략 /
오프라인에선 신선식품에 주력 / 승자독식 노린 치킨게임 양상 /
"수익성 악화로 독 될라" 우려도

주부 송수경(35)씨는 요즘 쇼핑이 즐겁다고 한다. 하룻밤 자고 나면 눈과 귀를 의심케 하는 할인 뉴스가 쏟아지기 때문이다. 송씨는 "정상가 대비 80~90 저렴한 할인판매가 봇물을 이루다 보니 30~40 할인은 쳐다보지도 않게 된다"며 "품목별 할인폭이 워낙 커 소비자 입장에서는 좋지만 기업들이 손해는 보지 않나 걱정된다."고 말했다.

e커머스(온라인쇼핑) 시장 규모

(단위 : 원)

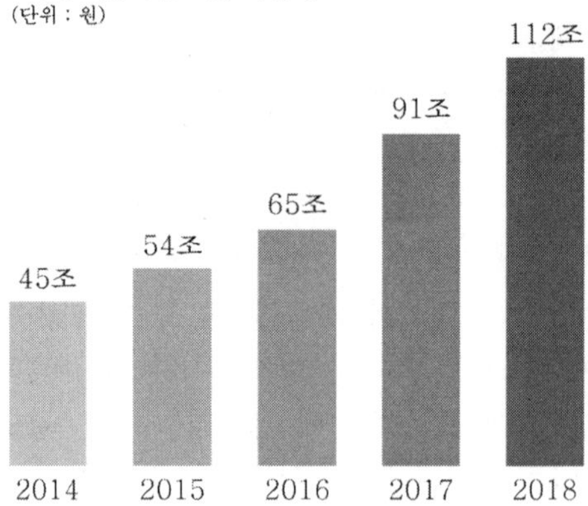

자료: 통계청

저성장 늪에 빠진 유통업체들의 '초저가' 경쟁이 갈수록 치열해지고 있다. 박리다매 전략을 통해 매출과 시장점유율을 끌어올려 시장에서 퇴출당하지 않겠다는 것이다. 하지만 '제살 깎기식' 출혈 경쟁이 계속될 경우 수익성이 크게 악화돼 독이 될 수 있다는 우려가 나온다. 15일 업계에 따르면 e커머스(전자상거래) 업체들의 초저가 경쟁이 갈수록 심화되고 있다.

쿠팡은 오는 29일까지 '썸머 시즌 오프' 기획전을 실시한다. 해당 기간 4,000여개 여름 의류 및 잡화를 최대 71 할인 판매한다. 또 겨울 의류를 83 할인된 가격으로 미리 구매하는 '역시즌 할인전'도 마련했다.

위메프는 쿠폰 할인에 브랜드별 중복 할인까지 더한 '더블특가'로 맞불을 놓는다. '더블특가' 대표 상품은 △하림 참맛 그릴 후랑크 990원 △LG생활건강 온더바디 벨먼스파 블랙로즈 스크럽워시 3,900원(230㎖) △CJ제일제당 비비고 고메함박 8,900원(152×5팩) △쏘피 바디피트 유기농 중형 9,900원(20p×3팩) 등이다. 이들 상품은 정상가의 '반값' 이하라고 위메프는 설명했다. 위메프는 또 오는 18일 패밀리레스토랑 '빕스' 1만원 상품권을 90 할인해 1,000원에 판매한다.

업계 관계자는 "온라인 시장 선두 경쟁에서 우위를 점하기 위한 e커머스 기업들의 경쟁이 승자독식을 노린 '치킨게임'으로 격화되고 있다"고 우려했다. 오프라인 업체들은 신선식품 최저가로 차별화를 꾀하고 있다.

유통업계 최저가 상품 현황

쿠팡	4,000여개 여름 의류 및 잡화 최대 71% 할인
위메프	CJ제일제당 '비비고 고메함박' 등 주요 가공식품 50% 할인
이마트	국내산 햇감자 정상가의 70% 할인판매
롯데마트	국산 생 오징어 정상가의 40% 할인판매

이마트는 현재 국내산 햇감자를 정상가 대비 절반 이하 수준인 100당 100원에 판매한다. 기존 정상가가 100당 298원이었던 것과 비교하면 거의 3분의 1 수준이다. 롯데마트는 '국민생선' 오징어를 시중가보다 40 저렴하게 내놓았다. 롯데마트는 오는 17일까지 냉장 국산 생 오징어를 마리당 2,500원에 판매한다.

오프라인 유통강자들은 최저가와 무료 배송 등을 앞세운 e커머스와 경쟁하기 위해 온라인사업에 집중 투자하고 있다. 롯데는 2022년까지 통합 서비스 구축과 인공지능 검색 등 온라인쇼핑 시장 공략에 3조원을 투자해 5년 내 국내 온라인 쇼핑 1위로 올라서겠다는 전략이다. 신세계도 올해 초 온라인 통합 법인 에스에스지닷컴(SSG.COM)을 출범시켰다. 신선 식품을 중심으로 경쟁력을 강화하고 수도권 물류 센터를 확대한다는 방침이다.

김기환 유통전문기자(세계일보, 2019.07.16)

핵심용어

계획수립	계획수립단계	전략과 전술	정책과 절차
예산	예측법	상황대응계획법	시나리오계획법
벤치마킹	참여적 계획수립법	경영전략	원가우위전략
차별화전략	집중화전략	공격전략과 방어전략	BCG 매트릭스 기법
콩코드 오류	목표관리(MBO)		

연 습 문 제

1. 계획을 수립하는 이유는?

2. 계획수립단계에 대하여 설명하시오.

3. 계획수립기법을 비교하여 설명하시오.

4. 참여적 계획수립법의 장단점을 설명하고, 단점을 극복할 수 있는 방안을 제시하시오.

5. 목표관리의 장단점을 설명하고, 이의 일상생활에서의 활용방안을 제시하시오.

6. 계획수립단계에서 발생한 '콩코드 오류(Concorde Fallacy)'의 예를 들어 보시오.

7. 보스턴 컨설팅 그룹(BCG)의 성장-점유율 매트릭스(growth-share matrix)에 대하여 설명하시오.

제 5 장

조 직 화

5.1 조직화의 개요

조직화(organizing)란 전체 조직수준에서는 사업본부, 부, 국, 실 등으로 전체 조직구조를 비교적 대단위로 설계하여 업무가 효과적으로 배분되고 조정되도록 하는 것을 의미한다. 또한 실무부서 수준에서는 개인의 직무를 적절하게 설계하고 배분함으로써 종업원들이 의욕적으로 자기의 업무를 수행하며 주어진 목표를 달성함으로써 조직 전체의 목표달성의 일익을 담당하도록 함을 의미한다. 조직화의 틀을 이해하는 데는 ① 분업과 전문화, ② 명령과 보고체계, ③ 업무분장과 부서 간의 조정기능의 세 가지 지침이 널리 이용되고 있다.

가. 분업과 전문화

1776년 애덤 스미스(Adam Smith)가 그의 저서 『국부론』을 통하여 조직의 기본원칙을 제시한 이후, 그 원칙은 오늘날에도 조직학의 주요 이론으로 사용되고 있다. 그가 주장하였던 조직의 기본원칙은 ①

업무를 가능한 한 세분화하여 단순화시키고, ② 작업자들을 단순화된 업무에 관하여 전문화 또는 숙달시키면 작업자의 작업능률은 많은 종류의 다양한 업무를 모두 수행하는 경우보다 높아지며, 따라서 기업은 높은 생산성을 이룰 수 있다는 것이다. 위의 ①과 ② 중 ①은 분업의 원칙, ②는 전문화의 원칙이라고 한다. 이들 두 원칙은 조직의 효율을 위한 주요 원칙으로 오늘날에도 널리 인용되고 있다.

나. 명령과 보고체계

선택된 조직구조를 실제적으로 잘 운영하기 위한 주요한 결정사항은 누가 누구에게 명령과 지시권한을 행사하고 보고의 책임을 갖느냐의 관계를 공식화하는 것이다. 효율적인 명령-보고체계를 구성하는 데는 흔히 세 가지의 원칙이 적용된다.

1) 명령단일화 원칙(Unity of Command Principle)

이 원칙은 종업원이 한 명의 상사에게 보고하도록 하고, 종업원으로 하여금 누구에게 명령과 지시를 받아야 하는지에 대해 공식화함으로써 중복된 명령-보고 관계에서 유발되는 갈등의 소지를 없애고자 하는 것이다.

2) 명령체계 원칙(Scalar Principle)

이 원칙은 부하와 상급자를 연결하는 명령체계를 분명히 함으로써 하위종업원으로부터 최고경영층 사이의 모든 종업원들의 명령의 상하관계를 체계화하는 것이다. 이렇게 권한의 상하관계를 분명히 하면 업무에 대한 책임소재를 명확히 할 수 있다.

3) 통제범위 원칙(Principle of Span of Command)

이 원칙은 한 사람이 적정 숫자의 부하를 관리하도록 해야 효과적으로 조직을 운영할 수 있다는 것이다. 즉, 경영자가 자기에게 보고하는 부하의 숫자가 과도하면 통제와 조정이 어렵다는 것이다. 따라서 조직구성시 해당 부서의 업무가 요구하는 적정수의 인원과 경영자가 효과적으로 관리할 수 있는 부하의 수를 면밀히 조사할 필요가 있다.

다. 업무분장 및 부서간의 조정기능

조직화의 또 다른 다른 주요 고려사항에는 업무분장과 부서간의 업무조정 기능이 포함된다. 업무분장은 어느 부서 또는 누가 일정한 업무를 수행할 것인지를 체계화함을 의미한다. 예를 들면, 영업업무는 영업부에서 생산 업무는 생산부서에서 담당하도록 조직을 설계하는 것이다. 부서간의 업무조정기능은 각 부서가 자기부서의 목표달성에만 집착하다 보면 부서간의 갈등이 생기게 마련이고, 따라서 기업 전체의 목표달성에 차질을 빚게 된다. 따라서 조정기능이란 기업 전체의 이익을 위하여 각 부서가 협력하도록 유도하는 것을 말한다.

예를 들면, 영업부서는 다양한 제품을 판매하여 다른 소비자계층의 욕구를 충족시켜 매출액을 증대시키고 싶어하고, 생산부서는 생산원가를 낮추기 위하여 한정된 종류의 제품을 대량으로 생산하기를 원하는 경우가 종종 발생한다. 이러한 상반된 요구사항을 기업 전체의 관점에서 판단하고 조정하는 기능을 기업의 기획부서가 담당하는 경우가 많다.

5.2 조직구조의 유형

"기업이 일정한 전략을 수행하려면 이를 뒷받침할 수 있는 조직구조가 갖추어져야 한다."라고 많은 학자들은 주장하고 있다. 예를 들면, 영국계 식품회사인 필즈버리는 슈퍼마켓에서 판매하는 소비자용 식품과 버거킹과 같은 사업을 동시에 하고 있다. 따라서 식품사업부와 버거킹사업부를 분리하여 독립적으로 운영하고 있다. 왜냐하면, 이 2개의 사업영역은 생산, 판매, 마케팅 부문에서 매우 다른 경영기법을 요구하고 있고 따라서 제품종류에 따른 사업부서별로 조직을 개편하였다. 그러나 이러한 외형적인 조직구조개편은 실패할 가능성이 높다. 즉, 특별한 형태로 조직을 개편하면 이에 적합한 조직운영방법이 반드시 수반되어야 하기 때문이다. '조직구조'라는 하드웨어와 함께 '조직운영방법'이라는 소프트웨어의 결합이 이루어져야 조직운영의 목표를 달성할 수 있는 것이다.

IMF경제의 위기를 경험한 이후 한국기업은 기업의 조직구조와 운영상의 허점을 인식하고 조직의 슬림화와 계층축소를 포함하여 대대적인 조직구조 개편을 단행하였다. 조직구조혁신의 주요 내용은 관리, 통제기능의 중간관리조직을 대폭 축소하고 권한을 하부조직에 이양함으로써 상하조직간의 명령-보고체계를 단순화하고, 하부조직의 권한을 확대하여 실무자가 신속한 의사결정을 하도록 하고 있다.

조직의 형태로는 기능별 조직, 사업부제 조직, 매트리스 조직으로 대별할 수 있으며, 각 조직형태의 특징과 장단점을 살펴 각 기업이 처한 상황에 적합한 조직형태를 어떻게 선택할 것인지에 대해 살펴보기로 한다.

가. 기능별 조직

기능별 조직은 조직구성원이 수행하는 기능을 중심으로 형성된다([그림 5-1] 참조).

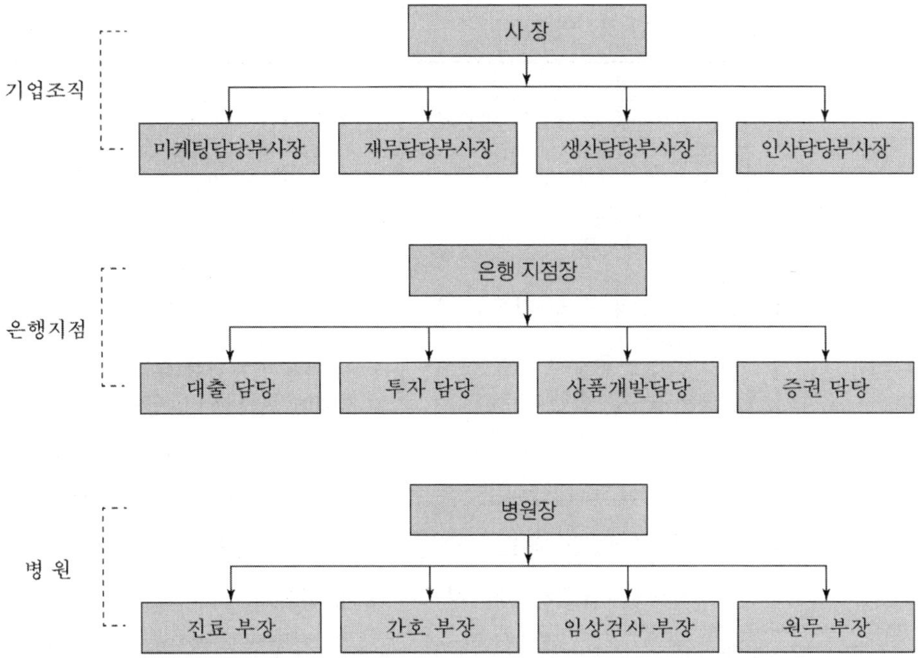

[그림 5-1] 기능별 조직

예를 들면, 총무부, 경리부, 생산부, 영업부와 같은 부서는 기능중심의 조직이며 한 부서에 소속된 종업원들은 유사한 종류의 기능을 수행한다. 기능별 조직은 대개 지시-보고의 상하관계가 뚜렷하게 설정되어 있는 경우가 많다. 그래서 이러한 조직을 흔히 기능별 수직조직이라고 부른다. 기능별 조직은 효과적으로 운영될 때 분업화와 조직원이 전문화를 제고할 수 있을 뿐만 아니라, 리더의 명령에 따라 조직이 일사분란하게 움직일 수 있는 장점이 있다. 이러한 조직형태는 경영환경이 단순하고 변화가 완만하며, 기업이 소규모 조직이고 경영활동의 내용이 단순할 경우에 적합하다.

〈표 5-1〉 기능별 조직의 장단점

장 점	단 점
① 할당된 업무를 훈련으로 일관되게 처리할 수 있다. ② 전문적 기술분야의 인력을 더욱 전문화시킬 수 있다. ③ 심도 있는 훈련과 인적자원개발을 후원한다. ④ 고도의 기술적 문제해결책을 제고할 수 있다. ⑤ 일반관리자의 기술에 관한 전문성에 대한 요구를 줄인다. ⑥ 경력개발을 원활히 할 수 있다.	① 최종제품이나 서비스에 대한 책임소재가 불분명해질 수 있다. ② 필요 이상의 전문화를 촉진시킨다. ③ 기능별 부서간의 의사소통이 원활하지 못하다. ④ 기능별 부서의 종업원은 자기부서 중심의 안목으로만 업무 파악 경향이 있다. ⑤ 여러 부서가 관련되어 있는 문제의 해결에 적극적이지 않다.

그러나 조직이 비대해지고 환경이 복잡해질수록 리더가 혼자 모든 일을 감당할 수 없게 되고, 조직은 관료화되는 경향이 있다. 또한 부서간의 유기적인 협조체계가 부족하고, 변화에 신속히 적응하지 못하는 문제점을 가지고 있다. 기능별 조직의 장단점은 앞의 〈표 5-1〉에 설명되어 있다.

나. 사업부제 조직

사업부제 조직은 조직을 제품별·시장별·지역별로 책임경영단위 중심으로 구성하고, 각 사업부제 조직내에 독자적인 생산·마케팅 및 관리권한을 부여하는 형태를 말한다. 이와 같이 각 사업부내에 각각의 기능을 포함함으로써 기능간 협조관계를 유도할 수 있다[그림 5-2]. 예를 들면, 많은 건설회사들은 주택사업본부, 건축사업본부, 해외사업본부와 같이 사업의 종류나 지역에 따라 조직을 나누어 각 단위별로 권한과 책임을 가지고 자율적으로 사업을 수행하도록 하고 있다.

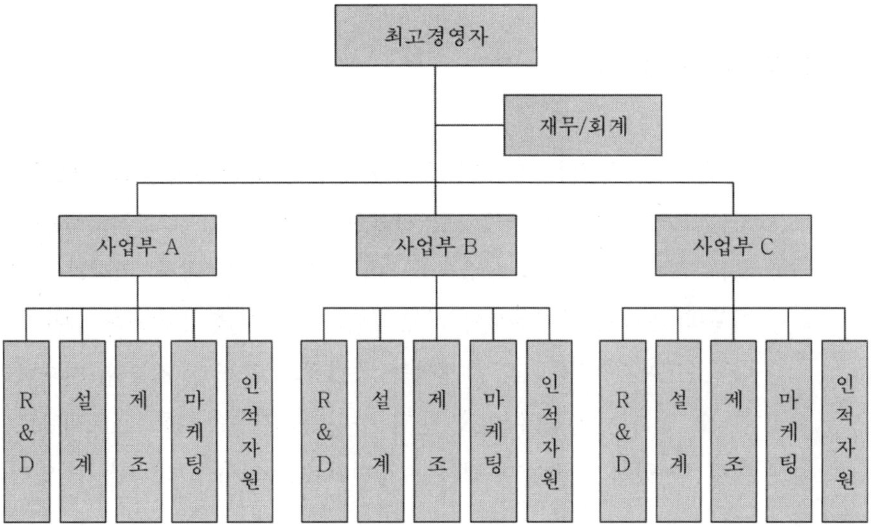

[그림 5-2] 사업부제 조직

사업부제 조직은 기능별 조직에 비해 사업단위별로 권한과 책임을 부여함으로써, 비교적 시장의 요구에 빠르게 반응할 수 있을 뿐만 아니라, 사업의 성패에 대한 책임소재도 분명히 할 수 있다. 반면에 사업부서마다 중복된 부서가 있어 자원의 낭비를 초래하거나, 각 사업부서 간의 지나친 경쟁을 유발하여 조직 전체의 목적달성을 저해할 수 있다. 사업부제 조직의 장단점은 〈표 5-2〉에 설명되어 있다.

〈표 5-2〉 사업부제 조직의 장단점

장 점	단 점
① 시장내의 새로운 요구에 대한 융통성 있게 대처한다. ② 사업부제내의 사업에 기능적 노력을 집중할 수 있다. ③ 각 기능간에 조정이 용이하다. ④ 새로운 사업부제를 추가함으로써 기업의 성장을 기할 수 있다.	① 깊이 있는 기술적인 전문화를 기하는데 어려움이 있을 수 있다. ② 사업부서간에 유사한 기능이 중복되어 있어 기업전체로 보면 자원의 낭비를 초래할 수 있다. ③ 각 사업부서는 기업 전체의 목적보다는 자기부서만의 목적달성에 관심을 갖게 될 위험이 있다. ④ 각 부서간의 과도한 경쟁을 유발할 수 있다.

다. 매트릭스 조직

매트릭스 조직은 기능별 조직의 장점을 살리고 단점을 최소화하고자 하는 목적으로, 프로젝트별로 필요한 인력을 기능별 조직으로부터 배정하는 형태이다([그림 5-3] 참조). 따라서 매트릭스 조직의 종업원은 기능별 조직의 자기부서와 프로젝트팀에 동시에 소속되어 근무하게 된다. 매트릭스 조직구조 하에서는 종업원의 능력과 재능을 최대한 이용할 수 있다는 장점이 있을 뿐만 아니라 인력을 다른 프로젝트로 이동시킬 수 있어 조직이 환경과 시장변화에 유연하게 대처할 수 있다.

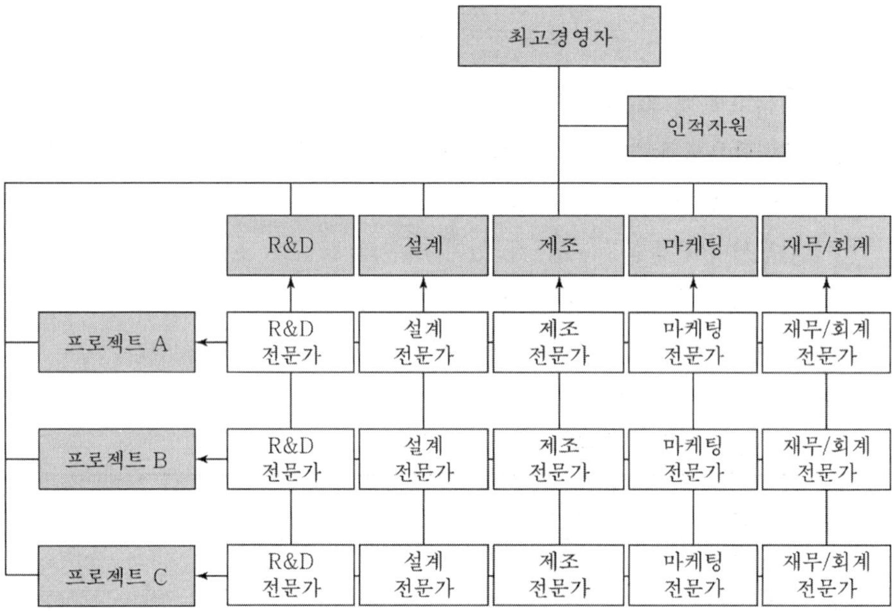

[그림 5-3] 매트릭스 조직

그러나 한 종업원이 두 명의 상사와 지시-보고관계에 있기 때문에 이들로부터 상이한 지시를 받을 경우 자기역할에 대한 혼란을 경험하게 된다. 따라서 프로젝트 조직에서는 종업원의 시간배분문제, 성과평가의 주체, 역할을 명확히 할 필요가 있다. 매트릭스 조직의 장단점은 〈표 5-3〉에 설명되어 있다.

〈표 5-3〉 매트릭스 조직의 장단점

장점	단점
① 자원을 효율적으로 사용할 수 있다. ② 시장의 새로운 변화에 대해 융통성 있게 대처한다. ③ 높은 질의 기술적 문제해결책 개발을 촉진한다. ④ 최고경영자는 권한위양으로 장기계획에 집중할 수 있다.	① 2인의 상사 사이에 권력갈등의 가능성이 존재한다. ② 2인의 상사 가운데 누가 더 많은 권한을 갖게 되는지 불분명하다. ③ 팀 목표를 지나치게 강조한 나머지 조직 전체의 목적달성에 장애가 될 수 있다.

라. 최적 조직구조의 선택

조직에 적합한 구조를 선택할 때는 조직이 속한 경영환경과 조직이 필요한 전략 및 조직구조를 면밀히 검토해야 한다. 일반적으로 1980년대의 환경은 비교적 단순하였고 변화도 빠르지 않았다. 그러나 1990년대와 다가오는 21세기에는 컴퓨터 및 로봇을 이용한 새로운 기술의 출현, 정보경영의 중요성, 소프트웨어 위주로의 산업개편, 세계화 등 급격한 환경변화를 겪게 되는 것이다. 이에 따라 기업이 취해야 할 경영전략도 바뀌고 있다.

즉, 1980년대에는 많은 기업들이 기존의 시장을 유지해도 살아남을 수 있었으나 90년대에는 환경변화에 대하여 신기술 개발, 신제품 개발, 신시장 개척, 2000년대에는 정보와 소프트웨어 중심의 지식경영으로 경영패러다임이 전환함에 따라 기업은 더욱 더 신속하고 능동적으로 환경변화에 적응할 필요가 있는 것이다.

따라서 기업의 조직구조가 이와 같은 새로운 환경에 따른 전략을 효과적으로 뒷받침할 수 있어야 한다. 즉, 1980년대에는 많은 기업들이 상의하달 위주의 관료조직 형태의 조직구조를 택하였으나, 미래에는 급변하는 환경이 요구하는 바에 따라 유연하게 변화할 수 있고 하부구조에 권한과 책임을 부여하여 실무부서에서 자율적인 의사결정을 내리도록 하여 조직의 적응력을 높일 수 있도록 할 필요가 있다.

이미 설명한 바와 같이 세 가지 조직구조는 매트릭스 조직, 사업부제 조직, 기능별 조직의 순으로 변화가 심하고 복잡한 경영환경에 적합하다는 판단을 많은 학자들은 내리고 있다. 즉, 매트릭스 조직은 복잡하고 변화가 심한 환경에서, 기능별 조직은 단순하고 변화가 느린 환경에 적합한 경향이 있다. 사업부제 조직은 그 중간에 해당한다. 최근 기능별 조직을 갖고 있던 많은 기업들은 사업부제 조직이나 매트릭스 조직구조로 조직구조를 개편함으로써 새로운 경영환경에 맞는 조직구조를 개발하려고 노력하고 있다. 그러나 위 세 가지 조직구조 중 한 가지를 일괄적으로 도입할 필요가 있는지 고려해 볼 필요가 있다.

예를 들면, 고객의 욕구에 유연하고 신속하게 대처해야 하는 필요성 때문에 많은 기업들은 일부 특정 제품을 기준으로 사업부제 조직을 가지고 있고, 또한 여러 가지 기능이 필요한 일부 프로젝트 수행을 위하여 매트릭스 조직을 함께 운영할 수 있다. 기업간의 경쟁이 심화됨에 따라 많은 기업들은 일사분란한 조직 전체의 활동을 필요로 함과 동시에 변화하는 환경에 따라 유연하게 대처할 필요성을 동시에 절감하고 있다. 따라서 기업이 처한 환경에 따라 기능별 조직, 사업부제 조직, 매트릭스 조직의 장단점을 고려한 혼합형 조직에 대한 필요성이 대두되고 있다.

5.3 직무설계

위의 사례에서 보는 바와 같이 어떠한 기업운영에서도 성공과 실패를 좌우하는 것은 조직구성원들이 적극적으로 참여하고 잠재적인 능력을 발휘하도록 하는 것이다. 또한, 직원들을 자신과 소속부서의 업무에 대한 주인의식을 갖도록 유도할 필요가 있다. 어떻게 하면 이러한 방향으로 직원들이 동기유발이 되도록 할 수 있을까?

전체 조직의 구조를 선택하는 것 외에 직무를 어떻게 부여하면 종업원이 자신의 역량을 보다 충분히 발휘하고 직무에 대해 만족감과 성취감을 느끼며 보람있게 업무에 임할 수 있는지에 기업은 관심을 갖게 되며, 이를 위한 작업을 직무설계라고 한다. 직무설계에는 ① 직무충실화(job enrichment), ② 직무순환(job rotation), ③ 직무확대(job enlargement)의 3가지가 있다.

본장에서는 직무설계의 핵심인 직무충실화를 다루도록 한다. 직무충실화의 기본원칙은 종업원들이 담당하는 업무를 인간이 충족시키고자 하는 욕구에 적합하게 연계하면 생산성이 향상될 것이라는 것이다. 이와 같은 관리철학은 어떠한 일이 주어지더라도 종업원들은 자신을 무조건 업무에 적응시켜야 한다는 과거의 발상과는 상당한 변화가 있는 것이다.

직무충실화는 종업원들이 직무를 통해 심리적인 성취감을 경험하도록 하자는 것이다. 즉, 종업원들이 과업을 통해 종업원이 과업의 중요성을 인식하고 자발적으로 과업을 수행하도록 하여 내적인 동기유발을 제고하는 것이고, 또한 직무순환은 다양한 일을 하도록 종업원을 여러가지 과업에 정기적으로 순환근무를 하도록 하는 기법이다. 직무확대는 과거에 여러 종업원들에게 배정되었던 여러 과업을 묶어 한 종업원에게 배정하는 기법이다.

직무설계의 세 가지 방법 중 직무충실화가 가장 효과적이라는 많은 연구결과 나오고 있어 직무설계의 핵심내용은 직무충실화라고 일반적으로 인식되고 있다.

가. 직무충실화

직무충실화이론에 따르면 종업원들이 수행하는 직무의 내용은 변형

하여 그들이 심리적으로 동기유발이 되게끔 해야 한다고 주장하고 있다. 직무충실화이론의 초기에 수행된 한 실험에서 경리부서와 기술부서의 종업원들을 대상으로 실험을 수행한 결과, 그들은 직무내용에 따라 업무에 대한 만족감과 동기유발 정도가 차이가 나는 것을 발견하였다. 즉, 직무에서 느끼는 성취감, 상사나 동료로부터의 인정, 책임감 및 개인의 성장과 같은 요인이 직무만족감과 동기유발 정도에 중요한 영향을 미친다는 것을 발견하였다. 이 실험결과에 따라 Herzberg는 다음과 같은 직무충실화이론의 6가지 핵심원칙을 정리하였다.

① **자원에 대한 통제권한** : 종업원에게 자신들이 수행하는 업무에 대한 최대한의 권한을 부여한다.

② **책임 소재** : 종업원에게 자신이 수행하는 업무결과에 대해 책임을 부여한다.

③ **피드백** : 상급자는 종업원의 업무성과에 대해 확실하고 직접적인 피드백을 제공한다.

④ **직무수행 속도** : 종업원에게 일정 한도 내에서 자신이 수행하는 업무의 속도를 스스로 조정할 수 있는 권한이 주어져야 한다.

⑤ **성취감** : 종업원들은 자신이 수행하는 업무수행결과를 통해 성취감을 경험할 수 있어야 한다.

⑥ **개인적인 성장** : 종업원은 직무수행의 다양한 절차를 학습하고 이를 통해 개인의 성장을 경험할 수 있어야 한다.

나. 직무충실화의 기본원칙

직무충실화이론으로 널리 알려진 경영학자인 Hackman과 Oldham은 직무특성화모델(job characteristics model)을 개발하여 직무충실화이론의 적용방법을 제시하였다[그림 5-4].

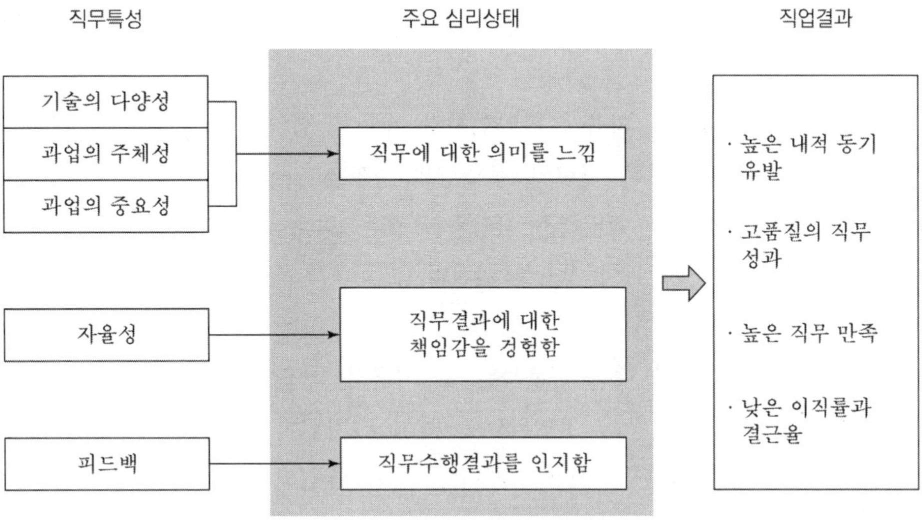

[그림 5-4] 직무특성화 모델

[그림 5-4]에서 보는 바와 같이 직무에는 다섯 가지 특성이 있고, 이 특성은 인간의 세 가지 심리상태를 유발할 수 있으며, 이러한 심리상태는 다양한 직무성과의 결과를 유발한다. 이 그림에 의하면 개인은 5가지 주요 직무차원이 복합적으로 작용하여 긍정적 심리상태의 변화를 유발하고 생산성과 관련된 긍정적인 결과를 낳는다.

① **기술의 다양성** : 과업이 요구하는 기술과 직능의 수의 정도를 말한다. 즉, 종업원이 업무수행시 같은 한 가지 기술과 직능을 반복 사용하는 것보다는 여러 가지 기술과 직능을 적용할 수 있을 때 직무에 대한 흥미를 더욱 유발시킬 수 있고, 무료함도 덜 느낀다.

② **과업의 주체성** : 과업이 전체 생산공정 또는 생산공정의 일부의 완성을 요구하는 정도를 말한다. 즉, 공정의 시작에서 끝까지 개인이 수행하여 가시적인 작업결과를 경험할 수 있는 정도를 의미한다.

③ **과업의 중요성** : 과업의 중요성이란 개인이 수행하는 직무가 조직 내부의 다른 종업원이나 조직 외의 타인에게 미치는 영향의 정도를 말한다. 즉, 종업원이 자신이 수행하는 직무가 타인에게 중요한 영

향을 미친다고 느낄 때 자신이 하는 일에 대한 의미를 느끼는 경향이 있다.

④ **자율성** : 자율성은 작업시간 계획과 절차를 결정하는 데 개인이 가지는 자율권한, 재량권, 독립성의 정도를 말한다.

⑤ **피드백** : 피드백은 작업중간 또는 최종 결과에 대한 직접적이고 명확한 정보획득의 정도를 말한다.

앞의 5가지 핵심 직무차원 중 기술의 다양성, 과업의 주체성, 과업의 중요성을 통해 종업원으로 하여금 자신이 수행하는 직무가 의미 있다고 믿게 된다. 또한 자율성을 통해 종업원은 작업성과에 책임감을 경험하게 된다. 피드백을 통해 종업원은 효과적인 작업방법을 학습하게 될 뿐만 아니라, 목표달성을 하기 위하여 노력의 정도를 조절할 수 있게 된다.

다. 직무충실화의 심리적 영향

직무충실화가 효과적으로 수행되면 종업원은 다음과 같은 심리상태의 변화를 경험한다.

① 직무가 의미 있음을 느낀다(기술의 다양성, 직무의 주체성, 직무의 중요성의 영향).
② 직무수행결과에 대한 책임감을 경험한다(자율성의 영향).
③ 직무수행결과를 인지한다(피드백의 영향).

결론적으로 종업원은 자신이 애착을 가지고 있는(① 직무에 대한 의미를 느낌) 직무를 개인의 역량(② 개인적인 책임감을 경험함)으로 성공적으로 수행하였음을 알게 되었을 때(③ 직무수행결과를 인지함), 개인적으로 높은 동기유발과 직무만족과 같은 내적 보상을 얻게 될 뿐만 아니라 낮은 결근율, 이직률과 높은 품질의 제품과 서비스를 생산하게 된다.

또한 이와 같은 심리상태가 존재하면 할수록 개인은 직무성과가 좋을 때 더욱 더 높은 직무만족을 경험하게 되고, 이러한 직무만족은 직무수행에 대한 노력을 지속하도록 하는 인센티브로 작용하게 된다. 이러한 내적 보상을 경험하게 되면, 개인은 업무성과가 저조한 때일지라도, 내적 보상을 다시 경험하기 위해 차후의 업무수행시 높은 수준의 노력을 경주하게 된다.

라. 직무특성화의 응용방법

직무특성화모델을 기반으로 Hackman은 직무충실화를 위한 5가지 응용방법을 제시하였다.

① **과업을 통합하라(기술의 다양성을 높이는 방법)** : 여러 관련된 작업을 통합하여 배정해야 한다. 예를 들면, 조립라인의 종업원에게 한 가지 부품을 조립하도록 하는 대신, 여러 관련부품을 조립하는 작업을 맡길 수 있다. 여러 가지 작업을 통합하게 되면, 기술의 다양성과 과업의 주체성을 제고할 수 있다.

② **연결된 작업을 중심으로 과업을 배정하라(직무의 주체성을 제고하는 방법)** : 작업의 자연스러운 순서를 고려하여 과업을 할당해야 한다. 예를 들면, 조립라인의 종업원에게는 조립과업만 할당하지 말고, 조립뿐만 아니라 관련 과업인 일정부품의 검사과업까지 배정할 수 있다. 이렇게 연결되는 작업 중심으로 과업을 배정하면, 종업원은 작업에 대한 애착심을 경험하게 되고 과업의 중요성을 경험하게 된다.

③ **고객관계를 수립하라(직무의 중요성을 높이는 방법)** : 전통적으로 직

무상황(특히, 생산직의 조립공정이나 단순화된 직무)에서는 종업원은 사내외의 고객과 접촉할 기회가 거의 없었다. 고객과의 접촉관계를 수립하게 되면 다음과 같은 효과가 있다. 첫째, 고객으로부터의 피드백을 통하여 제품이나 서비스의 질에 대한 보다 많은 피드백을 받을 수 있다. 둘째, 고객과의 개인적인 접촉을 통하여 개인관계 기술과 같은 다양한 기술을 습득할 수 있다. 셋째, 종업원은 책임감을 가지고 고객과의 관계를 어떻게 관리할 것인가를 스스로 결정하는 과정에서 직무의 자율성이 증가한다.

④ **직무수행과 통제기능을 통합하라(자율성을 높이는 방법)** : 직무수행과 통제기능의 통합화는 종업원이 직무수행과 더불어 스스로 자신과 자신의 업무를 통제하는 책임을 부여하는 것이다. 예를 들면, 종업원으로 하여금 작업방법, 품질검사, 작업시간선택 등을 스스로 결정하도록 허락하면 종업원의 직무의 자율성을 제고할 수 있다.

⑤ **공개적인 피드백 방법을 확립하다(피드백을 원활하게 하는 방법)** : 대부분의 종업원은 상사로부터 직무성과에 대한 피드백을 받는다. 그러나 직무수행과정에서 또는 직무완료 후 성과에 대한 피드백이 자연스럽게 제공되면, 종업원은 상사로부터의 개인적인 편견 없이 성과에 대한 피드백을 받을 수 있다. 예를 들면, 종업원이 스스로 자신의 업무성과를 평가하는 권한을 부여할 수 있다.

앞의 5가지는 경영자가 직무충실화를 실무에 적용할 때 응용할 수 있는 방법을 설명한 것이다. 이와 같은 방법을 통하여 경영자는 핵심직무차원을 직무에 내재화함으로써 주요 심리적 상태를 유발하고, 그 결과 종업원의 동기유발과 직무만족을 제고할 수 있다. 다만 직무충실화는 성장욕구가 강한 종업원들에게 보다 효과적으로 적용된다는 제한점을 가지고 있다는 점도 유념할 필요가 있다.

[사례 5] 재계 뉴 트렌드는 '사업부제'

SK그룹 CIC(사내독립기업제) 도입 '성장에 효율적'

SK텔레콤, SK에너지, SK네트웍스 등 SK그룹 주력계열사들이 새해 조직개편을 실시하면서 일제히 CIC(Company In Company; 사내독립기업제)를 도입했다. CIC는 사업부 자체가 하나의 독립된 회사처럼 운영된다는 게 핵심. 외환위기 이후 국내 은행들이 글로벌은행의 경쟁력을 갖추겠다며 줄줄이 도입했던 '사업부제'와 같은 의미다.

SK텔레콤은 MNO(Mobile Network Operator), Global, C&I(Convergence&Internet), CMS(Corporate Management Support Company) 등 4개 CIC로 조직을 재편했다. 김신배 대표이사가 CMS 사장을 겸임한다. 이외에 MNO는 하성민 사장, 글로벌은 서진우 사장, C&I는 오세현 사장이 각각 담당한다.

SK네트웍스도 4개 사업부 체제로 변모했다. 정보통신, 상사, 에너지마케팅, 경영서비스 등 4개 사업부는 송진규 사장, 이창규 사장, 김태진 사장, 조기행 사장이 맡았다.

신헌철 대표이사 사장이 부회장으로 승진한 SK에너지 역시 총 4개 CIC를 조직한다. R&M(Refining & Markrting) R&C(Resource & Chemicals), P&T(Corporate Planning & Global Technology), CMS 등이다. 이 중 연구개발(R&D)과 회사의 장단기 전략기획 업무를 담당하는 P&T 대표는 신헌철 부회장이 겸직한다. 석유제품 총괄 R&M는 김명곤 사장, 해외 자원개발과 화학제품 비즈니스 R&C는 유정준 사장, CMS는 김준호 사장이 책임지는 체제다.

SK그룹의 사업부제 도입은 오랜 역사를 가지고 있다. 지난 2001년 중국에서 열린 SK그룹 CEO 세미나에서 '이제 그룹 단위 발전 시대는 끝났다. 앞으로 발전 주체는 각 개별 기업이 돼야 한다'는 데 CEO들이 의견을 모았다. 2002년 CEO 세미나에서는 더 나아가 '생존기반을 마련하지 못하는 회사는 시장 판단에 맡기겠다'는 내용으로까지 발전했다. 이 같은 각오는 각 계열사의 성과 촉진으로 이어졌다. 2004년에 워커힐호텔을 제외한 전 계열사가 흑자를 달성한 데 이어 2005년에는 드디어 전 계열사 흑자라는 성과를 일궈냈다.

여기서 재미를 본 경영진들이 이제 '기업 단위 발전에서 사업부 단위 발전'으로 범위를 좀더 좁혔다는 분석이다. 2007년 10월에 열린 CEO 세미나에서 이 같은 내용이 확정됐고 바로 뒤이어 연말에 사업부제 실시가 선포됐다.

SK 계열사들의 경우 채용과 임원 인사권을 제외한 전 권리를 사업부가 갖게 된다. "채용을 각 사업부에 위임할 경우 비용이 많이 드는 것은 차치하고서라도 절차가 너무 복잡해진다"는 주장이다. 임원 인사 역시 CEO가 챙기게 된다. 단 예산편성을 비롯해 조직 개편, 법무, 총무, 임원 이하 직원 인사, 평가, 보상권은 확실하게 각 사업부 대표에게 위임한다는 설명이다.

핵심용어

조직화	분업과 전문화	명령단일화의 원칙	통제범위의 원칙
기능별 조직	사업부제 조직	매트릭스 조직	직무설계
직무충실화	직무특성화모델	직무순환	직무확대

연 습 문 제

1. 조직화의 기본틀에 대하여 설명하시오.

2. 기능별 조직에 대하여 설명하시오.

3. 사업부제 조직에 대하여 설명하시오.

4. 매트릭스 조직에 대하여 설명하시오.

5. 직무충실화에 대하여 설명하시오.

6. 경영자가 직무특성화를 실무에 적용할 때 응용할 수 있는 방법을 설명하시오.

제 6 장
지 휘

6.1 지휘의 개요

지휘(directing)란 조직의 목표를 달성할 수 있도록 조직의 구성원들에게 계획에 따라 기업활동을 적극적으로 수행할 수 있도록 적절한 활동방향을 제시하는 과정으로, 경영자와 구성원 간의 상호적인 인간관계라고 할 수 있다. 조직의 구성원이란 조직 내에서 업무를 하는 개인(individuals)과 집단(group)을 의미한다. 계획이 수립되고 이를 수행할 조직과 사람을 확보하면, 경영자는 이들이 실제로 움직여서 조직의 목표가 달성되도록 지휘를 해야 한다. 지휘활동에는 구성원들에게 직무를 할당하고, 이의 수행에 요구되는 절차를 설명하고, 필요한 지시를 하고, 오류를 범하지 않도록 확인 · 지도하는 활동을 포함한다.

효과적인 지휘활동을 전개하기 위해서는 경영자가 조직구성원들에게 통솔력(leadership)을 발휘하고, 동기부여(motivation)를 하고, 상호간의 원활한 의사소통(communication)을 하는 것이 전제되어야 한다. 지휘활동은 사람을 통해서 기업활동을 성공적으로 수행하는 것이어서, 조직의 구성원이 많이 분포된 하위경영층에서 중요한 역할을 한다.

유능한 경영자는 조직 구성원의 행동에 유효한 영향을 주기 위해 다음과 같은 지휘활동을 필요로 한다:

① 조직 구성원의 능력 범위 내에서, 명확하고 완전한 명령을 내린다.

② 조직 구성원이 부여된 역할을 완수하도록, 계속적으로 교육과 훈련을 시킨다.

③ 조직 구성원의 동기를 부여시켜야 한다.

④ 업무를 효율적으로 수행한 조직 구성원에게 보상을 준다.

⑤ 효과적인 의사소통경로를 확보하여, 원활한 의사소통과정을 유지하도록 한다.

6.2 리더십

가. 리더십의 개요

리더십(leadership)이란 주어진 상황 하에서 조직의 목표를 달성하기 위해서 경영자(상사)가 조직의 구성원들(부하)에게 영향력을 행사하는 과정으로 정의할 수 있다. 즉 상사가 권한(힘)을 발휘하여 부하를 동기부여하고, 그들로 하여금 특정 목적을 달성할 수 있는 활동을 하도록 하는 것이라고 할 수 있다. 이를 수식으로 나타내면 다음과 같다:

$$L = f(I.\ f.s)$$

여기서 L은 리더십, I은 리더, f는 조직구성원, s는 상황이다.

조직의 성패를 리더십의 효과적 발휘와 관련지어 설명하고 있어서, 바람직한 리더십에 관한 연구가 계속적으로 진행되고 있다. 조직의 목적을 효과적으로 달성하려면 조직 내에서 활동하는 구성원인 인간의 본질을 어떻게 이해하고, 어떻게 상호유기적으로 협력하느냐에 따라 인간을 지휘하는 실천적인 전략, 즉 동기부여방법, 리더십방법과 의사소통방법이 달라질 수 있다. 따라서 리더십은 개인 차원의 행동과 집단 차원의 행동의 형성은 물론 이들 행동을 조직의 성과에 연결시키는데 중요한 요인이 되고 있다.

나. 리더십 이론

전통적으로 리더십이론은 특성이론(trait theory)에서 출발하여 행동이론(behavior theory)을 거쳐 상황이론(contingency theory)으로 발전해 왔으며, 최근에는 새로운 리더십이론들이 전개되고 있다.

1) 리더십의 특성이론

리더십의 특성이론(trait theory of leadership)이란 리더와 리더가 아닌 사람들을 구별하는 구체적인 특성을 규명하는데 연구의 초점을 집중시키는 흐름으로, 위인이론(great man theory)이라고도 한다. 이 이론에 의하면 리더는 고유한 개인적인 특성만 가지고 있으면 그가 처해 있는 상황이나 환경이 변하더라도 항상 훌륭한 리더가 될 수 있다는 것이다. 데이비스(K. Davis), 버나드(C. Bernard), 바스(B. M. Bass), 스토그딜(R. Stogdill) 등과 같은 추종자들은 1930년대부터 리더가 지녀야할 공통적인 특성을 규명하는데 노력을 하고 있다. 이들은 효과적인 리더의 특성으로 육체적 특성(연령, 신장, 체중 등), 사회적 배경(교육, 사회적 계층의 이동성, 사교관계 등), 지능(판단력, 결단력, 표현력 등), 성격(독립심, 자신감, 공격성 등), 과업특성(지구력, 책임감 등)과 사회적 특성(대인관계능력, 권력욕, 청렴성 등)을 들고 있다.

특성이론은 리더십에 대한 초기의 이론으로 나름대로 공헌한 바는 있지만, 육체적이고 인성적인 특성이 리더십의 성공에 직접적인 관련이 없다는 한계에 직면하였고, 또한 과거 상황에서 성공적이었던 리더들의 특성이 불확실성과 복잡성으로 대변되는 미래 환경에서도 성공적일 것이라고 보장할 수 없다는 문제점이 제기되며 리더십에 관한 후속 이론이 태동하였다.

2) 리더십의 행동이론

리더십의 행동이론(behavior theory of leadership)이란 조직의 성과에 관련이 있는 리더의 행동을 발견하는데 연구의 초점을 집중시킨 흐름으로, 리더의 공통적 특성을 규명하는데 실패한 리더십 연구는 리더의 밖으로 드러나는 행동을 관찰하는 쪽으로 전환하게 되었다.

리더십 행동이론의 주요 연구는 아이오아 대학교의 연구, 오하이오 주립대학교의 연구, 미시간 대학교의 연구, 블레이크와 모우톤의 관리격자이론 등이 있다.

아이오아 대학교에서는 리더십을 3가지 유형(전제형, 민주형과 자유방임형)으로 나누어 리더십 행동이론에 관한 개척적인 연구를 시작하였다. 전제적 리더십(autocratic leadership)이란 조직 내의 모든 의사결정을 혼자서 행하는 리더십을 말하고, 민주적 리더십(democratic leadership)이란 의사결정 권한을 조직 구성원들에게 위임하는 리더십을 말하고, 자유방임적 리더십(laissez-faire leadership)이란 리더는 가능한 한 의사결정과정에 참여하거나 간섭하지 않고, 구성원들에게 의사결정 권한을 위임하는 리더십을 말한다. 조직의 성과나 생산성 측면에서 볼 때, 민주적 리더십, 전제적 리더십, 자유방임적 리더십 순서로 우수하다고 한다.

오하이오 주립대학교의 연구에서는 리더십에 영향을 미치는 요소로 구조주도(initiating structure)와 배려(consideration)를 확인하고, 4가지 유형의 리더십을 개발하였다. 구조주도가 높고 배려도 좋을 때 가장 효과적인 리더십 유형으로 나타났다.

미시간 대학교의 연구에서는 성과가 좋은 리더가 사용하는 일반적인 리더십 유형을 규명하고자 노력하여, 조직 구성원에 대한 신뢰, 구성원의 존중, 구성원의 복리후생에 대한 관심 등에 초점을 두는 인간중심적 리더십(personal-centered leadership)과 과업의 할당, 엄격한 감독, 합법적이고 강제적인 권력의 사용에 초점을 두는 직무중심적 리더십(job-centered leadership)으로 분류하였다. 유효한 리더십을 보인 리더는 구성원(부하)의 인간적인 측면에 보다 많은 관심을 가진 인간중심적 리더인 것으로 나타났다.

블레이크(R. Blake)와 모튼(J. Mouton)은 리더의 태도(인간과 생산에 대한 관심)에 초점을 두고 관리격자이론(managerial grid theory of leadership)을 개발하여 5가지 유형을 제시하였다. (1.1)좌표의 무관심형 리더(인간과 과업에 관심이 모두 낮은 리더), (1.9)좌표의 사교형 리더(인간 관심은 높으나, 과업 관심이 낮은 리더), (9.1)좌표의 과업형 리더(인간 관심은 낮으나, 과업 관심이 높은 리더), (5.5)좌표의 중도형 리더(인간과 생산에 대한 관심이 중간 정도인 리더)와 (9.9)좌표의 팀형 리더(인간과 생산에 대한 관심이 모두 높은 리더)를 제시하였다. 이 중에서 오늘날과 같은 산업사회에서 요구되는 유형은 (9.9)좌표의 팀형 리더이고, 가장 경계해야 할 유형은 (1.1)좌표의 무관심형 리더로 판단하고 있다.

행동이론은 리더가 어떤 특성을 가지고 있는가보다는 어떤 행동을 하는가라는 리더십과정에 연구의 초점을 두고 바람직한 리더십 행동이론을 개발하고자 하였다. 그러나 리더의 행동유형을 측정하고 분류하는데 있어서 객관성과 신뢰성이 있는 측정방법을 개발하지 못하였고, 리더십의 성공은 리더의 행동양식 이외의 다른 요인(상황요인)이 작용하고 있는 것으로 밝혀지고 있어서, 리더의 행동양식만을 논의하는 것은 적절한 방법이 아니며, 상황요인도 함께 고려하는 것이 바람직하다고 지적한다.

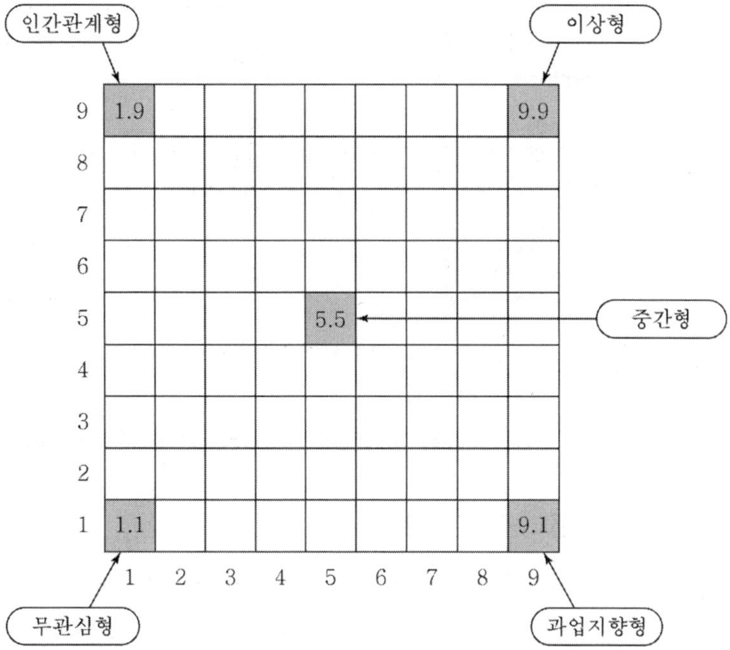

자료 : R. R. Blake and A. A. McCanse, 1991, The Leadership Grid Figure from Leadership Dilemmas, Houston : Gulf Publishing Company. p.29.

[그림 6-1] 블레이크와 모튼의 관리격자이론

3) 리더십의 상황이론

리더십에 대한 행동이론이 모든 상황에 적절한 보편적인 행동양식을 규명하는데 실패함에 따라 리더십에 대한 상황이론이 부각되었다. 리더십의 유형과 상황요인이 효율적으로 결합할 때, 즉 특정 상황에 가장 적합한 리더십이 발휘될 때 그 조직의 성과와 구성원의 만족도가 함께 향상된다는 것이다. 상황이론에 따르면 어떤 리더십이 가장 유효한가를 결정하는 중요한 요인은 상황(contingency, situation)이며, 리더십의 유효성에 영향을 미치는 상황적 요인은 [그림 6-2]에 나타난 것과 같다. 리더십의 상황이론은 피들러(F. Fiedler)의 상황모형, 하우스(R. House)의 경로-목표이론, 허쉬와 블랜차드(Hersey and Blanchard)의 수명주기이론 등이 대표적이다.

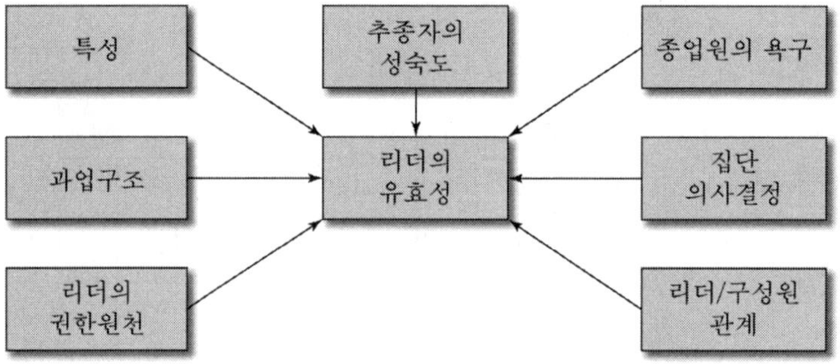

자료 : Don Hellriegel and John W. Slocum, Jr., *Management*, 6th ed., Addison-Wesley Publishing Company, 1991, p.480.

[그림 6-2] 리더십의 유효성에 영향을 미치는 상황요인

(1) 피들러의 상황이론

피들러는 군대의 리더, 교육계의 리더, 산업계의 리더 등을 대상으로 16년에 걸쳐서 50여 차례의 리더십 연구를 실시한 결과, 1967년에 리더십 상황이론의 효시인 리더십 유효성의 상황모형(contingency model of leadership effectiveness)을 개발하였다. 피들러는 2개의 리더십 유형(관계지향적 리더십과 과업지향적 리더십)과 3개의 상황변수(리더와 부하의 관계, 과업구조, 직위권력)를 사용하여 집단의 유효성을 연구한 결과, 과업지향적 리더는 상황이 매우 유리하거나 불리할 때 성과가 좋은 반면, 관계지향적 리더는 상황이 중간 정도일 때 성과가 좋은 것으로 나타났다[그림 6-3 참조].

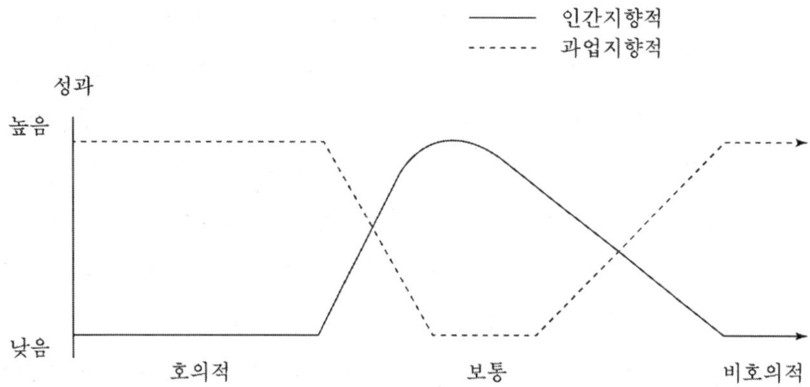

상황요인	Ⅰ	Ⅱ	Ⅲ	Ⅳ	Ⅴ	Ⅵ	Ⅶ	Ⅷ
리더-구성원 관계	좋음	좋음	좋음	좋음	나쁨	나쁨	나쁨	나쁨
과업구조	높음	높음	낮음	낮음	높음	높음	낮음	낮음
직위권력	강함	약함	강함	약함	강함	약함	강함	약함

자료 : F. E. Fiedler, 1967, A Theory of Leadership Effectivenss, New York : McGraw-Hill

[그림 6-3] 피들러의 상황이론

(2) 허쉬와 블랜차드의 수명주기이론

허쉬와 블랜차드는 블래이크와 모튼의 관리격자 개념을 이용하여 리더의 행동을 과업행동과 관계행동으로 분류하고, 부하의 성숙도를 상황요인으로 추가하여 양자가 적합한 관계를 가질 때 조직의 유효성이 올라간다고 주장하였다.

리더십 유형은 과업행동과 관계행동의 높고 낮음에 따라 4가지로 분류하였다. 지시형 리더십(telling leadership)은 높은 과업행동과 낮은 관계행동의 리더로 일방적인 의사소통과 리

더 중심의 의사결정을 한다. 지도적 리더십(selling leadership)은 높은 과업행동과 높은 관계행동의 리더로, 의사결정사항을 부하에게 설명해 주고, 쌍방향 의사소통을 추구한다. 참여적 리더십(participating leadership)은 낮은 과업행동과 높은 관계행동의 리더로, 관련 정보를 부하와 함께 공유하고 부하와의 인간관계를 중시하며 의사결정에 부하

를 참여시킨다. 위임적 리더십(delegating leadership)은 낮은 과업행동과 낮은 관계행동의 리더로, 의사결정과 과업수행에 대한 책임을 부하에게 위임하며 부하의 자율적 행동과 자기 통제를 강조한다.

상황변수는 부하의 성숙도(maturity)로, 직무수행에 필요한 능력, 지식, 기술, 매력, 교육, 경험과 일에 대한 의지를 말한다. 부하의 일에 대한 의지에 따라 M1,M2, M3와 M4로 분류되며 후다로 갈수록 성숙도가 높다는 뜻이다.

[그림 6-4]에서 보는 바와 같이 부하의 성숙도에 따라 적합한 리더십 유형은 종 모형의 곡선을 따라 이동한다. M1에서 부하의 상황은 직무수행능력과 의지가 모두 없는 경우로 지시형 리더십이 적합하고, M2는 직무수행능력은 어느 정도 있으나 의사가 부족한 경우로 지도형 리더십이 적합하고, M3의 경우 부하의 직무수행능력은 매우 높으나 의지가 부족한 경우로 참여형 리더십이 효과적이고, M4의 경우 부하는 능력과 의지가 모두 좋은 상황이어서 위임형 리더십을 발휘하는 것이 적합하다.

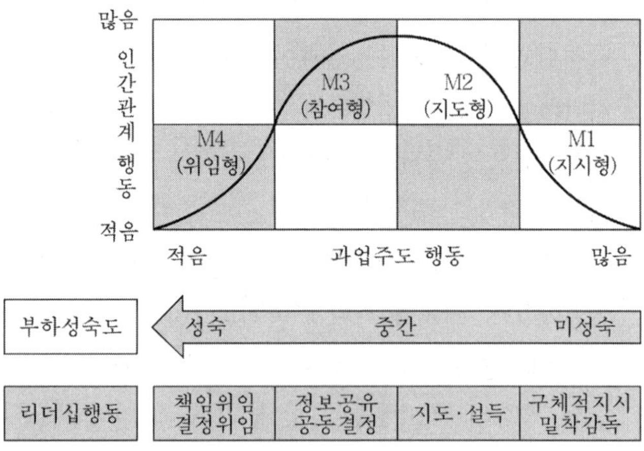

자료 : J. R. Gordon, 1999, Organizational Behavior-A Aiagnostic Approach, NJ Prentice-Hall, p. 235, 일부 변형

[그림 6-4] 허쉬와 블랜차드의 상황이론

4) 리더십의 현대이론

(1) 변혁적 리더십

전통적 리더십은 리더의 보상이나 처벌과 같은 유인에 따른 부하의 기여 간의 교환관계(exchange relationship between incentives and contribution)를 기본으로 하는 거래적 리더십(transactional leadership)이라고 할 수 있다. 그러나 현대적 리더십은 비전 제시, 개인적인 배려, 지적인 자극 등을 통해 부하에게 창의력이 발휘하도록 하고, 조직의 변화와 성장을 이끄는 변혁적 리더십(transformational leadership)이 등장하게 되었다.

변혁적 리더는 스스로 문제해결능력을 보여주거나 창의적인 아이디어를 제시하면서, 그리고 부하에게 과업에 대한 지시와 명령보다는 미래 비전을 제시하면서 조직 구성원의 행동을 자극하여 변화를 이끌어 낸다.

(2) 셀프 리더십

셀프리더십(self leadership)이란 구성원 스스로 리더가 되어 자기 자신을 관리하고 이끌어가는 리더십으로, 미국의 경영학자 맨즈(C. Manz)가 1986년에 제안한 개념이고, 자기 리더십 또는 자율적 리더십이라고도 한다. 다른 사람에 대해 영향력을 행사하는 것이 아니라 스스로 자신이 나아가야 할 방향을 설정하고 자기 자신을 통제하면서 자신을 이끌어 가는 과정이다.

리더의 입장에서는 부하(follower)가 스스로를 통제하고 행동에 필요한 의사결정을 촉진하도록 지원하는 과정이 수퍼리더십(super leadership)이라면, 부하의 입장에서는 타인이 리더가 아니라 자기 자신 스스로가 자신의 리더가 되어 스스로 통제하고 행동하는 것을 셀프리더십이라고 말한다. 수퍼리더십은 부하가 자기리더십에 필요한 능력을 갖게 하는 리더십이다.

셀프리더십은 X이론이 아닌 Y이론의 관점을 전제로 한다. 즉, 사람은 기본적으로 책임을 회피하기보다는 책임을 지려는 경향이 있고, 문제해결을 위한 창의력과 자율적 통제역량을 갖추었으며, 자아실현 욕구와 같은 고차원적인 욕구에 의해 동기부여되는 존재라는 것이다.

셀프리더십은 자기관리(self-management)를 포함하는 보다 상위 수준의 개념이다. 예를 들어, 금연 행동이 자기관리 차원이라고 한다면 셀프리더십은 금연을 하고 싶은 이유를 찾는 것에서 출발한다. 이처럼 셀프리더십은 주어진 기준을 충족시키는 것보다는 더 높은 수준의 기준(예. 건강)을 고려한다. 이밖에도 셀프리더십은 내재적 동기부여의 역할을 강조한다는 점에서도 자기관리와 차이를 보인다. 자기관리가 과업 자체보다는 과업달성 이후에 받게 되는 보상에 의해 촉진된다면 셀프리더십은 과업 자체를 수행하는 과정에서 파생되는 내재적 보상을 중요하게 여긴다. 가령, 과업을 수행하면서 느끼게 되는 유능감이나 목적의식 등이 셀프리더십에서 강조된다.

(3) 리더-구성원 교환이론

리더-구성원 교환이론(leader-member exchange theory; LMX)은 리더와 구성원(부하)의 상호작용 과정을 강조하면서 등장한 리더십이론이다. 전통적 리더십이론에서는 리더와 구성원의 관계를 집단적 관계로 보았다면, LMX이론에서는 리더와 구성원 개개인은 모두 다른 성질의 관계를 형성하는 개별 관계로 보고 있다. 리더가 구성원들을 동일하게 대하지 않는다고 주장한다. 리더는 팀의 구성원들과 강한 신뢰감, 감정과 존중이 전제된 관계를 형성한다.

이 이론에 따르면 한 집단의 리더는 각각의 구성원과 서로 다른 관계를 형성하고, 구성원 역시 리더와의 관계를 각각 다르게 지각함으로써 집단 내 구성원 숫자만큼 서로 다른 리더-구성원 관계가 형성된다고 한다([그림 6-5] 참조).

이런 관점은 리더와 구성원의 관계가 차별화되면서도 성숙한 사회적 교환관계로 발전할 때 리더십이 효과적으로 발휘될 수 있고 조직

성과에도 긍정적인 결과를 가져올 수 있다고 본다.

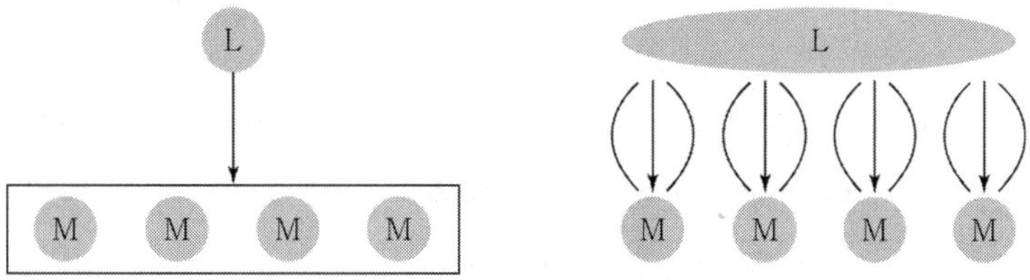

<리더-부하의 집단관계 관점> <리더-부하의 개별관계 관점>

[그림 6-5] 기존 리더십과 LMX리더십의 비교

LMX이론의 중요한 특징은 리더와의 교환관계의 질(quality)에 따라 구성원들이 내집단(in-group)과 외집단(out-group)으로 구분된다는 것이다. 리더와 높은 수준의 교환관계를 갖는 구성원인 소수의 내집단 구성원들은 신뢰할 수 있는 부하(follower)로 간주하여 직무기술서에 명시된 내용 이상의 업무와 직무를 담당하게 되며, 반대로 낮은 수준의 교환관계를 갖는 구성원은 단순한 고용인으로 간주되어 직무기술서 상의 한정된 업무만을 담당하는 사무적인 관계가 된다. 따라서 내집단 구성원의 경우 보다 많은 신뢰와 영향력, 자율권, 현실적 이익을 제공받으며, 이에 대한 대가로 보다 높은 충성심과 조직헌신, 몰입을 제공한다. 이에 반해 외집단에 속하는 구성원은 리더로부터 공식적인 지시만 받게 된다.

(4) 서번트 리더십

서번트 리더십(servant leadership)이란 인간존중을 바탕으로 구성원(부하)들이 업무수행에서 기량과 잠재력을 충분히 발휘할 수 있도록 도와주는 리더십으로, 구성원과 목표를 공유하고 그들의 성장을 도모하면서, 리더와 부하간의 신뢰를 구축하여 궁극적으로 조직성과를 달성하게 하는 리더십이다.

그린리프(R. Greenleaf)는 1970년에 출간한 책 『*The Servant as Leader*』에서, 리더를 다른 사람에게 봉사하는 하인(servant)으로 생

각하고, 구성원을 섬김의 대상으로 본다. 명령과 통제로 일관하는 자기중심적 리더가 아니라 신뢰와 믿음을 바탕으로 개방적인 가치관을 지닌 리더로 보았다. 따라서 그는 서번트 리더십을 '타인을 위한 봉사에 초점을 두며, 종업원, 고객 및 공동체를 우선으로 여기고 그들의 욕구를 만족시키기 위해 헌신하는 리더십'이라고 정의하였다. 서번트 리더십은 리더가 부하를 섬기는 자세로 그들의 성장과 발전을 돕고 조직의 목표달성에 부하 스스로 기여하도록 만든다. 이를 실천한 리더로 인도 콜카타에서 빈민과 병자와 고아들을 위한 구제활동을 했던 테레사 수녀를 들 수 있다.

리더가 부하들보다 우월하다는 생각을 갖고 일방적으로 부하들을 이끄는 기존의 지시적 리더십 대신 부하들을 위해서 리더가 헌신한다는 자세를 가지고 부하의 의견을 경청하고 공감하여 역량을 키워주기 위해 노력하는 서번트 리더십이 부각되고 있다. 서번트 리더는 자신보다는 부하, 고객, 지역사회를 위해 봉사하는 것을 우선으로 한다. 따라서 힘들거나 기피되는 업무를 기꺼이 수행하며 부하의 욕구를 충족시키고 권한을 위임하는 것이 적극적이다. 또한 자신에게 주어진 물질적 보상을 사회에 환원하기도 한다.

(5) 멘토링

멘토링(mentoring)이란 조직 내에서 풍부한 경험과 지혜를 겸비한 신뢰할 수 있는 상급자가 특정한 사람(후배나 신입사원)에게 1:1로 업무에 대한 지도와 조언을 하면서 실력과 잠재력을 개발시키는 활동을 말한다. 이는 그리스 신화에서 유래한 말로 조력자의 역할을 하는 사람을 멘토(mentor)라고, 조력을 받는 사람을 멘티(mentee)라고 한다.

멘토링은 일반적으로 기업체, 학교 등에서 우수한 경력과 풍부한 경험을 가진 선배가 후배나 신출내기들의 능률과 대학에서 교사양성교육을 받고 있는 학생(예비교사)들을 돕는 것에 활용될 수 있다. 현대사회에서는 의미가 많이 변하여 단지 1:1로 지도하고 조언하는 것이 아니어도 선배가 후배에게 조언을 하는 자리나 행사, 프로젝트 등에 모두 멘토링이란 단어를 사용하고 있다. 또한 멘토링 프로그램은 청소년의 자존감 향상, 대인 관계 능력 증진, 진로 계획, 학교생활 및 학업에 대한 흥미를 높이는 데 효과적이다. 더불어 멘티의 변화 과정을 경험하면서 멘토 역시 성공 경험을 통해 자존감이 높아지는 선순환 과정이며, 그 결과로 멘토링 프로그램은 멘토링 참여자들의 자아 개념, 자아 존중감, 대인관계 능력 등에서 긍정적 변화를 이끌어 내는 데 효과적인 프로그램이며, 멘티뿐만 아니라 멘토의 성장에도 도움을 준다.

다. 효과적 리더십

조직구성원의 역량을 모아 조직의 목적을 주어진 시간 내에 달성하는 것이 리더십의 핵심이다. 이러한 리더십의 효과를 최대화하려면, 리더는 각 개인이 지니고 있는 능력을 최대한으로 발휘하도록 유도해야 할 뿐만 아니라, 개인이 지니고 있는 잠재능력의 개발을 도와주어야 한다. 또한 리더는 리더십의 목적이 조직의 목적달성임을 유념하고, 조직의 구성원간 뿐만 아니라 부서간의 협조를 활성화하도록 노력해야 한다.

또한 조직원들이 리더십을 따라 움직이도록, 리더는 강한 신념과 추진력뿐만 아니라 부하들이 믿고 따를 수 있도록 솔직함, 신뢰감과 솔선수범하는 리더십 능력이 필수적이다. 영국 맨체스터대학교의 Cox 교수는 영국내 45개 주요 기업의 최고경영자와의 면담조사를 통한 리더의 특성을 연구한 결과 기존의 연구결과와 비슷한 결혼을 제시하였다.

• **성공적인 리더는 성취감과 야망을 소유한다** : 45명의 최고경영자 모두 성취에 대한 강한 의지를 보였을 뿐만 아니라, 인생에 대한 긍정적인 태도와 높은 자신감을 소유하고 있었다. 또한 자신의 인생을 자기 스스로의 의지대로 이끌고 간다는 생각을 가지고 있었다.

• **성공적인 리더는 어려운 경험으로부터 교훈을 얻는다** : 대부분의 최고경영자는 사장이나 회장의 위치에 오르기까지 다양한 실패와 문제를 경험하였으나, 이와 같은 경험을 자기개발과 교훈을 얻는 기회로 활용하였다.

• **성공적인 리더는 직업에 대한 헌신적인 태도를 가진다** : 모든 최고경영자는 보통사람보다 더 긴 시간을 조직의 업무수행을 위해 투자하였고, 직업을 자기인생의 가장 중요한 요소라고 믿고 있었다.

• **성공적인 리더는 양호한 분석력과 문제해결능력을 가지고 있다** : 최고경영자들은 문제점을 분석하고 효과적인 해결책을 발견하는 능력을 보유 하고 있었다. 그들은 명확한 목표와 목표달성에 대한 집념을 소유하고 있었으며, 계산된 위험을 선택하는 능력을 보여주었다.

• **성공적인 리더는 사람 다루는 탁월한 능력을 가지고 있다** : 모든 최고경영자는 사람을 통하여 조직의 목적을 달성하고 있었다. 그들은 부하들이 참여하도록 배려하였고, 그들이 자율적으로 책임감을 가지고 자신의 능력을 발휘하도록 유도하였다. 또한 필요할 때는 강력한 지휘력을 발휘하였다.

• **성공적인 리더는 왕성하게 혁신을 주도한다** : 경영상의 변화를 시도할 때, 이들 리더들은 현재의 상태에 얽매이지 않았다. 즉, 그들은 현의 업무상의 절차와 경영상의 과정에 과감히 도전하고, 기존의 경영을 계승하기보다는 혁신적인 새로운 경영방법을 도입하였다.

6.3 동기부여

동기부여이론에는 내용적 접근과 과정적 접근의 2가지가 있다. 내용적 접근에 해당되는 이론은 "인간은 만족되지 않은 내적 욕구를 가지고 있으며, 이러한 욕구를 충족시키기 위하여 동기부여가 된다"고 가정하고 있다. 따라서 이러한 접근방법을 사용하는 학자들은 인간이 충족하고자 하는 욕구의 종류를 발견하고, 이를 만족시키는 방법을 모색해 왔다.

Maslow의 욕구단계론(hierarchy of human needs theory)과 Herzbrg의 동기-위생이론(motivation-hygiene theory)이 내용적 접근방법에 해당되는 동기부여이론이다.

또한 과정적 접근에 해당되는 이론은 "인간은 자신이 바라는 미래의 보상을 획득하기 위하여 동기부여가 된다"고 가정한다. 따라서 바라는 보상을 획득할 가능성이 많다고 판단되면, 이에 비례하여 동기부여의 정도도 높아진다. 과정적 접근의 대표적인 이론이 기대이론(expectancy theory)이다.

가. 내용적 접근

내용적 접근에 의한 대표적인 동기부여이론은 Maslow의 욕구단계론과 Herzberg 동기-위생이론을 들 수 있다. 이 두 이론의 공통점은 인간은 자기가 만족시키고자 하는 욕구충족을 위하여 동기부여가 된다는 것이다.

1) Maslow의 욕구단계론

Maslow는 인간은 5단계의 욕구를 가지고 있고, 충족되지 않은 욕구를 만족시키기 위하여 동기부여가 된다고 주장하였다. 이러한 5가지 욕구는 위의 [그림 6-6]과 같이 계층적으로 구성되어 있다.

- **제1단계 생리적 욕구** - 의식주와 같이 삶 그 자체를 유지하기 위한 욕구
- **제2단계 안전 욕구** - 불안정과 불확실로부터 보호받고 싶어하는 욕구
- **제3단계 사회적 욕구** - 사회적인 교류를 통한 특정 집단에 소속되고 싶어하는 욕구
- **제4단계 존경 욕구** - 타인으로부터 평가와 인정을 받고자 하는 욕구
- **제5단계 자아실현 욕구** - 자기발전을 위해 자신의 잠재능력을 극대화하려는 욕구

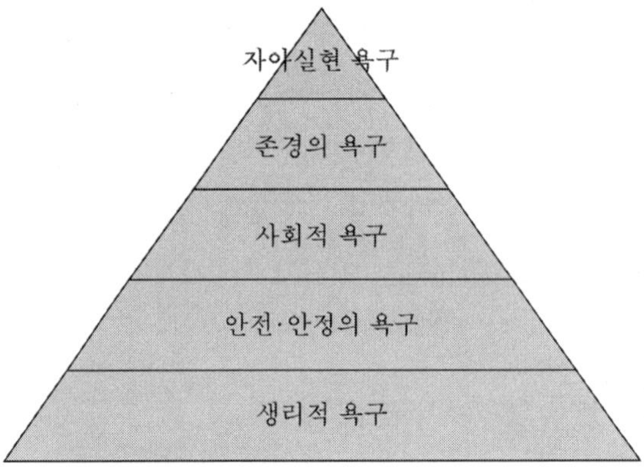

[그림 6-6] Maslow의 욕구단계론

Maslow는 어느 한 단계의 욕구가 충족되면 그 다음 단계의 욕구를 충족하기 위해 노력한다고 주장한다. 일단 충족된 욕구로는 더 이상 동기부여가 되지 못하며, 점진적으로 높은 단계의 욕구들을 충족해 간다. 또한 낮은 단계의 욕구를 충족했을 때만 더 높은 단계의 욕구를 충족하고자 한다는 것이다.

리더는 종업원이 현재 만족시키고자 하는 욕구를 파악하여 이를 충족시킴으로써 성공적으로 동기유발을 시킬 수 있다. 그러나 종업원들이 개별적으로 충족시키려는 욕구를 정확히 파악하기 위해서는 개인, 연령, 직급, 직업에 따른 욕구의 종류에 대한 깊은 이해를 필요로 한다. 최근 수행된 한 조사연구에 의하면 사람들이 봉급수준보다는 자신의 일에 대해 더 많은 관심을 가지며, 흥미있는 직업을 선호한다고 밝히고 있다.

우리나라 20대 직장인들은 직장만족에 영향을 미치는 주여 요인으로 전문지식배양(37%), 성취감(36%), 회사의 비전(7%), 상사와의 관계(6%), 급여(6%)의 순으로 꼽았다.[1] 1988년 영국경영연구소 직원 2,300명을 대상으로 실시한 연구결과를 보면 25세에서 40세에 이르는 직원들이 평균 매 3년마다 평균을 바꾸려고 하지만, 그 목적이 돈과 높은 직위를 찾기 위한 것이 아니라 도전, 인정, 배움의 기회, 창조성을 발휘할 수 있는 직업을 추구하는 것이 전직의 주요 원인으로 나타났다. 따라서 리더는 위의 조사 대상이 된 종업원들의 효과적인 동기부여를 위하여 다음과 같은 구체적인 방법을 고려할 필요가 있다.

- 조직 내에서 종업원의 성장을 촉진하기 위하여 의미 있는 직위와 책임을 부여하는 것 또는 연수기회를 제공한다.
- 성취한 일을 높이 평가해 줄 필요가 있다. 리더는 부하의 업적을 인정하고 칭찬을 한다.
- 종업원에게 참여의식을 고양시킨다. 즉, 조직 내의 주요 사항에 관해 의견을 나누고, 좋은 아이디어를 제안할 것을 요청한다.
- 종업원을 인격적으로 존중한다.
- 개인적 관계를 돈독히 한다.
- 개인적인 문제에 대해 공감해 주고 도움을 제공한다.

---

1) 「매일경제신문」, 1995년 10월 5일.

2) ERG이론

ERG이론은 앨더퍼(C. Alderfer)에 의해 주장된 욕구단계이론으로서, Maslow의 욕구단계론이 갖고 있는 문제점들을 극복하고 현실에 맞게 수정한 이론이다. 욕구를 기본적으로 상위욕구와 하위욕구로 구별하는 것이 필요하다고 생각하여, 매슬로우의 5단계 욕구를 3가지 범주의 욕구, 즉 존재욕구, 관계욕구와 성장욕구로 구분하였다.

존재욕구(existence: E)란 인간이 자신의 존재를 확보하는데 필요한 욕구로, 의식주와 같은 모든 형태의 생리적·물리적 욕구를 말한다. 조직에서의 임금이나 물리적 근무조건 등과 같은 욕구가 이 범주에 속한다. 매슬로우의 욕구단계론에서 생리적 욕구와 물리적 측면의 안전욕구가 이에 해당된다고 할 수 있다.

관계욕구(relationship: R)란 사무실 내에서 주변 사람과 원만한 인간관계를 형성하고 싶은 욕구로, 매슬로우의 욕구단계론에서 안전욕구, 사회적 욕구(소속 및 애정욕구)와 일부분의 존경욕구가 이에 해당된다고 할 수 있다.

성장욕구(growth: G)란 개인적 성장을 위한 창조적 노력과 관련된 모든 욕구로, 매슬로우의 욕구단계론에서 일부의 존경욕구와 자아실현욕구가 이에 해당된다고 할 수 있다. 이 욕구는 한 개인이 자신의 능력을 최대로 활용할 수 있을 뿐만 아니라 새로운 능력을 개발하는데 필요한 일을 함으로써 충족될 수 있다.

이 이론은, 매슬로우의 이론과 달리, 인간은 이 3가지 범주의 욕구를 동시에 경험하고 추구한다고 보며, 상위욕구의 충족 실패로 하위욕구가 더 커진다고 보았다. 따라서 조직이 구성원들의 기본적 욕구를 포함하여 상위수준의 욕구를 적절히 충족시키지 못하면 구성원들의 금전적 보상과 같은 하위욕구는 더 커져 조직은 더 큰 비용을 지출하게 된다고 보았다.

3) Herzberg의 동기-위생이론

Herzberg는 일에 대한 불만족과 만족이 각기 다른 요인에 의해 발생한다는 것을 보여주는 증거를 위생요인과 동기요인이라고 주장하였다. 그는 "위생요인이 없다면 종업원들의 불만족은 높아지나, 위생요인이 존재한다고 해서 반드시 만족을 보장해 주는 것은 아니다. 또한 동기유발은 동기요인에 의해서만 유도될 수 있다"고 주장하였다. 위생요인과 동기요인의 예는 〈표 6-2〉에 나타난 바와 같다.

따라서 높은 임금을 지불하고 작업조건 향상을 통해 위생요인의 수준을 높이는 것은 불만족을 해소하기 위해 필요한 것이지만 반드시 근로의욕을 고취시키는 것은 아니다. 또한 만족감이 높은 근로자가 반드시 더 생산적이거나 더 열심히 일하도록 더 크게 동기가 부여되는 것은 아니다. 반면에 생산성을 증대시키기 위해서는 작업의 내적 가치를 높이고, 종업원의 성취감과 책임의식을 유도하고, 업적을 인정해 줄 필요가 있다. Herzberg의 동기부여 요소는 Maslow의 등급 중 제4단계 자존욕구와 제5단계 자아실현욕구에 가깝다.

〈표 6-2〉 Herzberg의 위생요인과 동기요인

위생요인	동기요인
*임금 *안정성 *작업조건 *회사 정책과 행정 *감독자와의 관계 및 동료와의 관계	*작업의 내재적 가치 *성취도 *책임의식 *다른 사람으로부터의 인정

이상의 3개 동기부여이론을 비교하면 다음의 [그림 6-7]과 같다.

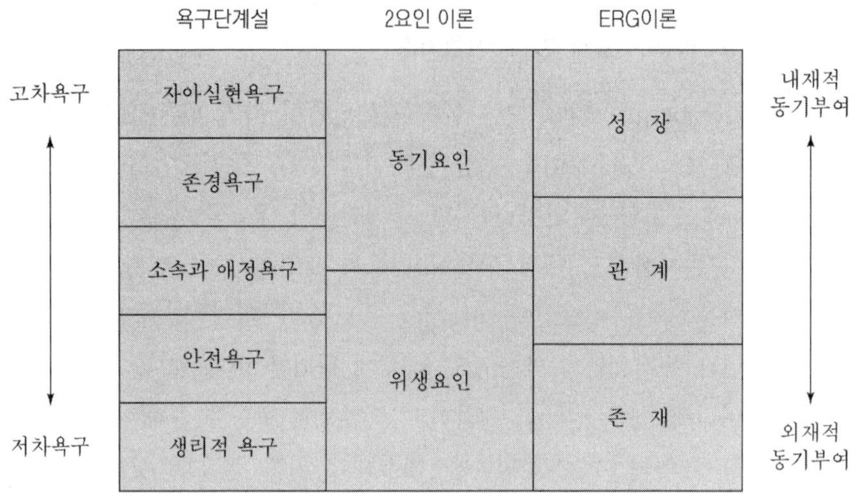

[그림 6-7] 동기부여이론의 비교

나. 과정적 접근

과정적 접근은 인간의 행위가 어떤 과정을 통해 유발되고 지시되고 유지되는가를 설명하는 것으로, 이의 대표적 이론은 기대이론과 공정성이론을 들 수 있다.

1) 기대이론

브롬(V. Vroom)에 의하면, 인간은 어떤 일의 결과에 대한 가치나 성취가능성에 대한 기대를 하게 되는데, 이것이 인간의 행동이나 선택을 결정한다고 보았다. 이 이론의 주요 요점은 동기부여, 성과, 직무만족은 일정한 작업을 위해 노력을 하면 바라는 보상을 획득할 수 있다는 믿음의 정도에 의해 결정된다는 것이다. Vroom은 다음과 같은 공식을 만들어서 기대이론을 공식화하였다. 인간은 일정한 과업에 임할 때 기대하는 보상을 받을 가능성에 대해서 3가지 요소(기대, 보상의 가치와 수단성)를 중심으로 점검하게 되며, 각 요소의 정도가 높을수록 개인의 동기부여의 강도는 높아진다는 것이다.

동기부여의 강도 = 기대 × 보상의 가치 × 수단성

* 기대 : 노력하면 업무성과를 달성할 수 있다는 계산된 확률
* 보상의 가치 : 업무의 성공적 달성 후에 자신이 기대하는 보상의 내용과 이의 중요도
* 수단성 : 업무의 성공적 달성 후에 기대하는 보상을 가져다줄 확률

기대이론을 실무에 응용하기 위해서는 다음의 3가지 원칙은 반영하는 것이 요청된다:

① 종업원의 노력이 업무성과로 이어지도록 하라. 리더는 종업원이 직무를 수행할 때 필요한 지원과 지도를 제공함으로써 종업원들이 자신이 노력하면 성공적으로 직무를 수행할 수 있다고 인식하도록 도와주어야 한다.

② 업무성과와 보상을 연결시켜라. 경영자는 성공적인 업무완수의 결과로 어떠한 보상이 주어질 수 있는지 종업원에게 주지시키고, 어떠한 방법으로 업무성과를 평가할 것인지에 대해 사전에 종업원에게 알려준다.

③ 종업원이 원하는 보상의 종류와 중요성을 이해하라. 경영자는 종업원이 개인적으로 원하는 보상의 종류와 중요성을 이해하여야 효과적인 동기부여를 시킬 수 있다. 따라서 개별면담이나 집단의 설문조사를 통하여 이를 파악할 필요가 있다.

2) 공정성이론

애덤스(J. S. Adams)는 Festinger의 인지부조화 이론에 근거하여, 사람의 행동은 타인과의 관계에서 공정성을 유지하는 방향으로 동기부여가 된다고 주장하였다. 자신의 투입(input; 공헌)에 대한 산출(output; 보상)을 타인의 것과 비교하여 불공정성을 지각할 때 공정성을 회복하기 위해서 동기부여가 된다고 보았다.

이 이론은 인간행위에 관한 기본적인 가정으로 개인이 타인과의 비

교 속에서 자신의 사회적 관계를 평가할 수 있다고 본다. 비교과정에서 불공정성을 지각한다면 개인은 이에 대하여 긴장(tension)을 느끼게 되고, 이를 줄여 나가기 위해 노력한다는 것이다. 여기서 불공정성은 자신이 비교대상보다 적은 보상을 받을 때는 물론이고 아니라 많은 보상을 받을 때도 지각된다.

공정성이론이 조직관리에서 시사하는 바는 구성원의 노력에 대해 공정한 보상을 하는 것이 중요하다는 점이다. 경영자는 구성원에 대한 보상, 배치, 승진 등이 공정하게 관리되고 있는지 점검해야 하고, 또한 경영자의 판단과 구성원의 생각이 서로 다를 수 있음을 인정하고 구성원의 입장에서 조직관리가 합리적으로 수행되고 있는지 고려해야 한다.

6.4 의사소통

가. 의사소통의 의의

의사소통(communication)이란 사람들 간에 의미가 담긴 기호(symbols)를 보내고 받는 과정이라고 말할 수 있다. 조직을 지휘하는 경영자는 조직 내에서 효율적인 의사소통이 이루어질 수 있도록 많은 노력을 기울여야 한다. 그 이유는 의사소통의 문제가 경영자의 지휘활동에서 중요한 요소가 되고 있기 때문이다.

우리는 끊임없이 주위사람들과 대화를 하면서 살아간다. 자주 만나는 사람들 간의 일상적인 대화에서는 대부분 서로가 상대방의 뜻을 제대로 알아듣는다. 그러나 때로는 상대의 뜻을 잘못 이해하여 오해를 하는 경우가 있고, 심한 경우에는 헤어지기까지 하는 남녀도 종종 보게 된다. 이러한 일들은 공식적인 조직에서도 일어난다. 상사의 뜻을 잘못 이해하여 일을 그르치는 부하직원, 부하의 말을 잘못 알아들어

의사결정을 잘못한 상사, 거래 상대방의 정확한 의사를 모르고 계약을 체결했다가 낭패를 보는 경우 등의 사례를 볼 수 있다. 이와 같은 사례는 대화 당사간의 의사소통이 효과적으로, 원활하게 그리고 정확하게 이루어지지 않아서 발생한다고 볼 수 있다.

의사소통이 이루어지는 주요 과정을 살펴보면 [그림 6-8]과 같다.

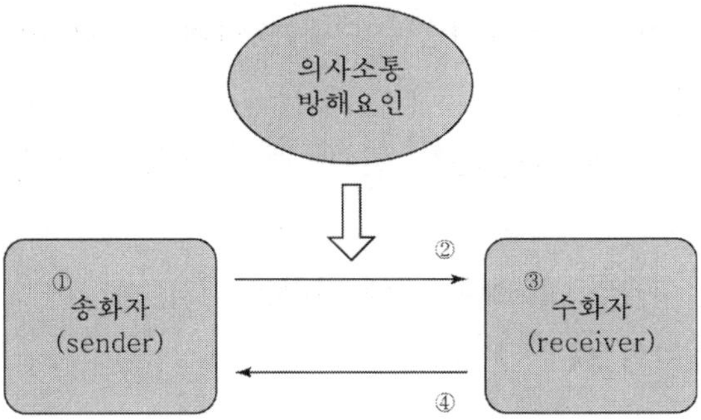

[그림 6-8] 의사소통 과정

① 제1단계; 송화자(sender)가 수화자(receiver)에게 전달하고자 하는 의미(message)를 기호화(encoding)하여 표현하는 단계.

② 제2단계; 송화자가 표현한 의사가 경로(channel)를 통해 수화자에게 전달되는 단계.

③ 제3단계; 수화자가 송화자의 의사를 해석(decoding)하는 단계. 이 과정에서 수화자가 해석한 송화자의 의사는 달라질 수 있다.

④ 제4단계; 수화자는 자신이 해석한 송화자의 의사가 원래 의미했던 것과 일치하는지를 확인(feedback)하는 단계. 이 단계는 수화자가 필요한 경우에만 이루어진다.

나. 의사소통의 실패요인과 개선방안

의사소통을 하는 사람들은 효과적인 의사소통을 바라지만 항상 원하는 대로 의사소통이 되는 것이 아니다. 효과적인 의사소통이란 송화자가 의도하는 메시지와 수화자가 해석하는 의미가 일치하는 것을 말한다. 효과적인 의사소통을 위해서는 송화자와 수화자 양방 모두의 의사소통 기술과 노력이 요구된다.

1) 의사소통의 실패요인

① 사용한 의사소통 경로(문서/구두)의 한계

② 문서나 구두 전달방식이 갖는 한계(전달할 의사를 정확하게 표현했는가?)

③ 비언어적 신호(손짓, 발짓, 눈짓, 얼굴 표정 등)에 대한 잘못된 해석

④ 물리적인 방해(대화중에 걸려온 전화, 예상하지 못한 방문객 등)

⑤ 정보의 여과(filtering)

2) 의사소통의 개선방안

① 정확한 의사소통을 위한 피드백 체계의 구축

② 효과적인 의사소통을 위한 능동적인 수화자 되기

③ 의사소통 채널의 다양화(게시판, 메모/편지, e-mail, 전화/화상회의, 대면회의)

④ 새로운 정보통신기술의 적극적 활용

6.5 사회연결망 서비스

가. 사회연결망 서비스의 개념

사회연결망 서비스(Social Network Service: SNS)란 온라인 인맥 구축을 목적으로 개설된 커뮤니티형 웹사이트이다. 미국의 트위터, 마이스페이스, 페이스북, 한국의 싸이월드, 미투데이 같은 1인 미디어

와 정보공유 등을 포괄하는 개념이다. 현재 많은 사람이 다른 사람과 의사소통을 하거나 정보를 공유·검색하는 것에 일상적으로 이용하고 있다. 이외에도 전자우편이나 인스턴트 메신저 서비스로 사용자끼리 서로 연락할 수 있는 수단을 제공한다.

나. SNS의 순기능과 역기능

1) 순기능

첫째, 인맥을 쉽게 확대할 수 있다. 오프라인과 달리, SNS는 인터넷 및 모바일을 통해 세계의 모든 사람과 인맥을 형성할 수 있다. 사용방법이 복잡하지 않아 쉽게 접근할 수 있고, 다른 국가, 다른 지역 친구, 혹은 여러 사람들과 소통하면서 인맥을 확대할 수 있는 것이다.

둘째, 지식과 정보를 빠르게 수집할 수 있다. 스마트폰으로 SNS를 이용하면 시간과 장소에 구애받지 않고 빠르게 정보를 교류할 수 있으며, 신속성과 이동성을 동시에 갖고 있기 때문에 빠른 정보 전달이 가능하다.

셋째, 막대한 영향력을 끼친다. SNS의 정보는 빠른 속도로 퍼지기 때문에 여론 형성에 효과적이다. 예를 들어 SNS의 영향력은 튀니지 민주화사태에서 잘 드러난다. 튀니지 정부는 시위하는 시민을 무력으로 진압하고 언론을 통제했지만 시민들은 트위터로 시위현장을 실시간으로 전 세계에 알렸다. SNS로 모인 여론은 결국 튀니지 독재 정권을 무너뜨렸다.

넷째, 소비자와 기업이 쌍방향 커뮤니케이션이 가능하다. SNS는 기업의 새로운 마케팅 수단이다. 인맥을 기반으로 하기 때문에 소비자와 기업 간에 친밀한 소통이 가능하다. 기업은 비싼 광고비를 지불하지 않고 SNS로 소통할 수 있고, 소비자는 제품 소식을 빠르게 접할 뿐만 아니라 기업에 자신의 의견을 피력할 수 있다.

2) 역기능

첫째, 개인정보 노출로 피해를 입을 수 있다. SNS에서 사생활을 교류하다 보면 원치 않는 정보가 다른 사람에게 노출될 수 있다. 또한 일부 SNS는 글을 올린 장소를 알려주는 기능을 제공해 자신의 위치 정보가 쉽게 노출된다.

둘째, 정보의 신뢰성이 떨어진다. SNS는 누구나 정보를 올리고 퍼뜨릴 수 있기 때문에 정보가 옳고 그른지 판단할 수 없다. 필터링 시스템이 마련돼 있지 않은 상황에서 파급력이 큰 SNS의 특징을 고려하면 거짓 정보, 루머 등이 난무하기 쉽다.

셋째, 개인 정보가 상업적 수단으로 악용될 수 있다. SNS를 마케팅 도구로 활용하는 기업이 늘면서 불법, 과장 광고가 늘어나 소비자에게 불편을 준다. 자극적인 광고는 청소년에게 좋지 않은 영향을 끼친다. 기업은 그들이 원하는 소비자를 찾기 위해 SNS에 등록된 사람의 정보를 이용한다는 점에서 개인정보가 상업적으로 악용될 수 있다.

넷째, 가상 인맥에 지나치게 집착하게 된다. SNS에서의 '친구 수=영향력'이라는 공식 때문에 사람들은 인맥 늘리기에 집착한다. 또한 SNS 인맥에 집착하지만 현실세계에서의 만남은 꺼리는 경우가 생길 수도 있으며, 오프라인 인맥과 온라인 인맥이 일치하지 않을 때에는 오히려 디지털 공간에서 소외감을 느낄 수 있다.

다. 기업에서의 SNS 활용

1) SNS 마케팅

바로 기업이 SNS를 활용하여, 제품이나 서비스를 소비자에게 팔고 이를 통해 이윤을 창출한다는 것이다. 예를 들어 블로그를 시작점으로 유튜브, 트위터, 미투데이, 페이스북 등

기업들은 다양한 SNS을 통해 기업의 이미지를 관리하고, 상품을

판매하고, 소비자와의 관계를 형성하고 있다. 실제로 많은 기업들이 더 이상 기업 홈페이지 뿐만이 아니라 블로그를 운영한지 오래이다. 특히나 기업블로그의 경우, 기업 직원과 대학생 홍보대사 등 일반인이 함께 운영하는 경우가 많기 때문에 더욱더 현실적이고, 거리감 없이 온라인 유저들이 방문할 수 있다. 또한 파워블로거 들을 통해 신뢰감 있게 제품이나 브랜드를 간접 체험할 수 있어, 기업들은 체험단 등을 이용해 마케팅에 힘쓰고 있다.

더불어 요즘 가장 많이 확산되고 있는 마케팅 중 하나가 바로 미투데이, 페이스북, 트위터 등 접근성과 개방성, 실시간성이 강화된 2세대 SNS를 이용한 마케팅이다.

2세대 SNS는 더욱 높아진 개방성과 접근성 그리고 실시간성과 이벤트성으로 SNS 마케팅의 위상을 높이고 있다. 개방성이 강화되어 누구하고나 손쉽게 인맥이 형성되고, 또 빠르고 순식간에 다른 사람과의 연결고리가 형성되어 정보의 노출이나 확산이 빠르다.

또한 실시간 성과 이벤트성으로 상품 제공 등을 통한 편익 제공과 즉각적인 질의응답으로 서비스의 질을 한층 업그레이드하는 마케팅을 구사할 수 있다. 특히나 이와 같은 2세대 SNS 마케팅은 기업을 떠나 정치인이나 연예인과 같은 1인 PR도 가능하여 더욱더 효율적 이며, 동시에 정치인이나 연예인들의 참여로 대중들의 관심이 더욱 주목되는 상호보완적인 마케팅이라 할 수 있다.

2) 기업 내부의 SNS

일단 기업이 소셜 마케팅을 성공적으로 하기 위해서는 명확한 목표와 장기적인 관점의 소셜 운영 계획 수립, 조직과 인력에 대한 적극적인 투자가 이뤄져야 한다. 기업마다 우선 소셜 전략을 체계적으로 수립한 뒤 소셜 마케팅을 진행해야하며 무엇보다 기업 내부의 소셜 환경부터 잘 갖추는데 주력해야 한다.

요즘 SNS를 기업 경영에 성공적으로 활용하고 있는 기업들이 역점을 두고 있는 부분은 내부 커뮤니케이션을 활성화하여 내부임직원을 자사의 가장 큰 우호세력으로 확보하는 데 있다. 이들 기업들은 "내부 커뮤니케이션이 원활치 않은 조직은 외부 커뮤니케이션도 잘 할 수 없다며, 가장 좋은 Follower나 Fan은 내부 임직원이다."라는 사고를 강조한다. 이를 위해 열린 의사소통과 빠른 의사결정 구조, 격식 없는 호칭 문화 등의 기업 문화를 갖추고, SNS를 임직원간 쌍방향 의사소통의 도구로 적극 활용하게 되면 상명 하달 식의 수직적 기업 문화를 극복하고 수평적 기업 문화를 구축하여 잠재적 내부 문제를 사전에 해결할 수 있을 뿐 아니라, 직원들의 아이디어나 다양한 노하우 공유를 촉진하여 투명한 문화를 만드는 데 일조할 수 있다.

따라서 모든 임직원간 원활하고 솔직한 토론과 피드백을 통해 서로의 가치를 발전시키고 보완 및 존중해 주는 기업 문화를 지닌 기업이 성공적으로 SNS를 활용할 수 있다. 기업이 하나의 인격체로서 고객에게 다가가기 위해서는 내부 임직원간 소통과 협업을 강화하여 상호작용을 장려해야 한다.

[사례 6] CEO 의사소통수단은 이메일

정보기술(IT) 강국을 자부하는 대한민국 최고경영자(CEO)들은 업무에 인터넷을 얼마나 활용하고 있을까? 우리나라 CEO들은 인터넷이 없으면 불안해 할 정도로 결재, 인맥관리, 사내 커뮤니케이션 등 업무 전반에 이메일을 사용하고 있는 것으로 나타났다. 또 CEO 중 절반 이상이 출장을 갈 때 노트북PC를 가져가 업무를 본다고 밝혔다. 그러나 배우자나 자녀 등 가족들과 이메일을 주고받는 CEO는 10명 중 2명에 불과했다.

매일경제가 기업, 은행, 증권사, 등 CEO 100명을 대상으로 인터넷 사용실태를 조사한 결과 이같이 나타났다. CEO 10명 중 6명은 외국에서 만난 주요 인사의 인맥관리나 연락을 이메일, 메신저, 블로그로 하고 있는 것으로 나타났다.

또 10명 중 4명은 인터넷으로 직원들과 의사소통을 하고 있다고 응답했다. CEO들이 가장 활발히 활용하는 인터넷 도구는 이메일이고, 보유한 이메일 계정이 2개라고 응답한 CEO가 37%로 가장 많았다. 3개를 보유한 사람이 26%였고, 5개 이상 가지고 있다고 응답한 CEO는 4명이었다. 이 메일을 사용하는 이유는 시간에 구애받지 않고 의견을 전달할 수 있다는 점을 들었다.

CEO들은 이메일을 일상적인 결재(복수응답 41%), 문서 전달 · 공유(46%), 간단한 인사(28%) 등 업무 전반에 걸쳐 사용하고 있었다. 이메일로 기업 인수 · 합병(M&A)과 같은 주요 의사 결정을 내린다는 응답자도 8%나 됐다.

한 중견기업 사장은 "전화하기 부담스러울 때는 이메일을 쓴다"고 말했다. 대기업 Y부회장은 "이메일은 생각을 정리해 표현할 수 있고 한 번에 여러 명에게 발송할 수 있어 시간도 절약된다"고 장점을 꼽았다.

CEO 중 16%는 평소 알고 지내는 직원 미니홈피에 들러 일상생활을 본 적이 있다고 답했다. 메신저나 미니홈피는 이메일보다 사용률이 낮았다. 메신저는 32%, 개인 미니홈피는 27%만이 사용하고 있었다. 개인 홈피를 갖고 있는 CEO는 일주일에 서너 번씩 방문해 답글을 남기거나 관리하고 있었다.

핵심용어

지휘	리더십	동기부여	의사소통
특성이론	행동이론	상황이론	변혁적 리더십
셀프리더십	서번트 리더십	멘토링	동기부여
욕구단계론	ERG이론	동기-위생이론	기대이론
공정성이론	의사소통	사회연결망서비스(SNS)	LMX상황이론

연 습 문 제

1. 효과적인 리더십에 대해서 설명하시오.

2. 조직의 상황에 따른 리더의 역할과 자질에 대해서 설명하시오.

3. Maslow의 욕구단계론에 대해서 설명하시오.

4. Herzberg의 동기-위생이론에 대해서 설명하시오.

5. Vroom의 기대이론에 대해서 설명하시오.

6. Adams의 공정성이론 연구결과와 그 한계에 대해서 설명하시오.

7. Hersh와 Blanchard의 상황적 리더십의 4가지 종류의 특성을 예를 들어 설명하시오

8. ERG이론을 욕구단계론과 비교하여 설명하시오.

9. 현대적 리더십이론에 대해서 설명하시오.

10. 기업에서의 SNS활용사례를 들어보시오.

제 7 장
통 제

7.1 통제의 개요

통제(control)란 기업경영의 현 상태가 기업의 목표, 계획, 성과기준에 합치되도록 하는 방법과 수단을 의미한다. 즉, 기업은 성과기준을 설정하고, 현재의 성과를 측정한 다음 그 성과가 목표에 미달하면 개선조치를 취하고, 성과가 기준치에 도달하였거나 이를 상회했을 때 필요하면 성과기준을 상향조정할 수 있다.

통제라는 단어는 부정적인 의미를 포함하고 있다고 흔히들 생각하기 쉽다. 그러나 통제의 본질적인 의미는 기업이 종업원들과 더불어 경영효과의 향상을 목적으로 한다는 것이다. 기업에 있어서 판매와 이익의 기록적 증가는 효과적인 통제과정에 의해 많은 영향을 받는다. 그 이유는 효과적인 통제수단을 이용하여 경영계획에 의해 조직적인 경영을 할 수 있기 때문이다. 따라서 통제와 계획은 다음과 같은 밀접한 연관성을 가지고 있다.

① 경영계획에는 경영상의 제반 목표, 성과, 업무수행기간을 포함하고, 통제는 경영상태와 결과가 경영계획상에 비하여 차질이 없는지 확

인하는 측정 수단이다.

② 계획이란 효과적인 경영상태나 결과를 설정한 것이고, 통제는 경영상태나 결과를 계획과 비교하여, 차질이 있을 경우 개선조치를 취하도록 도와준다.

③ 경영자는 적시에 정확한 정보가 없으면 효과적인 계획을 수립할 수 없다. 따라서 통제는 경영자가 필요한 정보를 획득할 수 있는 수단이다.

④ 계획은 통제과정의 목표를 제공하므로 기업가는 계획이 없이 효과적인 통제기능을 수행할 수 없다. 따라서 계획과 통제는 상호 보완적인 관계에 있다.

7.2 통제의 요건

효과적인 통제란 다음의 5가지 요건을 충족시킴으로써 경영의 현 상태를 점검하고, 문제의 원인을 파악하고 개선책을 제시할 수 있다.

① **목표와의 연결성** : 통제수단은 기업으로 하여금 원하는 경영상의 목표(예: 높은 품질, 적정재고 유지)를 성취할 수 있도록 지원할 수 있어야 한다.

② **객관성** : 조직통제의 객관성이란 통제수단이 공정해야 하며, 공정성이란 특정부서나 종업원의 이익을 위해 오용될 수 없도록 하는 정도를 말한다.

③ **완전성** : 완전성이란 통제수단이 기업이 원하는 목표를 달성할 수 있도록 지원하는 정도를 의미한다. 예를 들면, 기업의 구매부서의 효과를 구매단가에 의해서만 평가하도록 되어 있는 경우, 이 부서의

종업원은 구매단가를 낮추기 위해 저품질의 원료를 구매하게 되고 기업은 결국 많은 불량품을 생산할 가능성이 있다. 따라서 기업은 목표달성을 위한 각 부서 및 개인의 통제기준을 여러 측면에서 검토할 필요가 있다.

④ **적시성** : 적시성이란 통제시스템이 정보를 가장 필요로 할 때 제공하는 정도를 말한다. 예를 들면, 최근 일부 백화점에서는 컴퓨터를 이용한 POS(Point of sale) 기술을 도입하고, 재고품에 관한 정보를 파악하여 상품종류와 구매량에 관한 정보를 적시에 제공하며, 적정 재고수준을 유지하도록 도와준다.

⑤ **합리성** : 통제수단을 결정할 때 각 부서와 종업원들의 여건을 고려해야 하며, 실무부서로부터 지지를 획득해야 한다. 예를 들면, 한 기업에서는 각 부서의 1년 성과에 의해 구성원들의 상여금을 지급하도록 하였다고 하자. 그러나 영업부서의 성과는 판매실적 등에 의해 성과를 비교적 정확히 측정할 수 있으나, 총무부서의 경우 정확한 성과측정이 어려운 경우가 많다. 이러한 성과측정은 총무부서의 반발을 살 것이고, 따라서 기대했던 통제효과를 기대하기 어려울 것이다.

7.3 통제의 절차

경영자는 기업의 목표, 계획, 기준에 비해 경영상태의 오차를 추적하고 수정조치를 취한다. 통제의 과정은 ① 통제대상의 결정, ② 통제내용의 결정, ③ 통제기준의 설정, ④ 필요한 정보의 수집, ⑤ 통제기준과 현상태의 비교, ⑥ 문제점 파악 및 개선조치의 6단계를 거쳐 시행된다.

가. 통제대상의 결정

통제해야 할 대상의 부서와 기능을 결정해야 한다. 예를 들면, 맥주회사의 경우 투입-생산-산출 등의 업무과정 중 한 부분을 통제대상으로 삼을 수 있다. 생산과정을 통제대상으로 결정하는 경우 맥주의 생산과정에서 생산공정별 양조시간·온도·품질을 검사하고, 포장하기 전에 시각검사를 통하여 불량품을 미리 정해진 기준에 따라 통제할 수 있다. 또한 산출과정을 통제의 대상으로 결정하는 경우 대리점의 적정 재고수준을 설정하고 이를 맞추도록 할 수 있다.

나. 통제내용의 결정

통제의 목적을 달성하기 위하여 어떠한 정보가 필요한지를 결정해야 한다. 예를 들면, 수질·온도·양조시간을 맥주의 품질을 결정하는 주요 요인이라고 한다. 따라서 이 3가지 요인이 주요 통제내용이 되고, 이들 요인에 대한 정확한 정보를 적시에 획득하는 일이 통제의 주요 관심사이다.

다. 통제기준의 설정

경영상태를 적절히 평가하기 위하여 통제내용의 적정수준을 결정해야 한다. 성과기준에는 여러 가지 종류가 있으며 다음의 4가지 예를 들 수 있다.

① **재고수준:** 향후 2개월의 판매예측에 따라 일정수준의 월별 완제품 재고수준을 유지한다.

② **외상판매 수준:** 월별 외상매출액 수준은 과거 2개월간의 판매액

이하로 유지한다.

③ **판매생산성 수준:** 영업사원의 월별 판매실적은 전년도의 같은 달보다 100만원 이상 증가해야 하며, 연간 실적은 전년도 실적보다 적어도 1,200만원을 상회해야 한다.

④ **종업원 이직률 수준:** 영업사원은 이직률은 월단위로 1,000명당 2명, 연간 1,000명당 20명을 넘지 않아야 한다.

라. 필요한 정보의 수집

경영의 현상태를 기준과 비교하기 위해서는 각 기준에 대한 정보를 수집할 필요가 있으며, 때로는 기계를 이용하여 자동으로 정보를 수집하기도 한다. 예를 들면, 도서관 입구에 설치된 회전출입기를 이용하여 요일별 도서관 이용지수를 자동으로 수집할 수 있고, 백화점에서는 계산대에 설치된 POS(Point of Sale) 기술을 이용하여 상품별 매출과 재고에 대한 정보를 자동으로 수집할 수 있다.

마. 통제기준과 현 상태의 비교

필요정보가 수집되면 통제기준과 현상태를 비교하여 경영상태를 점검하게 된다. 비교결과 현재 경영상태가 기준치에 미달하면 그 원은을 발견하여 후속 수정조치를 강구하게 된다.

바. 문제점의 파악 및 개선

한 기업에서 개인의 동기부여와 생산성 향상을 위하여 연공서열에 의한 보상체계에서 능력 위주의 보상체계로 임금체계를 전환하였다고 하자. 이 기업은 이러한 임금체계의 변화에도 불구하고 회사의 생산성이 오히려 떨어졌음을 발견한다. 그 원인을 추적해 본 결과 지나친 능력급은 종업원들간의 필요 이상의 경쟁을 유발하고 업무협조를 저하시켰음을 발견하였다 이러한 문제점을 보완하기 위하여 이 기업은 연공급 비율을 높이고, 능력급의 비율을 낮추었으며, 점진적으로 능력급의 비율을 높여가기로 결정하였다.

조직단위에서의 통제활동은 대표적으로 회사의 전략달성을 위한 주된 방법으로 사용된다. 전통적으로 한국기업의 주된 관심은 매출액 신장이었으나 최근 IMF관리경제로 위기를 겪은 이후 전략의 핵심은 고부가가치창출과 경영효율화를 통한 이윤증대로 전환하고 있다. 따라서 이윤증대와 원가절감을 조직의 주요 목표로 하는 기업이 늘어나고 있다. 다만, 경영목표를 설정할 때 경영환경과 자사의 강점과 약점을 면밀히 파악하고 현실적으로 달성가능한지에 대한 신중한 검토가 필요하다. 기업이 의욕만을 앞세워 과도한 목표를 설정하게 되면 부서 및 개인 단위에서는 현실적으로 실현 불가능한 목표를 강요받게 되어 의욕저하라는 결과를 가져오게 된다.

7.4 통제의 유형

경영자가 취할 수 있는 경영통제의 유형은 사전통제(pre-control), 진행통제(concurrent control) 및 사후통제(feedback control)로 나눌 수 있다. 여행할 때 준비물을 확인하는 것은 사전통제라고 할 수 있고, 약속장소에 가면서 시계를 보는 것은 진행통제라 할 수 있고, 시험성적이 부진하여 부모님한테 꾸지람을 듣는 것은 사후통제라 할 수 있다.

사전통제는 업무가 실행되기 전에 계획단계에서 이루어지는 통제활동을 의미하는데, 목표달성을 위하여 사전준비를 확인하는 통제로서 가장 바람직한 방법이다. 사전통제의 예로는 투입요소의 확인, 각종 통제시스템의 구축, 인적·물적 자원의 확인, 교육훈련, 예상되는 문제점에 대한 대응방안의 강구 등을 들 수 있다.

진행통제는 업무가 수행되는 도중에 이루어지는 통제활동을 말하는데, 사전에 시스템의 구축이 이루어지는 경우 실시간 정보획득이 가능하여서 더욱 효과적일 수 있다. 진행통제의 예로는 현장입회감독, 각종 정보시스템 등을 이용한 실시간 정보 확인을 들 수 있다. 진행통제를 실행하는 방법 중에는 업무의 진행을 연속적으로 통제하는 방법(연속적 진행통제방법)과 업무의 종료시점에서 결과를 확인하는 불연속적 통제방법이 있다.

사후통제는 업무가 종료된 후에 결과를 확인하여 문제를 파악하는 통제활동을 말한다. 이 결과를 보고 거슬러 올라가 최초의 표준이나 계획과 비교하여 오차가 있는지를 평가한다. 사후통제를 통해서 결과에 대한 피드백은 가능하지만, 결과의 변경은 불가능하다.

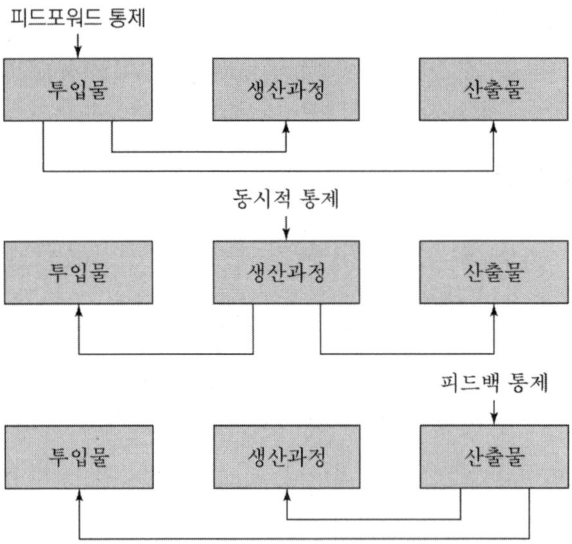

[그림 7-1] 통제의 유형

감사(auditing)란 잘못된 사항의 적발 뿐만 아니라 개선점이나 경영에 대한 도움이 되는 정보를 발굴할 목적으로 시행되는 사후통제방법이다. 감사는 내부감사와 외부감사로 구분할 수 있는데, 각각의 특징을 비교하면 다음의 〈표 7-1〉과 같다.

〈표 7-1〉 내부감사와 외부감사의 비교

구 분	내부감사	외부감사
주제	내부스탭, 재무담당자 등 내부관계자	외부 전문가
목적	내부 경영관리, 통제목적의 업무감사	여신분석, 투자분석
자율성	기업 자체의 자유의지	강제적
범위	모든 분야	주로 회계감사

7.5 통제시스템의 설계

가. 통제시스템 설계의 고려요인

효과적이고 효율적인 통제시스템을 설계할 때에는 조직의 규모, 분권화의 정도, 조직문화 등과 같은 변수를 고려하여 구축되어야 한다.

조직규모가 클 때에는 공식적이고 비개인적인 통제시스템이 적합하고, 작으면 비공식적이고 개인적 통제시스템이 적절하다. 직위가 높은 계층일수록 통제기준이 많고, 낮을수록 단순하고 계량적인 기준이 요청된다. 분권화 정도가 높을수록 통제의 수나 완성도를 높여야 한다. 그러나 분권화정도가 낮으면 통제의 수는 줄인다.

개방적이고 지원적인 조직문화는 비공식적 통제와 자율관리시스템으로 설계하고, 위협적인 조직문화는 공식적 통제와 타율적 통제시스템이 적절하다.

환경적응적 요인		적합한 통제시스템
조직의 규모	소규모 →	비공식적, 개인적
	대규모 →	공식적·비개인적·치밀한 규정
직위와 수준	고 →	많은 기준
	저 →	적은 기준, 측정하기 쉬운 기준
분권화의 정도	고 →	통제의 수와 심도의 증대
	저 →	통제의 수를 줄임
조직문화	개방적·지원적 →	비공식적, 자기관리
	위협적 →	공식적, 외적으로 강요된 통제
활동의 중요성	고 →	치밀하고 광범위한 통제
	저 →	느슨한 식적인 통제

[그림 7-2] 통제시스템의 설계시 고려요인

나. 통제시스템의 설계과정

통제시스템의 설계과정은 표준의 설정, 성과의 측정, 실제 성과와 표준의 비교, 수정 및 보완조치, 그리고 강화요인 제공의 순서로 이루어진다.

1) 표준의 설정

표준은 통제활동의 목표 내지 기준으로, 전략적 관점에서 설정되어야 한다. 업적을 측정하고 평가하기 위한 표준으로 다음의 5가지가 활용되고 있다.

① 시간 표준(time standards); 특정 제품이나 서비스의 산출에 소요되는 직무단위별 시간으로 적시성을 측정하는 기준이다.

② 비용 표준(cost standards); 제품이나 서비스의 생산과 관련된 비용에 기반한 표준.

③ 생산성 표준(productivity standards); 제한된 시간 내에 생산된 제

품이나 서비스의 양.

④ **품질 표준**(quality standards); 원하는 수준의 품질 완성도에 기반한 표준.

⑤ **행동 표준**(behavioral standards); 조직 구성원에게 요구되는 바람직한 행동유형.

2) 성과의 측정

조직 구성원에 의하여 실제로 전개되고 있는 경영활동을 측정하는 순서로, 측정방법에는 사람에 의한 관찰, 통계보고서 제출, 구두/서면/전자매체 보고 등이 있다. 측정단위시간으로는 일(daily), 주(weekly), 월(monthly), 분기(quaterly), 년(yearly) 등이 있다.

3) 성과와 표준의 비교

성과와 표준이 통계적 허용치와 일치한다면, 경영자는 모든 활동이 계획대로 진행된다고 평가할 수 있다. 따라서 급격한 환경변화가 없는 한 현 사태의 조직운영에 수정조치를 취할 필요가 없다. 그러나 성과와 표준 사이에 편차가 발생했거나 발생할 가능성이 보이면, 편차의 원인을 신속히 분석해야 한다. 편차는 계획이나 표준이 부적절한 경우, 예상치 않았던 사건으로 작업조건이 변경된 경우, 조직구성원의 능력이 부족한 경우, 경영자의 지휘방법이 부적절한 경우, 조직구조가 관료적인 경우에 발생할 수 있다.

4) 수정 및 보완 행동

성과와 표준 사이에 통계적으로 유의한 차이가 있을 경우, 이에 대한 경영자의 행동선택이 필요하다. 경영자는 성과가 표준에 도달할 수 있도록 건설적인 수정방안을 취하거나 표준 자체를 수정할 수 있다.

취할 수 있는 수정방안으로는 조직구조, 보상체계, 교육훈련, 직무재설계, 재배치, 경영전략 등을 들 수 있다.

5) 강화요인 제공

만약 성과가 목표와 표준을 충족하거나 초과한다면, 경영자는 긍정적인 강화(시상, 보상, 지분 참여, 보너스 강화, 경력 강화 등)를 할 필요가 있다. 긍정적인 강화가 제공되지 않는다면, 조직구성원들이 저평가된 느낌을 받을 수 있고, 향후 업무진행에 동기부여가 되지 않을 수 있고, 상황에 따라서는 좋은 조건을 제시하는 다른 조직을 찾을 수도 있다.

[사례 7] '590억대 횡령배임' 대한전선 前대표 구속기소

전직 대한전선 대표이사이자 부회장인 임종욱씨(64)가 회삿돈 95억원 상당을 빼돌리고 회사에 497억원의 손해를 끼친 혐의로 재판에 넘겨졌다. 임씨는 또 대주주에게 대출을 금지한 상호저축은행법을 어기고 영업 중인 저축은행 두 곳으로부터 675억원을 대출받은 것으로 드러났다. 서울중앙지검 금융조세조사2부(부장검사 김주원)는 대한전선 대표이사로 근무하며 590억원대 횡령·배임 범죄를 저지른 혐의(특정경제범죄가중처벌법상 횡령 및 배임)로 임씨를 구속기소했다고 16일 밝혔다.

임씨는 2004년 7월부터 2010년 3월까지 대한전선의 대표이사로 근무했으며 자회사 등 그룹 계열사의 운영전반을 관리했다. 검찰에 따르면 임씨는 대한전선이 부동산개발 사업을 추진하며 친분을 쌓은 지인 유모씨가 2008년 평택 성해지구에 도시개발사업과 관련해 170억원 상당의 대출을 받자 대한전선의 지주사인 삼양금속(현 TEC리딩스)이 대출을 지급보증하게 한 혐의를 받고 있다.

확인결과 유씨에게 지급보증을 서준 삼양금속은 지난달 29일 117억원상당의 보증을 오는 3월말까지 연장하기로 재결의했다. 더불어 임씨는 2008년 4월부터 2009년 2월까지 그룹 자금을 이용해 유씨에게 85억원을 대출해 준 혐의도 받고 있다. 이 대출에 동원된 대한전선 계열사는 10%대 이자로 돈을 빌려줬으나 지난 2010년 원금 가운데 35억원을 미수금으로 처리했다.

이같은 방식으로 임씨는 그룹 자산을 담보 혹은 대출로 제공하는 등 총 497억원 상당의 손해를 입힌 것으로 집계, 상당부분이 상환되지 않거나 손실이 발생한 것으로 전해졌다. 사실상 수백억원대 손실이 잠재된 셈이다. 검찰은 이 과정에서 임씨가 부실한 담보를 잡거나 무담보대출하는 등 회사에 손해를 방지할 만한 조치를 취하지 않았다고 판단했다.

임씨는 또 자금난에 봉착하자 대한전선이 각각 9.28%, 6.7%의 주식을 보유중인 경기저축은행과 영남저축은행으로부터 합계 675억원의 대출을 받도록 한 혐의(상호저축은행법 위반)도 받고 있다. 상호저축은행법은 일정수준이상 저축은행 지분을 보유한 대주주에 대한 대출을 금하고 있다. 아울러 임씨는 2006년 12월부터 2009년 6월까지 자신이 실질 운영하는 법인을 통해 그룹자금 95억여원을 빼돌린 것으로도 조사됐다.

검찰은 이달 초 임씨를 재판에 넘긴데 이어 오는 17일 유씨와 배임 과정에 관여한 대한전선 임직원 등 공범들을 기소할 예정이다.

이로 인해 대한전선은 워크아웃설로 곤욕을 치렀으며, 주가도 급락하는 수모를 당하고 있다. 자금난을 해소하고자 유상증자를 시도했으나 무산되고, 채권단과 재무구조개선 약정을 맺고 채권단의 협조융자로 회생의 길을 걷고 있다. 만약 회생되더라도 M&A가능성도 대비하는 것이 경영진으로서는 필수적이다.

(머니투데이 2012. 1. 16)

핵심용어

통제	사전통제	진행통제	사후통제
감사	표준의 설정	성과의 측정	효과적인 통제

연 습 문 제

1. 조직에서 통제활동이 꼭 필요한 이유를 설명하시오.

2. 효과적인 통제를 위한 요건에 대하여 설명하시오.

3. 통제의 유형에 대하여 설명하시오.

4. 내부감사와 외부감사를 비교 · 설명하시오.

5. 통제시스템의 설계과정에 대하여 설명하시오.

제 3 부

경영의 주요 기능

제 8 장

생산운영관리

8.1 생산운영관리의 개요

가. 생산운영관리의 개념

생산운영관리(production and operations management; POM)는 제품과 서비스를 생산하는 조직(기업)의 생산성이 극대화될 수 있도록 생산활동이나 생산과정에 관한 의사결정을 하는 것이다. 즉, 기업의 주요 제품과 서비스를 생산하는 시스템의 설계·운영 및 개선을 효과적·효율적으로 관리하는 것을 말한다. 또한 생산운영관리는 생산시스템(노동·자본·원자재 같은 투입물을 제품·서비스와 같은 산출물로 변환시키는 공정)을 관리하고 통제하는 일련의 의사결정을 말한다.

기업은 생산운영관리를 통해 무엇을(제품), 어떻게(품질), 얼마만큼(수량), 언제까지(납기) 만들어야 할 것인지에 관해서 고객의 요구를 충족시키면서 얼마의 원가로 만들 것인지 기업 내부적 요구를 동시에 달성해야 한다. 기업은 고객이 원하는 제품과 서비스를 원하는 시점에 보다 좋은 품질과 보다 저렴한 가격으로 보다 빠르게 제공하는 탄력적 과정이다.

나. 생산운영관리의 목표

생산운영관리의 목표는 기본적으로 생산공정의 혁신을 통한 비용절감과 생산성 향상으로 기업(제품)의 경쟁력 제고에 있다. 생산시스템은 일종의 투입-산출시스템으로, 이를 효율적으로 관리하여 투입에 대한 산출의 비율을 극대화하고자 한다. 보다 적은 생산요소의 투입으로 보다 많은 제품이나 서비스를 산출하려는 생산성의 향상이 기본목표이다. 이의 달성을 위한 구체적인 목표는 원가(cost), 품질(quality), 납품(delivery)과 유연성(flexibility)으로 구분할 수 있다.

재료비, 노무비 및 제조간접비로 구성되어 있는 생산원가는 일반적으로 매출액의 백분율(%)이나 제품의 단위당 원가로 표시된다. 만약 생산운영관리의 목표가 원가(비용) 최소화라면 기업은 신제품을 신속히 도입할 수 있는 유연성을 희생하여 자본집약적인 대량생산을 추구해야 한다. 특히 생산설비의 내용년수를 길게 하여 저비용을 유지하면서 완제품과 원자재의 재고수준을 최소로 해야 한다. 생산원가의 절감은 매출액의 증가와 함께 기업이윤을 증대시킬 수 있는 요소이다. 여기서 매출액의 증가를 마케팅 측면으로 고찰한다면 생산원가의 절감은 생산부서의 목표가 된다.

품질이란 소비자의 관점에서는 제품이나 서비스의 사용적합성(fitness for use)으로, 생산자의 관점에서는 규격일치성(conformance to specification)으로 정의되고 있다. 사용적합성이란 고객이 제품을 사용함으로써 얻게 되는 만족의 정도를 의미하고, 규격일치성이란 제품이 설계명세서의 요구사항이 맞게 생산되었는가를 의미한다. 경쟁제품과 비교할 때 월등히 좋은 품질은 제품 경쟁력을 높이는 매우 중요한 요인이다. 생산부서에서 제품의 품질을 향상시키기 위해서는 먼저 높은 품질기준을 설정함과 동시에 제품설계의 고급화, 설계에 따른 제품을 생산하기 위한 공정상의 엄격한 통제가 이루어져야 한다.

납품이란 고객이 원하는 시간과 장소에 제품이나 서비스를 제공할 수 있는 능력을 말한다. 납품에 대한 평가는, 계획생산(재고생산)의 경우 소비자의 요구를 재고로 충족하는 비율(서비스 수준)이나 재고를 보충하는데 걸리는 시간을 통해서, 주문생산의 경우 주문을 받은 후 제품이나 서비스를 실제로 제공할 때까지 걸리는 시간과 약속한 납기일에 제공된 주문의 비율(납기준수율)로 판단한다. 고객이 원하는 제품 및 서비스를 신속하게 공급할 수 있다면 품절에 의한 고객의 대기나 상실은 없을 것이다. 따라서 생산부서는 원활하고 신속한 생산능력을 구비하고 있어야만 한다.

유연성이란 수요의 양적 및 질적 변화에 신속하게 대응할 수 있는 능력을 말한다. 즉 수요의 변동에 따라 생산수량을 신속히 조절할 수 있고, 소비자의 요구나 취향의 변화에 따라 신속하게 신제품을 개발하거나 제품디자인을 다양하게 변경할 수 있는 능력을 말한다. 높은 유연성은 적응력과 신축성이 뛰어난 인력과 장비를 필요로 하며, 불규칙적인 수요의 변화를 흡수할 수 있는 여유생산능력을 가지고 있어야 한다.

8.2 생산계획

생산계획(production planning)이란 생산활동을 체계적으로 수립하는 관리활동으로, 생산활동을 개시하기 전에 제품 선정, 생산방법, 생산기간, 생산수량, 판매가격 등을 합리적으로 계획을 수립하는 활동이라고 할 수 있다. 생산계획을 수립하는 데는 여러 관련계획(판매예측, 능력계획, 재무계획 등)이 선행되어야 하므로 단독으로 수립될 수 없는 것이다.

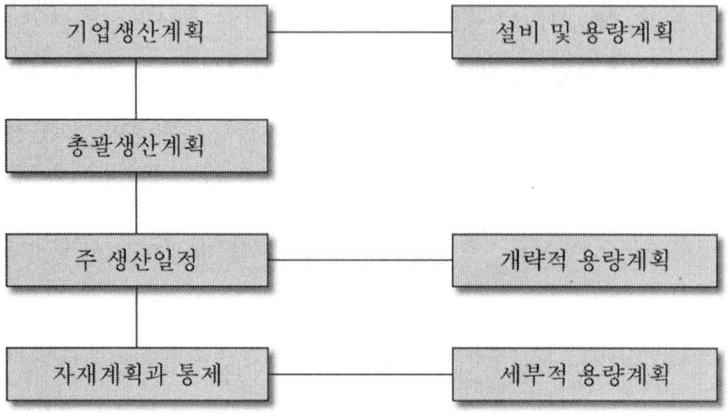

[그림 8-1] 생산계획시스템

가. 제품계획

기업에서 수행하고 있는 모든 계획과정은 고객에게 제공되기를 원하는 제품의 선택으로부터 시작되어진다. 공장의 위치, 기계의 구입, 가격의사결정, 소매점의 선택 등이 제품계획을 바탕으로 결정된다고 할 수 있다. 실질적인 의미로, 기업존재의 경제적인 정당성은 고객의 욕구를 만족시키는 제품의 생산과 판매에 있다.

대부분의 기업에서 제품계획은 생산부서와 마케팅부서와의 동시적인 책임으로 여기고 있다. 제품은 고객의 욕구를 만족시킬 수 있도록 설계되어야 하므로 마케팅조사(marketing research)는 제안된 제품에 대한 고객의 반응, 신제품의 시제품(prototype)의 검사, 신제품의 판매잠재력과 이윤가능성의 추정을 할 수 있도록 사용되어진다.

생산부서에서는 기본적으로 첫째, 계획단계에서의 원래 제품을 최종적인 제품으로 변환시키는 기능을 수행하고, 둘째, 신제품을 가능한 한 효율적으로 생산하기 위해 생산설비를 설계하는 업무를 수행한다. 제품계획단계에서 주의해야 할 점은 제품이 고객에 의해 승인된 제품이어야 할 뿐만 아니라 신제품 계획에 투자된 기업자금을 회수할 수 있도록 경제적으로 적정한 수익이 보장되어야 한다.

나. 서비스계획

서비스의 생산을 계획할 때에는 일반제품의 생산을 계획하는 것과 같은 고려가 이루어져야 한다. 제품과 마찬가지로 서비스는 반드시 고객의 욕구를 만족시킬 수 있도록 설계되어야 한다. 시장조사 역시 제안된 서비스에 관한 고객의 반응(reaction)을 살펴보기 위해 사용되어진다. 그러나 서비스를 계획하는 것은 제품을 제조하기 위해 필요호로 하는 공학적인 명세서나 기술보다는 서비스를 제공하는 인적 측면에 더욱 집중되어진다.

신제품개발의 근본적인 유인요인은 "신제품에 대한 전략적인 필요"이다. 이런 전략의 2요인은 성장의 전략과 용량의 활용이라고 할 수 있다. 일반적으로 신속한 성장전략은 계속적인 제품의 소개가 요구된다. 용량활용측면은 기업이 보유하고 있는 용량과 유능한 작업자를 보유하고 있는 비용의 보상측면에서 신제품의 소개가 필요하다.

신제품에 대한 전략적인 필요가 결정되면, 제품개발에 관련된 선택(options)을 해야 한다. 즉 여러 연구전략(내부 R&D, 외부 R&D) 중 적절한 것을 선택할 수 있다. 제품개발에 관한 선택이 완료된 후, 신제품과 서비스에 대한 과학적이고 공학적인 측면에서의 계획이 필요하다. 이런 계획에 따라 최종적으로 제품을 생산하는 공정계획을 수립하게 된다.

8.3 생산시설의 입지

생산에 관한 의사결정 중에서 중요한 것이 공장입지(plant location)의 결정이다. 본질적인 투자의 한 부류인 공장입지 의사결정문제는 실질적으로 다른 생산관리의 의사결정분야(제품설계, 생산능력계획, 공정설계, 설비배치 등)와는 다르게 빈번하게 발생하지 않으므로 보통 장기간의 관점에서 고찰되어야 한다. 입지 의사결정문제는 다음과 같은 이유로 그 중요성이 강조되고 있다.

첫째, 시설의 고정성이다. 제품설계에 관한 의사결정의 경우 고객의 욕구가 변하게 되면 이에 적합하도록 제품의 설계를 즉시적으로 변경할 수 있다. 그러나 공장의 입지가 결정되고 필요한 설비가 완성되고 난 뒤 입지가 불리하여 공장을 이전하거나 공장을 폐쇄하고자 하는 경우에 막대한 비용이 수반된다.

둘째, 생산원가에 주는 영향이다. 입지에 따라서 지대, 원자재의 수송비, 노무비, 용수비 등 여러 생산원가에 영향을 끼치게 됨으로써 훌륭한 입지를 선택한 경쟁기업보다 불리한 입장에서 경쟁하게 되는 결과를 초래한다.

가. 시설의 입지요건

시설의 입지를 결정하기 위한 의사결정은 부분적으로는 보이지 않거나 감정적인 요인(질적 요인)에 의하여 이루어진다. 훌륭한 교육시설, 좋은 주거환경, 아름다운 경치 등. 그러나 이런 질적 요인을 고려하기 전에 다른 입지를 선택함으로써 발생할 수 있는 비용에 관한 연구(양적 요인)가 반드시 이루어져야 한다. Schonberger는 이런 비용요인을 다음과 같이 들고 있다.

- 수송비 : 원자재나 부품의 유입과 완제품의 유출에 따른 비용
- 공장과 장비비용 : 위치, 건물, 자재, 장비 등
- 노동비 : 비숙련 노동자, 숙련 노동자, 전문가 등
- 유틸리티 : 전기, 가스, 용수, 폐기물 처리
- 세금 : 부동산, 재고, 수입, 노동자 보상

- 보조적인 서비스 비용 : 창고, 종업원 훈련, 음식
- 특별한 자금적 유인 : 세금 인센티브, 도로건설, 공장의 공간 등

나. 대상지방과 지역의 선정단계

공장이 위치할 부지(site)를 결정하기에 앞서 먼저 어느 지방 및 지역을 선정할 것인가를 결정해야 한다. 이때 고려해야 할 사항에는 다음과 같은 것이 있다.

1) 원자재와의 근접성

원자재가 크고 무거운 경우 또는 부패성이 있는 경우, 제조기업은 이런 원자재와 근접한 곳에 위치해야만 한다. 이렇게 함으로써 원자재를 수송하는 동안에 원자재의 낭비(육류가공 제조업체의 경우 수송 중 고기의 부패)를 방지함과 동시에 수송비를 절약할 수 있다. 예를 들어 종이 1톤을 생산하기 위해 필요한 용수가 120톤 이상이 소모되므로, 제지업체는 반드시 대량의 깨끗하고 저렴한 비용으로 용수를 사용할 수 있는 곳에 위치해야 한다.

2) 시장과의 근접성

만약 원자재의 수송비용이 총 생산비용에서 차지하는 비중이 크지 않다면, 그 공장은 가급적 완제품이 판매되는 시장과 근접하고 있어야 한다. 시장과 근접한 위치에 있는 공장은 제조업자에게 신송하고 편리하게 고객을 위한 서비스를 제공해 줄 수 있기 때문이다. 미국에서 자동차부품을 생산하는 많은 제조업자가 디트로이트(Detroit)지역에 위치하고 있는 것은 자동차 조립공장을 위해 빠른 서비스를 제공하기 위해서이다. 또한 완제품의 부피가 매우 커진 상태에서 소비자에게 전달되는 산업의 경우 수송비는 더욱 커질 수 있으므로 가급적 수요지에 근접하고 있는 것이 제품수송비를 절약할 수 있는 한 방법이 될

수 있다.

3) 노동력의 이용가능성

생산시설이나 서비스시설의 입지결정을 위한 세 번째의 고려사항은 양질의 노동력을 공급받을 수 있는지의 여부이다. 특히 노동집약적인 상품, 즉 섬유, 신발, 합판 등을 생산하는 기업은 풍부한 노동력의 공급이 매우 중요한 요인이므로 이를 고려해야 한다. 현재 우리나라와 일부 선진국이 중국이나 말레이시아 등에 적극적으로 해외진출을 모색하는 것은 노동력이 풍부하고 동시에 인건비가 저렴하기 때문이다. 결국 인건비의 비중이 큰 산업은 노동력이 풍부하고 낮은 임금이 존재하는 곳에 입지를 결정해야 한다.

노동력 측면에서 반드시 고려해야 할 사항은 노동의 질(quality) 문제이다. 비록 인건비가 낮더라도 노동생산서이 동시에 낮아진다면 결국 인건비의 절감으로 인한 어떠한 긍정적인 영향도 주지 못하게 된다.

4) 수송

대부분의 제조공장은 원자재를 공장으로 운반하고, 완제품을 고객에게 전달하기 위해 수송시설을 이용하게 된다. 이때 사용되는 수송시설에는 트럭, 철도, 선박, 항공기 등 여러 대안이 존재하여 그 중 가장 합당한 수송수단을 선정할 수 있다. 그러나 여러 수송시설을 동시에 이용할 수 있는 경우, 기업 입장에서는 가장 저렴한 수송시설을 이용할 수 있으므로 더욱 유리하다. 따라서 가급적 여러 수송시설을 이용할 수 있는 위치가 바람직하다. 이런 수송측면의 고려는 서비스 기업에서도 동시에 고려되어야 한다. 예를 들어 고객들이 주로 자가용을 이용하여 서비스를 받으러 오는 경향이 두드러진다면 서비스시설 주변에 주차장의 확보는 필수적이다.

5) 에너지

에너지의 문제는 사실 서비스산업보다는 제품을 생산하는 제조업체에 더욱 많은 영향을 끼친다. 1970년대 석유파동은 전 세계의 기업에게 에너지가 얼마나 중요하다는 것을 느끼게 하는 좋은 예라 할 수 있다. 미국의 알루미늄 산업은 테네시 강 계곡에서 시작되었는데, 그 이유는 알루미늄의 생산에 엄청난 양의 전력이 소요되기 때문이다. TVA(Tennessee Valley Authority)에 의해 공급되는 저렴한 전력은 알루미늄 제조업자가 보다 값싸게 제품을 생산할 수 있게 해 주었다. 따라서 에너지사용이 큰 기업은 저렴한 에너지 이용의 가능여부가 입지의사결정에 큰 영향을 끼친다.

6) 지역사회의 태도

기업이 어느 지역에 진입하려고 할 때, 고용 증대, 조세수입 증대 및 지역사회 개발에 일조할 수 있으리라는 기대된다면 지역사회에서는 적극적으로 기업을 유치하려고 한다. 반면 대기오염, 수질오염 등의 지역주민의 생활의 질이 저하될 것을 우려할 경우 기업의 진입을 반대하는 경우가 있다. 따라서 기업은 이런 양면적인 지역사회의 태도를 잘 고려하여 입주 후에도 기업활동을 원활하게 수행할 수 있는 지역을 선정하여야 한다.

다. 부지선정의 평가

입지의사결정 과정에서 지방(region) 및 지역(community)이 결정되면 다음 단계는 세부적으로 지역 내에서 어느 부지(site)에 공장을 건설하느냐의 문제가 발생한다. 이때 고려할 수 있는 사항으로는 다음과 같은 것이 있다.

1) 토지가격의 검토

기업의 생산활동에 필요한 공장이나 기타 부대시설은 매우 넓은 대지를 차지하게 되므로 땅값이 비싸면 기업에게 재정적으로 큰 어려움을 가져다준다. 따라서 토지가격에 대한 검토가 필요하다.

2) 부지의 특성 검토

향후 공장규모의 확장을 고려해서 선택된 부지의 확장 가능성을 미리 조사하여야 한다. 또한 지형적으로 배수가 잘되고 배기상태가 양호해야 한다.

3) 일반 유틸리티 활용가능성

공장이 설치되면 이에 필요한 제반시설(수송 시설 등)들이 갖추어져 있어야 한다. 따라서 가급적 공업단지를 이용하는 것도 입지를 선정하는데 따르는 많은 노력을 절약할 수 있다. 타 관련 업종간의 관계, 시장의 위치, 행정규제 등에 대한 검토가 있어야 한다.

미국의 경우 대부분의 도시에는 최소한 하나 이상의 산업단지(industrial park)가 있다. 이는 필요한 구획(zoning), 대지 운송편의 시설, 폐기물처리 출구 등을 제공해주는 계획된 부지들이다. 이런 부지들은 기업과 지방정보 사이에서 최대한 협조를 제공함으로써 이 지역에 새로운 공장이 위치하도록 제조업자를 유인하기 위해 만들어지는 것들이다.

시설의 입지문제는 기업이 가지고 있는 정보와 능력에 따라서 접근할 수 있는 여러 측면이 존재하지만 실제적으로는 기업경영자의 주관에 기초를 둔 단순한 접근방법을 취하는 경우도 있다. 기업의 경영자들이 입지결정을 위한 가장 중요한 요소로서 생각하고 있는 기준은 다음과 같다. 하지만 이런 기준들은 특정한 상황에 따라서 그 중요성이 달라지는 것이 보통이다.

- 시장 및 유통센터의 근접성

- 지역사회 및 정부측면
- 공급자 및 자원의 근접성
- 경쟁측면
- 환경측면
- 기업의 다른 부서와의 상호작용
- 노동력
- 부지의 매력성
- 세제 및 금융
- 전력, 용수 및 서비스

라. 입지대안의 평가

시설입지문제를 비용은 최소화하고 최대의 이윤을 올리기 위한 의사결정 문제라고 한다면, 전체 비용을 최소화함으로써 이윤을 최대화할 수 있다는 것은 당연한 이치이다. 따라서 비용측면에서 입지대안을 평가할 수 있는 방법에는 여러 가지가 있다. 총비용비교법, 손익분기도표, 수송비용법, 요인평정법 등이 좋은 예이다.

8.4 생산과정의 통제

지금까지 생산(production)의 개념을 입력요소(inputs)를 최종 제품과 서비스(finished products and services)로 전환시키는 과정으로 살펴보았다. 먼저 계획은 생산입력요소-생산하고자 하는 제품, 시설의 위치, 원자재, 소비자, 노동력, 에너지 그리고 기계-를 결정하기 위해 수립되어야 한다. 다음으로 이미 수립된 생산계획은 입력요소를 판매 가능한 제품이나 서비스로 전환시키기 위해 필요한 자재와 장비의 구입과 잘 훈련된 노동력의 고용(employment)을 통해 실행되어 진다. 생산과정에 있어서 마지막 단계는 통제(control)이다.

가. 생산통제

작업지시에 의해서 제반 활동이 현장에서 이루어지면 계획된 대로 일을 진행하기 위해서, 생산통제활동이 수행되어야 한다. 생산통제(production control)란 최대한의 생산효율성을 제공하기 위해서 인력, 자재, 기계류를 조정(coordinating)하는 잘 정의된 절차(procedures)들의 집합이라고 할 수 있다.

예를 들어, 어느 시계공장에서 1월 중 800,000개의 시계생산이 할당되었다고 하자. 1월 중 20일의 작업시간이 가용하다면 생산통제담당자는 하루 40,000개의 시계생산을 세분화하게 된다. 다음 단계로 생산일정의 진행에 필요한 작업자의 수, 원자재, 부품 그리고 기계류 등을 결정한다.

마찬가지로, 레스토랑 같은 서비스기업에서도 얼마나 많은 식사가 매일 제공되는지를 예측하고, 음식을 준비하여 제공하는데 필요한 인력의 수와 얼마나 많은 원료를 얼마나 자주 구매해야 하는지를 결정한다.

생산통제는 순서통제와 용량통제의 2가지로 구분되는데, 순서통제는 각 작업장에서 대기 중인 작업의 순서를 조정하여 개별제품의 일정에 맞추는 것이다. 용량통제는 개별제품의 일정에 맞추기 위해 추가고용, 초과가동 등과 같이 노동력과 기계의 사용을 조절하는 것을 말한다.

또한 생산통제기능을 효과적으로 수행하기 위해서는 생산활동의 상태에 대한 정보가 필요하므로 상태를 점검하고 보고하는 정보시스템이 요구된다.

나. 생산통제의 과정

생산통제는 생산계획, 작업순서, 작업일정, 작업배정 및 진도관리의 5단계로 이루어진다. 생산계획(production planning)이란 어떤 제품이나 서비스의 생산에 필요로 하는 자원(원자재, 부품 등)의 총량을 결정하는 생산통제의 첫 단계이다. 생산계획 과정에서 자재명세서(BOM)가 작성된다. 이는 제품이나 서비스를 생산하기 위해서 소요되는 부품이나 자재를 외부에서 구입하여야 하는데 이때 MRP시스템은 이들의 납기일정(delivery schedule)을 세울 수 있게 하여 준다.

작업순서(routing)는 설비의 작업순서를 결정하는 생산통제의 두 번째 단계이다. 이는 생산작업의 순서, 방법, 공수를 결정하기 위한 활동이다.

작업일정(scheduling)은 생산에 필요한 각 작업의 공정별 시행시간과 완료시간을 결정해 주는 생산통제의 단계이다. 효율적인 작업일정은 생산에 필요한 부품이나 자재의 납기일정과 일치되고 생산적인 자원을 효율적으로 사용할 수 있게 하여 준다. 생산일정을 결정하기 위해 개발된 효율적인 방법 중의 하나가 PERT(program evaluation and review teachnique)이다. 이 기법은 작업일정이 효과적으로 수행되도록 그 일정과 노력 및 자금과의 관련 하에 과학적으로 계획하고 관리하는 기법이다.

작업배정(dispatching)은 각 작업자나 기계설비가 제품의 환성을 위해 허용된 시간과 어떠한 작업을 수행하여야 하는지를 지시하는 생산통제의 단계이다. 작업배정자(dispatcher)는 각 작업자에게 작업수행의 일을 부여, 작업지시를 내리고, 각 직무의 우선순위를 알린다.

진도관리(follow-up)는 생산통제에서 가장 중심적인 활동이다. 이는 진도조정, 지연대책 결과확인이라는 과정을 거쳐서 생산과정에서 발생한 문제에 대해 필요한 조정을 하게 하는 단계이다. 생산일정을 지체시키는 문제는 여러 가지 형태에 의해서 발생한다. 기계의 고장(malfunction), 공급업자로 부터의 부품공급 지연, 종업원의 결원 등은 생산의 지체(delay)를 가져올 수 있다. 이런 지체는 생산일정을 조정하는 생산통제를 위해서 반드시 보고되어야 한다.

8.5 품질관리

가. 품질의 정의

오늘날과 같이 글로벌 경쟁 속에서 기업을 운영해 나가기 위해서는 경쟁기업보다 우수한 어떤 측면이 존재하고 있어야 한다. 제품이나 서비스의 생산원가가 낮음으로써 가격이 저렴하다든지 혹은 매력적인 디자인을 가지고 있든지 하는 독특한 제품특성이 필요하다. 그러나 가장 중요한 요인은 품질(quality)이다. 즉 소비자는 제품을 구매하기 전에 고려하는 주요인이 품질이라는 것이다.

일반적으로 품질의 정의는, 그 제품의 명세서(specification)를 충족시키는 정도를 말하는 것이다. 그러나 학자에 따라서는 다양하게 품질의 정의를 내리고 있다.

- Crosby : "품질은 요구에 대한 일치성(conformance to requirement)이다."
- Juran : "품질은 용도에 대한 적합성(fitness for use)이다."
- Gilmore : "품질은 특정 제품이 설계 혹은 명세서에 일치되는 정도이다."

Garvin은 품질의 정의를 사용자지향적 정의, 제조지향적 정의, 제품지향적 정의로 구분하여 사용하고 있다. 마케팅 담당자들이 선호하는 사용자지향적 정의는 품질을 보는 사람의 관점에 따라 달라진다고 생각하는 개념이다. 제조 지향적 적의는 품질이 표준 및 명세서와 일치해야 하는 것으로서 생산관리자 측면에서의 정의이다. 제품지향적 정의는 제품의 품질을 측정할 수 있는 변수로 간주하는 개념이다. 예를 들어 아이스크림에 유지방이 높으면 품질이 좋은 것으로 판단하는 방법이다. 그러나 품질에 대한 정의를 여는 한 개념에만 전적으로 의지할 수는 없고 여러 접근방식의 고찰이 필요하다.

나. 품질의 중요성

좋은 품질의 제품·서비스를 생산하는 기업은 여러 면에서 기업에 큰 영향을 끼친다.

첫째, 기업의 명성(reputation)이다. 품질이 좋은 제품과 서비스를 생산하고 있는 기업은 그 제품을 사용한 사람들로부터 매우 호의적인 반응을 얻을 수 있다. 그 결과로 기업의 명성은 여러 부류의 거래 관계자에게 알려져 좋은 신용을 얻게 된다.

둘째, 수익성(profitability)의 증대이다. 품질이 향상되면 시장점유율의 증가와 원가의 절감을 초래하여 최종적으로 수익의 증가라는 결과를 얻게 된다.

셋째, 제품책임(product liability; PL)의 영향이다. 불량품을 고객이 사용해서 발생하는 손해 혹은 사고에 대하여 기업은 책임을 져야 한다. 따라서 불량품 생산은 기업에게 재무적 손실을 입히고 기업 이미지에도 악영향을 주게 된다. 따라서 신뢰성이 있고 명세서와 일치한 제품을 생산하는 기업은 제품책임비용을 감소시킬 수 있다.

넷째, 글로벌(global) 관계이다. 오늘날과 같은 글로벌 환경에서 기업은 세계적인 기업들과 당당히 경쟁하여 이겨야만 발전할 수 있다. 효과적으로 경쟁할 수 있는 최대의 무기는 품질과 가격이다. 따라서 기업은 고품질의 제품을 가지고 경쟁함으로써 그 기업과 국가에 기여할 수 있을 것이다.

다. 무결점운동

어느 기업에서 품질 예방, 평가 및 불량과 관련하여 발생하는 품질비용이 매우 크다면, 경영층에서는 반드시 이를 절감하려는 방법을 도입하여야 한다. 이런 접근방법으로서 전사적 품질관리(TQC)의 개념을 적용하는 것과 '무 불량품' 생산하기 위한 '무결점운동'(Zero Defect; ZD)을 도입하는 것이다.

ZD운동은 동기부여활동의 일환으로서 조직 전반적으로 품질을 향상시키고 동시에 비용을 절감시키는 운동이라고 할 수 있다. 이러한 ZD 운동의 접근방법으로는 Crosby의 무결점운동 14단계가 있다. 14단계 중 1~6단계는 주로 경영층의 역할수행이 중요하고, 7~9단계는 종업원의 역할이 중요하다고 할 수 있다. 10~14단계까지는 경영층과 종업원이 합심 단결하여 해결해 나가야 할 단계이다.

단계 1 : 품질에 대한 경영층의 결의를 확보하라.
단계 2 : 품질향상 팀을 구축하라.
단계 3 : 현재의 품질을 측정하라.
단계 4 : 품질비용을 평가하라.
단계 5 : 기업 전반에 걸쳐 품질에 대한 인식을 재고하라.
단계 6 : 품질문제를 해결하는 보완조치를 장려하라.
단계 7 : 무결점운동을 위한 위원회를 설치하라.
단계 8 : 무결점운동을 위한 감독자를 훈련하라.
단계 9 : 무결점 일을 제정하여 모든 종업원이 무결점운동을 바르게 이해하고 결의를 가지도록 하라.
단계 10 : 각 종업원 혹은 그룹으로 하여금 그들의 작업을 향상시키기 위한 목표를 설정하도록 하라.

단계 11 : 종업원들로 하여금 문제를 제시하게 하고 조사단을 구성하여 실수의 원인을 제거하라.

단계 12 : 여러 가지 형태의 보상으로 종업원의 성과를 인정하라.

단계 13 : 기업 차원에서의 품질위원회를 설치하라.

단계 14 : 위 활동을 계속적으로 반복하여 무결점운동이 기업문화의 일부로 자리 잡도록 하라.

라. 품질관리 분임조

품질관리 분임조가 1960년대 초 일본에서 처음 탄생하여 현재까지 일본의 산업과 경제의 발전에 크게 공헌하였다. 특히 원가절감, 품질향상, 종업원의 경영참가 촉진, 사기향상, 직장 내 의사소통의 원활화 등의 측면에서 이바지한 바가 자못 크다.

일반적으로 품질관리 분임조는 같은 분야에 근무하는 7~10명 사이로 구성되어, 그 분야에서 발생한 문제점이나 품질 등의 정의, 분석하기 위해 일정한 주기로 모이는 자발적인 그룹으로 정의된다. 품질관리 분임조의 목적은 기업의 규모, 경영형태, 그리고 품질관리에 대한 인식의 정도에 따라 크게 달라질 수 있으나 일반적으로 다음과 같다.[1]

첫째, 일선 감독자들에게 '리더십'과 감독능력을 개발할 수 있도록 한다. 둘째, 모든 작업자를 참가시켜서 작업자의 사기를 앙양하고 품질관리를 최고 수준으로 제고시키며, 품질이 무엇이며 어떤 문제가 야기될 수 있고 무엇을 해야 할 것인지를 작업자 스스로 깨달을 수 있도록 한다. 셋째, 전사적 품질관리활동을 통합하는 수단이 되게 하고, 현장 내의 핵심이 되도록 하며 관리정책의 명확화, 작업장 감독의 안정화 그리고 작업표준의 보장에 공헌하도록 한다.

1) Asian Productivity Organization, Japan Quality Control Circles: Quality control circle case studies, Tokyo: *Asian Productivity Organization*, 1972, p. 7.

이러한 품질관리 분임조의 정의와 목적에 비추어 품질관리 분임조의 특성을 살펴보면,

첫째, 조직과 운영이 자주적으로 관리되는 그룹이다. 분임조 활동의 운영이 타율적으로 결정되는 것이 아니고 구성원들 상호간에 자주적인 의사에 의하여 주인의식을 가지고 활동해 가는 소집단이다. 이런 소집단활동을 통해 구성원간의 상호작용을 통한 자아실현의 욕구를 충족시켜 종업원의 동기부여에 크게 기여할 수 있다. 둘째, 소집단활동이라는 점이다. 품질관리 분임조의 정의에서도 언급된 바와 같이 7~10명의 소집단으로 분임조가 형성되어 서로의 논의가 쉬울 뿐만 아니라 창의성과 팀웍을 더욱 증대시킬 수 있다. 셋째, 자원 참가의 원칙이다. 같은 분야에 종사하는 구성원들로 분임조가 형성되므로 서로간의 의사소통이 원활해지게 된다. 그럼으로써 분임조활동에 전원참가가 가능해지고 구성원의 사기진작이 용이하다. 또한 노사 간의 신뢰분위기를 조성함으로써 서로 간 응집력을 더욱 강화시킬 수 있다. 넷째, 인간적인 가치가 중요한 활동이다. 품질관리활동을 촉진할 목적으로 자발적으로 형성된 품질관리 분임조에 대하여 지나친 경제적 효과만을 추구하다 보면 분임조 활동이 자주성을 상실하게 될 염려가 있다. 따라서 경제적 가치보다는 인간적 가치를 더욱 중요시하여야 한다는 것이다.

우리나라에 품질관리 분임조가 들어온 지도 30년 이상이 되어 오면서 기업의 품질향상, 원가절감, 생산성 향상, 경쟁력 강화 등 기업의 성장발전에 많은 이바지를 하였다. 이는 기업이나 정부의 적극적이고 지속적인 활동의 영향이라고 생각한다. 그러나 양적으로는 분임조의 수가 매우 많은 것으로 조사되고 있으나 질적인 측면에서는 아직도 초보단계에 머무르고 있다.

각 기업에서는 품질관리 분임조의 양적인 확대와 더불어 질적인 성장을 얻기 위해선 다음과 같은 점에 주력해야 한다.

① **분임조 활동의 필요성 인식 제고**: 분임조 활동에 대해서 하부종업원까지 활동의 목적이나 의의를 정확히 전달하여 줌으로써 그들이 자

발적으로 활동에 참여할 수 있다. 이를 위해 지속적인 교육이라든지, 회사 현실에 대한 이해, 홍보활동이 필요하다.

② **분임조 활동의 정확한 위치 설정**: 분임조 활동을 통해서 얻고자 하는 업무의 내용이 기업방침으로서 설정되어야 한다. 이에 따라 분임조 간 조정의 일관성을 기할 수 있고 분임조장의 책임범위도 정확히 파악할 수가 있다.

③ **분임조 리더의 양성**: 분임조 활동의 전반을 이끌어나갈 운영책임자(리더)를 정확히 임명하고 그들이 분임조 활동의 주체로서 활동할 수 있도록 기업의 스태프부서에서 지원하는 역할을 잘 수행해야 한다.

④ **지나친 결과 중시 금지**: 분임조 활동은 자발적이고 분임원의 사기양양과 창의성을 개발하는 것을 주축으로 하고 있으므로 경영자가 유형의 결과만을 지나치게 강조함으로써 분임조 활동이 구속받고 있다는 생각이 들지 않도록 해야 한다.

⑤ **분임활동의 여건 조성**: 품질관리 분임조원들의 활동이 보장되지 않을 정도로 자신들의 업무가 바쁘다든지 분임조원들 간의 인간적 대립이 존재하는 경우는 바람직한 분임조 활동을 기대하기가 어렵다. 따라서 경영자는 일단의 업무조정이 필요하고 분임조 활동의 여건 마련 및 촉진활동을 위한 인센티브제도의 도입이 필요하다.

마. 전사적 품질경영

제품이나 서비스의 품질뿐만 아니라 경영과 업무, 직장환경, 조직구성원의 자질까지도 품질개념에 넣어 관리해야 한다고 주장한다. 전사적 품질경영(total quality management; TQM)은 1960년대 이후 크게 발전한 전사적 품질관리(total quality control; TQC)에서 발전한 개념이다. 그러나 TQC에서는 통계학적 접근이 주된 방법론으로 차지했다면 TQM은 통계학적인 것은 물론 조직적이며 관리론적인 방법론에 많은 비중을 두고 있다. 특히 품질을 개선하기 위해서는 노동의 질적인 측면도 고려해야 한다는 일본식 품질관리 원리에 영향을 받으면서 발전했다. TQM은 경영·기술 차원에서 실천되던 고객지향 품질관리 활동을 품질관리 책임자뿐만 아니라 마케팅, 엔지니어링, 생산, 노사관계 등 기업의 모든 분야에 확대하여, 생산부문의 품질관리만으로는 기업이 성공할 수 없고 기업의 조직 및 구성원 모두가 품질관리의 실천자가 되어야 한다는 것을 전제한다. TQM은 기본적인 정신이나 사고방식을 소홀히 한 채 단순히 지엽적인 제도나 기법에만 매달려서는 품질경영의 진정한 효과를 얻기 어렵고, 오로지 품질위주의 기업문화를 창조하여 조직구성원의 의식을 개혁해야만 궁극적으로 기업의 국제경쟁력을 높일 수 있다고 강조한다. 국내에서도 1992년부터 정부가 신산업정책의 일환으로 TQM을 강조하여 많은 기업들이 이를 수용하고 있다.

TQM의 요소는 다음과 같다.

① **고객 중심**: 품질의 현대적 정의는 고객기대의 충족 내지는 초과만족에 모아지고 있다. 이와 같이 고객이 품질을 평가하는 주체라는 것이다. 데밍과 주란은 이러한 고객중심을 강조하고 있다. 각국에서 수여하는 품질관련 상에서도 고객만족에 큰 비중을 두고 있다.

② **종업원의 참여와 팀워크**: 조직내 모든 종업원의 참여 또한 TQM을 성공적으로 실행하는 데 필요한 중요한 요소이다. 의사결정과정에 모든 종업원을 포함함으로써 경영층은 문제해결에 필요한 투입요소를 획득하여 좋은 결정을 내릴 수 있게 된다. 종업원 참여를 통하여 종업원이 갖고 있는 지식과 기능을 이용할 수 있다.

③ **지속적 품질개선**: 지속적 개선(continuous improvement: ; CI)은 제품과 공정의 개선에 있어서 점진적 작은 성과를 달성하는 끝없는 과정이며 이를 위한 경영철학이라고 할 수 있다. 특히 지속적 개선은 기계, 자재, 노동의 전문화, 생산 방법 등에 있어서의 개선을 추구한다.

바. 6시그마

6시그마(six sigma)는 품질혁신과 고객만족을 달성하기 위해 전사적으로 실행하는 21세기형 기업경영 전략으로, 고객의 관점에서 품질에 결정적인 요소를 찾아 통계적 기법을 적용하여 무결점 품질을 달성하는 것을 말한다.

시그마(sigma, σ)라는 통계척도를 사용하여 모든 품질수준을 정량적으로 평가하고, 문제해결 과정과 전문가 양성 등의 효율적인 품질문화를 조성하며, 품질혁신과 고객만족을 달성하기 위해 전사적으로 실행하는 21세기형 기업경영 전략이다. 1980년대 말 미국의 모토롤라(Motorola)에서 품질혁신 운동으로 시작된 이후, GE(General Electric) · 소니(Sony) · TI(Texas Instruments) 등 세계적인 초우량기업들이 채택함으로써 널리 알려지게 되었다. 국내에서도 삼성그룹 · LG그룹 · 한국중공업 등에서 도입하여 품질혁신에 성공함으로써 많은 기업들이 이의 도입에 적극적인 관심을 보이고 있다.

6시그마는 다음 3가지로 설명된다. ① 통계적 척도로서 모든 프로세스(process; 제조 · 사무 · 서비스 등의 업무에서 활동을 수행하는 시스템)의 품질수준이 6 σ를 달성하여 불량률을 3.4PPM(parts per million; 제품 백만 개당 불량품수) 또는 결함 발생수 3.4DPMO(defects per million opportunities) 이하로 하고자 하는 기업의 품질경영 전략이다. ② 효율적인 품질문화 정착을 위한 기업의 경영철학으로서 종업원들의 일하는 자세 · 생각하는 습관 · 품질 등을 중요시하는 올바른 기업문화의 조성을 의미한다. 여기서 효율적이란 주어진 여건 아래서 통계자료에 근거하여 최대의 효과를 올릴 수 있도록 지혜롭게 일하는 것을 뜻한다. 올바른 품질문화란 끊임없는 품질개선 노력을 통해 고객 요구에 맞는 품질의 제품을 경제적으로 설계 · 생산 · 서비스하기 위한 기업문화이다. ③ 품질경영을 위한 기업전략으로서 모든 프로세스는 6 σ라는 품질수준의 목표를 가지고 있으며, 혁신적인 품질개선이 요구된다. 따라서 품질이 향상되고 비용이 절감되어 고객만족과 회사 발전이 실현된다.

6시그마 운동을 효과적으로 추진하기 위해 고객만족의 관점에서 출발하여 프로세스의 문제점을 찾아 통계적 사고로 문제를 해결하는 품질개선 과정을 정의(definition), 측정(measurement), 분석(analysis), 개선(improvement)과 관리(control)의 5단계로 나누어 실시하고 있는데, 첫 글자를 따서 'DMAIC'라고 부른다. 우선 측정과 분석을 통해 제품의 문제점을 찾아내고, 문제해결방법을 제시하여 실제로 개선작업을 실행한다. 마지막으로 이 과정을 제어·감시하여 품질의 개선상태를 유지하는 것이다.

높은 품질수준을 확보하고 유지할 수 있는 혁신적이고 과학적인 기준을 제공하여 고객을 만족시키고 기업경영의 탁월성을 이루고자 하는 6시그마 운동의 궁극적인 목표는 품질개선 운동에 전 종업원이 참여하는 것은 물론 사무부분을 포함한 모든 프로세스의 질을 높이고 업무 비용을 획기적으로 절감하여 경쟁력을 향상시킴으로써 세계최고의 기업이 되는 것이다.

8.6 물류관리

가. 물적 유통

상품교환 경제시대라고 일컬어지는 현대경제에서는 생산 측면만의 발전으로는 지속적인 성장을 기대하기가 어렵다. 종래에는 기업이윤을 창출해 낼 수 있는 근원들로 생산부문(제1의 이윤원천)과 판매부문(제2의 이윤원천)으로 살펴보았으나, 제3의 이윤원천인 물적 유통(물류)관리가 그 중요성을 더해가고 있다.

물류관리의 개념이 아직 명확하게 규정되어 있지는 않으나 보통 물적 유통이란 제품을 생산자에게서 최종수요자에게 물리적으로 전달하는데 필요한 모든 활동이라고 할 수 있다. 여기에 포함되는 활동으로는 수송, 포장, 보관, 하역, 통신 활동 등이 있다.

나. 물류의 중요성

물류가 기업에게 있어 새로운 개념은 아니다. 단지 과거에는 그 중요성을 인식하지 못하여서 소홀이 취급하였을 뿐이다. 물류의 중요성을 살펴보면, 첫째, 생산부문에 대한 과학기술의 도입 및 지속적인 관리기법의 향상으로 추가적인 생산비의 절감이나 이익증대가 쉽지 않게 되었다. 따라서 새로운 원가절감의 핵심으로 물류분야가 등장하게 되었다. 둘째, 물류비가 계속적으로 증가 추세에 있는 까닭에 기업이 물류의 합리화를 통해 물류비용을 절감시켜야 한다. 그럼으로써 기업이 윤에 대한 레버리지효과(leverage effect)를 달성할 수 있다. 셋째, 효과적인 물류활동은 기업의 마케팅활동을 지원해주게 됨으로써 시장성을 제고시킬 수 있다. 이는 경쟁기업보다 유리한 경쟁을 보장해 줄 수 있다. 넷째, 고객의 물류에 대한 서비스요구가 증대되었다. 다섯째, 국내기업이 미국이나 일본의 기업보다 물류비용이 높다는 것은 물류개선에 여지가 많다는 것을 반증하여 준다. 따라서 물류는 제3의 이윤원천으로서 경영전략 수립의 중점사항이 될 수 있다.

오늘날 물류관리를 로지스틱스(Logistics)란 말로 사용하는 경우가 많다. 이는 종래의 물류관리 개념을 생산단계에서 소비단계까지의 흐름으로 보는 한정된 시각이었다면 로지스틱스는 여기에 원자재와 반제품 및 재고품까지 포함하여 물류의 영역을 확대한 개념이다.

[사례 8] 식품업체들의 신산업

주주총회서 드러난 식품업체들의 신사업

하이트 자동차 수리, 대상 생수·막걸리, 하림 자원개발

'하이트 주점 프랜차이즈, 청정원 막걸리, 오뚜기 화장품.' 앞으로는 다음과 같은 브랜드들이 시장에 등장할 수도 있다. 식음료업체들이 최근 열린 주주총회에서 정관 변경을 통해 새 먹을거리를 찾아 나섰기 때문이다. 아직 구체적인 결과물이 나올 단계는 아니지만 해당 업체들의 중·장기 사업 방향을 가늠할 힌트라서 향후 추이가 관심을 모으고 있다.

가장 눈길을 끄는 곳은 하이트진로그룹이다. 그룹 지주회사인 하이트홀딩스는 지난 23일 주주총회에서 △주유·석유판매업 △자동차 수리, 세차 및 부품판매업 △도·소매업을 포함한 판매유통 및 구매대행 사업 △외식·프랜차이즈 사업 및 창업상담 등을 사업목적에 추가했다.

하이트진로 역시 △외국산 주류 수입판매 및 소매업 △위스키 제조 및 판매업 △주류 수출업 △주류 수출입 중개업 등을 사업목적 정관에 포함했다. 이 회사는 지난해 7월 개최한 주총에서도 광고, 건강식품, 백화점 사업 등을 사업목적에 추가한 바 있다.

대상도 23일 열린 주총에서 △탁주 제조업 △먹는 샘물 제조업을 사업목적에 넣는 정관 변경안을 통과시켰다. 업계에선 생수, 막걸리 브랜드로 제품 영역을 확장시키려는 포석으로 보고 있다. 특히 일본에서 대박을 터뜨린 '마시는 홍초'와 시너지 효과를 노리기 충분한다는 분석이다.

닭고기 회사로 유명한 하림의 지주회사인 하림홀딩스는 22일 △해외자원 개발 사업을 사업목적에 추가했다. 최근 세계시장으로 사업 영역을 넓히고 있는 김홍국 회장의 행보와 관련이 있다는 게 업계 시각이다.

이 밖에 오뚜기는 지난 2일 정기 주주총회에서 △의약외품 △화장품 △생활용품 등의 제조·판매업을 추가했고, 미스터피자는 오는 28일 개최할 주총에서 △교육·연수사업 △관광숙박업을 사업목적에 넣을 예정이다.

외부로 이미 노출된 주력 사업분야에 집중하기 위해 정관 변경에 나선 업체도 있다. 롯데칠성음료가 대표적인 사례다. 이 회사는 지난 22일 주총에서 △맥주·과실주·기타 발효제품 제조판매업 △주류산업 발전을 위한 연구투자업 등을 사업목적에 포함했다. 지난해 10월 롯데

주류와 합병한 롯데칠성음료는 충북 충주에 맥주공장을 세우는 등 주류사업 강화에 나서고 있다.

삼양사 역시 △면류 △즉석조리식품 △비알코올성 음료 등을 사업목적에 포함시키고, 설탕 밀가루 등 소재 중심에서 가공식품으로 영역을 확대하려고 노력하고 있다.

물론 이들 식음료업체는 해당 사업영역으로 진출이 확정되진 않았다고 설명했다. 하이트진로 관계자는 "그룹 미래를 위해 다양한 사업을 구상한다는 차원으로 진행한 일"이라며 "실제로 사업 다각화에 나설 땐 좀더 철저한 검토에 나서게 될 것"이라고 밝혔다. 대상 역시 비슷한 반응을 보였다. 미스터피자 관계자는 "경기도에 교육연수 시설을 지을 계획이라 관련 영역 확장 차원에서 정관을 변경했다"고 밝혔다.

하지만 업계에선 변경된 정관대로 회사들의 사업 방향이 흘러갈 가능성이 높다고 보고 있다. 실제로 오뚜기는 의약외품을 사업목적에 추가한 이후 건강기능식품 '네이처바이'를 출시한 바 있다.

식품업계 관계자는 "식음료업계가 물가안정압박 등으로 어려워진 경영상황을 타개하기 위해 새 활로를 모색하고 있다"며 "이번 주총에서 밝힌 신사업은 아직 구체적으로 확정된 사업들은 아니지만 회사의 미래청사진을 가늠해 보는 기회는 될 수 있을 것"이라고 분석했다.

〈주총에서 밝힌 식품업체들의 미래 먹을거리〉

업 체	내 용
하이트홀딩스	주유 판매업, 자동차 수리업, 외식프랜차이즈업 등 사업목적에 추가
하이트진로	외국산 주류 수입·판매, 주류 수출업, 위스키 제조업 등을 새 사업군으로 명시
대상	탁주 제조업, 먹는샘물 제조업 등을 포함하는 정관 변경
오뚜기	의약외품, 화장품, 생활용품 등을 정관에 포함
하림홀딩스	해외자원 개발 사업을 신성장동력으로 추가
미스터피자	교육·연수 사업, 관광숙박업 등을 사업목적에 넣어 정관 수정
롯데칠성음료	맥주·과실주 제조판매업 등을 신사업으로 표기
삼양사	면류, 즉석조리식품, 비알코올성 음료 등을 사업목적에 추가

(매일경제, 2012. 3. 25)

핵심용어

생산운영관리	원가	품질	유연성	납품
생산계획	입지	생산통제	무결정운동	품질관리분임조
고객중심	전사적품질경영	지속적 개선	종업원 참여	6시그마
물적 유통	로지스틱스			

연습문제

1. 생산운영관리의 개념을 설명하시오.

2. 생산운영관리의 목표에 대하여 설명하시오.

3. 생산시설의 입지를 결정할 때 고려해야 할 사항에 대하여 설명하시오.

4. 품질의 의미와 그 중요성에 대하여 설명하시오.

5. 품질분임조에 대하여 설명하시오.

6. 전사적 품질경영에 대하여 설명하시오.

7. 물적 유통의 중요성에 대하여 설명하시오.

제 9 장

마케팅관리

9.1 마케팅관리의 개요

기업이 경영활동을 하는데 있어서 고객은 기업과 관련된 여러 가지 경영환경요인 중에서 기업경영의 성패를 좌우하는 중요한 요인이다. 근자에 들어 소비자주권시대가 전개되면서 고객이 외면하는 기업은 그 생존조차 가능하기 어려운 실정이 되고 있다. 이런 환경 하에서 각 기업은 우선 고객과 접촉하는 마케팅활동을 보다 계획적으로 전개해 나가는 것이 필수적이라 할 수 있다.

가. 마케팅의 본질

마케팅(marketing)이란 무엇인가라는 질문을 받으면 대부분의 사람들은 판매원과 광고를 떠올릴 것이다. 이는 우리가 일상생활을 하면서 매일 다양한 유형의 판매원들을 접하기 때문이라고 할 수 있다. 아침에 배달되는 우유나 요구르트의 배달원, 출근길의 전철역내의 매표소와 신문가판대의 판매원, 전철 안에서 간단한 생활제품을 파는 판매원, 할인점이나 백화점의 점원들이 우리가 일상적으로 접하게 되는 판매원이라 할 수 있다. 또한 우리는 광고를 접하지 않는 날이 거의 없다. TV에서의 뉴스나 드라마, 스포츠중계를 전후하여 방영되는 광고물, 이동 중인 차 안에서 또는 심야에 듣게 되는 라디오방송에서의 광고, 신문이나 잡지에서의 광고물 등 수많은 형태의 광고에 우리는 접하며 일상생활을 하고 있다. 이러한 이유에서 많은 사람들이 '마케팅을 판매 또는 광고'로 보는 경향이 있다.

판매원의 판매활동과 광고는 오늘날 마케팅이라고 불리는 학문 또는 기업기능에서 단지 일부분에 불과하다. 이러한 사실을 강조하기 위해 드럭커(P. Drucker)는 "마케팅의 목적은 판매를 필요하지 않게 하는 것"이라고 다소 극단적인 주장을 하였다. 즉, 고객을 잘 이해하고 고객에게 꼭 맞는 제품을 개발하여 저절로 팔리게 하자는 것이다. 판매활동이나 광고가 중요하지 않다는 것이 아니라 마케팅의 일부라는 점을 강조한 것이다.

그러면 마케팅은 무엇을 하는 것인가? 일반적으로, 마케팅은 개인 또는 조직이 필요로 하는 것과 원하는 것을 다른 개인 또는 조직과 교환함으로써 획득하는 과정이라고 한다. 즉, 생산자인 기업과 소비자 간의 교환과정(transaction process)이라고 할 수 있다. 이 정의를 제대로 파악하기 위해서는 필요, 욕구, 수요, 제품, 교환, 등의 개념이 설명되어야 한다.

1) 필요

필요(needs)란 인간의 생활에 기본적인 만족이 결핍되어 있는 상태를 말한다. 우리 인간은 누구나 매우 복합적인 니즈를 가진다. 예컨대, (1) 음식, 의복, 주택, 휴식, 성욕 등 생물학적 니즈, (2) 위험회피, 안정성 니즈, (3) 가족, 친구, 애정 등 사회적 니즈, (4) 주위사람들로부터의 인정, 승진, 지위 등 존경에 대한 니즈, (5) 자기개발 및 실현에 대한 자아실현 니즈 등이 있다. 이러한 니즈는 인간 본성의 일부로서 타고난 것이지 판매원이나 광고에 의해서 창출되는 것이 아니다.

2) 욕구

욕구(wants)는 니즈가 구체화된 형태, 즉 필요를 만족시켜 주는 수단에 대한 구체화된 것(바람)을 말한다. 욕구는 니즈를 충족시켜 줄 대상물을 지향하는 것이므로 문화와 특성에 의하여 영향을 받는다. 예를 들면, 배고픔을 해결해 주는 구체적인 욕구는 서양의 경우 스테이크요리, 햄버거 등으로, 우리나라의 경우는 비빔밥, 김밥, 설렁탕, 김치찌개 등으로 표현될 수 있다.

기업은 고객의 필요와 욕구를 구분하여 욕구보다 필요의 충족에 보다 주력해야 한다. 욕구충족에 주력하게 되면 근시안적 경영을 탈피할 수 없다. 예컨대, 음악테이프 구매자는 음악을 구매하는 것이지 테이프 자체가 필요한 것이 아니다. CD와 같은 음질이 더 좋은 매체가 나오면 테이프의 수요는 감소하는 것이다. 이러한 경우 테이프에만 매달려온 기업에게는 장기적 성장이 매우 어렵게 되는 것이다.

3) 수요

사람들의 욕구는 무제한적이지만 자원은 제한되어 있다. 예를 들면, 많은 사람들이 고급승용차와 교외 별장을 원하지만 구매할 금전적 여유가 없다. 따라서 수요란 구매력에 의하여 뒷받침이 되는 욕구를 말한다. 일반적으로 사람들은 자신의 지출에 비하여 가장 큰 만족을 제공하는 제품을 선택하려고 할 것이다.

4) 제품

제품이란 시장에 제공되어 사람들의 관심을 끌고, 획득·사용·소비의 대상이 되는 것으로, 사람들의 필요나 욕구를 충족시켜 주는 모든 것을 말한다. 여기서 제품의 개념은 물리적 대상물에만 제한되지 않고 서비스, 아이디어, 사람, 장소, 조직, 활동 등을 포괄한다.

특정한 유형의 필요를 충족시켜 줄 수 있는 모든 제품들의 집합을 제품선택집합이라고 한다. 예를 들어, 체력강화를 원하는 사람의 제품 선택집합에는 아침조깅, 등산, 테니스 등 운동과 벤치프레스, 러닝머신, 헬스 사이클, 등 운동기구와 비타민, 개소주, 보약 등의 건강식품이 포함될 것이다. 이러한 제품들의 가치는 서로 동일하지 않으므로 소비자의 욕구에 가장 밀접하게 연결되는 제품이 먼저 구매될 것이다.

5) 교환

교환은 원하는 대상물을 대가를 제공하고 그 소유자로부터 획득하는 행위를 말한다. 사람들이 필요와 욕구를 교환을 통하여 충족시키고자 결정할 때 마케팅이 발생한다. 따라서 교환은 마케팅의 핵심적 개념이다. 교환이 있기 때문에 우리는 각자가 원하는 모든 제품을 생산할 필요가 없다. 우리는 각기 자신의 전문분야에 집중하고 우리의 생산물을 다른 사람들과 교환하여 필요한 것들을 획득하는 것이다. 따라서 노동의 분업화와 전문화가 이루어지고 서로 원하는 것을 교환하게 되면 사회 전체의 생산이 증가하게 된다.

이러한 개념들을 이용하면, 마케팅은 개인이나 조직이 다른 개인이나 조직과의 교환을 통하여 필요와 욕구를 충족시키는 활동의 수행이라고 할 수 있다. 따라서 판매자와 구매자 모두 마케팅활동을 수행한다. 판매자 측에서는 구매자를 찾아내고, 그들이 필요로 하는 것을 파악하고, 제품을 개발하고, 가격을 설정하고, 촉진활동을 하고, 저장·운송을 한다. 이러한 것들이 마케팅에서 주요한 활동이 된다.

한편, 구매자 측에서도 마케팅활동을 수행한다. 예를 들면, 신혼부부가 가구를 구입할 때 수많은 점포들을 둘러본 후에야 지불가능 범위내에 있는 원하는 제품을 찾는다. 이러한 탐색활동이 바로 일종의 마케팅활동인 것이다. 컴퓨터제조업체의 구매담당자가 메모리칩을 구매할 때 복수의 공급업체들을 비교평가하며 유리한 구매조건을 위하여 협상한다.

판매자시장(seller's market)은 판매자가 구매자보다 더 큰 힘을 가지고 있어서 구매자가 적극적으로 마케팅활동을 수행해야 하는 시장이다. 예를 들면, 수요가 공급을 초과하던 산업혁명 이전 또는 신도시 건설시 시멘트, 철근, 등의 공급이 부족했던 경우가 판매자시장이다. 구매자시장(buyer's market)은 구매자가 판매자보다 큰 힘을 보유하므로 판매자가 적극적으로 마케팅활동을 수행해야 하는 시장이다. 오늘날 산업기술의 발전으로 대량생산이 실현된 이후 시장은 구매자시장으로 변화되었다. 이런 구매자시장에서 판매자의 마케팅문제들이 현대 마케팅관리에서 중요한 과제로 인식되고 있다.

나. 마케팅관점의 변천

마케팅관리는 조직의 목표를 달성하기 위해 표적시장에서 고객과의 교환을 창출·유지·증대시키기 위하여 시장의 관련자료를 수집·분석하여 마케팅믹스에 관한 계획을 수립하고, 이에 따라 실행하여, 그 성과를 평가하고 통제하는 것이다. 말하자면, 마케팅은 하나의 사회현상이고, 마케팅관리는 특정 조직의 관점에서 마케팅활동을 분석, 계획, 실행, 통제하는 과정인 것이다. 이런 활동을 담당하는 마케팅관리자는 성공적으로 마케팅활동을 수행하여 기업의 목적달성에 공헌하고, 고객의 욕구를 충족시키며, 그 기업이 속한 사회에 공헌해야 한다.

마케팅활동의 주된 이해당사자인 조직과 소비자 및 사회의 이해관계는 상충되는 경우가 많다. 마케팅관리자는 이러한 이해관계자 중 누구에게 더 많은 비중을 두어야 하는가? 보다 일반적으로 마케팅활동을 관리하는 관점 또는 원칙이 무엇이어야 하는가? 마케팅관리의 관점은 환경변화에 따라 다음과 같이 변해 왔다.

1) 생산지향적 개념(production concept)

소비자는 저렴한 가격에 용이하게 구매할 수 있는 제품을 선호한다고 가정한다. 기업은 생산만 하면 쉽게 판매할 수 있다고 판단하여 경영자는 기업활동의 초점을 생산성향상과 생산량증가 및 유통범위의 확대에 보다 관심을 가지게 되고, 제품의 차별화는 기업의 관심에서 멀어지게 된다. 이러한 지침이 효과적인 상황을 2가지로 생각해 보자.

첫째, 제품의 원가가 너무 높아서 생산성을 향상시켜야만 많은 사람들이 구매가능한 상황이다. 포드자동차가 최초로 승용차를 출시하였을 때, 주된 과제는 생산효율을 증진시켜 많은 사람들이 구매가능한 원가를 달성하는 것이었다. PC와 VCR 등이 처음 개발되었을 때도 동일한 상황이었다. 그러나 공급이 증가되고 경쟁사들이 다양한 제품을 출시하게 됨에 따라 표준적 제품을 저가격에 제공하는 방식은 한계에 직면하게 되었다.

2) 제품지향적 개념(product concept)

이 개념에 의하면 소비자는 품질과 성능 및 제품속성이 경쟁자보다 우수한 제품을 선호한다고 가정한다. 이 경우 기업활동의 초점은 지속적 제품개선에 두어진다. 이 개념은 하나의 제품군에 복수상표가 경쟁을 하게 되고 소비자소득이 증가함에 따라 가격보다 제품품질이 중시되는 상황에서 효과적인 지침이다.

제품지향적 관점은 근시안적 경영에 빠질 위험이 있다는 점에 주의해야 한다. 우리 주위에서 사라져가는 과거의 인기제품들을 생각해보자. 통성냥이나 지포라이터의 생산업체는 흡연자들이 담뱃불이 아닌 성냥 또는 라이터를 원한다고 생각했을 것이다. 그러나 이러한 제품은 품질개선에 상관없이 일회용 라이터의 등장과 함께 사라져갔다. 경쟁이 치열해지고, 제품 자체의 품질이 경쟁업체 간에 평준화되면 제품개선에만 주력하는 방식은 소극적으로 보인다. 그리고 제품군에 따라 더욱 적극적 방식이 요구될 수 있다.

3) 판매지향적 개념(selling concept)

소비자는 많은 판매활동을 접하지 않는 한 충분히 구매하지 않는다고 가정한다. 따라서 기업은 판매조직을 통한 활발한 판매와 대량광고 및 홍보 등을 통해 소비자 흥미를 유발시켜서 판매증대를 꾀하고자 한다.

구매빈도가 낮은 백과사전이나 문학전집 또는 생명보험상품 등의 경우에 이러한 관점이 자주 실행되고 있다. 정치마케팅이 또 하나의 전형적인 예이다. 선거에서 정당은 자당 공천자가 최적임자임을 알리기 위하여 가능한 모든 수단을 동원한다. 공천자는 많은 유권자에게 긍정적 이미지를 심기 위하여 악수, 절, 공약 등을 되풀이하며 명함, 벽보, 현수막, 우편물 등 여러 광고수단을 사용한다.

지금까지의 세 개념들은 모두 고객보다 기업을 관리활동의 출발점으로 하였다. 근래에는 고객을 기업활동의 중심에 두어야 기업의 장기적 존속과 성장이 가능하다고 한다.

4) 마케팅지향적 개념(marketing concept)

조직의 목적달성은 고객의 필요와 욕구를 파악하고 경쟁사보다 더 효과적으로 만족을 제공해야 가능하다고 전제한다. 이러한 지침은 비교적 최근에 이르러서야 실행되고 있다. 우리나라의 일부 기업들이 최근에 강조하는 고객만족이나 고객감동경영이 바로 이것이다.

마케팅지향적 관점은 판매지향적 관점과는 많은 차이가 있다. 전자는 고객이 원하는 것의 발견이 우선이고 기업의 총체적 활동을 통해 고객만족을 창출하는 대가로 이익을 얻자는 것이다. 후자는 이미 만들어진 제품을 대규모 판매노력과 촉진에 의하여 판매해 냄으로써 이익을 얻자는 것이다. 많은 기업들이 마케팅지향적 관점을 실행하고 있다고 주장하지만 구호에 그치고 마는 경우가 많다. 이 개념이 조직에 뿌리내리기 위해서는 최고경영자의 굳건한 신념과 지원 및 전종업원의 자세전환이 필요하다.

5) 사회친화적 마케팅개념(societal marketing concept)

이 관점은 조직이 목표달성을 위하여 고객니즈를 경쟁사보다 더 효과적으로 충족시킬 뿐 아니라 고객과 사회의 복지증진에 기여하도록 요구한다. 오늘날과 같이 환경오염과 자원부족이 심각하고 세계 일부 지역에 기아, 인구문제, 물자부족 등이 상존하는 시기에 마케팅지향적 개념으로는 충분하지 않다는 지적에서 출발하였다.

단기적 소비자욕구 충족과 소비자복지는 양립되지 못할 가능성이 있다. 코카콜라는 세계 전역에서 높은 성과를 올리고 있는 성공적 기업이다. 탄산음료로서 갈증해소와 청량감이라는 니즈를 충족시켜 주는 것이 사실이다. 그러나 환경단체들은 영양가나 치아효과 또는 용기폐기로 인한 환경오염 등에 우려를 표시한다. 그래서 사회친화적 마케팅은 기업이 마케팅을 수행함에 있어서 기업이익, 소비자만족, 사회복지의 세 측면을 균형적으로 고려하여 전사적으로 마케팅활동을 수행하는 것이다.

9.2 전략적 마케팅과정

전략이란 주어진 목표를 달성하는 가장 효율적인 방법에 관한 계획과 결정을 말한다. 어떤 사람이 한 도시에서 다른 도시로 이동하고자 한다면, 이를 위해 선택할 수 있는 전략적 대안들로 도보, 자전거 타기, 승용차 운전, 고속버스 이용, 비행기 이용 등 여러 가지가 있을 수 있다. 전술이란 선택된 전략을 실행하는 것에 관한 계획과 결정이라고 할 수 있다. 승용차를 운전해서 이동하기로 한 경우, 자기 차를 운전할 것인지, 렌터카를 이용할 것인지, 어떤 길로 갈 것인지, 몇 시에 출발할 것인지 등에 관한 것이다.

전략적 마케팅관리는 마케팅목표(예, 시장점유율, 매출액, 상표선호도)를 설정하고, 이를 달성하기 위하여 필요한 활동들을 계획하고 통제하는 것이다. 이 절에서는 전략적 마케팅관리의 과정, 즉 사업기회 탐색 → 표적시장 결정 → 마케팅믹스 개발 → 실행과 통제의 네 가지 구성요소에 대한 의사결정으로 설명하고자 한다.

가. 사업기회의 탐색

마케팅전략 수립의 첫 단계는 사업기회를 찾아내고 확인하는 것이다. 기업이 시장기회를 탐색할 수 있는 방법은 매우 다양하다. 예를 들면, 시장의 변화하는 모습을 주시하여 새로운 아이디어를 찾을 수 있고, 신문이나 전람회 등을 통해 새로운 시장에 관한 정보를 얻을 수 있다. 어떤 기업이든 생존과 미래의 성장을 위해 사업기회를 찾는다. 그렇지만 모든 사업들이 동등하게 매력적이라고는 할 수 없다. 오늘날 많은 기업들이 정보통신업, 유통업, 외식산업에의 진출을 선호하지만 섬유업이나 석탄산업에 대해서는 그렇지 못한 실정이다. 그 이유는 특정 사업(또는 산업)의 매력도면에서 차이가 있기 때문이다. 매력적인 사업이란 현재의 수익성이 높고 미래의 성장성이 높은 사업이다. 많은 사람들이 정보 통신이나 생명공학분야를 매력적인 사업분야로 꼽고 있는 것도 바로 그 때문이다.

그러나 수익성과 성장성이 유망한 사업이라고 해도 모든 기업이 그 분야로 진출할 수 있는 것은 아니다. 어떤 기업이든 특정현상과 관련하여 강점 및 약점이 있을 수 있다. 따라서 특정 사업에서 성공하기 위해서 이에 필요한 요건들이 자사의 경우 얼마나 강한지 약한지를 평가해 보아야 할 것이다. 사업의 매력도와 자사의 강점이 잘 일치하는 사업을 선정해야 하는 것이다.

사업기회의 탐색을 위해 앤소프(H. Ansoff)가 제시한 제품 및 시장 성장전략을 확장그리드(product/market expansion grid)의 틀로 살펴보자. [그림 9-1]에서 시장침투(market penetration)는 동일 고객들에게 기존제품에 아무런 변화도 주지 않은 채로 매출의 확대방안을 모색하는 것이다. 기본적으로 기존고객의 제품사용빈도를 높이거나 타사 상표사용자를 유치해야 한다. 이를 위해 기업이 사용할 수 있는 수단으로는 가격인하, 광고증대, 유통망 확대, 더 좋은 진열위치의 확보 등을 생각할 수 있다.

시장개발(market development)은 기존제품을 가지고 새로운 시장을 개척하는 것이다. 우선 인구통계적 관점에서 연령대별이나 지역별 소비자의 특성과 분포에 대한 분석을 통해서 새로운 시장의 개발가능성을 모색해 볼 수 있다. 예컨대, 아동, 청소년, 중년, 노년, 남성, 여성, 부인, 외국인 등의 그룹 중에서 신규구매를 하거나 구매량 증대가 가능한 그룹을 선정하는 것이다. Gillette사는 남성용 면도기 생산이 주업종인데, 제품에 별다른 변화 없이 여성시장에 진출하였다. 만도기계는 자동차용 에어컨생산에서 출발하여 '위니아'라는 상표로 가정용 에어컨을 생산함으로써 시장을 확장하였다. 다음으로 지리적 측면에서 신시장을 개척할 수 있다. 대우자동차는 국내시장에 못지않게 동구권과 아시아지역 제 국가들의 시장을 개척하는 데 노력을 기울인 결과, 씨에로는 국내보다 이들 국가에서 더 인기도가 높았다[사례 9-4 참조].

	기존제품	신제품
기존시장	시장침투 (가격인하, 광고증대, 유통망 확대)	제품개발 (관련분야 신제품, 개선제품)
신시장	시장개발 (인구통계적 신시장, 지리적 신시장)	다각화 (타사업분야 진출)

[그림 9-1] 제품 및 시장확장 그리드

제품개발(product development)은 기존시장에 신제품 또는 기존제품에 비해 개선된 제품을 출시하는 방안이다. Gillette사가 기존의 면도날 구매자들을 대상으로 면도용 크림과 일회용 라이터 생산에 나선 것이 좋은 예이다. 다각화(diversification)는 제품 및 시장 양면에서 기존의 영역 밖에 있는 사업에 진출하는 것이다. 예컨대, Gillette사가 전자시계와 계산기 생산에 진출했던 것이다. 우리나라의 경우 대다수 재벌의 계열기업들이 다각화에 의존하여 성장해 왔다. 서구의 기업들 중에도 1970년대와 1980년대에 걸쳐 다각화를 시행한 기업이 많이 있다. 매력도가 높은 사업에 진출하는 것이 매력도가 낮은 사업에서 잘 하는 것보다 더 낫다고 본 것이다. 그러나 역시 기본은 자사가 가장 잘 아는 소수의 업종에 전문화하는 것이다. 많은 전문가들이 소수의 관련업종에서 세계적으로 시장을 확대해 나갈 것을 주문하고 있다[사례 9-1 참조].

나. 표적시장의 결정

시장이란 한 사업분야의 실제구매자와 잠재구매자의 집합이라고 한다. 어떤 기업이든 특정 제품에 대한 시장지배력이 최고가 되기는 어렵다. 그 이유는 구매자들의 기호, 취향, 구매습관 등이 다양하고 변화하기 때문이다. 또한 기업마다 능력을 가장 잘 발휘할 수 있는 세분시장이 다르다. 따라서 한 기업이 시장 전체를 범위로 하여 경쟁하기보다는 그 시장에서 자사가 가장 잘 충족시켜 줄 수 있는 부분을 알아내야 한다. 표적시장의 결정에 관하여 세 가지 일반적 접근방법을 생각할 수 있다.

첫째, 대량마케팅으로 모든 구매자들을 대상으로 하나의 제품을 대량생산-대량유통-대량소비하는 방안이다. 대량마케팅의 논거는 최저비용과 가격을 성취하여 최대의 시장규모를 창출한다는 것이다. 과거에 코카콜라사는 한 종류의 콜라만을 생산하였으며 이 제품이 모든 구매자에게 만족스럽기를 기대하였다.

둘째, 다양화마케팅으로 품질, 제품속성, 크기, 스타일 등에서 상이한 2~3가지 제품을 생산하는 것이다. 코카콜라사가 그 다음 단계로 크기와 용기가 상이한 몇 가지 콜라를 내놓은 경우이다. 각 콜라가 특정 구매자를 지향했다기보다는 불특정 다수의 구매자들에게 다양성을 제공하기 위한 것이다.

셋째, 표적마케팅으로 시장 전체를 특성에 따라 여러 개의 시장으로 세분화하고, 그 중에서 몇 개의 세분시장을 선정하여, 선정된 각 세분시장에 맞도록 제품과 기타 기업노력을 개발·제공하는 것이다. 현재 코카콜라사는 전통적 콜라 구매자를 겨냥한 Coca-Cola Classic, 다이어트에 민감한 구매자를 위한 Diet Coke, 카페인 성분을 회피하는 구매자를 위한 Caffeine Free Coke, 그리고 콜라음료를 싫어하는 구매자를 대상으로 Minute Maid 소다 등을 제공하고 있다. 오늘날 많은 기업들이 대량마케팅과 다양화마케팅에서 벗어나서 표적마케팅을 실행하고 있다.

표적마케팅을 실행하면 기업이 자사의 시장기회를 파악하기가 보다 용이해지고 각 표적에 적절한 제품, 가격, 유통, 광고를 개발하고 제공할 수 있다. 오늘날 시장 전체를 하나의 동질시장으로 볼 수 있는 경우가 거의 없으며 점점 더 작은 단위들로 세분화되어 가는 추세에 있다. 기업들이 이러한 추세에 맞게 변화해야 존속할 수 있는 것이다. 따라서 미시마케팅(micro-marketing)이라 하여 기업이 아주 좁게 규정된 세분시장의 구매자들의 니즈와 욕구에 마케팅프로그램을 맞추고자 노력한다. 보다 극단적인 형태로 맞춤형 마케팅이라 하여 한 기업의 마케팅프로그램을 맞추는 대상을 집단이 아닌 특정 개인구매자 또는 기관으로 잡는 경우도 있다. 표적마케팅은 다음과 같이 시장세분화 → 표적시장 결정 → 포지셔닝의 세 단계로 이루어진다[사례 9-2 참조].

1) 시장세분화(market segmentation)

위에서 언급한 것처럼 한 제품의 전체 시장은 여러 다양한 구매자들로 구성되어 있으므로 시장을 복수의 보다 동질적인 하부집단들로 나누는 것을 시장세분화라고 한다. 일반적 원칙은 한 세분시장 내 구매자들이 요구하는 제품 및 요건들이 동일하여, 기업이 동질적인 마케팅프로그램을 사용할 수 있게 하자는 것이다.

시장세분화의 기준으로 사용되는 변수는 여러 가지가 있는데, 가장 흔히 사용되는 것이 나이, 성별, 소득, 직업, 교육정도, 취미, 종교, 가족규모 등을 포함하는 인구통계변수(demographics)와 구매자들이 제품구매로부터 얻고자 하는 혜택(benefits)이다. 인구통계변수의 적용례를 보자면, 고소득층과 중저소득층은 승용차를 구매할 때 니즈나 욕구가 상이하며, 젊은층과 노년층도 마찬가지이다. 따라서 자동차회사들은 상이한 소득과 연령층별로 별개의 모델을 제공하는 것이다.

기업이 실제로 시장세분화를 적용할 때는 하나의 변수만을 사용하기보다 여러 인구통계변수와 혜택을 동시에 사용하는 경우가 많다. 시계시장을 예로 보면, 고소득층의 남녀로 대도시에 거주하고, 회사에서 업무시 정장과 함께 착용하는 중후한 시계를 원하는 구매자층이 있고,

중산층의 젊은이로서 평범한 시계에 이어 스포티하고 가벼우며 두 번째로 사용되는 시계를 원하는 구매자층도 있는 것이다.

2) 표적시장의 선정(target market)

여러 층으로 나누어진 세분시장들 중에서 자사에 가장 적합한 소수의 세분시장을 선정해야 한다. 얼마나 많은 세분시장을 표적시장으로 선정할 것인가를 정하는 것이 시장범위(market-coverage)결정이다. 이 결정에는 기업의 자원보유 정도를 고려해야 한다. 예컨대, 자금이나 인력이 풍부한 대기업은 여러 세분시장을 범위로 하여 각 세분시장에 별개의 마케팅프로그램을 사용할 수 있을 것이다. 그러나 중소기업은 경쟁정도가 낮은 한두 세분시장에 자원을 집중하는 것이 좋을 것이다.

어떤 세부시장을 선정할 것인가를 결정하기 위해서는 세분시장별 규모와 성장전망, 구조적 매력도, 자사의 목표와 자원 등을 평가해야 한다. 시장규모와 성장전망 면에서 보면, 어떤 기업은 현재 매출액과 이익이 가장 크고 성장률이 가장 높은 세분시장을 표적으로 할 것이다. 그러나 가장 대규모의 고성장 세분시장이 모든 기업에게 최적이지는 않다. 중소기업의 경우, 이러한 세분시장은 경쟁이 너무 치열하거나 이러한 시장에서 경쟁할 기술이나 자원이 부족할 수 있다. 이러한 기업은 소규모의, 매력도가 다소 떨어지는 세분시장을 선정하는 것이 유리할 수 있다. 절대 규모면에서 덜 매력적이더라도 자사에는 더 높은 수익성을 제공할 수 있기 때문이다.

다음으로 세분시장별 구조적 매력도를 평가한다. 우선 특정 세분시장에 많은 수의 강력한 경쟁사들이 이미 진입해 있으면 이 시장의 장기적 수익성은 좋지 않은 것으로 보아야 한다. 자사제품에 대한 대체품이 존재하는 세분시장도 좋지 않다. 대체품은 자사제품이 받을 수 있는 가격에 제약을 가할 가능성이 높기 때문이다. 그리고 한 세분시장내 구매자들의 교섭력(bargaining power)이 강하면 그 시장의 수익성이 감소될 것이다. 교섭력이 강한 구매자들은 자사에 가격을 인하하도록 또는 더 높은 품질과 서비스를 제공하도록 작용할 것이다. 마찬가지 원리로 특정 세분시장에 원자재나 설비, 서비스를 제공하는 공급자들의 교섭력이 강하면 그 시장의 수익성이 감소될 것이다. 이러한 공급자들은 원자재의 공급가격을 인상하거나 품질이나 수량을 감축시키려고 작용할 것이다.

특정 세분시장이 규모와 성장전망 및 구조적 매력도에서 좋은 평가를 받는 경우, 자사의 마케팅목표와 합치되는지를 평가해야 한다. 예컨대, 고품질과 부의 상징으로서의 이미지를 유지해온 벤츠자동차사가 경제성과 가격이 중요한 구매기준인 소형차시장에 진출할 것인가를 고려한다고 해보자. 소형차시장의 규모나 매력도 뿐만 아니라 자사의 장기적 이미지에 어떤 영향을 줄 것인가도 평가되어야 할 것이다. 그리고 이 세분시장이 자사의 마케팅목표와 부합되는 경우, 이 시장에서 성공하는 데 요구되는 기술과 인적·물적 자원을 보유하고 있는지 평가해야 한다.

3) 포지셔닝(positioning) 창출

자사에게 적합한 세분시장을 선정한 후, 이 시장에서 자사제품이 경쟁사의 제품들과 비교하여 뚜렷하게 구분되는 차별화된 이미지를 소비자들이 인식하도록 하는 방안을 모색해야 한다. 따라서 마케팅관리자는 우리에게 잘 알려진 유명상표들은 그 이름만 들으면 떠올리게 되는 독특한 이미지를 구축하고 있다. 예를 들면, 벤츠나 캐딜락은 고급차의 대명사로, 볼보는 안전성이 뛰어난 차로, 매킨토시 앰프가 고품질로, 싱가포르항공은 뛰어난 서비스로, 소니는 신뢰성으로, 구찌는 디자인으로 독특한 이미지를 가지고 있다. 구매자들은 특징 없는 평범한 제품들 중의 하나를 선택하지는 않으며, 구매에 중요한 제품속성에서 경쟁제품들을 앞서는 제품을 구매하는 것이다.

특정 제품의 위치는 그 제품이 경쟁제품에 비교하여 소비자들의 마음 속에서 차지하는 위치를 말한다. 한 제품의 위치는 소비자들의 주관적 인식과 평가에 의하여 이루어지는 것이다. 소비자들은 한 제품에 대해 경쟁제품들에 비하여 어떠하다는 지각, 인상, 느낌 등을 가지게 되는데, 이러한 것들이 결합되어 그 제품의 위치가 결정된다. 마케팅관리자들은 자사제품에 대한 소비자의 위치 인식이 자사가 계획한 대로 또는 자사에 유리하게 이루어지도록 하기 위하여 여러 가지 노력을 한다. 이러한 목적으로 마케팅관리자들이 계획·실행하는 제품설계나 광고를 포함한 마케팅프로그램을 포지셔닝(positioning)이라고 한다.

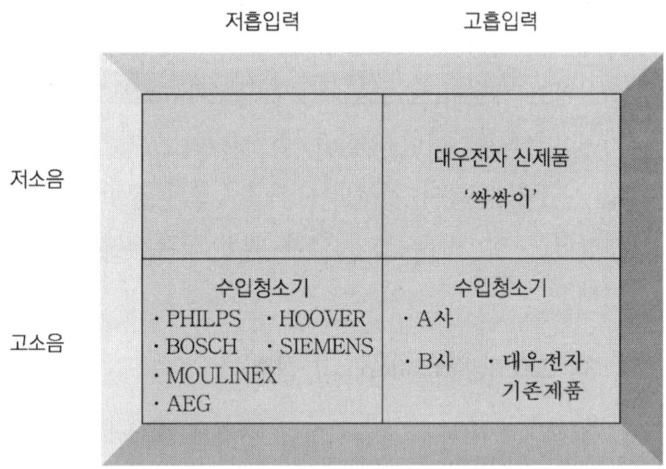

출처 : 1995년도 KMA 히트상품 전국대회, 한국능률협회, pp.283~314.

[그림 9-2] 포지셔닝 맵 [청소기시장의 위치도]

[그림 9-2]는 대우전자의 '싹싹이' 청소기의 포지셔닝 과정을 보여주고 있다. 대우전자는 몇 회에 걸친 소비자조사를 통하여 흡입력과 소음이 청소기 구매에서 중요한 제품속성이라는 점을 파악하였고, 한편 이 두 속성에서 구매자들의 기존제품에 대한 불만이 높다는 것을 알게 되었다. 따라서 '조용하면서도 흡입력이 센' 청소기를 개발하기로 하였다. 흡입력에 손실이 없으면서 청소기의 공기펌프모터에서 발생하는 소음방지를 위해 MCS(Muffler Chamber System) 기술을 개발

하여 이러한 개념의 제품을 개발하는 데 성공하였고, 이러한 개념을 소비자들에게 주지시키기 위하여 "밤에 청소하세요.", "조용한 게 쎄요."라는 주제의 광고를 실시하였다.

4) 마케팅믹스의 개발

마케팅 믹스(marketing mix)는 마케팅관리자가 표적시장에서 마케팅 목적을 달성하기 위하여 사용하는 통제가능한 마케팅 수단들의 집합을 말한다. 즉 제품(product), 가격(price), 장소(place) 및 촉진(promotion)으로 구성된다. 각각의 마케팅활동에 대한 영문 첫 글자가 P로 시작하여 마케팅믹스는 '4P's'로 표현되기도 한다. 최근에는 4P 외에 권력(power)과 대중관계(public relations)를 포함한 '6P's'를 마케팅 믹스의 대상으로 하고 있다.

라. 실행과 통제

1) 실행

좋은 마케팅전략을 수립하는 것은 성공적 마케팅의 시작에 불과하다. 아무리 좋은 전략이라도 제대로 수행되지 않으면 의미가 없다. 마케팅실행(marketing implementation)은 전략적 마케팅목표를 달성하기 위하여 마케팅전략과 계획을 마케팅행위로 옮기는 과정이다. 즉, 실행이란 마케팅계획이 효과적으로 가능하도록 하는 하루하루의 그리고 매월의 활동들을 수행하는 것이다. 마케팅계획이 마케팅활동의 '무엇을'과 '왜'에 해당한다면 실행은 '누가, 언제, 어디서, 어떻게'에 해당한다.

성공적 실행을 위해서는 실행계획, 조직구조, 의사결정과 보상시스템, 인적 자원, 조직문화 등이 검토되어야 한다. 첫째, 실행계획은 목표달성을 위해서 수행되어야 할 과업들이 무엇이며, 그 중 특히 중요한 과업들이 무엇인지를 밝혀야 한다. 그리고 이 과업들을 누가 어떻게 수행할 것인지를 밝히고, 각자의 의사결정과 행동을 어떻게 조정할 것인가에 대한 지침이 정해져야 한다. 둘째, 자사의 공식적 조직구조를 명백히 한다. 부서간 그리고 부서내 구성원간의 권한과 커뮤니케이션경로가 정해져야 하고, TFT(task force team)와 위원회 같은 임시조직의 역할을 명백히 해야 한다. 셋째, 자사의 계획수립, 예산책정, 보상 등에 지침이 되는 공식·비공식 운영절차들을 파악하고 이러한 것들이 마케팅목표와 일관성이 있는지를 검토한다. 넷째, 자사의 모든 조직과 시스템에 필요한 기술·동기·인적 특성을 갖춘 인재들로 채울 수 있는 인적자원계획이 수립되어야 한다. 다섯째, 마케팅전략이 자사의 기업문화와 잘 조화를 이루는지에 대한 검토가 필요하다. 기업문화는 한 기업내 구성원들이 공유하는 가치와 신념의 체계를 말하는데, 조직내 모든 구성원들의 행동에 영향을 준다.

2) 통제

마케팅통제란 마케팅전략에 따라 수립된 계획의 실행결과를 측정·평가하여, 마케팅목표를 달성할 수 있도록 잘못된 부분을 교정하는 것이다. 실행과정에서는 예기치 못했던 일들이 많이 발생하기 때문에 마케팅부서는 항상 통제활동을 수행해야 한다. 통제를 제대로 하기 위해서는 우선 분명한 마케팅목표가 있어야 한다. 다음으로 시장에서 성과를 측정하고, 기대치와 차이가 있을 때 그 원인을 평가한다. 최종적으로 목표와 성과간의 차이를 줄이기 위한 개선방안을 강구한다. 이 방안은 실행계획의 수정이거나 목표의 수정일 수도 있다.

9.3 마케팅믹스

시장세분화, 표적시장의 결정 및 포지셔닝의 창출에 관한 의사결정이 완료되면 마케팅믹스의 관한 계획을 수립해야 한다. 마케팅믹스

(marketing mix)는 기업이 표적시장으로부터 원하는 반응을 창출하기 위하여 사용하는 통제가능한 마케팅변수들의 조합을 말한다. 마케팅믹스에는 크게 4개의 변수들이 있는데 제품(product), 가격(price), 유통(place)과 촉진(promotion)이다. 이들을 '4P's'라고 부른다[그림 9-3 참조].

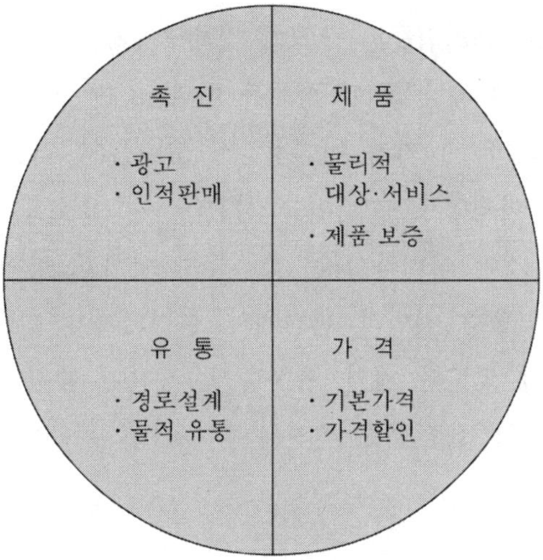

[그림 9-3] 4P's의 대표적 하부요소

제품은 기업이 표적시장에 판매대상으로 제공하는 물리적 대상과 서비스의 혼합을 말한다. 예를 들어, 현대자동차의 소나타 Ⅲ는 볼트와 너트, 점화플러그, 피스톤, 전조등 및 그 밖의 수많은 부품들로 구성되어 있다. 수동변속과 자동변속이 있고, 그 외에 많은 사양품들이 있다. 제품보증 또한 제품의 일부로 보아야 한다.

가격은 제품을 구입하기 위하여 구매자가 치러야 하는 금액을 말한다. 현대자동차는 전국적으로 동일한 소매가격을 제시한다. 각 대리점은 이 가격을 기준으로 하여 구매자와 협상과정에서 일부 할인하기도 한다. 유통은 표적시장내 소비자들에게 자사의 제품이 획득가능하도록 하는 모든 활동을 말한다. 현대자동차는 전국에 수많은 대리점을 보유하고 있다.

각 대리점은 여러 차종을 전시하고, 잠재구매자들과 상담을 하고, 가격을 협상하며 판매를 종결하고, 주문과 배달처리를 한다. 촉진은 제품의 장점을 알리고 잠재구매자들에게 구매하도록 설득을 하는 활동들을 말한다. 현대자동차는 TV, 신문, 잡지 등 대중매체에 많은 광고를 하고, 신차 도입시 발표회, 기자회견 등의 행사를 개최하기도 한다. 그리고 대리점들은 구역내 잠재구매자들에게 우편광고를 하고 방문고객들에게 제품설명과 설득을 한다.

이러한 네 가지 마케팅믹스 요소들이 적절하게 혼합되어야만 효과적인 마케팅프로그램이 구성된다. 각 요소를 별개로 보아 의사결정을 하는 것이 아니라 모든 요소들이 조화를 이루어 원하는 마케팅목표가 달성되도록 전반적 관점에서 결정되어야 한다. 말하자면 자사제품의 특징에 맞도록 가격, 유통방식, 촉진이 계획되어야 한다. 지금부터 제품, 가격, 유통경로, 촉진의 각 요소를 차례대로 살펴본다.

가. 제품

오늘날 많은 기업들이 복수의 제품을 생산·판매한다. 중소기업도 단일품목만을 취급하는 경우는 드물고 대기업은 수천 가지 품목을 생산하는 경우도 있다. 많은 기업들이 자사의 제품에 상표를 사용하고 있다. 어떤 제품이든 신제품으로 시장에 출시되어 종국적으로 시장에서 사라져 갈 때까지 많은 단계를 거친다. 여기에서는 상표, 신제품개발, 제품수명주기의 순으로 논의를 전개한다.

1) 상표

오늘날 많은 공산품들이 상표를 사용하고 있다. 세계적으로 잘 알려진 다음의 상표들을 보자. Samsung, Hyundai, Coca-Cola, Campbell, Disney, Sony, Mercedes-Benz, BMW, Panasonic,

Toyota, LG. 이러한 상표들은 제품에 가치를 부여해준다. 눈을 가리고 하는 블라인드테스트에서보다 상표를 확인할 수 있을 때 Coca-Cola에 대한 선호비율이 훨씬 높다.

그런데 상표를 개발·유지하는 데는 장기적 관점에서 많은 투자가 요구된다. 소비자들이 발음하기 좋고 기억하기 쉬운 상표명을 찾아내야 하고, 이 상표에 대한 인지도와 선호도를 높이기 위하여 지속적으로 광고를 해야 하며, 경쟁상표와 잘 구분되는 포장을 사용해야 한다. 이러한 비용을 회피하기 위하여 제품을 생산하기만 하고 상표 구축작업은 다른 기업에 맡기는 경우가 있다. 예컨대, 우리나라의 신발업체들이 생산하는 운동화와 테니스화는 생산자의 상표가 아닌 Nike, Reebok, Addidas 등 주문자 상표로 판매되는 경우가 많다. 말하자면 우리 신발업체들이 유명상표 보유기업들의 하청업체 역할을 하는 것이다.

상표를 통제하는 기업에게 힘이 있다는 것을 결국 깨닫게 되는 경우가 많다. 우리나라의 수많은 중소기업들이 신발, 섬유, 전자 등의 업종에서 하청수출을 해왔다. 그런데 우리의 공급가격이 높아지자 유명상표를 보유한 주문자들이 타국의 더 저렴한 공급자들을 찾아 떠났다. 이러한 판매기회 손실을 막기 위하여 우리 중소수출업체들이 할 수 있는 것은 별로 없었다. 최종소비자들이 선호하는 것은 유명상표이지 하청생산업체가 아니기 때문이다.

강력한 상표는 강한 소비자충성도(consumer loyalty)를 유발한다. 많은 소비자들이 이러한 상표의 제품을 구매하고, 경쟁제품이 더 낮은 가격에 판매되더라도 이끌리지 않는 것이다. 또한 소비자들이 선호하는 상표를 보유한 기업은 경쟁자의 많은 광고공세에도 흔들리지 않는다. 따라서 많은 기업들이 자사상표에 대한 인지도와 선호도를 높이기 위하여 막대한 투자를 아끼지 않는다. 과거에 상표가 사용되지 않았던 건설업, 주유소, 육류 등의 업종에서도 상표가 사용되기 시작하였다.

한편, 일부 소비재에서는 의도적으로 상표를 사용하지 않는 무상표품(generics)이 유통되고 있다. 무상표품이란 상표를 붙이지 않은, 평범한 포장의 제품으로 상표제품에 비하여 상당히 가격이 저렴하다는 특징이 있다. 무상표품의 저가격은 낮은 품질의 원자재 사용, 포장비 절감, 광고비 절감 등으로 가능할 것이다. 무상표품은 미국의 경우 인플레와 경기침체가 심했던 1980년대 초반에 큰 인기를 모았다.

무상표품에는 가격상의 이점이 있지만 품질이 낮다는 의심을 받고 있다. 소비자들이 품질에 별로 개의치 않는 제품류 또는 상표제품과 큰 품질 차이가 없는 제품류에서 무상표품이 잘 판매된다. 미국의 경우 종이, 냉동식품, 피넛버터, 통조림식품, 일회용 기저귀 등에서 큰 인기를 얻었다.

상표를 사용할 것인가 말 것인가를 결정하기 위해서는 상표사용의 이점과 비용을 검토해야 한다. 일반적인 이점과 비용요소는 위에서 언급되었다. 보다 구체적으로 상표사용에서 누구에게, 어떤 이익이, 어느 정도 발생하는지 그리고 상표개발과 관리에 소요되는 비용을 계산해 보아야 할 것이다.

2) 신제품개발

오늘날은 소비자들의 기호와 제품관련기술 그리고 시장에서의 경쟁양상이 급격하게 변화하기 때문에 기업들이 기존제품에만 의존해서는 존속하고 성장을 기할 수 없다. 우리나라에서도 거의 매년 자동차의 신형모델이 나오고, 냉장고나 TV 같은 가전제품은 새로운 모델이 나올 때마다 더욱 편리한 속성이 추가되거나 기능이 향상되고 있다. 신세대들 사이에 유행하는 옷차림과 신발, 머리모양은 더욱 빠른 속도로 변화되고 있다.

스카치테이프와 Post-It 메모지로 잘 알려져 있는 3M사는 신제품을 강조하는 회사로 유명하다. 현재 6만여 가지 제품을 판매하는 이 회사는 매년 200가지 이상의 신제품을 출시하고 있으며, 매년 25% 정도의 매출이 최근 5년 내 시장에 출시된 제품들로부터 나오고 있다. 신제품개발이 이처럼 중요하지만, 문제는 신제품의 실패율이 대단히 높다는 데 있다. 미국시장을 대상으로 한 어떤 조사에 의하면 신제품의 실패율이 소비재 40%, 산업재 20%, 그리고 서비스 18%라고 한다. 또 다른 조사에 의하면, 매년 시장에 도입되는 2,500여 신제품 중 90%가 3년 이상을 버티지 못한다고 한다.

신제품의 성공률을 높이기 위해서는 제품개발과정을 효과적으로 관리해야 한다. 보통 제품개발은 아이디어창출 → 아이디어선별 → 제품개념개발 및 테스트 → 마케팅전략개발 → 사업성분석 → 제품개발 → 시험마케팅 → 출시의 8단계를 거치는 것으로 볼 수 있다. 신제품개발은 아이디어창출로 시작된다. 우연하게 좋은 아이디어가 나오는 경우가 있지만, 우연에 의존할 수는 없고 체계적 탐색을 해야 한다. 아이디어원천으로 기업내부, 고객, 경쟁사, 유통업자, 및 공급자 등이 이용될 수 있다. LG전자는 1995년에 아트비전 골드라는 새로운 TV 모델을 내부개발팀에서 개발하면서 제시된 문제점을 개선하는 것을 목표로 삼았다.

아이디어창출단계에서는 가능한 한 많은 수의 아이디어들을 창출해야 하고, 그 다음 단계부터는 그 수를 줄여나간다. 후반부로 갈수록 많은 비용이 소요되므로 좋지 못한 아이디어는 버리고 좋은 아이디어를 진행시켜야 하는 것이다. 각 아이디어에 대하여 자사의 목표·전략에 부합되는지 그리고 그 아이디어를 성공시키는 데 필요한 인력·기술·자원을 보유하고 있는지를 평가해야 한다. 이러한 기준들을 수량화해서 기준점 이상인 아이디어들을 또는 상위 일정 순위 내에 드는 아이디어들을 다음 단계로 진행시킨다.

제품개념은 고객의 관점에서 볼 때 의미가 있도록 아이디어를 구체화 하는 것이다. 앞에서 예로 든 LG전자의 새로운 TV모델의 경우, 주된 아이디어는 화질 개선과 게임기능 추가이다. 이 아이디어가 제품개념이 되기 위해서는 가격대가 어느 정도인지, 화질이 기존 TV와 비교하여 어느 정도 개선되는지, 비디오광을 위한 것인지 일반소비자들을 위한 것인지, 게임기와 비교하여 어떤 게임이 어느 정도 내장되는지 등이 설명되어야 할 것이다.

선정된 제품개념에 대하여 예비적 마케팅전략을 고려해 보아야 한다. 그리고 이러한 전략을 따를 때 예상되는 매출액과 비용을 추정하여 예상이익을 계산한다. 이 수치들이 자사의 목표를 충족시키면 다음 단계로 진행시킨다.

지금까지 제품은 말로 된 설명이거나 그림 또는 모형에 불과하였다. 제품개발단계에서 연구개발 또는 엔지니어링부서가 개념을 토대로 실물을 시험제작한다. 여기서 비용이 크게 증가되고, 제품이 실제로 개발될 수 있는지 판가름이 나게 된다. 시험제작된 제품은 실험실과 현장에서 기능 테스트를 거치고, 소비자테스트를 통하여 만족도를 검토하게 된다.

시험제작된 제품에 예상 마케팅프로그램을 적용하여 현실적인 시장상황에서 테스트를 실시한다. 일부 지역을 선정하여 몇 개월간 실제 판매를 해볼 수도 있고, 실제 소매점처럼 꾸민 시험점포를 통해 예상 구매자들의 반응을 볼 수도 있다. 여기서 긍정적 결과가 나오면 제품을 생산하기 시작하며 시장에 도입한다. 초기의 유통점 확보와 제품고지를 위한 광고비로 인하여 가장 비용이 많이 소요되는 단계이다. 언제, 어떤 시장부터, 누구를 대상으로, 어떻게 할 것인가에 대한 실행계획을 수립해야 한다.

3) 제품수명주기

제품수명주기(product life cycle; PLC)란 동·식물이 태어나서 유년기, 성년기, 노년기를 거쳐 소멸하듯이 제품에도 수명이 있다는 관점이다. 이는 한 제품이 R&D단계를 거쳐 신제품으로 시장에 소개되어 사라질 때까지 매출액과 이익의 변동패턴을 말한다. [그림 9-4]는 도입기(introduction), 성장기(growth), 성숙기(maturity)및 쇠퇴기(decline)의 4단계로 구성되어 있는 전형적 제품수명주기를 나타내고 있다.

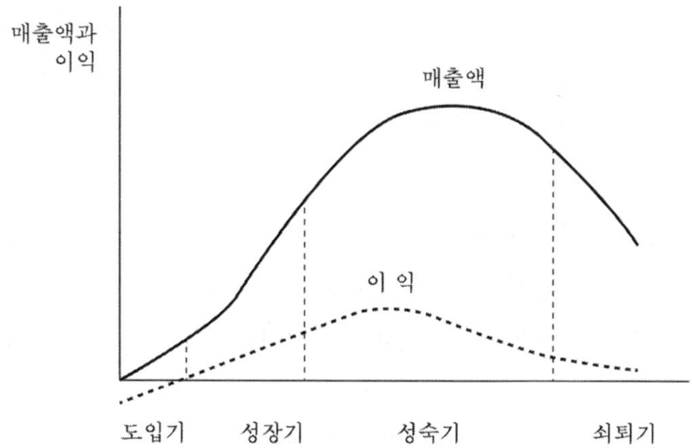

[그림 9-4] 제품수명주기

제품이 처음으로 시장에 출시되면서 시작되는 도입기는 비교적 오랫동안 지속된다. 매출액 성장이 매우 느리다. 매출이 낮은 반면 유통비용과 촉진비용이 많이 소요되어 보통 손실이 발생하거나 이익이 나도 매우 낮다. 유통업자들을 동원하여 유통망을 구축하고 이들로 하여금 자사제품을 취급하게 하는 데 많은 투자가 소요된다. 잠재구매자들에게 신제품을 알리고 시험구매에 나서도록 하는 데 광고를 포함하여 많은 촉진비용이 요구된다. 신제품에 대한 구매성향이 가장 높은 집단에 기업의 판매노력을 집중한다.

신제품이 최초 구입자들을 만족시키면 매출이 급속하게 증가하는 성장기에 진입한다. 시초 구입자들로부터의 구전에 의하여 대중이 구매하기 시작하는 것이다. 제품의 단위당 제조비용이 감소되고 촉진비용이 많은 수량으로 분산됨에 따라 이익은 증가한다. 매력적인 이익기회를 잡기 위하여 경쟁사들이 진입하고, 새로운 제품속성들을 추가적으로 제공하며, 새로운 경쟁사와 함께 증대되는 유통점의 증가로 인하여 시장규모가 확대된다. 이 단계에서 기업의 주요 과제는 시장확대에 노력하면서 동시에 경쟁우위 확보에 나서야 한다는 것이다.

성장기가 끝나면서 매출액이 정체상태에 이르는 성숙기가 시작된다. 성숙기는 이전단계들에 비해 더 오랫동안 지속되면 마케팅관리자에게 많은 도전을 제기한다. 우리가 알고 있는 많은 제품들이 사실 이 단계에 있기 때문에 제품관리의 대부분이 성숙기제품에 관한 것이다. 많은 경쟁사들이 진입해 있는데 매출은 정체되어 있기 때문에 설비과잉에 이르게 되기 쉽다. 경쟁사들이 가격을 인하하고 제품개선을 기하기 위하여 연구개발비를 증대시키며, 광고를 증가시키게 된다. 따라서 이익이 감소되기 시작하고 약한 경쟁사들이 도태된다. 제품수명주기의 단계별로 필요한 마케팅목표와 전략은 위의 〈표 9-1〉과 같이 요약된다.

〈표 9-1〉 제품수명주기 단계별 마케팅목표와 전략

	도입기	성장기	성숙기	쇠퇴기
마케팅목표	제품시장의 창출과 시험구매유도	시장점유율 극대화	시장점유율 유지 및 이익극대화	비용감축과 수확
마케팅전략 1) 제품	기본형 제품	품질개선, 제품과 서비스의 보증확대	상표 및 모델의 다양화	약한 품목부터 단계적 철수
2) 가격	원가에 기초	시장침투용 가격	최저가 경쟁자 기준	가격인하
3) 유통	소수 유통점	유통점 확대	유통점 최다	소수로 축소, 저이익점포부터 철수
4) 광고	초기구매자대상의 인지도 구축	대중적 인지도와 흥미유발	자사상표의 차이점과 혜택 강조	핵심고객유지 수준으로 축소

나. 가격

가격은 제품 또는 서비스에 부과되는 금액이며, 고객의 관점에서 볼 때는 제품 또는 서비스를 보유·사용하는 혜택과 교환하는 가치라고 할 수 있다. 전통적으로 가격은 판매자와 구매자의 협상에 의해서 결정되었다. 말하자면, 구매자 각자는 구매의 절박성과 협상기술에 따라 동일제품에 대하여 서로 다른 가격을 지불한 것이다. 오늘날은 대다수

판매자들이 모든 구매자에게 동일한 가격을 적용하는 일물일가가 보편적으로 적용되고 있다. 가격결정은 상당부분 제조업자에 의해서 이루어져 왔는데, 최근에는 프라이스클럽, 킴스클럽, 이마트 등과 같은 대규모 할인점들이 가격 파괴를 주도하면서 가격결정에서 유통업자들의 영향력을 증대시켰다.

가격은 전통적으로 구매에 영향을 미치는 중요한 요인이다. 제품에 별 차이가 없는 상품류(commodity)에서 또는 저소득국가, 저소득층에서 주로 소비되는 많은 제품들에서 가격은 여전히 중요한 역할을 한다. 그렇지만 소비자의 가처분소득이 증가되면서 많은 제품류에서 가격이 비가격요인에 비하여 중요성이 감소되고 있다. 여기서는 가격결정에 영향을 미치는 요인들과 일반적 가격결정방법을 논의한다.

1) 가격결정의 영향요인

가격결정에는 마케팅목표, 마케팅믹스전략, 원가 등의 기업내부 요인과 시장 및 수요, 경쟁자가격 등의 외부요인이 고려되어야 한다. 우선 기업이 가격에서 추구하는 목표가 있을 것이다. 예컨대, 단기이익 극대화 또는 최상의 품질을 추구하는 기업은 고가격을 선택할 것이고, 존속이나 점유율 극대화를 추구하는 기업은 저가격을 선택할 것이다.

그리고 가격은 기업이 마케팅목표를 달성하기 위해 사용하는 마케팅믹스의 한 수단이라는 점을 고려해야 하다. 가격은 다른 요소들과 잘 조화를 이루어야 하는 것이다. 예를 들면 구찌 핸드백은 최고품질과 독특한 디자인에 기초한 제품이고, 고급전문점을 통하여 유통되므로 가격 또한 고가격이라야 하는 것이다. 경우에 따라서는 제품디자인과 가격의 기본선이 먼저 결정되고, 다른 요소들이 이에 맞게 결정되기도 한다.

원가는 가격설정의 하한선 역할을 한다. 어떤 기업이든 제품의 생산, 유통 및 판매 등에 소요되는 비용을 충당하고 목표이익을 제공해 주는 가격을 원한다. 비용에는 고정비와 변동비가 있다. 고정비는 생산량과 관계없이 일정한 비용으로 임대료, 이자비용, 관리직의 급여 등이다. 변동비는 생산수준에 직접 비례하는 비용으로 재료비와 노무비 등이다. 기업은 최소한 주어진 생산수준에서 고정비와 변동비의 합인 총비용을 충당하는 가격을 원할 것이다.

한편, 외부요인으로 시장의 유형에 따라 기업의 마케팅관리자가 가격 결정에서 어느 정도 재량권을 가질 수 있는가 결정된다. 완전경쟁시장에서는 가격이 많은 수의 공급자와 구매자에 의해 시장에서 결정된다. 기업은 시장에서 정해진 가격에 따를 뿐이다. 이와는 대조적으로 우리나라의 담배, 기차 등의 제품과 서비스는 독점기관에 의해 공급되는데, 이러한 경우의 독점기관은 물론 공공정책적 목표를 고려해야 하지만 가격 결정에서 큰 권한을 가지고 있다. 대다수 제품들이 이러한 완전경쟁시장과 독점시장의 중간적 형태의 시장에 있을 것이며, 마케팅관리자들이 어느 정도 가격결정 권한을 가질 것이다.

유사한 수준의 제품을 제공하는 경쟁자의 가격이 자사의 가격설정의 한 기준이 될 수 있다. 그리고 경쟁자 제품과의 품질차이를 감안하여 일정액만큼 더 높게 또는 더 낮게 할 수도 있는 것이다.

2) 가격결정의 접근방법

가격결정의 일반적 접근방법으로 원가중심의 가격결정, 구매자중심의 가격결정, 경쟁중심의 가격결정이 있다. 먼저 원가중심의 대표적 방법인 원가가산법(cost-plus pricing)은 제품의 원가에 일정률의 이익을 더하여 가격을 산출하는 것이다. 예를 들어, 한 소매업자가 티셔츠 한 벌을 20,000원에 매입하여 30,000원에 판매한다면 매입원가(20,000)에 50%의 마진을 더한 것이다. 점포운영비가 한 벌 판매당 8,000원이라면 이 소매업자의 순이익은 2,000인 셈이다. 마진율은 제품류에 따라 큰 차이가 있는데, 보통 계절상품, 특수품, 저회전율 제품 등에서 높다.

구매자중심의 가격결정은 제품의 원가가 아니라 그 제품에 대하여 구매자들이 실감하는 가치를 가격책정의 기준으로 삼는 것이다. 이 방법을 사용하는 기업들은 보통 가격 이외의 다른 마케팅믹스 변수들을 사용하여 구매자들이 실감하는 가치를 높이고자 노력한다.

경쟁중심의 가격결정은 자사의 원가 또는 수요보다는 경쟁자들의 가격을 주요 기준으로 가격을 책정하는 것이다. 과점 하에서 제품에 차이가 없는 상품류를 판매하는 기업들은 보통 경쟁자들과 동일가격을 사용한다. 중소기업들은 시장선도자의 가격흐름을 따르는 경향이 있고, 일부 기업들은 선도기업과 일정액의 가격차이가 유지되도록 한다.

다. 유통경로

유통경로는 제품 또는 서비스를 최종소비자들에게 이전하는 과정에 참여하는 상호의존적인 제조업체와 상인들의 집합을 말하는 것이다. 제조업체가 유통경로 구성원으로부터 협조를 얻는 것은 경쟁우위 확보에 중요한 역할을 한다. 예컨대, 세계 최대의 유통업체인 Wal-Mart는 제품공급자들과의 협력관계를 통하여 경쟁우위를 강화시킨 좋은 사례이다. 월마트와 공급사의 마케팅, 생산, 유통, 재무 등 여러 부서 사원들이 모여서 공동작업을 한 결과 각 지역의 특성에 잘 맞는 상품구색을 적시에 공급할 수 있도록 해주는 정보시스템을 개발한 것이다.

기업의 유통경로에 관한 의사결정은 장기적 구속력을 가진다. 가격이나 광고는 비효과적이라고 판단될 때 쉽게 변경할 수 있다. 그러나 독립적 중간상들과 계약을 통해 형성한 판매망은 상황이 바뀌어 자사의 판매지점을 설립하는 것이 더 효과적이라고 판단되는 경우에도 쉽게 바꿀 수 없다.

1) 유통경로의 설계

여기에서는 유통경로단계의 수 → 중간상의 수 → 경로대안평가의 순으로 유통경로에 관한 의사결정을 논의한다. 유통경로단계는 네 가지 유형으로 분류된다.

첫째, 제조업자 → 최종소비자(또는 산업재의 경우 산업고객)의 직접마케팅경로로 어떤 중간상도 개입되지 않는다. 이 경로는 복잡·고가격·고기술의 산업재(예, 항공기, 의료장비)에 많이 사용되고, 소비재의 경우 방문판매를 하는 서적류와 화장품, 우편판매, 자사지점을 통한 직판 등에서 사용된다.

둘째, 제조업자 → 소매상 → 최종소비자의 경로로 가전제품, 가구, 고가의류 등에서 많이 사용되며, 여기서 소매상은 백화점이나 대리점과 같이 대형인 경우가 많다.

셋째, 제조업자 → 도매상 → 소매상 → 최종소비자의 경로로 제조업자가 소규모이기 때문에 소매상과 직접 거래하기 어려운 경우에 주로 사용된다. 식품, 주류, 의약품, 철물 등에서 많이 사용된다.

넷째, 제조업자 → 도매상 → 중간도매상 → 소매상 → 최종소비자의 경로로 곡물·야채·과일 등의 1차 상품에서 흔히 사용되며, 소규모 소매상들이 도매상과 직접 거래하기 어렵기 때문에 중간도매상이 참여한 형태이다. 제조업자의 관점에서 볼 때 단계가 많아질수록 경로가 복잡해지고 통제가 어려워진다.

유통경로의 각 단계에서 사용될 중간상의 수에 관해 집중적 유통, 전속적 유통, 선택적 유통의 세 대안이 있다. 집중적 유통은 가능한 한 많은 중간상들에게 자사제품을 취급하도록 하는 것으로 치약, 과자류, 포장 소비재 등과 같이 구매편의성이 중요한 경우에 사용된다. 전속적 유통은 소수의 중간상들에게 특정 지역 내에서 자사제품에 대한 독점판매를 허용하는 것이다. 고가 오디오, 자동차 등과 같이 상표이미지가 중요하고 중간상의 판매협조가 많이 요구되는 제품들에 사용된다. 선택적 유통은 앞의 두 대안의 중간형태로 각 지역에 비교적 좋은 자격요건을 갖춘 복수의 중간상들에게 자사제품을 취급하도록 하는 것이다. 가전제품, 화장품, 의류 등의 제품에 많이 사용된다.

제조업자가 이용가능한 복수의 경로대안이 있을 때 경제성, 통제가능성, 적응성의 기준에 의해 평가하여 종합적으로 가장 우수한 대안을 선택한다. 경제성은 대안별로 가능한 매출액과 발생할 비용을 말한다. 통제가능성은 최종소비자에 이르기까지의 여러 가지 활동을 자사가 결정할 수 있는 정도로, 많은 중간상을 거칠수록 통제 정도는 낮아진다. 적응성은 유통환경이 변화할 때 자사 의도대로 경로변경이 어느 정도 가능한가를 나타내며, 어떤 기업이든 많은 신축성을 보유하고자 할 것이다.

2) 물적 유통

물적 유통은 원자재 또는 완제품의 물리적 흐름을 계획, 수행, 통제하는 활동을 말하는데, 그 출발지로부터 사용지에 이르기까지의 과정을 포함한다. 주요 항목을 꼽자면 수송, 재고관리, 창고업무, 주문처리 · 고객서비스 등이다. 많은 전문가들이 물적 유통분야에서 큰 원가절감이 가능하다고 보고 있고, 물적 유통비가 경쟁력에 연결된다고 한다. 물적 유통은 제품원가에 영향을 줄 뿐 아니라, 납기지연과 같이 고객상실로 연결되기도 한다.

라. 촉진

기업이 자사의 제품 또는 서비스의 혜택 · 속성 · 장점을 잠재구매자에게 알리고 설득하는 기능을 총괄하여 촉진이라고 한다. 촉진에 사용되는 수단으로는 광고, 인적 판매, 판매촉진, 홍보가 있는데, 촉진의 목표를 달성하기 위하여 구성된 이러한 수단들의 결합을 촉진믹스라고 한다.

1) 촉진믹스 요소별 특징

광고의 주요 매체는 신문, TV, 라디오, 잡지 등 대중매체이다. 광고가 대중매체를 통하여 전달되기 때문에 그 공적인 성격에 의하여 광고내용이 합리화되는 경향이 있고, 하나의 메시지를 여러 번 반복할 수 있으며, 내용을 극화할 수 있고, 접촉인원당 비용이 싸다는 등의 장점이 있다. 반면, 설득력이 낮고 총광고비가 매우 비싸다는 단점이 있다.

어떤 매체를 통하든 전통적 광고는 미지의 대중을 상대로 한다는 공통점이 있다. 그러나 앞으로는 고객리스트를 작성하고 고객별 정보를 축적하여 개인으로서의 고객을 상대로 하는 광고가 증가될 것이다. 또한 PC통신을 이용하는 인터넷광고가 현재는 미미한 규모이지만, 젊은층의 PC사용도를 감안할 때 앞으로 크게 성장할 것으로 예상된다.

인적 판매는 판매원이 고객과의 대화를 통하여 촉진기능을 수행하는 것을 말한다. 판매원이 고객에게 직접 정보를 제공하고 설득하기 때문에 신축성이 높고, 구매결정의 후반기, 즉 고객이 제품을 평가하고 마음을 정하는 단계에 효과적이다. 그리고 광고에 비하여 청중을 듣게끔 유도할 수 있다는 장점이 있다. 반면에 판매조직을 유지하는 비용이 다른 어떤 촉진수단보다 비싸다는 단점이 있다.

판매촉진은 주로 단기적 판매확대를 위하여 사용되는 방법으로서 가격할인, 쿠폰, 무료견본, 경품, 리베이트, 판매경진 등의 수단이 있다. 쿠폰, 무료견본, 경품 등 최종소비자를 대상으로 하는 판매촉진과 리베이트, 판매경진 등과 같이 주로 중간상에 대한 동기유발용으로 사용되는 판매촉진으로 분류된다.

경쟁이 심화되고, 소매점에서 POS시스템의 보급이 확대되어 가격할인이나 행사개최와 같은 판매촉진의 효과측정이 용이해짐에 따라 판매촉진의 역할이 점점 증대될 전망이다. 그러나 가격할인이나 쿠폰의 사용이 판매를 단기적으로 증대시키지만 너무 자주 사용하면 그 상표에 대한 이미지와 상표애호도를 저하시킨다는 지적도 있다.

홍보는 기업을 둘러싸고 있는 공중들과 호의적인 관계를 형성하고, 좋은 기업이미지를 세우기 위한 노력을 총칭하는 것이다. 여타 촉진믹스와는 달리 홍보는 기업의 직접 통제가 불가능하다. 자사에 관한 보도 여부와 내용이 매체에 의하여 결정되기 때문이다. 유리한 홍보를 위하여 기업은 자사의 현황, 신제품개발, 행사 및 뉴스거리를 제작하여 대중매체에 배포하고, 봉사기관에 기부금을 내며, 여러 사회활동을 지원한다.

2) 촉진수단의 유형

마케팅관리자가 사용할 수 있는 판매촉진 수단은 다양하지만, 광고(advertising), 홍보(public relations), 인적 판매(personal selling), 협의의 판매촉진 등이 가장 널리 사용되는 판매촉진수단이다.

(1) 광고

광고는 판매에 영향을 미치기 위하여, 광고주가 자기의 비용으로 특정 제품과 서비스의 장점을 널리 알리는 활동이다. 광고를 함으로써 광고주는 제품과 서비스에 대한 미래의 잠재적 구매자의 주의를 끌고자 하는 것이다.

대중매체를 이용한 광고의 장점은 짧은 시간 안에 많은 사람에게 접근할 수 있어서 신제품의 출하사실과 특징을 알리는 매체로서 적절하다는 것과 고객당 촉진비용이 싸다는 것이다. 반면에 광고는 고객에게 줄 수 있는 정보의 양이 제한되어 있고, 효과측정이 어렵다는 것이 단점이라고 할 수 있다.

광고의 종류에는 기업이미지의 설정을 위한 기업광고와 제품 자체의 품종, 품질, 규격, 가격, 성능, 내구성 등을 알리기 위한 제품광고가 있다. 그리고 제품광고에는 신제품의 출하와 용도를 알리는 고지광고, 특정 상표에 대한 선택적 수요를 유도하여 시장점유율을 확대시키려는 설득광고 및 구매자의 생각을 계속 유지시켜 시장점유율을 지키려는 유지광고로 분류된다.

기업이 이용하는 광고방법(광고매체)으로는 신문, 잡지, 라디오, TV, 통신광고, 교통광고, 옥외광고 등이 있다. 기업이 광고를 하려고 할 경우에는 어떤 매체를 이용하여, 언제, 어떻게, 어디에 하여야 하며, 그 효과는 어떨 것인가 하는 것 등을 다른 광고방법과 비교한 후 그 중에서 광고목적에 가장 적합한 광고매체를 선정해야 한다.

(2) 홍보

홍보란 광고주가 대가를 지불하지 않은 상태에서 제품이나 서비스, 기업에 관한 내용을 매체(신문, TV 등)에 기사형식으로 게재함으로써 촉진효과를 보는 방법을 말하며, 다음과 같은 특징을 갖는다.

- 사람을 통하지 않는 촉진방법이다.
- 매체에 광고비로 비용을 지불하는 광고와 달리 기사형식이므로 촉진효과가 매우 크다.

(3) 인적판매

인적판매란 기업의 종업원이나 대리인이 고객에게 그 기업의 제품을 구매하도록 개인적으로 정보를 제공하거나 설득하는 모든 활동을 말한다. 인적판매는 광고나 기타 판매촉진보다 오래된 판매방식이며, 보험과 같은 상품에 이용되고 있다. 이는 소비자에 대한 서비스와 마케팅 정보를 신속하게 처리할 수 있다는 장점이 있다.

제조업이나 도소매업은 다수의 판매원을 채용하여 판매촉진에 노력하고 있다. 기업은 회사의 판매정책, 제품에 대한 지식, 구매자의 성격 파악, 효과적인 판매방법 등을 판매원에게 정기적으로 교육을 시키고 있다.

(4) 협의의 판매촉진

협의의 판매촉진이란 목표시장이 빠르고 강력하게 반응하도록 하기 위하여 단기적으로 시도되는 촉진수단으로서 앞에서 설명한 광고, 홍보 및 인적판매를 제외한 모든 촉진활동을 의미하며, 다음과 같은 특징을 갖는다.

- 소비자가 직접적으로 구매하도록 유도하는 1회성 촉진수단이다.
- 판매촉진수단; 샘플, 쿠폰, 경품, 현상모집, 가격인하포장, 포인트,

마일리지, 전시회, 중간상인에 대한 판매보조금 등.

가장 대표적인 촉진수단인 광고와 인적판매를 상황별로 비교해 보면 다음과 같다(〈표 9-2〉 참조).

〈표 9-2〉 광고와 인적 판매의 상대적 비중

광고가 더 중요함	상 황	인적판매가 더 중요함
많다	고객의 수	적다
낮다	구매자의 정보 필요성	높다
소규모, 덜 중요	구매의 규모와 중요성	대규모, 더 중요
낮다	구매 후 서비스요건	높다
단순	제품의 복잡성	복잡
균일가격	가격정책	가격 흥정
많음	촉진에 동원된 자금	적음
Pull 전략	유통전략	Push 전략

9.4 마케팅의 새로운 경향

가. 고객관리

기업에게 있어서 고객은 가장 중요한 이해관계자여서 고객에 대한 관리의 강화는 새삼 강조할 필요가 없는 사항이지만, 고객관리에 대한 접근방법은 달라지고 있다. 예컨대 80:20의 법칙에 근거한 고객관리이다. 이 법칙은 기업경영에서 다양한 분야에 적용되고 있는데, 마케팅 측면에서는 상위 20% 고객들이 80%의 매출을 일으키기 때문에 기업들은 이들 상위 20%의 고객들을 특히 집중적으로 관리해야 한다는 것이다.

상위 고객은 제품구매에 대한 충성도와 재구매율이 높기 때문에 기업의 수익증가에 많은 도움을 주고 있다. 고객관계관리(customer relation management; CRM)가 지속적으로 관심의 대상이 되는 것은 이와 같은 이유 때문이다.

마케팅의 효율성을 소비자 개인 수준에서 측정하는 것이 현대 마케팅의 가장 중요한 특징이다. 이는 지금까지의 마케팅 관행과는 근본적으로 다른 것으로, 정보기술을 활용하여 소비자 개개인의 데이터베이스를 구축하여 다이렉트 마케팅을 수행하는 방식으로 나타나고 있다. 즉, 과거에는 연령, 지역, 직업별로 고객을 구분한 다음 이들 집단을 대상으로 마케팅활동을 전개했으나, 오늘날에는 소비자 개개인의 구매성향과 생활형태를 파악하여 1:1 맞춤 마케팅을 하며 경쟁우위를 확보하고 있다[사례 9-3 참조].

나. 최신 마케팅 기법

1) 다이렉트 마케팅

다이렉트 마케팅(directing marketing)이란 잠재적인 고객이나 기존의 고객정보를 활용하여 고객에게 직접적으로 1:1로 수행되는 마케팅을 말한다. 불특정 다수를 대상으로 하는 TV나 신문 등의 광고와 같이 비용이 많이 드는 마케팅방법 대신 저비용으로 충분한 마케팅 효과를 얻고자 근래에 많이 시도되고 있는 마케팅 기법이다.

다이렉트 마케팅이 제대로 실행되기 위해서는 우선 고객에 관한 정보가 있어야 한다. 또한 다이렉트 마케팅은 우편, 전화, 전자우편 등을 통하여 이루어지기 때문에 다음에 설명될 데이터베이스 마케팅, 텔레마케팅, 인터넷 마케팅 등과 중복되는 개념이라고 할 수 있다. 예를 들면, 고객의 신상정보를 데이터베이스로 구축하여 마케팅을 전개한다면 데이터베이스 마케팅이며, 전화로 마케팅을 전개하면 텔레마케팅이고, 고객을 직접 접촉하여 전개하면 다이렉트 마케팅을 하는 것이다.

2) 데이터베이스 마케팅

데이터베이스 마케팅(database marketing)이란 고객에 대한 여러 가지 정보를 컴퓨터를 이용하여 데이터베이스로 구축하고 전개하는 마케팅 기법을 말한다. 이 기법은 저렴한 비용으로 1:1 마케팅을 하면서 고객과 지속적인 관계를 유지할 수 있는 장점이 있으며, 카드사, 항공사, 백화점, 금융기관 등에서 많이 활용되고 있다.

이 때문에 고객정보가 없어 데이터베이스를 구축하지 못한 기업의 경우에는 소비자들에게 각종 서비스를 무료로 제공하는 대가로 고객정보를 요구하는 사례가 있다. 일부 기업은 자사가 구축한 고객 데이터베이스를 다른 회사에 돈을 받고 팔아 물의를 일으키기도 한다.

3) 텔레마케팅

텔레마케팅(tele-marketing)이란 기업이 소비자에게 전화, 문자 메시지, 인터넷 등 정보통신 수단을 이용하여 전개하는 마케팅 기법이다. 이의 효율적 전개를 위해서는 소비자 정보에 대한 데이터베이스의 구축이 필요한데, 이를 갖추지 못한 기업들은 전화번호부를 이용하거나 미지의 대상에게 전화를 걸기도 한다.

텔레마케팅이 본격화되면서 텔레마케팅 업무만을 전문적으로 대행해 주는 기업까지 나타났다. 이런 기업들은 신규가입회원의 수에 따라 수수료를 받는 형식으로 영업을 한다.

4) 인터넷 마케팅

인터넷 마케팅(internet marketing)이란 인터넷이라는 매체를 이용하여 전개하는 마케팅 기법으로 홈페이지나 전자우편을 주로 활용한다. 이 기법은 적은 비용으로 많은 사람에게 동시에 그리고 지속적으로 마케팅활동을 전개할 수 있다는 장점이 있지만, 실제로 상품을 구매하려는 소비자 입장에서는 구매예정제품에 대한 정확한 정보를 충분히 확보할 수 없어서 구매를 주저하게 하는 문제점이 있다. 이런 단점을 극복하기 위하여 기업들은 3차원 동영상 기술을 활용하여 제품안내를 하거나 제품사용자들의 이용소감을 제시하여 소비자가 원하는 정보제공정도를 높이고 있다.

5) 그린 마케팅

그린 마케팅(green marketing)이란 환경의 효율적인 관리를 통해 삶의 질을 향상시키는 데 초점을 맞춘 마케팅 활동을 의미한다. 공해요인을 제거한 제품을 만들어서 판매한다는 소비자보호운동에 근거하여 자연환경 보전과 생태계 균형 등을 중시하는 마케팅 개념이다.

오늘날 환경문제는 기업의 활동은 물론 기업의 생존에 심각한 영향을 미치고 있다. 소비자들은 쾌적한 환경조성과 유지에 관심을 가지고 기업의 환경파괴 활동을 감시하며, 기업이 친환경적 관점에서 생산과 판매활동을 하도록 요구하고 있다.

그린 마케팅의 목적달성은 마케팅 수단인 4P 전략(제품, 가격, 유통과 촉진)에 반영될 필요가 있다. 첫째, 그린 제품(green product) 전략이다. 그린 제품이란 환경보전을 고려하여 공해요인을 제거하거나, 재활용이 가능한 포장재를 사용하거나, 자연원료를 사용한 제품을 의미한다. 환경마크(environmental labelling) 제도가 활용될 수 있다.

둘째, 그린 가격(green price) 전략이다. 그린 제품은 현실적으로 재활용 소재 사용 등으로 인하여 제품의 품질이 떨어지면서 가공과 생산 비용이 높아져서 제품가격이 높아지는 경향이 있다. 기업은 그린 제품을 낮은 원가로 생산할 수 있는 기술을 개발하여 가격을 인하하고, 디자인을 고급화하여 소비자의 선호를 증대시켜야 한다.

셋째, 그린 유통(green place) 전략이다. 그린 유통의 날 생산된 제품을 소비자에게 전달하는 과정에서 발생하는 환경 영향을 최소화하면서 소비 이후의 폐기물이 자원재생업자에게 전달되도록 하는 과정이다.

넷째, 그린 촉진(green promotion) 전략이다. 그린 촉진이란 환경문제를 주제로 한 기업 광고나 홍보, 캠페인, 이벤트, 소비자 교육 등과 같은 그린 커뮤니케이션 활동을 기업 차원에서 진행하는 것을 말한다.

[사례 9-1] 사업다각화(대형건설사의 외식업 진출)

"건설업체들은 외도 중?" 국내 대형건설사들의 외식업 진출이 이어지고 있다. 15일 건설업계에 따르면 SK건설은 이달 초 미국내 현지법인을 통해 외식업체인 '프란델리 프랜차이즈 인터내셔널'(Frandeli Franchise International LLC)을 합작법인 형태로 설립했다. 자본금 4억1700만원 규모로 미국 캘리포니아에 위치한 이 법인은 피자를 판매하는 패밀리 레스토랑으로, SK건설의 손자 회사격이다.

SK건설 관계자는 "이 레스토랑은 지난해 초부터 추진하고 있는 '글로벌 벤처'의 성격과는 다소 다른 형태의 현지법인으로, 향후 사업성 여부를 따져 점포수를 확대할 계획을 가지고 있다"고 강조했다.

현대건설도 자회사인 ㈜현대서산농장을 통해 서산간척지에서 생산하는 쌀을 시중에 유통하는데 이어 충남 서산시 부석면 창리 소재 농장에서 사육하고 있는 속칭 '통일소'를 브랜드로 하는 외식업 진출에 나설 계획이다. 이를 위해 현재 사육중인 한우 1970두 가운데 외식사업이 가능한 비육 400두를 1,000두까지 늘릴 예정이다. 현대서산농장 관계자는 "비육에 따른 준비기간을 거쳐 내년 하반기쯤 서울 강남에 1호점을 개설하고 판매에 들어갈 예정"이라고 밝혔다.

앞서 현대산업개발은 지난 2002년 미국의 쿠키전문 체인점인 '미세스필즈'를 국내에 도입, 운영한 바 있다. 미세스필즈는 현대백화점 압구정점과 목동점, 무역센터점 등 세 곳에서 영업을 해오다 수지타산이 맞지 않아 지난해 재계약을 포기하고 폐쇄했다.

이처럼 건설사들의 잇따른 외식업 진출은 경영환경변화에 따른 사업다각화 측면이란 게 업계의 해석이다.

한국건설경영협회 윤기평 본부장은 "아파트사업을 중심으로 한 민간건축시장이나 토목 등 공공 공사의 경우 정부정책에 따라 흔들림이 심한 만큼 건설업체들도 보다 안정적인 제2, 제3의 사업진출을 꾀하고 있으며 외식업도 그의 일환"이라고 말했다.

[머니투데이, 2005. 11. 15]

[사례 9-2] 신제품개발(비타민 드링크제 시장 격전장 예고)

'비타500' 독주 더 이상 안돼… 동아제약, 일양약품 신제품 출시

광동제약 '비타500'에 '박카스'와 '레모나'가 도전장을 던졌다. 과거 비타민 드링크 시장 선두였던 동아제약은 카페인을 뺀 새 박카스를, 경남제약과 일양약품은 과립형 비타민의 대표 브랜드인 레모나를 앞세워 '비타500' 흔들기에 나선 것이다.

동아제약은 8일 '박카스 디카페'를 출시했다. '박카스 디카페'는 기존 박카스의 맛과 성분은 그대로 유지한 채 카페인 성분을 빼고 두충성분을 첨가한 제품으로 '비타500'과 유사한 비타민 드링크 음료다. 업계에서는 동아제약이 '비타500'에 빼앗긴 비타민 드링크 시장 점유율을 보다 확대하기 위해 신제품 박카스를 내놓은 것으로 해석하고 있다. 박카스는 40여 년 동안 비타민 드링크 시장 부동의 1위를 차지해왔으나 최근 카페인 성분을 뺀 '비타500'이 일반 소매점을 집중 공략하며 선두 자리를 내 준 상태다. 회사 관계자는 "박카스 디카페는 카페인을 빼면서도 두충성분을 더하고 각종 비타민, 타우린 등 기존 박카스의 좋은 성분은 유지했다"며 "젊은 층, 특히 20대 여성이 주요 목표"라고 설명했다. 최근 동아제약은 기존 약 광고에서 크게 벗어난 새로운 감각의 CF를 선보이며 젊은 층 공략에 나서고 있다.

앞서 일양약품과 경남제약도 과립형 비타민 레모나를 음료화 한 '레모나D' 개발 및 판매를 위해 업무 제휴를 맺었다. 레모나의 오랜 제품 인지도와 일양약품의 드링크류 생산 능력을 더해 '비타500'이 독주하는 비타민 음료 시장을 따라잡기 위함이다. 경남제약 관계자는 "2년 안에 매출 400억원을 목표로 하고 있다"며 "기존 레모나의 이미지를 잘 살린다면 시장 점유율 20% 달성도 가능할 것"이라고 예상했다.

그러나 '박카스 디카페'와 '레모나D'가 '비타500'을 얼마나 흔들 수 있을지는 미지수다. '박카스 디카페인'은 기존 박카스의 단점인 유통망의 한계가, '레모나D'는 후발 주자라는 것이 걸림돌이다. 박카스가 '비타500'에 비타민 드링크 시장 선두를 내준 가장 큰 이유는 일반 소매점을 통한 소비자 접근성이 떨어졌기 때문이다. 동아제약 관계자는 "박카스 디카페도 기존 박카스와 같이 약국을 통해서만 소비자들이 살

수 있다"고 설명했다.

동아제약은 올해 초 카페인 등 박카스의 일부 의약품 성분을 빼고 의약외품으로 변경하고자 식약청에 요청했다 자진 철회한 바 있다. 식약청이 박카스라는 명칭으로는 기존 의약품과 혼돈할 수 있어 일반 소매점 판매가 불가능 하다는 입장을 밝혔기 때문이다. 또 기존 박카스의 주력 유통망인 약국과의 관계도 동아제약이 무시할 수 없는 부분이다. 박카스의 시장 접근성을 확대하기 위해 소매점에 진출할 경우 약국들의 반발이 예상된다. 과거보다는 비중이 낮아졌지만 박카스는 아직도 약국 매출의 상당 부분을 점유하고 있다.

'레모나D'는 상대적으로 앞서있는 '비타500'의 브랜드 파워가 큰 걸림돌이다. 20년이 넘은 레모나를 과립형이 아닌 드링크로 인식시키기 위해서는 막대한 광고가 필요하지만 그 효과를 장담할 수 없기 때문이다. 경남제약 관계자는 "무작정 광고 공세는 오히려 역효과를 불러올 수 있다"며 "올해는 지면과 옥외광고, 그리고 이벤트 등을 통해 제품 인지도를 높이는데 주력할 것"이라고 설명했다. 이 관계자는 "레모나의 주 고객인 20대와 30대 젊은 여성층을 상대로는 충분한 승산이 있다"며 "이를 바탕으로 점차 소비층을 넓혀 나가겠다."고 덧붙였다.

한편 광동제약은 '비타500'의 수성에는 문제가 없다는 입장이다. 경쟁사 대비 젊은 브랜드 이미지 뿐만 아니라 최근 공격적인 설비투자로 생산 원가에서도 월등히 앞섰다는 자체 분석이다.

[머니투데이, 2005. 8. 8]

[사례 9-3] 기업의 엄마 마케팅

내 아이를 특별하게 키우고 싶어 하는 엄마들을 대상으로 기업들이 엄마 마케팅을 실시하고 있다. 엄마의 소비욕구가 구체화, 세분화됨으로써 기업들의 마케팅 경쟁을 심화되고 있다.

◆신세대 엄마 -
WELL BORN ... 잘 태어나자. (태어나기 전부터)
출산율이 떨어지면서 엄마들의 아이들에 대한 사랑과 관심이 높아진다.

◆엄마 소비자들이 주목되는 이유
1. 가계소비의 주체
2. 가처분 소득이 늘고 있다.

◆엄마 마케팅의 구분 대상
1. 키티맘(20대 후반~30대 초반) - 젊은 엄마를 대상, 디지털 1세대
2. 줌마렐라(30대~40대) - 단지 아끼는 것이 아니라 살림·육아·자기관리를 한꺼번에 얻는다.
3. 와인맘(50대~60대) - 잘 통합되어진 장년 여성

◆이들을 이용한 기업의 마케팅
1. 키티맘은 TV보다는 인터넷으로 정보를 얻으므로 인터넷 기반 서비스를 이용한다.
   - 제품 정보, 컨텐츠 풍부하게 제공, 커뮤니티를 형성하여 체험 후 제품이용.
2. 줌마렐라는 기업에서는 아이디어 수집원으로 활용하고 있다.
   - 미용과 건강에 관심이 많으므로 심리적인 마케팅을 활용한다. (EX) 개인병원의 인테리어

[사례 9-4] 사업기회의 탐색(시장진출 - 알제라는 기회의 땅)

〈알제리의 수도 알제 거리를 달리는 자동차 가운데는 한국산이 압도적으로 많다. 특히 대우자동차는 서울 거리에서보다 찾기가 쉽다. 대우 현대 기아 등 한국 자동차가 전세계에서 유례를 찾아보기 힘들 정도로 알제리 시장을 석권하고 있다. 이처럼 한국기업이 이미 성공적으로 진출한 데다 경제개혁을 추진하고 있는 알제리 정부가 한국의 추가진출을 고대하고 있기 때문에 알제리는 한국경제에 '황금의 땅'이 될 가능성이 있는 나라다. 최근 알제를 방문해 취재한 알제리의 상황과 한국기업의 진출 가능성을 소개한다.

▼ 장관들이 말하는 '투자환경' ▼

무라드 메델시 알제리 상무장관은 알제리의 지리적 장점과 풍부한 인적 자연자원을 외국기업이 진출해야 하는 주요요인으로 꼽았다. 아프리카 북부 마그레브 지역 중심부에 위치해 있는 데다 유럽(스페인 이탈리아)에서 비행기로 1시간이면 닿는 유럽과 아프리카의 길목이고 석유 가스 등 풍부한 자연자원의 대부분이 아직도 개발의 손길을 기다리고 있다는 설명이다.

메델시 장관은 특히 알제리가 내년말을 목표로 유럽연합(EU)과 제휴협정(Association Agreement) 체결을 추진 중이어서 한국의 알제리 진출은 장차 유럽시장으로 쉽게 가는 훌륭한 발판이 될 수 있다고 강조했다. 제휴협정이 체결되면 EU와 알제리 사이에 공산품과 농산물 등의 자유이동이 단계적으로 실현되기 때문에 그 이전에 한국기업이 진출하면 자동적으로 무관세의 혜택을 누릴 수 있다는 것.

한—알제리 친선위원회 위원장인 야히아 나제프 교통부 차관은 이미 성공적으로 알제리 시장에 진출한 한국 자동차를 예로 들며 한국이 여러 면에서 어느 나라보다 경쟁력이 있다고 말했다. 알제리인들도 자동차를 살 때는 가격 편리성 안전성 등을 꼼꼼히 살피기 때문에 일단 심사숙고 끝에 한국자동차를 구입한 사람들은 비교적 쉽게 한국의 다른 제품을 사게 된다는 것이다. 나제프 위원장은 알제리는 소비 성향에서는 아프리카라기보다는 유럽으로 보아야 한다며 한국기업은 알제리가 소비 상품의 65% 이상을 수입하고 있는 현실을 주목해야 한다고 지적했다.

알제리의 민영화를 주도하고 있는 하미드 템마르 개혁참여 및 조정장관은 EU가 95년 바르셀로나 선언에 따라 12개 지중해 연안국과 제휴협정을 추진하고 있는 점을 강조하면서 알제리는 인근 모로코나 튀니지보다 훨씬 큰 시장을 가진 가장 잠재력이 있는 국가라고 자부했다. 알제리 지도자들은 한국기업의 진출과 투자를 이구동성으로 환영하면서도 현재의 심각한 무역역조를 거론하는 것을 잊지 않아 빠른 시일 내에 교역균형이 이뤄지지 않을 경우 양국 간에 문제가 될 소지도 보였다.

외국기업인이 우려하고 있는 치안상황에 대해 알제리 지도자들은 한결같이 테러는 산간오지에서 드물게 발생할 뿐 도시지역에서는 사라진 '과거사'가 됐다고 강조했다. 하원 외교분과 위원장인 압델하미드 시아피프 의원은 "94년부터 98년까지는 혼돈의 시기였다"고 시인하면서 "그러나 압델아지즈 부테플리카 대통령의 국민화합법에 따라 정치적으로는 문제가 해결됐고 현재는 10명 단위의 소규모 테러리스트들이 오지에서 활동하는 정도"라고 설명했다.

▼ 한국공관이 말하는 시장환경 ▼

"한국산 자동차가 지난해 알제리 신차 시장의 70%를 점유했습니다. 대우자동차만 무려 2만여대가 팔렸습니다. 일본 등 경쟁국이 아직은 관심이 적은데다 자동차로 대표되는 한국 상품이 성공적으로 뿌리를 내렸기 때문에 한국 기업이 조금만 노력하면 쉽게 알제리 시장에 진출할 수 있습니다."

최홍식 주알제리 대사는 알제 시내를 누비는 한국 자동차의 물결을 가리키며 아프리카 3위의 경제 규모를 자랑하는 자원부국 알제리가 한국 기업에 기회의 땅이 될 것이라고 역설했다. 그 동안 알제리의 불안한 국내 상황이 외국 기업의 진출을 막는 요인으로 작용했으나 현재는 대부분 해소된 상황이기 때문에 '약간의 위험을 감수해 큰 이익을 얻으려는' 기업에는 오히려 좋은 기회가 될 수 있다는 것. 최대사는 알제리가 한국을 기술과 경험을 가진 경제 선진국으로 평가하며 모델로 삼겠다는 의지를 갖고 있어 한국 기업이 다른 나라 기업보다 유리한 조건으로 진출할 가능성이 열려 있다고 말했다. 한국은 알제리와의 교역에서 98년에 $1억3,000만, 99년에 $1억7,000만의 흑자를 기록할 정도로 교역 환경도 유리하다. 알제리는 특히 한국의 투자와 석유 가스 등 자원 개발, 민영화 참여 등을 고대하고 있다. 그러나 이밖에도 한국 기업이 진출할 만한 유망한 분야가 많다.

주알제리 대사관과 무역관은 자동차 부품과 타이어 자가발전기 선박 수리부품 위성수신안테나 낚시용품 재봉틀 농기계 등이 유망 품목이라고 꼽고 있다. 전기 사정이 좋지 않아 자가발전기가 많이 필요하고 위성수신안테나는 알제리가 전세계 시장의 35%를 차지할 정도로 수요가 많다.

[동아일보, 2000. 10. 17]

핵심용어

마케팅	생산지향적 관점	제품지향적 관점	판매지향적 관점
사업기회탐색	마케팅지향적 관점	사회친화적 마케팅 관점	시장세분화
표적시장	포지셔닝	마케팅믹스	제품수명주기
가격결정	광고와 홍보	인적판매	판매촉진
텔레마케팅	고객관리관리(CRM)	다이렉트 마케팅	데이터베이스 마케팅
그린 마케팅			

연 습 문 제

1. 마케팅이란 무엇인가?

2. 마케팅관점의 변천과정을 설명하시오.

3. 전략적 마케팅과정에 대해서 설명하시오.

4. 마케팅믹스에 대해서 설명하시오.

5. 가격결정방법과 전략을 설명하시오.

6. 최근의 마케팅 기법을 정리하고 그 사례를 들어 보시오.

제 10 장

인적자원관리

10.1 인적자원관리의 개요

우리는 종종 "인사는 만사다."라거나 "기업은 곧 인재다."라는 말을 한다. 오늘날 기업은 종업원들을 단순한 활용대상이 아닌 지속적으로 개발 가능한 자원과 기업의 미래를 결정하는 척도로 인식하여, 기업의 생산성과 경쟁력을 계속하여 제고시키기 위해 필요한 유능한 인재를 확보·육성하는데 지대한 관심을 두고 있다. 기업이 급변하는 경영환경 속에서 경쟁력을 확보하면서 성장과 발전을 촉진하기 위해서는 무엇보다도 환경변화에 능동적으로 대응할 수 있는 우수한 인적자원이 필요하기 때문이다. 따라서 현대의 인적자원관리는 개인의 목표와 조직의 목표가 동시에 달성되는 방향으로 나아갈 수 있도록 전환되고 있다. 즉 각 개인의 의사를 존중하면서 그들의 능력개발과 동기부여를 유도하고, 이를 바탕으로 그들의 만족감과 기업의 생산성 및 경쟁력을 동시에 성취시키는 방향으로 전개되고 있다.

가. 인적자원관리의 개념

인적자원관리는 기업의 목표달성을 위해 필요한 인적자원을 확보하여, 이를 평가·개발·보상·유지하는 활동을 계획하고, 조직하고, 통제하는 총합적 관리체계라고 할 수 있다. 그리고 이와 같은 관리체계로서의 인적자원관리는 단순히 기업이라는 조직의 경제적 효율성을 증대시키는 데에만 중점을 두는 것이 아니라 그와 함께 종업원들의 욕구를 충족시키고 능력을 개발함으로써 그들의 근로 생활의 질을 향상시킨다는 목표 하에 이루어지는 활동이다. 이 사실이 현대적 인적자원관리(human resource management: HRM)가 그 성격에 있어서 전통적인 인사관리(personnel management)와 큰 차이가 있음을 보여준다.

전통적 인사관리는 주로 기업의 경제적 효율성이라는 단편적인 목표에 중점을 두고, 사람을 비용(costs)의 측면에서 바라봄으로써 개인의 욕구를 무시하고, 이들을 통제·감시하고, 잘잘못을 가리거나 업적에 대한 상벌시행을 위한 도구로 운영되어 왔다. 다시 말하면, 전통적 인사관리는 종업원의 노동력을 단순히 활용하는 데에 초점을 두고 이들의 순응을 강조하는 경향이 컸다고 할 수 있다. 그러나 현대기업의 인적자원관리는 종업원 개개인의 욕구 및 개성을 중시하면서 사람을 기업의 자산(assets)으로서의 인적자원으로 인식하고 이들을 개발하는 데 초점을 둔다. 즉, 현대의 인적자원관리는 종업원들의 능력개발이나 육성을 통한 개인과 조직목표의 일치를 지향하는 개발 지향적 성격을 지닌다.

현대인적자원관리가 전통적 인사관리와는 달리 개발지향적 성격을 지니게 된 이유는 1980년대에 들어오면서 기업환경이 크게 변화했기 때문이다. 즉, 급속한 환경변화에 대해 기업의 능동적인 적응 능력을 향상시키고, 개인과 조직의 발전과 성장을 촉진하기 위해 새로운 성격의 인적자원관리활동이 필요하게 된 것이다. 그런데 일반적으로 사람은 기업조직에서 가장 중요한 자원인 동시에 개발과 유지 및 이용하기가 가장 힘든 자원으로 알려져 있다. 사람들은 모두 나름대로의 목표와 계획이 있다. 그러한 개인의 목표가 그들이 몸담고 있는 조직의 목표사이에 큰 차이가 발생한다면 그는 조직을 떠나려고 할 것이다. 만약 그런 성향의 사람이 어떤 이유로 유인(inducement)되어 조직에 계속 머무른다고 할지라도 그의 조직에 대한 공헌도(contribution)는 매우 제한적일 수밖에 없을 것이다.

한 개인의 능력은 일정한 한도 내에서 훈련과 경험의 누적을 통하여 배양할 수 있는 것으로 개인과 조직 모두에게 귀중한 자산이 된다. 그러나 보다 더 중요한 문제는 그렇게 배양된 능력을 어떻게 적절히 활용할 수 있는가이다. 만일 그러한 능력을 효과적으로 응용할 수 없게 된다면 그런 능력의 획득을 위하여 투자한 많은 시간, 노력과 비용을 모두 낭비하는 결과를 가져올 뿐만 아니라 결국에 가서 개인은 어렵게 습득한 능력을 잃게 되거나 그것을 발휘할 수 있는 곳을 찾아서 조직을 떠나야 할 것이다.

이와 같은 관점에서 볼 때, 조직의 다양한 직무를 수행하는데 요구되는 자질을 갖춘 사람을 확보하고, 그들을 각 직위에 배치하며, 교육훈련을 통하여 업무수행능력과 경영자로서 자질을 배양하는 일은 개인과 조직 모두의 성장과 발전을 위해 매우 중요한 문제이다.

나. 인적자원관리의 체계

현대 인적자원관리는 인적자원관리의 여러 기능과 인사활동을 통해 종업원들을 유능한 인재로 개발하면서 동시에 개인과 직무 간의 관계가 적합하도록 조정을 한다. [그림 10-1]은 이러한 인적자원관리의 체계를 보여주고 있다. [그림 10-1]에서는 인적자원관리의 5가지 핵심과제로 확보관리, 평가관리, 개발관리, 보상관리, 유지관리를 제시하고 있다. 이와 같은 인적자원관리 기능들은 결국 잠재적인 유능한 인재를 어떻게 기업조직으로 끌어들이고, 이들을 어떻게 평가·보상하고, 이들에게 어떠한 교육훈련 기회를 제공하고, 이들의 경력을 어떻게 개발할 것인가, 그리고 더 나아가서 이들의 인간관계와 노사관계를 어떻게 원만하고 생산적으로 이끌어 나갈 것인가 하는 문제로 집약될 수 있다.

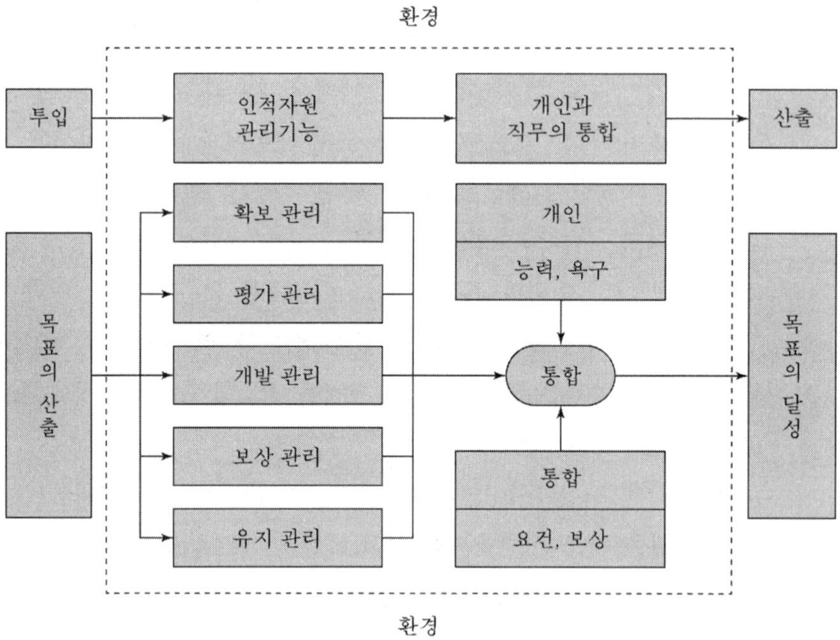

[그림 10-1] 인적자원관리 체계

인적자원관리기능들은 그 흐름으로 볼 때 확보·개발·평가·보상·유지의 연속적인 과정으로 전개되어 나가면서 상호간에 유기적인 관련성을 맺고 있다. 그러나 어떤 경우에는 반드시 이러한 일련의 과정을 밟지 않고 진행되기도 한다. 예컨대 확보관리에서 곧바로 유지관리로 넘어가기도 하고, 인사고과나 교육훈련의 결과가 승진이나 승급에 동시에 연결되기도 하며, 직무분석은 인적자원의 모집과 선발뿐만 아니라 인사고과, 교육훈련, 보상 등 거의 모든 영역과 밀접한 관련이 있어서, 기업이 인적자원을 더 효과적으로 관리하기 위해서는 개개의 인적자원관리기능에 대한 지식과 그 기법을 활용함과 동시에 각 기능 간의 유기적인 관계를 이해하면서 이들 기능을 탄력적으로 운용하려는 노력을 지속적으로 해야 한다.

10.2 인적자원의 확보

가. 인적자원계획

많은 기업들은 조직 내의 직위별로 결원이 발생한 후에야 보충을 위한 선발작업에 착수하는 경향이 있다. 그러나 그렇게 되면 필요한 인원에 대한 보충이 급히 이루어져야 하기 때문에 직무를 수행하는 데 있어서 가장 적합한 자격을 갖춘 사람을 선발하기가 어렵게 된다. 따라서 유능한 인재를 선발하기 위해서는 사전에 미래의 소요인력에 대한 계획을 수립하는 것이 필요하다. 기업의 인적자원을 개발하는 데 있어서도 다른 방면의 활동과 마찬가지로 반드시 사전에 계획이 있어야 한다. 그리고 그러한 계획의 수립은 미래의 필요한 인력에 대한 수급상황평가를 기초로 해야 한다.

1) 인력의 수요예측

기업의 인적자원에 대한 수요는 미래의 시장활동계획을 근거로 하여 결정된다. 예를 들면, 만일 미래의 시장활동이 제품이나 소요인력의 증가를 필요로 한다면 인력의 수요 또한 비례하여 증가하게 된다. 이와 같은 시장활동계획을 기초로 하여 인력수요를 예측하는 방법에는 다음과 같은 것들이 있다:

① **전문가 예측방법**: 주로 인력관리전문가의 의견을 참고로 하여 미래에 요구되는 소요인력에 대한 수요를 예측하는 방법이다.

② **추세분석방법**: 인력수요와 밀접한 관계를 가진 특정 변수를 사용하여 미래의 인력수요를 예측하는 방법이다. 예를 들면, 인력의 수요는 기업의 매출액과 매우 밀접한 관계를 갖고 있다. 따라서 기업은 과거의 매출액과 소요인력 간의 상관관계를 기초로 하여 미래에 예상되는 매출액별로 인력의 수요를 예측할 수 있다.

③ **부서별 예측방법**: 부서별로 미래에 예상되는 인력의 변동상황을 파악한 후에 이것을 종합하여 미래에 요구되는 기업 전체의 인력 수요를 예측하는 방법이다. 예를 들면, 먼저 각 부서별로 종업원의 퇴직·승진·전직 등 예상되는 인력의 변동상황을 예측한 후에 인사 부서에서는 이러한 부서별 인력변동상황을 종합하여 미래에 요구되는 전체의 인력 수요를 예측할 수 있다.

④ **기타의 방법**: 그 밖에 기업은 각종 계량적 모형을 개발하여 이윤·국민총생산·산업추세 등 여러 가지 변수들을 동시에 인력 수요와 연결시켜 보다 정확한 소요인력을 예측할 수 있다.

2) 인력의 내부공급예측

인적자원계획은 인력의 수요뿐만 아니라 필요한 인적자원에 대한 공급도 예측해야 한다. 인력의 공급예측은 먼저 기업 내부의 인력공급원천을 활용하는 방안을 고려하는 일부터 시작되어야 하는데, 이것을 인력의 내부공급예측이라고 한다. 그리고 만일 미래에 요구되는 인력의 수요가 이러한 내부 원천으로부터의 공급을 초과하게 되는 경우에는 기업은 조직내부로부터 필요한 인력을 모두 충당할 수 없게 되어 조직외부의 원천에 의존하지 않으면 안 된다. 기업에서 인력의 내부공급을 예측하는데 효과적으로 활용할 수 있는 기법으로 기능목록과 대체도가 있다.

(1) 기능목록

기능목록(skill inventory)은 종업원 개개인의 직무적합성에 관한 정보를 정확하게 파악하기 위한 장치이다. 경영자는 기능목록을 통해 모든 종업원들의 역량을 쉽게 파악할 수 있어서 기업 내에서 승진 또는 배치전환에 가장 적합한 개인을 비교적 정확하게 찾아낼 수 있게 된다.

기능목록에는 가능한 한 직무수행에 필요한 모든 인적요건자료를 포함시키는 것이 바람직하다. 이와 같은 자료는 직무분석과정에서 작성된 직무명세서로부터 얻어질 수 있다. 일반적으로 기능목록에 포함되어야 하는 것으로는 다음과 같은 사항들을 들 수 있다:

① 인적사항 ; 연령, 성별, 결혼여부, 가족관계 등

② 기능 ; 학력, 직무경험, 교육훈련 등

③ 활동사항 ; 전문협회활동, 특별한 업적 등

④ 급여 및 직무전력 ; 과거 및 현재의 급여, 임금인상일자, 담당했던 직무 등

⑤ 회사 자료 ; 복리후생자료, 퇴직정보 등

⑥ 개인의 능력 ; 각종 테스트 결과, 외국어능력, 건강상태 등

⑦ 개인의 선호 ; 선호하는 경력 · 지역 · 직무유형에 관한 사항 등.

기술목록의 작성과 활용은 보통의 경우에는 수작업으로 가능하지만, 입력할 자료의 범위가 다양하고 많아지게 되면 컴퓨터를 활용하는 것이 불가피하게 된다. 기술목록에 입력되는 자료는 주로 설문지나 면접을 통해 종업원들로부터 직접 수집되며, 입력된 자료는 종업원 개개인에 의해 그 정확성을 확인받게 된다.

기술목록은 기업의 인적자원에 관한 재고상황과 인적요건을 상세히 보여주기 때문에 기업내부의 인력공급가능성을 예측하는데 큰 도움이 된다. 그리고 기술목록으로부터 얻는 정보는 이밖에도 신규사업의 선정, 종업원의 훈련, 경영자의 개발 등을 계획하는 데에도 중요하게 활용된다.

(2) 대체도

대체도(replacement charts)는 종업원 개개인의 연령, 현직에서의

성과수준, 승진가능성 등의 자료들을 요약·집계하여 시각적으로 표시해 놓은 조직도표이다. [그림 10-2]에서 보듯이 대체도는 각 개인들의 자료를 압축하여 일정한 부호로 표시해 놓음으로써 기업내부의 인력변화를 아주 쉽게 이해하는데 도움을 준다. 그러나 기능목록과는 달리 대체도는 일반적으로 모든 종업원에 관한 자료를 포함하고 있지 않으며 기본적으로 관리직과 전문기술직 종업원을 대상으로 활용하게 된다.

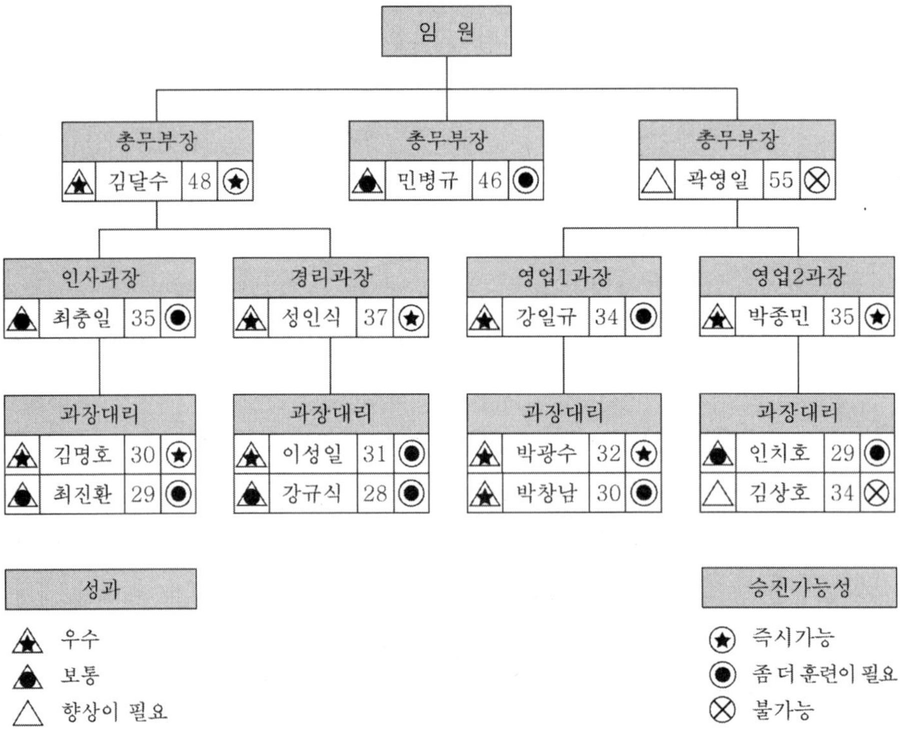

[그림 10-2] 대체도 예시

대체도가 인력의 내부공급을 예측하는데 긴요하게 활용되는 이유는 이것이 인적자원의 현재 상태에 관한 정보를 직접 눈으로 확인할 수 있게 해준다는 것이다. 즉, 경영자는 대체도를 통하여 현재 누가 승진을 대기하고 있는지, 개인의 성과수준은 어느 정도인지, 강등이나 해고의 가능성은 있는지, 훈련의 필요성은 어느 정도인지 등에 관한 정보를 시각적으로 쉽게 획득할 수 있다. 예를 들면, [그림 10-2]에서 총무부의 김달수 부장은 현재의 직위에서 아주 우수한 성과를 올리고 있기 때문에 논리적으로 당연히 차기의 임원후보자가 된다. 또한 그는 성과와 승진가능성이 모두 높은 후임자(성인식 경리과장)를 가지고 있음을 알 수 있다. 한편 영업부의 곽영일 부장은 승진이 거의 불가능하기 때문에 영업부장을 끝으로 퇴직을 해야 될 것 같다. 그의 후임으로는 영업2과의 박종민 과장이 가장 유리한 것 같다.

대체도가 효과적인 내부 공급예측을 위한 도구로서 유용성을 갖기 위해서는 라인경영자가 이용할 수 있어야 하고, 최고경영자의 적극적인 지원이 필요하며, 특히 최신의 자료를 반영하고 있어야 한다.

나. 인적자원의 모집과 선발

1) 인적자원의 모집

기업에서 필요한 인력을 충원하기 위해 활용할 수 있는 모집의 원천은 크게 내부와 외부로 나눌 수 있다. 내부원천은 기업내부의 기존 인력을 말하며 외부 원천은 기업외부의 인력시장을 일컫는 것으로서, 이들 모집원천들은 각기 그것을 활용하는데 있어서 나름대로의 장점과 단점이 있다.

내부원천은 필요한 인력을 기업의 내부로부터 충원하는 것이어서 기업의 상황, 업무처리, 각종 문제 등을 비교적 잘 이해하고 있는 사람을 선발할 수 있고, 승진에 대한 기대 때문에 종업원들의 사기와 충성심 그리고 동기부여의 효과를 높인다는 장점이 있다. 그러나 이것은 필요한 인력을 모집할 수 있는 범위가 협소하기 때문에 유능한 인재를 찾기가 어렵다. 이에 반하여 외부원천은 새로운 사고와 다양한 능력을 지닌 인재를 폭넓게 선발할 수 있다는 장점이 있으나 종업원들의 사기 · 충성심 · 동기부여 등에는 부정적으로 작용하게 된다.

기업이 내부원천으로부터 필요인력을 모집하는 가장 일반적인 방법으로 직무게시(job posting)나 직무공고제도(job bidding system)가 있다. 이는 결원이 발생한 직무를 사내의 회보·회람·게시판 등을 통하여 전체 종업원들에게 공식적으로 알리는 제도를 말한다. 이 방법은 자격이 있는 모든 종업원들에게 보다 나은 직무를 얻을 수 있는 공정한 기회를 제공한다는 장점이 있다.

기업이 외부의 인력시장, 즉 외부원천으로부터 인력을 모집하는 경우에는 공개모집·현장모집·광고·사설직업소개소·노동조합·교육기관·전문기관 등 다양한 방법을 이용할 수 있다. 특히 중소기업에서는 친지나 현직종업원의 소개, 전직 종업원의 재고용, 연고모집 등과 같은 방법으로 소요인력을 충원하기도 한다. 이와 같은 방법은 시간과 비용을 절감하면서 보다 신뢰할 수 있는 사람을 찾을 수 있다는 이점이 있다. 그러나 이는 현종업원의 사기를 떨어뜨릴 수 있다는 점에서 주의해야 한다. 최근에는 공개모집의 일환으로 채용박람회와 같은 방법을 활용하기도 한다. 이는 여러 중소기업들이 동시에 같은 장소에서 같은 기간 내에 소요인력을 모집·선발하는 방법으로서 지원자들에게는 시간적·공간적인 편리함과 여러 기업들을 비교·선택할 수 있는 기회를 제공함과 동시에, 기업은 적은 노력으로 많은 지원자를 확보하고 그 중에서 적합한 사람을 즉시에 선발할 수 있게 된다. 그러나 이와 같은 방법은 기업이 제시하는 처우조건이 다른 기업에 비해 상대적으로 열등한 경우에는 지원자들에 의해 외면을 당할 수 있으므로 유능한 인재를 선발하는 것이 어려울 수 있고 오히려 기업의 이미지가 손상될 수도 있다. 또한 이 방법은 서류심사와 면접이 동시에 이루어지기 때문에 지원자가 많을 경우에는 지원자에 관한 정확한 정보를 충분히 얻을 수 없게 되는 단점이 있다.

또한 많은 기업들이 외부에서 필요한 인력을 모집하는 가장 보편적인 방법 중의 하나로 동종기업이나 경쟁기업으로부터의 '스카우트'(scout)를 들 수 있는데, 이것은 적어도 다음과 같은 두 가지 측면의 문제점을 고려해야 한다.

첫째, 대가에 관한 문제이다. 즉, 기업들은 스카우트의 대상이 되는 사람은 이미 많은 경험과 업적이 있으므로 학교를 갓 졸업한 사람에 비하여 그 능력이 탁월하다고 생각한다. 그리고 원래의 고용주는 그러한 인재를 다른 기업에 빼앗기거나 아무런 대가도 없이 제공하려고 하지 않는다. 따라서 스카우트를 통하여 필요한 인력을 충원하려고 하는 기업은 반드시 그것으로 인하여 지불해야 할 대가를 고려해야 한다.

둘째, 기업윤리에 관한 문제이다. 만일 스카우트가 경쟁기업의 업무기밀이나 고객을 훔치기 위한 방법으로 이용된다면 그것은 분명히 기업윤리에 어긋나는 행위가 된다. 한편 스카우트가 그러한 비윤리적인 의도가 없이 이루어지는 경우에는 그것은 일종의 개인의 직업선택의 자유에 관한 문제와 관계가 있다. 그러나 고용주들은 직장을 자주 변경하는 사람에 대해서는 항상 신중히 생각하는 경향이 있다. 따라서 그러한 사람은 직무를 수행하거나 변경하는데 있어서 자연적으로 제약이 따르게 된다.

2) 인적자원의 선발

모집을 통해서 지원서가 접수되면 선발과정이 시작된다. 선발(selection)이란 기업의 목표, 전략 및 여건을 고려하여 지원자 중에서 가장 적합한 자격을 갖추었다고 생각되는 사람을 선택하는 과정이다. 따라서 기업은 선발작업을 진행하기 전에 반드시 이상적인 선발기준을 마련해야 한다. 기업에서 일반적으로 채택하는 선발기준으로는 교육배경·경험·인격 등을 들 수 있다. 그러나 사실상 그러한 모든 기준에 적합한 완전한 대상을 찾는다는 것은 어려운 일이다. 따라서 직무의 성격이나 조직의 필요성 등을 감안하여 여러 가지 선발기준에 대하여 그 중요성에 따라 우선순위나 가중치를 부여해야 할 필요가 있다.

또한 지원자 중에서 조직의 선발기준에 적합한 사람을 발견하기 위해서는 지원자에 관한 충분한 정보를 필요로 한다. 지원자에 관한 각종 정보를 취득·평가하는 방법, 즉 선발방법으로는 주로 다음과 같은 도구들이 이용된다[사례 10-1 참조].

(1) 지원서와 개인자료

일정한 양식의 지원서(application form)와 학력·경력·가족관계 등과 같은 인적사항을 나타내는 개인자료는 지원자의 일반적인 배경과 동기 등 기업이 필요로 하는 기본적인 정보를 제공해 준다. 또한 지원자의 수가 많을 때는 이와 같은 자료를 기준으로 하여 우선 일차적으로 매우 부적합하다고 생각되는 일부를 탈락시켜 선택의 범위를 축소할 수 있다.

(2) 면접

가장 보편적으로 이용되는 선발도구이다. 면접(interview)도 지원서와 같이 지원자에 대한 정보를 얻기 위한 방법으로 이용되는 것이다. 그러나 면접은 지원서에 비하여 더욱 정확하고 상세한 정보를 수집할 수 있는 기회를 제공해 준다. 따라서 기업은 면접을 통하여 지원서에 나타나지 않는 지원자의 동기·성격·용모 등과 같은 정보를 얻을 수 있다. 또한 면접은 지원자에게 기업에 관한 정보를 제공해 줄 수 있다는 점이 다른 선발도구와 다르다고 할 수 있다. 면접은 그 유형에 따라 정형적·비정형적 면접(patterned-nonpatterned interview) 또는 구조적·비구조적 면접(structured-unstructured interview), 개인면접과 집단면접, 스트레스(stress)면접 등 여러 가지 형태가 사용되고 있다.

(3) 추천서와 신원조사

지원자의 성품·사상·경력 등 신원의 배경을 좀더 깊이 알아보기 위해서 이용되는 선발도구이다. 그러나 이러한 경로를 통하여 얻을 수 있는 참고자료(reference data)의 내용은 그 원천에 따라 달라진다.

예를 들면, 그것이 지원자의 옛 고용주에 의해 제공된 것이라면 주로 직무태도나 경험 등에 관한 내용이 많을 것이며, 친구나 학교의 스승에 의해 제공된 것이라면 지원자의 개성이나 학업성적에 관한 내용이 주류를 이룰 것이다.

(4) 선발시험

선발 결정에 비교적 큰 영향을 주는 것이 각종 시험 결과이다. 선발시험(selection test)은 주로 지원자의 능력·적성·흥미·인성·기술·지식 등을 측정하기 위한 것으로서 직무의 성격에 따라 그 활용도가 달라진다. 우리나라 기업에서 사용하고 있는 선발시험의 대부분은 지원자의 지식이나 기술의 서술적인 측면을 측정하기 위한 시험이다. 그러나 이러한 시험들이 아주 비효과적이라고는 할 수 없지만, 미래의 직무성과를 구체적·과학적으로 예측하는데 있어서는 그 과정이 공정하게 이루어지는 것만으로는 부족하다. 보다 중요한 것은 그러한 시험을 통하여 직무가 요구하는 사람의 능력을 얼마나 정확히 판별할 수가 있는가이다.

(5) 종합평가법(assessment center method)

이 기법은 다양한 방법의 활용을 통하여 지원자를 선발하고 평가하는 방법으로 대상 구성원들을 10~15명의 소집단으로 구성하여 2~3일간에 걸친 면접과 각종 시험뿐만 아니라 사례연구(case study), 역할연기(role play), 시뮬레이션(simulation), 의사결정실습(in-basket exercise) 등과 같은 실제적인 활동을 통하여 지원자의 잠재능력을 평가한다. 특히 참여자들에 대한 각종 축적의 결과가 전문가들에 의하여 분석·토의됨으로써 보다 전문적이고 정확한 평가가 가능해진다. 이와 같은 종합평가법은 그동안 선진국에서 널리 이용되어 그 효과가 입증되었다. 그러나 이 기법을 채용하는데 있어서는 많은 시간과 비용이 소요되기 때문에 중소기업에서는 거의 사용되지 못하고 있으며, 대기업의 경우에도 그 적용범위가 최고경영층의 승진에 국한되는 것이 일반적이다.

10.3 인적자원의 개발과 평가

가. 인적자원의 교육훈련과 개발

기업에서 인재를 양성한다는 것은 기업측의 일방적인 노력에 의하여 해결될 수 있는 성질의 문제가 아니다. 왜냐하면 사람들은 모두 나름대로의 개인적 목표를 가지고 있기 때문이다. 예를 들면, 같은 종업원이라고 할지라도 어떤 사람은 기업 내에서 점차 최고경영층의 직위에 승진하는 것을 최대의 목표로 할 것이고, 또 다른 사람은 직위의 높고 낮음보다는 안정적인 직무를 찾는 것이 보다 중요한 목표가 될 수도 있다. 따라서 유능한 인재의 개발계획은 반드시 개인의 목표를 고려하여 이루어져야만 기대하는 결과를 얻을 수 있게 된다.

1) 인적자원개발을 위한 교육훈련계획

인적자원의 개발은 체계적인 교육훈련계획에 의해 효과적으로 실행되어야 하는데, 그러한 교육훈련계획은 보통 다음과 같은 절차를 거쳐 수립된다.

① **조직목표와 현재성과의 분석(필요성의 인식)**; 먼저 문제의 존재를 찾아내기 위하여 조직의 목표 · 계획 · 환경 · 실무 등에 대한 객관적인 검토를 한다. 이러한 작업을 조직분석(organizational analysis)이라고 한다. 이러한 분석을 통하여 만일 조직구성원의 사기가 전체적으로 저하되어 있다든지 또는 각 계층간의 커뮤니케이션이 원활히 이루어지지 않고 있다는 것과 같은 현상 등을 발견하게 된다면 그러한 문제점을 근거로 하여 교육훈련의 필요성을 인식하게 된다. 이 단계에서 중요한

것은 최고경영층이 관심을 갖고 직접 참여하여 교육훈련계획이 단순한 장식품이 아닌 조직의 문제를 찾아내고 해결하는데 곡 필요한 것이라는 사실을 이해할 수 있도록 하는 것이다.

② **구성원의 실제성과와 기대성과간 차이의 발견**; 직무기술서에 근거하여 구성원들에 대해 기대할 수 있는 성과표준을 이해하여야 하며, 동시에 성과평가를 통하여 구성원들의 현재성과 수준을 파악하여야 한다. 그리고 기대성과와 실제성과간 차이의 정도가 반드시 해결하여야 할 상태인지 아닌지를 판단해야 한다.

③ **문제의 정의 (필요성의 확정)**; 앞의 두 단계를 통하여 얻은 결과를 근거로 하여 조직 내에 존재하는 문제의 성격과 범위를 확정하고 교육훈련의 필요성을 확인해야 한다. 물론 모든 문제를 반드시 훈련에 의하여 해결해야 하는 것은 아니다. 예를 들면, 기업 내의 어떤 부서간에 항상 마찰이 존재한다고 해서 반드시 인간관계훈련이나 커뮤니케이션훈련을 통해서만이 그러한 문제를 해결할 수가 있는 것은 아니다. 왜냐하면, 좀더 깊이 분석하면 부서간의 마찰은 부서 구성원들 간의 이해의 부족이나 의사소통의 부족보다는 부서 간에 직무가 중복되거나 불분명하게 할당된 데에서 기인하는 경우가 많기 때문이다. 따라서 이러한 경우에는 부서간의 마찰문제를 교육훈련계획을 통해서는 해결할 수가 없게 된다.

④ **교육훈련목표의 설정 및 교육훈련방법의 선택**; 앞의 단계를 통하여 조직 내에 존재하는 문제가 교육훈련을 통하여 해결할 필요성이 있다는 사실을 확인한 후에는 반드시 교육훈련의 목표를 설정하고 나아가 적당한 교육훈련방법을 선택해야 한다. 이때 교육훈련의 목표는 구성원들에게 특정의 지식을 주입하거나 강화시키는 것일 수도 있고, 작업기술을 연마·배양하거나 그들의 태도를 변화시키기 위한 것일 수도 있다. 따라서 교육훈련방법의 선택은 반드시 그러한 교육훈련목표에 따라서 이루어져야 한다.

2) 교육훈련의 방법

교육훈련은 그 목적에 따라 지식습득과 기술배양을 위한 방법과 태도변화를 위한 방법으로 나누어진다. 여기에서는 이 중에서 지식습득과 기술배양을 목적으로 하는 교육훈련방법에 대해 살펴보기로 한다.

(1) 지식습득을 위한 교육훈련방법

지식을 습득시키기 위한 교육훈련방법으로는 강의, 프로그램학습, 회의·토의 등과 같은 방법이 있는데, 이에 대해 살펴보면 다음과 같다.

① 강의(lecture)

가장 보편적으로 사용되는 교육훈련방법의 하나이다. 이 방법은 주로 강사가 사실·개념·원리 등을 일방적으로 설명하는 방식으로 행해진다. 피교육자들은 의문사항에 대하여 질문할 수도 있으나 주로 강사의 설명을 경청하는 역할만을 행하게 된다. 이 훈련방법의 장점은 이론과 실제의 상호관계를 명시해 주고 요점을 강조하거나 짧은 시간에 비교적 많은 내용을 피교육자들에게 전달하는 데 효과적이라는 것이다. 그러나 단점은 피교육자들이 수동적인 위치에서 행해지기 때문에 진정한 학습효과를 기대하기가 어렵다. 특히 기술을 전수하거나 태도와 행위를 변화시키는 데에는 매우 비효과적이라고 할 수 있다.

② 프로그램학습(programmed learning)

교과서의 형식을 이용하거나 컴퓨터 프로그램의 통제를 통하여 지식을 학습하는 방법이다. 이 방법은 주로 다음과 같은 과정을 통하여 이루어진다. 첫째, 학습자에게 어떤 문제나 사실을 제시한다. 둘째, 학습자에게 어떤 반응을 나타내도록 한다. 예를 들면, 학습자에게 제시된 문제에 대한 해답을 구하도록 한다. 셋째, 학습자가 나타내는 반응의 정확성에 대한 피드백을 제공한다. 이 방법의 장점은 학습시간을 단축할 수 있으며, 학습자의 능력수준과 동기에 따라서 학습을 진행할 수 있다는 것이다. 그러나 학습을 위한 교재와 설비를 준비하는데 많은 비용이 소요된다는 것이 단점이라고 할 수 있다.

③ 회의·토의(conference-discussion)

소집단의 형태로 연수요원의 지도하에 회의나 토의의 형식으로 교육훈련을 진행하는 방법이다. 회의나 토의는 그 진행방식에 따라 다음과 같이 세 가지 형태로 구분된다. 첫째, 지도식 토의로 이는 토의의 모든 과정을 지도요원의 주도하에 진행하는 방식이다. 경우에 따라서는 강의와 마찬가지로 사실 · 원리 · 개념 등을 주로 강사가 일방적으로 설명하는 방식으로 행해지기도 한다. 둘째, 훈련식 회의로 이는 참가자들이 특정의 문제에 대하여 각자의 지식과 경험 그리고 관점들을 제시하거나 상호교환하는 방식이다. 셋째, 세미나식 회의로 이는 회의 방식을 이용한 집단토론을 통하여 문제를 해결하는 방식이다. 이러한 방식 하에서 지도요원은 다만 문제의 범위를 제시하거나 구성원들이 충분히 참여하고 발표할 수 있는 분위기를 조성하기 위해 노력할 뿐이며 문제에 대한 정확한 해결 방안을 제시하지 않는다. 이러한 회의 · 토의식 훈련방법은 참여자들에게 충분히 참여기회와 표현기회를 제공할 뿐만 아니라 참여자 상호간에 자유롭게 의견을 교환할 수 있으므로 학습의 흥미와 효과를 증대시킨다는 장점 때문에 근래에 와서 매우 광범위하게 이용되고 있다. 그러나 이러한 훈련방법을 성공적으로 진행하기 위해서는 유능한 지도요원이 필요할 뿐만 아니라 참여자들 역시 어느 정도의 기본지식과 회의 진행능력을 갖추어야 하며, 참여자들의 발표능력과 발표습관 역시 중요한 요소가 된다.

(2) 기술습득을 위한 교육훈련방법

기술을 습득하기 위한 교육훈련방법으로 비교적 대표적인 것에는 다음과 같은 직장내 훈련, 비즈니스 게임, 역할연기 등이 있다.

① 직장내훈련(on the job training; OJT)

이 교육훈련방법의 범위는 매우 광범위하다. 따라서 조직구성원이라면 누구나 어떤 종류이든 직장내훈련을 받는다고 할 수 있다. 예를 들면, 작업자가 상사의 지도에 따라 작업을 한다면 그것은 직장내훈련이라고 할 수 있으며, 또 작업자가 상사의 작업하는 방법을 관찰한다면 그것 역시 직장내훈련이라고 할 수 있다. 비교적 공식적인 직장내훈련으로 직무순환(job rotation)을 들 수 있는데, 이것은 사전에 계획적으로 배치한 경로를 다라서 피훈련자를 한 작업단위에서 다른 작업단위로 이동시켜 가며 훈련하는 방법을 말한다. 이러한 직장내훈련은 피훈련자에게 폭넓은 지식을 제공하기 위한 방법으로도 이용할 수 있다. 그러나 이 훈련방법은 피훈련자에게 비교적 많은 시간을 통하여 연습하고 참여할 수 있는 기회를 제공하기 때문에 실무에 대한 경험이나 기술을 학습하는데 더욱 적합하다고 할 수 있다.

② 비즈니스 게임(business game)

직접적인 참여나 근거없이 행해지는 학습은 참여자들이 진실감을 느끼기가 어렵기 때문에 높은 학습효과를 얻기가 쉽지 않다. 비즈니스 게임 또는 매니지먼트 게임(management game)은 바로 그러한 결점을 극복하기 위하여 설계된 교육훈련방법이다. 이 방법은 전형적으로 참가자들을 5~6명으로 구성된 몇 개의 소집단으로 나눈다. 그들에게는 매출액이나 이윤의 극대화와 같은 목표가 주어진다. 그리고 각 집단은 그러한 목표를 달성하기 위하여 생산품의 선택, 생산량, 재고량, 광고비 지출 등에 대한 의사결정을 하여야 한다. 각 집단은 경쟁집단이 어떤 결정을 내리는지 알지 못하며 각 집단의 결정에 대한 효과는 훈련자나 컴퓨터에 의하여 평가된다. 게임은 일정기간 동안에 분기별로 계속된다. 그리고 각 기말에는 한 집단의 결정이 다른 집단보다 우수한 것을 알 수 있으며 그 이유가 분석된다. 이러한 교육훈련방법은 피훈련자의 문제해결기술을 개발시켜줄 뿐만 아니라 피훈련자가 계획의 필요성에 더 주위를 기울일 수 있도록 해준다. 또한 이 방법은 피훈련자의 리더십기술을 개발시켜 주고 협동과 팀웍을 배양하는 데 효과적이다. 최근에는 컴퓨터의 사용이 일반화됨에 따라 복잡한 게임을 설계할 수 있는 반면에 계산작업은 크게 단순화되어 게임을 흥미롭게 진행할 수 있게 되었다. 그러나 그에 비례하여 게임의 진행에 소요되는 비용이 역시 증가하게 되었다.

③ 역할연기(role playing)

일정한 상황을 설정하고 참가자들로 하여금 서로 다른 역할을 실제로 연기해 봄으로써 당면한 문제를 체험하도록 설계된 교육훈련방법이다. 이 방법은 피훈련자가 실제적 상황 하에서 특정의 인물이 수행하는 역할에 따라 행동하는 경험을 통하여 그 역할을 이해하고 자신의 행동을 통제할 수 있도록 하는 데 그 목적이 있다. 따라서 역할연기는 경영자의 회의를 주재하는 기술과 의사결정기술을 개발하는데 매우 효과적인 방법이라고 할 수 있다. 그러나 이 교육훈련방법은 시간이 많이 소요되기 때문에 잘못 운용하게 되면 귀중한 시간을 낭비하는 결과를 가져오게 된다.

나. 인적자원의 평가

1) 종업원의 평가와 인사고과

기업에서 경영자가 그 하급자들을 평가하는 것은 필수적이고 중요한 일이라고 할 수 있다. 기업이 추구하는 목표를 성공적으로 달성하기 위해서는 종업원 중에서 능력이 있는 사람을 선별하여 고도의 업무를 할당하고 경영활동의 성과를 기업에 대한 공헌도에 따라 개인에게 분배해야 하는데, 그러기 위해서는 경영자가 종업원 개개인의 업무수행능력이나 업적 등을 객관적 기준에 의해 파악하고 상호비교를 해야 한다.

그런데 경영자가 하급자들을 평가한다는 것은 생각보다 많은 어려움이 따른다. 사람이 사람을 평가하는 데 있어서 평가의 성격상 주관적·자의적인 요소를 완전히 배제할 수는 없으며, 또한 과거와 같이 평가가 등급을 매기기 위한 목적 뿐만 아니라 종업원 개개인이 업무수행을 통하여 보다 큰 성취와 발전을 이룰 수 있도록 그들을 지원하고 개선하고 개발하는 것을 전제로 하기 때문에 이를 위한 평가요소를 어떤 것을 선정할 것이며 또 어떠한 방법으로 평가해야 하는지가 매우 어렵게 된다. 따라서 기업에서는 이와 같은 문제점을 고려하여 가장 효과적인 평가방법을 개발하고 그것을 제도화해야 할 필요가 있다.

기업에서 이렇게 사람을 평가(evaluation)내지 평정(rating)하는 방법을 제도화한 것을 인사고과 또는 근무평정(merit rating)이라고 하며, 특히 업적을 중심으로 평가하는 경우에는 이것을 업적평가(performance rating)라고 일컫는다. 이 같은 인사고과는 기업에서의 평가수단으로서 매우 중요할 뿐만 아니라 인적자원관리의 거의 모든 영역에 영향을 미치는 기초자료 역할을 하는데, 이에 대해 좀더 상세히 설명하면 다음과 같다:

첫째, 인사고과는 종업원의 능력개발을 위한 기초자료가 된다. 즉, 경영자들은 종업원 개개인의 능력이 최대한으로 발휘되도록 유도하여야 하는데 고과를 통하여 능력개발을 위한 정보를 얻게 된다.

둘째, 인사고과는 종업원의 업적향상을 위한 기초자료가 된다. 즉, 기업에서는 고과결과의 피드백을 통하여 그 동안의 업무수행관습이 보다 효율적이 되도록 개인의 행위를 수정 또는 변경시키는 기초를 마련해 준다.

셋째, 인사고과는 종업원의 처우결정을 위한 가장 중요한 기초자료가 된다. 즉, 현재의 연공서열형 인사정책으로부터 능력요소를 가미하여 점차로 능력주의형 인사정책을 구현해 나가기 위해서는 인사고과라고 하는 평가수단이 없이는 그 목표를 달성할 수가 없다. 왜냐하면 인사고과에 의한 자료가 바로 종업원들의 승진이나 보수의 결정에 매우 중요한 결정요소가 되기 때문이다.

이상에서 살펴본 바와 같이 기업에서의 대인 평가는 평가자의 주관성을 최대한 배제시켜 객관적이고 공정하게 이루어지도록 노력해야 하며, 이것을 제도화하여 기업에 가장 적합한 평가수단, 즉 인사고과제도를 확립하는 것이 요구된다. 또한 인사고과를 어떻게 하면 합리적으로 운용할 것인가 하는 문제도 매우 중요하다. 따라서 이러한 사항들이 인적자원의 평가관리에서 다루어야 할 핵심적 과제라고 할 수 있다.

2) 인사고과의 방법

기업에서 인사고과제도를 도입하여 경영관리의 한 수단으로서 운용하기 위해서는 기업의 규모, 업종, 관리수준, 사용목적, 고과자의 평가능력, 피고과자의 직종 등을 고려하여 해당 기업의 상황에 알맞은 고과방법을 선정해야 한다. 고과방법은 고과자의 지위나 평가방법 등에 따라 여러 가지로 분류할 수 있다. 여기에서는 고과방법을 그것이 사용되기 시작한 시대에 따라 전통적 고과방법과 근대적 고과방법으로 분류하여 살펴보기로 한다.

전통적 고과방법은 오래 전부터 널리 사용되어온 고과방법으로서 대표적인 것으로는 〈표 10-1〉에서 보는 바와 같다. 이들 고과방법은 특히 고과의 목적을 어디에 두느냐에 따라 그 평가 방법을 달리한다. 예를 들면, 서열법과 강제할당법은 선발, 승진후보자의 결정, 승급순서의 결정 등과 같이 경영통제적 목적을 위해서 사용되기 때문에 피평가자들의 업적이나 가치에 대해서 상대적인 우열을 가리는데 초점을 두게 된다. 그리고 평가척도법이나 대조표법 등은 주로 능력개발을 위한 목적으로 사용되기 때문에 서열이나 순위를 매기기보다는 피평가자 개개인의 능력이나 행위의 구체적 사실 및 특징을 판단하는 데 중점을 둔다. 따라서 경영통제적 목적에서 사용되는 고과방법들을 일컬어 상대고과법이라고 하며, 이와는 다르게 능력개발을 위한 목적으로 사용되는 고과방법들을 절대고과법이라고 한다.

〈표 10-1〉 전통적 인사고과방법

방 법	내 용
서열법 (ranking method)	종업원의 능력과 업적에 대하여 순위를 매기는 방법 ① 교대서열법: 가장 우수한 사람과 가장 못한 사람들을 뽑고, 또 남은 사람들 가운데 가장 우수한 사람과 가장 못한 사람을 뽑아 서열을 매기는 방법 ② 쌍대비교법: 임의의 2명씩을 비교하는 것을 되풀이하여 서열을 정하는 방법
기록법 (filling out method)	종업원의 근무성적기준을 객관적으로 정해놓고 이를 기록하는 방법 ① 산출기록법: 달성 작업량을 기준으로 산출하는 법 ② 정기시험법: 특정 시간에 작업량을 조사하고 이를 해당기간의 성적으로 추정하는 법 ③ 근태기록법: 결근일수 및 지각빈도수로 평가하는 법 ④ 가감점법: 작업태도, 방법 및 성과를 점수로 환산평가하는 법
평가척도법 (graphical rating scales)	전형적인 인사고과의 방법으로서, 종업원의 자질을 직무수행상 달성한 정도에 따라 사전에 마련된 척도를 근거로 하여 평정자로 스스로 점검하게 하는 방법. 여기에는 도식과 단계식이 있다.
대조표법 (checklist method)	설정된 평가세부일람표에 따라 평가하는 방법. 고과자는 평가일람표의 각 항목을 체크하고, 그에 대한 평가는 인사부서에서 한다. 체크만 하는 프로브스트(probst) 방법과 체크한 이유를 기록하는 오드웨이(ordway) 방법이 있다.
강제할당법 (forced distribution method)	미리 정해놓은 비율에 맞추어 피고과자를 강제로 할당하는 방법. (예) 평가를 최하10%, 하20%, 중40%, 상20%, 최상10%로 할당.
업무보고법 (performance report method)	피고과자가 행해진 업무에 대한 실적을 구체적으로 적어서 평가하는 방법.

그런데 이상과 같은 전통적 고과방법은 그 사용상의 편리함 때문에 많은 기업에서 채택하고 있기는 하나 많은 결점을 지니고 있다. 즉, 이들 고과방법은 고과표준이나 평가 그 자체가 불공평한 경향이 있고, 평가자가 평가과정에서 평가상의 오류를 범하기 쉽기 때문에 평가의 타당성을 감소시키게 되고, 피평가자의 현재의 능력이나 업적만을 판단할 뿐이라는 것이다.

따라서 근래에는 전통적 고과방법이 가지는 이와 같은 취약점을 극복·보완하기 위하여 〈표 10-2〉에서 보는 바와 같이 몇 가지 새로운 고과방법들이 개발되었다. 그렇지만 이와 같은 근대적 고과방법 역시 결점이 없는 것은 아니다. 특히 이들 고과방법은 그 절차가 복잡하고, 성공적으로 사용되기 위해서는 여러 가지의 선행조건이 충족되어야 하며, 많은 시간과 비용을 감수해야 하는 어려움이 있다.

〈표 10-2〉 근대적 인사고과방법

방 법	내 용
중요사건서술법 (critical incident appraisal)	기업의 목표달성에 영향을 미치는 중요한 사건을 중심으로 기록·검토하여 피고과자의 직무태도와 업무수행능력을 개선하도록 유도하는 고과방법.
자기신고법 (self-description)	피고과자가 자기능력(기술, 지식 등)과 희망(직무, 환경, 훈련 등)을 기술하여 정기적으로 보고하여 평가하여 그 결과를 인적자원조사자료로 활용하는 방법.
면접법 (interview method)	피고과자의 업무수행능력과 잠재력을 면접을 통해 찾아내어, 작업의 개선, 책임의 명확화, 직무요소의 우선순위 등을 결정하는 방법.
목표관리법 (management by objective)	해당 종업원이 직속상사와 협의하여 작업목표량을 결정하고, 이에 대한 성과를 부하와 상사가 같이 측정하고 평가하는 방법. 종업원은 참여기회를 갖게 되고 상사는 지원기회를 갖게 된다.
평가센터법 (assessment center)	평가전문센터를 만들고 여기에서 다양한 자료를 활용하여 고과하는 방법. 하부관리자의 평가에 유효한 방법.
인적자원회계 (human resource accounting)	인간을 기업의 재산으로 취급하여 가치를 평가하는 방법. 인적자산이 대차대조표와 손익계산서에 나타나는 과정을 고과하는 방법
행동과학적 고과 (behavioral science)	직무수행방법별 경영성과를 동기부여와 같은 행동과학적 관점에서 평가하는 방법. 관찰과 보고를 담당할 유능한 고과자가 필요하다.

10.4 인적자원의 보상과 복지후생

가. 인적자원의 보상

1) 보상의 의의와 관리원칙

기업에서 그 종업원들에게 적정한 보상(compensation)을 해주는 것은 매우 중요한 일이다. 어떤 의미에서 보상을 고려하지 않는 인적자원관리란 존재하지 않으며, 사실상 임금과 복리후생을 중심으로 한 보상문제는 현대인적자원관리의 요체가 되고 있다.

기업이라는 경영주체는 물적 생산수단에 노동을 투입함으로써 제품이나 서비스를 산출한다. 이때 투입된 노동에 대해서는 어떤 형태로든지 그 대가를 지불하지 않으면 안된다. 즉, 종업원들의 기업에 대한 공헌에 대해 기업은 그 종업원들에게 임금의 경제적인 대가와 인정감, 안정감, 지위 등과 같은 비경제적인 대가를 제공하게 되는 것이다. 그런데 우리가 여기에서 중점적으로 다루려고 하는 보상은 전자와 관련된 경제적이나 화폐적 보상을 의미한다.

보상은 기업과 종업원 모두에게 각기 중요한 의미를 가지면서 그 의미는 또한 상호간에 크게 대립되는 면이 있게 된다. 즉, 노동의 대가로서의 보상은 종업원의 입장에서 보면 소득이 되며, 기업의 입장에서는 비용이 되기 때문에 흔히 노사간에 충돌을 가져오게 만드는 가장 큰 원인이 된다. 종업원들은 보상이 소득으로서 거의 유일한 수입원이 될 뿐만 아니라 생활수준과 사회적 지위까지도 결정하는 중요한 요인이라고 생각하기 때문에 가능한 한 이것을 많이 받으려고 한다. 하지만 기업의 입장에서는 종업원에 대한 보상이 기업비용 중에서 매우 큰 비중을 차지하기 때문에 될 수 있는 한 이것을 적게 주려는 경향이 있다.

이처럼 보상에 대한 기업과 종업원의 입장에는 큰 차이가 있기 때문에 보상은 양측이 모두 적정하다고 생각하는 수준이 되어야 한다. 또한 보상은 기업 내의 모든 종업원들에게 제공되는 것이기 때문에 종업원 각각의 공헌도에 따라 공정하게 분배되어야 한다. 그리고 [그림 10-3]에서 보는 바와 같이 보상에 대한 적정성과 공정성은 보상관리의 주요내용이라고 할 수 있는 임금과 복리후생을 효과적으로 관리하는데 있어 중요한 원칙이 된다.

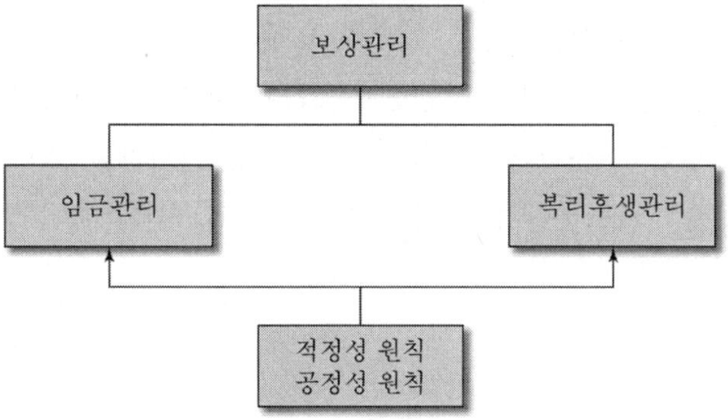

[그림 10-3] 보상관리의 내용과 원칙

2) 보상수준과 보상체계

(1) 보상수준

보상수준이란 기업이 종업원에게 지급하는 평균 보상액을 의미한다. 따라서 보상수준은 임금은 물론 복리후생비와 퇴직금까지를 포함한 보상총액을 종업원수로 나누어서 구한다. 그런데 기업에서 보상수준을 결정하는 데에는 여러 조건들을 동시에 고려하지 않으면 안된다. [그림 10-4]에서 보는 바와 같이 기업에서 보상수준을 결정하는데 주요하게 고려해야 할 요인으로는 생계비, 지불능력, 환경적 요인의 세 가지를 들 수 있다.

① **생계비** : 보상수준은 기본적으로 종업원의 생계를 보장할 수 있

는 수준이 되어야 한다. 따라서 물가변동과 평균가족수가 감안된 표준 생계비는 보상수준을 결정하는 최저기준, 즉 보상수준의 하한선이 된다.

② **지불능력** : 보상수준은 기업의 지불능력의 한도 내에서 결정되어야 한다. 따라서 지불능력은 보상수준을 결정하는 최고기준, 즉 보상수준의 상한선이 된다. 그런데 이때의 지불능력은 단순히 기업이 보상으로 지불할 수 있는 최대한의 재정적 능력이 아니라 기업이 경영에 타격을 받지 않고 지속적으로 안정된 성장을 해야 한다는 것을 전제조건으로 하여 파악된 능력을 말한다.

③ **환경적 요인** : 환경적 요인은 생계비와 지불능력 사이에서의 보상수준의 결정에 영향을 미치는 요인으로서 여기에는 정부의 최저임금제도, 노동력의 수급상황, 노동조합의 단체교섭력, 동종업계의 임금수준, 직무의 난이도, 최고 경영자의 인사철학 등이 있다.

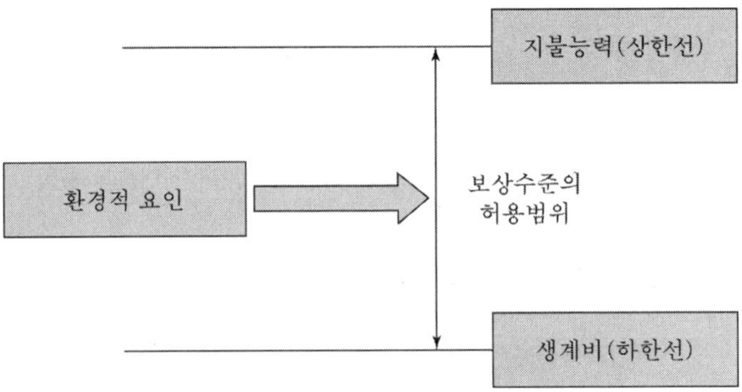

[그림 10-4] 보상수준의 결정요인

(2) 보상체계

보상체계는 [그림 10-5]에서 보는 바와 같이 기본급, 수당, 상여금, 그리고 복리후생비로 구성된다. 이중에서 복리후생비를 제외한 기본급, 수당, 상여금을 임금체계라고 한다. 이 임금체계 중에서 기본급과 수당은 다시 기준임금과 기준외임금으로 분류된다. 이 중에서 기준임금은 통상적인 노동시간 및 작업조건 하의 노동에 대해서 지급되는 임금으로서 상여금과 퇴직금 등의 산정기준으로 사용된다. 이에 대하여 기준외임금은 통상적 노동 이외의 노동에 대해 부가급의 형태로 지급되는 임금이다. 여기에는 잔업·휴일근무·일직·숙직 등에 대해 지급되는 초과근무수당과 위험한 작업 및 심야의 작업에 대해 지급되는 특별근무수당 등이 있다.

임금체계 중에서 기준임금이 차지하는 비중이 가장 크기 때문에 기준임금을 어떠한 기준에 의하여 결정하는가 하는 문제는 곧 임금체계 내지 보상체계의 성격을 결정하는 것이 된다. 즉, 기준임금이 인적 요소에 의해 결정되면 연공급체계, 직무적 요소에 의해 결정되면 직무급체계, 이 양자를 절충하여 결정되면 직능급체계나 자격급체계가 되는 것이다.

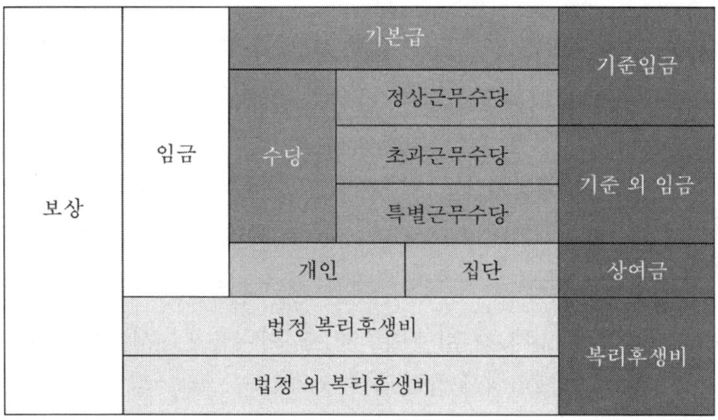

[그림 10-5] 보상체계의 구성내용

나. 복리후생관리

1) 복리후생의 의의

[그림 10-5]에서 살펴본 바와 같이 기업의 보상체계는 일반적으로 기본급, 수당, 상여금 그리고 복리후생비로 구성된다. 이러한 보상체계

의 구성항목들 중에서 기본급, 수당, 상여금은 종업원의 노동에 대한 직접적인 보상인 반면, 복리후생비는 종업원의 노동과 직접적으로 연결되지 않는 간접적인 보상이라고 할 수 있다.

복리후생은 기업이 현재의 종업원이나 그 가족 또는 과거의 종업원을 대상으로 기본적인 노동조건의 개선만으로 충족시키기 어려운 경제생활의 안정, 건강의 유지, 그리고 근무시간 이외의 휴식시간이나 사생활의 측면에 대해서 기업의 책임 하에 실시하여 노동력의 확보·유지·사기고양, 기업에 대한 신뢰의 증대 등과 같은 효과를 기대하여 행하는 보상관리의 중요한 부분이다.

우리나라의 기업들은 지금까지 인적자원을 관리하는 데 있어서 채용·승진·임금 등과 같은 성과증대를 위한 측면만을 중시하였지 경영자와 종업원상호 간에 신뢰감이나 일체감을 조성시켜 줄 수 있는 복리 후생에 대해서는 그다지 관심을 기울이지 않았다. 원래 복리후생은 기업주가 종업원의 생활을 돌보는 가부장적인 은혜의 차원으로 인식되었다. 따라서 우리나라 기업의 복리후생제도는 종업원의 입장에서 생활의 안정과 질의 향상을 위한 것이 아닌 기업주의 자의적인 결정에 의하여 일방적으로 이루어지는 온정적·자혜적 성격을 지녀 왔다고 할 수 있다. 그러나 경제가 발전하고 생활수준이 향상됨에 따라 이제는 복리후생을 그와 같이 소극적으로 운용해서는 큰 효과를 기대할 수 없게 되었다. 기업에서는 이제 복리후생을 종업원의 생활을 돌본다는 차원에서 벗어나 노동력의 재생산은 물론 종업원의 생활 안정과 정신적 충족에 의한 양호한 인간관계를 형성함으로써 생산성 향상이나 기술혁신을 이끌어 내는데 이바지할 수 있도록 보다 적극적으로 운용할 필요가 있는 것이다.

2) 복리후생의 유형

기업에서 실시하는 복리후생은 국가별 경제발전의 단계, 노사관계의 특성, 사회보장제도의 실시정도 등의 제반 여건에 따라 매우 다양한 형태의 제도나 시설을 포함한다. 또한 복리후생의 내용도 매우 다양하기 때문에 획일적으로 규정하기는 어렵다. 여기에서는 복리후생을 그 성격에 따라 법정복리후생과 법정외 복리후생으로 나누어 살펴보기로 한다.

법정복리후생은 법에 의하여 종업원과 그 가족을 직장이나 일상생활에서 당면하는 여러 가지 위험으로부터 보호하려는 목적에서 실시되는 것이다. 따라서 이는 종업원의 개인적 의사나 기업의 방침에 관계없이 법률에 의해서 강제적으로 실시되는 복리후생으로서 일반적으로 기업이 비용의 전액을 부담하거나 기업과 종업원이 공동으로 부담하게 된다. 이와 같은 법정복리후생에는 질병에 대비한 의료보험, 노령에 대비한 연금보험, 재해에 대비한 재해보험, 실업에 대비한 실업보험 등이 있다.

법정외 복리후생은 법정복리후생과는 달리 법률에 의해 강제적으로 실시되지 않고 기업이 자율적으로 또는 노동조합과의 교섭에 의해 실행하는 것이다. 법정외 복리후생은 기업의 특성·규모·부담능력·환경조건 등을 고려하여 필요성에 따라 실시되기 때문에 종류가 매우 다양하지만, 그 내용에 의거하여 살펴보면 생활원조, 경제안정, 보건위생, 여가 활용등과 각종 시설 및 제도를 들 수 있다.

이상에서 살펴본 복리후생은 사회와 경제가 발전하고 산업이 고도화됨에 따라 그 범위도 급진적으로 확대될 것이 확실하다. 또한 이것은 기업의 사회적 책임영역으로 들어오게 될 것이 분명하기 때문에 기업이 부담해야 하는 복리후생비는 갈수록 증가할 수밖에 없을 것이다. 따라서 기업에서는 나름대로의 필요성과 여건을 고려하여 자기 기업에 적합한 복리후생제도를 설계·운용함으로써 효율적인 복리후생관리가 이루어지도록 노력해야 할 것이다.

10.5 인간관계관리

가. 인간관계관리의 본질

오늘날의 사회는 수많은 조직들로 이루어져 있으며, 개인은 그중에서 어느 한 조직의 구성원으로서 생활하게 된다. 그리고 개인이 어느 조직의 일원으로 인정을 받으면서 생활하기 위해서는 좋든 싫든 간에 그 조직 내의 다른 사람들과의 관계를 맺게 된다. 이렇게 조직 내의 구성원들 사이에 이루어지는 모든 관계를 인간관계(human relations)라고 한다.

그런데 우리가 흔히 인간관계라고 할 때에는 이것을 개인과 개인 간에 형성되는 특별한 친분관계나 연고관계로 이해하려는 경향이 있다. 그러나 이는 어디까지나 개인관계(personal relation)이지 여기에서 다루려고 하는 인간관계라고는 할 수 없다. 즉, 기업경영의 측면에서 볼 때, 인간관계는 조직에서 일하는 사람들 사이에 조직목표의 달성을 위해 일을 매체로 하여 이루어지는 상호작용의 과정에서 형성되는 관계를 의미하는 것이다. 따라서 기업조직에서의 인간관계는 상사·부하·동료들 사이에 직무를 중심으로 하여 형성되는 모든 공식적·비공식적 관계에 초점을 두게 된다.

오늘날 기업에서 이와 같은 인간관계가 중시되는 것은 이것이 종업원 개개인은 물론이고 조직 그 자체의 목표를 달성하는 데에도 영향을 크게 미친다고 생각되기 때문이다. 즉, 종업원들 간에 형성되는 인간관계의 질이 바로 개인의 만족수준을 결정할 뿐만 아니라 기업의 성과를 개선하고 향상시키는 데 큰 역할을 한다는 것이다. 이것은 현대의 인적자원관리에서 인간관계관리를 또 하나의 중요한 과제로 다루고 있는 이유이기도 하다.

그렇다면 어떻게 하면 인간관계를 개선할 수 있는가? 여기에는 무엇보다도 먼저 종업원들의 욕구를 이해하고, 리더로서 인간관계개선을 위한 능력을 갖추어야 하고, 상하급자간 · 동료간에 원활한 커뮤니케이션이 이루어지도록 해야 할 것이 요청된다. 따라서 다음에서는 기업에서 인간관계의 개선을 도모하는데 도움이 되는 몇 가지 제도적 장치에 관해 알아보기로 한다.

나. 인간관계 개선을 위한 제도

기업에서 종업원들의 인간관계를 개선하기 위한 기법 내지 제도는 여러 가지가 있지만, 그 중에서 가장 널리 사용되고 있는 것으로는 사기조사, 인사상담제도, 고정처리제도, 제안제도, 감수성훈련, 그리드훈련 등이 있다.

① 사기조사

사기조사(morale survey)는 종업원이 자기의 직무, 상급자, 동료, 작업환경, 회사의 방침 등에 대해 어떠한 생각과 느낌을 가지고 있는지를 상세히 조사함으로써 직장 내의 분위기와 종업원들의 전체적인 만족·불만족의 정도를 파악하는 것이다. 사기조사의 방법에는 면접법, 질문지법, 관찰법, 제안법, 실험연구법 등이 있다. 이중에서 가장 일반적으로 사용되고 있는 것은 면접법과 질문지법이다.

② 인사상담제도

인사상담제도(personnel counseling)는 직장 내에 전문적인 상담자(counselor)를 두고 불평불만과 희망사항 그리고 개인적 · 가정적 고민 등에 대해 상담자와 피상담자가 서로 솔직하게 이야기함으로써 피상담자인 종업원이 갖고 있는 문제점을 파악하여 해결하고, 피상담자로 하여금 직장생활에 쉽게 적응할 수 있도록 지도하는 것을 목적으로 만들어진 제도이다.

③ 고정처리제도

고정처리제도(grievance procedure)는 단체협약의 해석과 적용을 둘러싼 종업원들의 불평이나 불만족을 해소시키기 위해 설정된 절차를 말한다. 이와 같은 고정처리제도는 종업원과 기업간의 부조화를 해결하는 것을 목적으로 하며, 이에는 노사간의 토의와 협의과정이 중요하다.

④ 제안제도

제안제도(suggestion system)란 기업의 운영이나 작업의 수행에 필요한 여러 가지 개선안을 종업원들로 하여금 제안하도록 하여 우수한 아이디어를 제공한 사람에 대해서는 적당한 보상을 하는 제도이다. 이러한 제안제도의 목적은 종업원의 창의력을 개발하고 그들의 근로의욕을 증진시키는데 있다.

⑤ 감수성훈련

감수성훈련(sensitivity training)은 T그룹훈련이라고도 불리는 것으로서 피훈련자인 종업원들 각자가 자기의 행위에 대해 깊이 그리고 객관적으로 인식하고 타인의 행위가 나타내는 의미를 보다 중요하게 받아들임으로써 인간관계를 개선할 수 있는 능력을 개발하는데 중점을 두는 훈련기법이다.

⑥ 그리드훈련

그리드훈련(grid training)은 경영자의 리더십을 함양시킴으로써 인간관계의 개선을 도모할 수 있도록 개발된 훈련기법이다. 이 그리드훈련의 궁극적인 목적은 리더십의 '매니지리얼 그리드(managerial grid)'이론에서 가장 이상적인 리더로 지적되었던(9.9)형의 리더, 즉 과업과 관계에 대해 모두 높은 관심을 보이는 경영자가 되도록 고무하는데 있다.

10.6 노사관계관리

가. 노사관계관리의 의의

노사관계라고 하면 본래 그 포괄하는 영역이 매우 넓다. 예를 들면, 사회·경제적 측면에서 자본가계급과 노동자계급의 대립에 관한 논의라든지, 노동조합의 법적 지위 내지는 노사관계문제의 법률적 해결에 관한 것이라든지, 또는 여러 가지 차원에서의 노동운동에 관련된 이슈들이 제기될 수 있다. 그러나 우리가 여기에서 취급하는 노사관계(labor relations)는 기업경영을 매개로 하여 성립되는 경영노사관계를 일컫는 것이다.

사용자(경영자)와 노동자(종업원)의 관계는 본래 타인인 노동자가 고용됨으로써 성립된다. 즉, 고용과 함께 경영자와 종업원은 고용조건을 둘러싸고 거래관계가 성립되고, 종업원은 고용을 통하여 기업의 피고용자로서 경영자의 방침·계획·명령 등에 따라 취업하는 관계에 놓여지게 된다. 이 중에서 앞의 고용조건결정관계는 사용자와 노동자와의 경제적 거래관계이며, 이해가 대립되는 관계로서의 '경영자-노동조합관계'이고, 뒤의 종업관계는 사용자가 대가를 지불하고 그것에 의해 노동자가 일하는 협동관계 내지는 사용종속의 관계로서의 '경영자-종업원관계'이다.

사용자와 노동자(노동조합)가 형성하는 관계를 의미하는 노사관계는 사용자측에 의해 일방적으로 결정되는 것은 아니다. 그러나 사용자로서는 당연히 노사관계의 안정을 위한 조건정비라는 이름하에 직접적이고 합리적인 대책을 강구하게 되고, 이와 같은 사용자측의 노사관계에 대한 대응을 위한 일련의 조직적인 시책이 노사관계관리의 내용이 된다. 현대의 노사관계관리에서 중요하게 다루어지는 내용으로는 단체교섭과 단체협약, 경영참가제도와 노사협의제도의 설치 및 운용 등에 관한 것을 들 수 있다.

나. 노사관계제도의 유형

현대의 노사관계관리에서는 노사쌍방간의 대립적 관계가 아니라 협조적 관계를 확립하는 데 중점을 두고 있다. 따라서 여기에서는 협조적 노사관계를 형성하고 증진하는 데 도움이 되는 제도로서 단체교섭제도와 경영참가제도에 대해 간단히 살펴보기로 한다.

1) 단체교섭제도

단체교섭(collective bargaining)이란 노동조합이 그 조직을 배경으로 하여 사용자측과 노동력의 거래조건, 즉 노동조건을 대등한 입장에서 일괄하여 교섭·결정하는 것을 말한다. 단체교섭이 노사간의 협상에 의해 순조롭게 이루어지면 곧바로 단체협약(collective agreement)이 체결된다. 노사는 모두 단체협약의 유효기간 내에는 이 협약을 준수하여야 하며, 그 이후에는 협약내용의 갱신을 위해 다시금 단체교섭을 벌이게 된다. 그러나 단체교섭이 협상에 의해 타결되지 못할 때에는 노동권(단결권, 단체교섭권, 단체행동권)중 마지막 권한인 단체행동권을 행사하게 된다. 이것을 노동쟁의라고 하는데, 쟁의행위에는 노동조합측이 행사하는 것으로 동맹파업(strike)·태업(soldiering)·불매운동(boycott)·공장점거(picketting)·연좌 등이 있고, 사용자측이 행사하는 것으로는 공장폐쇄(lockout)가 대표적이다. 그리고 이와 같은 노동쟁의가 자주적으로 해결되지 않는 경우에는 쟁의 조정의 절차가 뒤따르게 되는데, 여기에는 알선(conciliation), 조정(mediation) 및 중재(arbitration)등의 3단계가 있다.

2) 경영참가제도

경영참가(worker's participation)란 기업경영상의 모든 문제에 대한 결정과 운영에 종업원 또는 노동조합이 참여하여 그들의 의견을 반영하는 것이라고 할 수 있다. 즉, 이는 종업원 또는 노동조합이 기업의 경영에 참가하여 경영자와 함께 경영상의 권한과 책임을 분담하는 것이다. 이와 같은 경영참가는 이윤분배제도를 통한 기업의 이윤에 대한 참가, 종업원지주제도를 통한 기업의 자본에 대한 참가, 노사협의제 등에 의한 기업의 경영(운영)에 대한 참가 등 세 가지로 구분할 수 있다. 이중에서 노사협의제는 보통 단체교섭에서는 취급되지 않는 사용자의 경영방침, 생산기술, 안전위생, 근로조건 등과 같은 기업경영상의 제반문제에 대해 종업원이나 노동조합이 발언권을 가질 수 있게 한 제도이다.

[사례 10-1] 고전에 나오는 인재선발법

조직이 가진 최고의 리스크는 준비되지 않은 사람, 그릇이 되지 않는 사람을 높은 자리에 앉히는 것이다. 반대로 조직의 성공도 제대로 된 사람이 그 자리에 앉음으로서 이루어질 수 있다.

주(周)나라는 은나라에 비하면 도저히 상대가 되지 않는 소국이었다. 하지만 주나라는 그런 은(殷)나라를 전복시켰다. 도대체 어떤 비법이 있었을까? 그 중 하나가 철저한 인재검증 시스템이다. 문왕(文王)을 도와 혁명의 선봉장으로 활약했던 여상(呂尙) 강태공(姜太公)은 "육도(六韜)"라는 병법서에 주(周)나라 인사시스템을 "팔징지법(八徵之法)"이라는 말로 설명하고 있다. 인재를 발탁(徵)하는 여덟 가지 검증 항목인데 오늘날 사용해도 아무 문제가 없는 체크리스트이다.

첫째, 탁월한 전문 능력(詳)이다. "그 분야에 대한 질문을 던져 그 사람이 그 일에 대하여 어느 정도 상세한 지식을 가지고 있는지 관찰하는 것이다(問之以言以觀其詳)." 파출부를 잘 쓰기 위해서는 주부가 가정대소사 일을 꿰차고 있어야 한다. 그래야 일을 시킬 수 있다. 업무에 대한 전문성은 기본 중의 기본, 최소한의 필요조건이다. 소위 낙

하산 인사 중에는 전혀 연관이 없는 사람이 종종 사장으로 취임을 한다. 그럴 경우는 가만히 있어 주는 것이 도와주는 것이다. 직원들도 아무 기대를 하지 않는다.

둘째 위기관리(變) 능력이다. "위기 상황에 그 사람의 대처 능력을 살펴보라(窮之以辭觀其變)." 사실 리더는 평화 시에는 필요 없을 수도 있다. 우리가 리더를 필요로 할 때는 조직이 위기에 빠졌을 때이다. 위기에서 어떻게 판단하고 대처하는가를 보면 그 사람이 어떤 사람인지 알 수 있다. 요즘 시대에 딱 적합한 말이다.

셋째 성실성(誠)이다. "주변 사람을 통해 그 사람의 성실함을 관찰하라(與之間諜以觀其誠)." 성실하지 않은 사람은 리더가 될 수 없다. 성실함은 약속을 지키는 것이다. 제 시간에 나오고 하기로 한 것을 하는 것이다. 리더는 관찰을 당하는 위치에 있다. 사람들은 리더의 일거수일투족을 보면서 자신의 행동을 정한다. "그의 몸이 바르면 명하지 않아도 행한다. 하지만 그 몸이 바르지 않으면 명한다 해도 따르지 않는다." 논어에 나오는 말이다.

넷째 도덕성(德)이다. "명백하고 단순한 질문으로 그 사람의 인격을 관찰하라(明白顯問以觀基德)." 비윤리적인 사람은 리더가 되면 안 된다. 피터 드러커도 상사가 부패했다면 떠나라고 경고한다. 자신도 모르게 부패하기 때문이라는 것이다.

다섯째 청렴함(廉)이다. "재무관리를 맡겨보아 그 사람의 청렴함을 관찰하라(使之以財以觀其廉)!"

여섯째 정조(貞)다. "여색으로 시험해서 그 사람의 정조를 관찰하라(試之以色以觀其貞)!"

일곱째 용기(勇)다. "어려운 상황에서 그 사람의 용기를 관찰하라(告之以難以觀其勇)!"

여덟째 술 취했을 때의 태도(態)다. "술로 취하게 하여 그 사람의 자세를 살펴라(醉之以酒以觀其態)!"

위의 체크리스트를 보면 리더가 된다는 것이 얼마나 어려운지 알 수 있다. 또 괜찮은 사람을 채용한다는 것이 결코 쉬운 일이 아니란 것도 알 수 있다. 오(吳)나라 장군 손무(孫武)의 "손자병법(孫子兵法)"에도 장군을 임명하는 인사기준에 대하여 자세히 적고 있다.

장군은 우선 "보민(保民)"과 "보국(保國)"의 정신으로 무장되어 있어야 한다. 자신의 명예와 출세가 아니라 병사들을 끝까지 보호해야 한다는 "보민(保民)"과 나를 보낸 조국을 마지막까지 지켜야 한다는 "보국(保國)"의 정신으로 현장에 나서야 한다. "진격? ? 명령함에 명예를 구하고자 하지 마라!(進不求名) 후퇴를 명령함에 죄를 피하려 하지 마라(退不避罪)! 이런 장군은 나라의 보배(國之寶也)라고 한다." 리더는 개인의 문제를 넘어서 조직의 생존을 고민해야 하는 사람이다. 다른 사람의 칭찬과 비난에 연연하여 진퇴를 결정한다면 위대한 리더라 할 수 없다.

손자는 다음 5가지를 인사발탁의 기준으로 삼는다. 첫째, 실력(智)이다. 이때 실력은 병법이나 줄줄 외는 머릿속의 지식이 아니라, 현장을 읽어낼 줄 아는 안목이다. 둘째, 신념(信)이다. 장군의 신념은 상생(相生)이다. 그리하여 병사들에게 신뢰(信)를 얻는 것이다. 셋째, 인격(仁)이다. 인(仁)은 배려와 존중이다. 그리하여 병사들의 마음을 얻어내는 것이다. 넷째, 용기(勇)다. 용기는 모든 것을 책임질 줄 아는 자세다. 용장(勇將) 밑에 약졸(弱卒)이 있을 수 없다. 다섯째, 엄격함(嚴)이다. 조직 시스템을 공평하게 운용하고자 하는 노력이 리더의 엄격함이다. 인사는 아무리 신중해도 지나치지 않다. 사람을 뽑을 때는 신중에 신중을 기하고, 모든 것을 체크하는 것이 낫다. 여러 사람이 보고 의견을 교환하는 것도 방법이다. 여러 상황에 노출시키는 것이 좋다. 술도 마셔보고, 골프도 쳐보고, 여행도 다녀보고… 뭔가 찜찜할 때는 차라리 채용을 하지 않는 것도 방법이다. 인사가 왜 만사겠는가?

박재희(한국예술종합학교 교수, 산은소식, 2006년 9월호)

[사례 10-2] 기업들은 왜 연봉제를 할까?

[성공적 경력관리 A to Z] 연봉제의 본질적 의미를 먼저 알아야 대응할 수 있어

연봉제가 도입되기 이전, 연봉이란 샐러리맨들이 연간 급여의 수준으로만 인식될 뿐 그 이상도 그 이하도 아니었다. 또 동일한 직급에 동일하게 급여가 부여되었기 때문에 자신의 연봉을 공개하는 것은 문제가 아니었다. 그러나 이제 상황은 달라져 외환위기를 거치면서 현재

대부분 기업들이 연봉제를 실시하고 있다. 기업들은 왜 이러한 연봉제를 도입했는가. 직장인들은 기업이 연봉제를 도입하게 된 본질적인 의미를 알고 있어야 한다.

1. 유능한 인재, 무능한 인재로의 전환 방지

과거에는 일을 열심히 하는 사람이나 게으름을 피우는 사람이나 똑같은 급여를 받았고, 성과를 많이 낸 사람이나 적게 낸 사람이나 똑같은 급여를 받았다. 이로 인해 직장동료들 사이에는 상대적 불만이 생기게 된 것이다. 받는 월급이 차등화되어 있지 않다 보니 적당히 일하는 사람들에게는 상대적 만족을 가져다 주었고, 열심히 일해 성과를 많이 낸 사람들에게는 불만이 생겨나기 시작했다. 그러다 보니 유능한 인재들이 일을 열심히 하지 않고 게을러지기 시작했다.

유능한 인재들이 무능한 인재로 바뀌어 가고 있었던 것이다. 기업입장에서 보면 큰 손실이 아닐 수 없었고, 이를 이러한 현상을 방지하기 위해 유능한 인재들로 하여금 경쟁심을 일으켜 성과를 많이 내도록 만들고, 이에 대한 적절한 보상을 해주는 연봉제 도입이 필연적이었다.

2. 무능한 인재의 합법적 퇴출

아무리 좋은 사람을 채용하더라도 환경에 따라, 업무에 따라 기대수준에 미치지 못하는 부류의 사람들이 있다. 기업입장에서는 이를 개선하기 위해 많은 노력을 한다. 개인 면담을 통해 적합한 부서로 이동을 시키기도 하고, 우수한 인력으로 개발하기 위해 인력개발에 많은 투자를 하기도 한다.

아무리 투자를 하더라도 결국 조직에 필요없는 존재로 결정된다면 어떻게 처리해야 할 것인가. 그렇다고 강제로 퇴출시킬 수는 없는 일이다. 이러한 고민을 연봉제는 자연스럽게 해결해 주었다. 매년 연봉을 삭감해 가면서 결국, 재계약을 본인 스스로 포기하도록 만드는 것이다. 회사에 대한 미련보다는 자신의 정체성을 찾기 위해 스스로 회사를 그만두게 만드는 시스템이 바로 연봉제다.

3. 직장동료들 간의 무한경쟁심 유도 및 잠재능력 발굴

기업은 당연히 최소 비용으로 최대의 효과를 원한다. 기업들은 이제 경쟁대상의 벽을 허물어 버렸다. 상하-동료들 간의 무한 경쟁이 이루어지고 있다. 후배사원이 선배사원의 상사가 되기도 하고, 직장상사를 통제하기도 한다. 과거의 직장인들 간의 끈끈한 동료의식, 선후배의식들은 사라지면서 경쟁상대로서의 대상으로 바뀌어 가고 있는 것이다. 이러한 경쟁을 유도하기 위한 배경에는 바로 연봉제라는 시스템이 있었고, 직급의 파괴가 이루어질 수 있었던 것도 바로 연봉제라는 강력한 무기가 뒷받침이 됐다. 최근 기업들은 뛰어난 능력을 발휘하는 인재들을 찾기에 혈안이 되어 있다. 이에 모든 동료들을 경쟁상대로 만들어 개인이 가지고 있는 역량을 최대한 이끌어 내기 위한 수단으로 연봉제를 사용하고 있다. 물론 업적에 대한 보상만을 위해 일을 하는 것은 아니지만, 이런 경쟁을 통해 자기 자신도 발견하지 못했던 잠재적 역량을 발휘하게끔 만들기도 한다.

차재호 자비스트 공동대표[머니투데이, 2005. 11. 9]

[사례 10-3] 불량직원 유형 7가지

'불량제품이 기업에 막대한 손해를 끼치듯 불량직원도 마찬가지다' LG경제연구원은 1일 '이런 직원이 불량직원'이란 제목의 보고서에서 불량직원의 유형 7가지를 꼽고 "이들을 방치하면 구성원의 사기 저하 및 조직력 붕괴 등 조직 분위기를 망칠 수 있다"고 경고했다.

보고서는 불량직원의 유형으로 항상불만형, 임시체류형, 유아독존형, 마찰회피형, 좌충우돌형, 무임승차형, 홈런타자형을 제시했다.

(1) 항상불만형은 회사의 경영활동 및 제도변화에 대해 습관적으로 불만을 표출하는 유형이고,
(2) 임시체류형은 틈만 나면 더 좋은 회사로 이직을 꿈꾸는 직원이다.
(3) 유아독존형은 능력은 있지만 지나치게 과도한 욕구로 주변사람들을 힘들고 지치게 하는 스타일이며,
(4) 마찰회피형은 언제 어디서나 마찰과 갈등을 피하고 위험부담을 거부하는 형이다.
(5) 좌충우돌형은 항상 부지런하고 분주히 일하지만 뚜렷한 목표의식이 없는 직장인,
(6) 무임승차형은 동료나 부하의 열정과 헌신으로 이뤄낸 결과를 가로채는 사람이다.

(7) 홈런타자형은 '한방에 끝낸다'는 식의 사고로 무리수를 두는 스타일이다.

LG경제연구원 김현기 선임연구원은 "불량직원을 줄이기 위해 엄격한 채용시스템을 가동하고, 육성단계에서 감성지능(EQ)을 개발하는 등 노력이 필요하다."며 "불량직원뿐 아니라 불량리더도 제거하는 퇴출시스템을 갖춰야 한다."고 말했다.

[LG경제연구원, 2005. 9. 1]

핵심용어

인적자원관리	유인과 공헌	인적자원계획	인사고과
인적자원의 모집	인적자원의 선발	역할연기(role playing)	보상체계
인간관계	인적자원의 보상	보상수준	복리후생
단체교섭제도	경영참가제도	고정처리제도	노사관계
직장내훈련(on the job training; OJT)		비즈니스 게임(business game)	

연 습 문 제

1. 인적자원관리의 체계에 대하여 설명하시오.

2. 인적자원의 확보과정에 대해서 설명하시오.

3. 인사고과의 필요성에 대해서 설명하시오.

4. 임금을 구성하는 체계에 대해서 설명하시오.

5. 인간관계의 개선을 위한 제도에 대해서 설명하시오.

6. 노사관계관리의 중요성을 설명하시오.

제 11 장
재무관리

11.1 재무관리의 목표와 역할

가. 재무관리의 목표

기업의 재무관리담당자는 기업의 경영목표를 달성하기 위해 효율적으로 자금을 조달하고 운용, 관리, 통제하는 총체적인 역할을 행함으로써 기업경영의 가장 기본적이고도 중요한 기능을 행한다고 할 수 있다. 따라서 국내 대기업을 비롯하여 세계 많은 대기업의 최고경영자들의 배경을 보면 재무관리에 관한 지식 및 경험을 풍부하게 가진 재무관련 담당자가 그 맥을 잇고 있음은 당연한 현상이라 할 수 있겠다.

여기서 우리는 먼저 기업의 경영목표가 무엇인가에 대한 구체적인 합의가 필요하게 된다. 보통 기업의 목표라고 하면 제2장에서 배운 이윤의 극대화(profit maximization)를 떠올릴 것이다. 그러나 최근의 기업이론에 의하면 기업활동에 관련된 대내적인 불확실성으로 인한 위험의 증대와 급변하는 국내외 자금시장에서의 금리변동으로 인한 자금의 시간가치중시 경향 등으로 인해 이윤의 극대화라는 기업의 경영목표는 기업활동에 단순하게 적용하기에는 한계가 있는 개념으로 비판을 받기에 이르렀다. 즉, 기업의 이윤이 때로는 너무 단기적일 수 있을 뿐 아니라 불확실성을 내포한 현실에서는 맞지 않을 때가 종종 있다는 것이다. 그러면 보다 적절한 기업의 경영목표는 무엇일까?

기업의 기본경영목표를 기업이론에서는 기업가치의 극대화(firm value maximization)로 제시하고 있는데, 이는 최근 가치중시경영(value-based management: VBM)이라는 용어로서 우리나라의 기업경영에서 많이 거론되고 있는 개념이기도 하다. 물론 기업경영자로서 경영에 관한 의사결정을 행하는데 종종 자기 자신의 이해관계, 종업원들의 복지, 혹은 국가와 사회에의 기여 등 여러 가지 다른 동기가 경영의 목표로서 거론되어질 수 있으나 결국은 기업가치가 증대되지 않고는 위의 모든 다른 목표들 또한 한낱 구호에 그치거나 불가능하게 될 수밖에 없다.

따라서 기업가치의 극대화는 모든 경영자가 경영의 목표로서 중요시할 수밖에 없고 이는 현대자본주의사회에서 대부분의 기업이 주식회사의 형태를 갖기 때문에 자본시장에서의 그 기업의 주식가치의 극대화라는 목표로 설명될 수 있다. 즉, 주식은 해당 기업의 소유권을 나타내고 그 기업이 소유하고 있는 모든 자산의 가치는 채권자들의 청구권을 제외하면 궁극적으로 기업의 주주들에게 귀속되므로 자본시장에서 기업의 가치는 결국 주식가격의 형태로 투자자들에 의해 평가되기 마련이다.

현대기업의 대부분은 주식회사로서 자본시장에 그 주식을 발행, 유통시키고 있는데 투자자들은 합리적으로 그 해당 주식발행 기업의 총체적인 수익능력을 물론 미래의 자산가치와 모든 위험을 고려하여 시간적인 가치까지를 감안한 종합적인 평가를 해당 주식의 가격결정에 반영한다고 볼 수 있다. 특히, 자본시장의 효율성을 감안하면 특정 주식의 가치야말로 그 기업의 진정한 가치를 대변할 수 있는 대표적인 객관적 지표라 할 수 있고, 따라서 기업경영의 목표로서 기업가치의 극대화는 명백하게 주식가치의 극대화로 바꿔 말할 수 있는 것이다.

요컨대, 기업경영의 근본은 외형적 성장이나 장부상의 이윤극대화가 아닌 진정한 의미에서의 실질적 이익을 반영하는 기업가치의 극대화로 귀착될 수 있으며 이 중 가장 대표적인 지표가 기업의 주식가치라는 것이다.

나. 재무관리의 역할

기업의 재무관리담당자는 기업가치의 극대화를 위해 투자결정과 자본조달결정을 주로 담당한다. 투자결정이란 기업의 미래 수익과 성장을 위해서 자금을 어떻게 운용할 것인가에 관한 것을 다룬다. 자본조달결정이란 기업활동에 필요한 자금을 어떻게 조달할 것인가에 관한 것을 다룬다. 이는 자기자본과 타인자본에 대한 의사결정을 의미한다.

개별기업의 재무관리담당자 입장에서 본 자금의 조달과 운용에 관한 기본적인 개념도는 [그림 11-1]에 나타나 있다. 기업의 재무관리담당자는 한편으로는 그 기업의 운영실태 및 문제점들 - 예를 들면, 생산 제품정보, 기술적 생산능력, 인사, 조직에 관한 사항 등을 파악하고 있어야 하며, 다른 한편으로는 기업자금의 조달원천인 자금시장에 관해 정통해 있어야 한다. 기업의 자금시장은 자금을 제공하는 역할뿐 아니라 바로 그 기업의 가치를 평가하는 곳이기도 하다.

자금시장의 대표적인 예로는 금융기관으로부터 차입 및 채권 또는 주식시장을 들 수 있다. 기업의 재무관리담당자는 자금을 조달하기 위한 가장 좋은 방법과 타이밍을 결정해야 하는데, 예를 들면 서울소재 거래은행으로부터 대출을 받을지, 외국의 자금시장에서 채권을 발행할지, 또는 국내외의 주식시장에서 주식을 발행할지 등을 자금시장의 여러 가지 경제적 상황을 위주로 한 복잡한 분석과정을 거쳐 결정해야 한다.

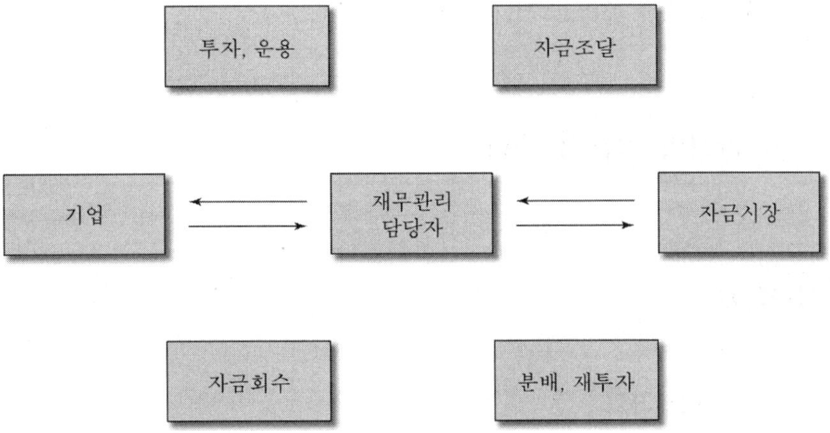

[그림 11-1] 자금의 조달과 운용에 관한 개념도

이렇게 조달된 자금은 기업활동에 투자, 운용되어야 하는 데 재무관리담당자는 그 투자의 우선순위 및 규모 등을 결정해야 한다. 즉, 새로운 공장을 건설한다든지, 노후된 기계시설을 교체한다든지, 새로운 광고·홍보프로그램을 추진한다든지 하는 기업 내의 여러 가지 의사결정에 직·간접적으로 관여해야만 한다. 나아가 기업의 적정성장 가능성도 재무관리담당자는 고려해야만 하는데, 그 이유는 기업의 성장을 위해서는 자금조달이 필수적이기 때문이다.

한편, 이와 같은 자금투자, 운용이 성공적으로 진행되면 재무관리담당자는 기업활동을 통한 자금회수에 나서 그 결과 수익을 투자자들 사이에 적절하게 배분하고 기업의 지속적인 성장을 위한 재투자를 결정해야만 한다. 즉, 기업의 자금조달에 참여한 주주, 채권자 및 금융기관 등을 위시한 각각의 이해관계집단에 대하여 기업활동의 수익을 배당, 이자 등의 형태로 지급하고 나머지는 재투자 등의 형태로 기업 내부에 축적시켜야 하는 것이다.

이러한 기업의 재무활동은 자금시장을 중심으로 일어나는데 최근 자금시장의 급속한 발전은 기업의 재무관리담당자에게는 물론 기업 경영에 관심 있는 모든 이들에게 매우 중요한 기회를 제공하면서 동시에 그 흐름을 이해하지 못하면 치명적인 위협을 가할 수도 있는 위험

요소로도 등장하고 있다[사례11-1 참조].

11.2 재무관리의 기본적 개념

가. 시간가치

1) 현재가치

재무관리의 가장 기본적인 개념 중의 하나로 현재가치(Present Value: PV)를 들 수 있다. 이는 우리가 흔히 아는 "품안의 새 마리가 숲 속의 새 한 마리보다 낫다"는 원리의 간단한 표현이라고 할 수 있다. 즉, 오늘의 100원이 내일의 100원보다 더 비싸야 한다는 아주 간단한 논리이다. 이와 같이 가치에는 시간개념이 들어가야 하는데 간단한 예를 들어 설명하기로 하자. 당신이 어느 건설회사의 경영자로서 지금 시가 5천만원 상당의 대지와 현금 3억원을 보유하고 있다고 가정하자. 이 땅에 사무실 건물을 지으면 3억원의 건축비가 들 것으로 보이나 1년 후 이 사무실 건물은 확실하게 4억원에 팔 수 있을 것으로 예상되고 있다. 이 때 당신은 1년 후의 4억원의 확실한 수입을 예상하고 현재 3억5천만원을 투자해야 하는가 하는 의사결정을 내려야 한다. 따라서 당신은 자연스럽게 다음 의문을 제기하게 될 것이다. 1년 후의 4억원 현재가치는 얼마일까? 그리고 그 현재가치는 지금 예상되는 투자비용 3억5천만원보다 클 것인가?

우선 1년 후의 4억원의 가치는 지금의 4억원의 가치와 같다고 할 사람은 아무도 없을 것이다. 당연히 지금의 가치는 4억원보다 적을 것인데 문제는 구체적으로 지금의 투자비용인 3억5천만원과 비교하기 위해서 그 현재가치를 계산할 수 있어야 한다는 것이다. 이것이 재무관리에서 가장 중요한 개념 중의 하나인 시간문제인 것이다. 이 때 시중은행에서 연 7%의 이자를 보장하는 1년 만기의 정기예금 제시한다면 이 때 1년 후에 4억원을 받기 위해서 지금 얼마의 예금을 해야 하겠는가? 이를 계산하기 위해서는 누구나 곧 4억원을 1.07로 나누어 3억7천4백만원을 쉽게 찾아낼 수 있을 것이다.

즉, 1년 후 4억원의 현재가치는 4억원 × $(\frac{1}{1+0.07})$이며, 이때 7%는 은행의 정기예금으로부터의 수익률(rate of return)이며 $(\frac{1}{1+0.07})$은 할인계수(discount factor)라고 부른다. 즉, 할인계수는 이 예에서 보듯이 (1+수익률)의 역수이다. 일반적으로 1년 후의 기대수입을 C_1이라고 하면,

$$\text{현재가치(PV)} = \text{할인계수} \times C_1 = (\frac{1}{1+\Upsilon}) \times C_1$$

이다. 이 식에서 ϒ은 은행에서 제시한 이자율, 즉 수익률이다. 이 수익률은 투자자들이 현재 투자비용만큼을 1년 후의 수입으로 연기하는데 대한 1년간의 보상으로 요구하는 프리미엄(premium)으로 해석할 수도 있고 또는 위의 사무실 신축이 아닌 다른 투자대안으로부터 발생하는 기회비용(opportunity cost)으로 해석할 수도 있다. 다시 말하면, 1년 후에 4억원의 확실한 수입을 얻는 방법으로 지금 사무실 건물을 신축하는 방법과 은행에 정기예금을 하는 두 가지의 방법이 있을 때 그 은행의 정기예금 수익률 7%가 바로 사무실 신축에 따른 기회비용이라는 의미이다.

2) 순현재가치

여기서 만일 건물의 신축을 시작하자마자 이 프로젝트를 시장에서 팔려고 한다면 얼마를 받고 팔 수 있을까 하는 문제를 검토해보기로 하자. 논의를 단순화하기 위해 시장의 모든 투자자들은 연이율 7%의

정기예금과 사무실 신축이라는 두 가지 투자기회만을 가지고 있다고 가정하자. 그러면 이 프로젝트의 현재 시장가격은 1년 후에 4억원의 수입을 예상하기 때문에 정상적인 투자자라면 누구나 3억7천4백만원까지 지급하려고 할 것이다.

물론 당신이 원한다면 그 이하의 가격에 팔 수도 있겠으나 당신도 정상적인 투자자이기 때문에 그 이하로는 팔려 하지 않을 것이다. 왜냐 하면 시장에서 가능한 투자의 기회비용이 7%의 1년 정기예금으로부터의 수익률이기 때문이다. 즉, 3억7천4백만원일 때 당신은 사실 3억5천만원이 시장에서 성립되는 이 사무실 건물 신축프로젝트의 시장가격인 것이다.

그러면 이 건물프로젝트의 시장가격이 3억7천4백만원일 때 당신은 사실 3억5천만원을 투자한다고 하였는데, 그 차액이 바로 당신이 이 프로젝트에 투자해서 얻을 수 있는 순현재가치(Net Present Value: NPV)이다. 즉,

순현재가치(NPV) = 현재가치(PV) - 투자비용
= 3억7천4백만원 - 3억5천만원 = 2천4백만원

이다. 당신의 건물 신축프로젝트는 2천4백만원의 이익을 남길 수 있는 바람직한 프로젝트인 것이다. 다음은 순현재가치를 구하기 위한 공식이다.

$$NPV = C_o + \frac{C_1}{1+\Upsilon}$$

여기서 C_o는 현재 투자되는 비용을 의미하며 보통 음의 값으로 표시하는데 이 경우 -3억5천만원이 된다. 따라서 1년 후 4억원의 현재가치를 계산한 후 이를 현재 투자비용과 비교한 결과 당신은 이 프로

젝트의 가치를 평가할 수 있게 되는 것이다.

3) 투자수익률

다른 한편으로 이 프로젝트의 가치를 평가하기 위하여 보통 투자수익률(return)의 개념을 사용하기도 하는데 투자수익률은 단순히 투자원금에 대한 투자수익의 비율을 의미한다. 앞의 예의 경우,

투자수익률 = 투자수익/투자원금
= (4억원 - 3억5천만원) / 3억5천만원 = 14%.

따라서 14%의 투자수익률은 다른 대체투자(은행의 1년 정기예금)의 수익률인 7%를 능가하므로 앞에서 언급한 대로 순현재가치가 양의 값을 보이는 것과 마찬가지로 이 프로젝트는 수행할 만한 가치가 있다고 할 수 있겠다.

나. 위험

지금까지 위의 사무실 빌딩의 신축프로젝트를 고려하는 데 사실 우리는 매우 비현실적인 가정을 한 가지 사용해 왔다. 즉, 1년 후에 신축된 사무실을 4억원에 확실하게 팔 수 있다고 가정한 것이다. 그러나 만일 1년 후에 부동산경기가 갑자기 위축되면서 4억원은커녕 3억원도 받기 힘들다면 우리의 앞에서의 논의는 잘못된 것이 되고 말 것이다.

우선 1년 후에 4억원의 가격을 가정한 상태에서 7%의 기회비용(은행의 1년 정기예금 이자율)을 적용하여 위의 사무실 신축프로젝트의 시장가격을 우리는 3억7천4백만원이라 하였는데, 1년 후의 부동산경기 위축가능성이 위에서와 같이 존재한다면 아무도 이 프로젝트에 대하여 3억7천4백만원을 지급하려 하지 않을 것이다. 사실 투자자들의 관심을 유지하려면 이런 경우에 아마도 당신은 그 프로젝트의 가격을 더욱

낮출 수밖에 없을 것이다. 그러면 시장에서 위와 같은 가능성을 어떻게 평가하여 위의 사무실 신축프로젝트의 가치를 정할 수 있겠는가?

이 질문에 대한 대답이 바로 위험(risk)에 관한 분석이다. 즉, 안전한 투자와 위험한 투자는 서로 가치가 다를 수밖에 없다는 원리를 적용하게 되는데, 위험의 문제는 앞에서 서술한 시간가치의 문제와 함께 재무관리에서 기본적인 분석도구를 제공하는 중요한 이슈이다.

위험을 고려하는 방법은 미래의 불확실한 자금의 흐름에 대해 확률을 예상하여 통계적인 기대값을 계산하여 고려할 수 있는데 현실적으로 확률예측이 매우 어렵기 때문에 실제로는 그 대신 자금의 흐름을 할인할 때 썼던 할인계수에 위험을 반영하여 상향조정하는 방법을 사용하기도 한다.

먼저 앞서 신축건물의 1년 후 가격이 4억원일 확률이 이제 50%밖에 되지 않고 3억원밖에 받지 못할 확률이 나머지 50%라고 가정하자. 그러면 1년 후의 예상자금흐름은 (50%×4억원+50%×3억원=3억5천만원)으로 계산될 수 있으며, 7%의 할인계수를 사용하더라도 그 현재가치는 3억2천7백만원에 불과하여 아무도 앞서 계산하였던 시장가격 3억7천4백만원을 지급하지 않을 것이다. 즉, 1년 후의 불확실한 자금흐름은, 위험을 반영하면 위험을 고려하지 않았을 때의 4억원보다 적어지는데 그 구체적인 계산은 확률예측에 따라 달라진다. 그래서 자금흐름의 위험을 반영하는 보다 손쉬운 방법으로 자금흐름은 그대로 둔 채 할인계수를 조정하는 방법을 많이 사용한다.

위의 시간의 문제에서 현재가치를 계산할 때의 기회비용이었던 7%는 은행의 1년짜리 정기예금의 금리였음을 상기하라. 이제는 위험의 문제가 고려되기 때문에 은행의 정기예금은 적절한 기회비용으로 볼 수 없다. 물론 모든 투자기회가 위험을 내포하고는 있지만 서로 같은 수준의 위험을 갖고 있지는 않다는 사실을 우리는 너무 잘 알고 있다. 사무실건물 신축프로젝트의 위험도는 은행의 1년 정기예금 위험도에 비해 월등히 높을 것이다.

반면에 동일한 대지에 사무실 건물을 신축하는 대신 유전을 개발하는 프로젝트에 비하면 그 위험도는 훨씬 적을 것이다. 편의상 사무실 프로젝트의 위험도가 당신이 주식시장에 투자해서 예상수익률 12%를 얻을 수 있는 주식투자와 같은 위험을 가지고 있다고 가정하자. 그러면 12%라는 예상수익률이 사무실 신축프로젝트의 보다 적절한 기회비용이 될 것이다. 즉, 사무실 신축프로젝트에 투자하지 않는다면 똑같은 정도의 위험을 가진 주식투자에서 12% 정도의 수익률을 예상할 수 있다는 의미이다. 이때의 사무실 신축프로젝트의 현재가치(PV)와 순현재가치(NPV)는 각각

현재가치(PV) = 4억원/(1+0.12) = 3억5천7백만원

순현재가치(NPV) = 현재가치 - 3억5천만원 = 7백만원

이다. 만일 모든 투자자들이 당신의 사무실 신축프로젝트에 대한 예상을 1년 후의 4억원의 수입과 12%의 기회비용을 적용할 만큼의 위험도를 동시에 인정한다면 이 프로젝트의 시장가격은 3억5천7백만원이 될 것이다. 물론 이 때의 순현재가치는 7백만원으로서 프로젝트의 시장성은 아직 있으나 위험도를 무시했던 경우(7%의 기회비용)와 비교하여 시장가격이 3억7천4백만원에서 1천7백만원만큼 떨어진 사실에 유의하라. 즉, 1년 후의 4억원의 현재가치는 시간가치를 고려하여 3억7천4백만원이었으나, 위험도라는 문제를 반영하면 3억5천7백만원으로 더 낮아진다.

또는 이 프로젝트의 투자수익률이 14%였음을 우리는 알고 있는데 이 경우의 기회비용 12%에 비해 아직 높다는 사실은 이 프로젝트의 경제성이 아직 희망적이라는 뜻이다. 이와 같이 재무관리에서는 시간과 위험의 문제가 어떠한 자산이든지 간에 기본적인 분석의 도구로서 활용되고 있다.

물론 실제의 자산의 가치평가에 시간과 위험의 문제가 적용되는 방

법은 보다 복잡하고 어려운 방법으로 행해지고 있으나 그 기본적인 방법은 위의 예에서 서술된 것과 크게 다름이 없다. 즉, 첫째 어떠한 자산이든지 간에 보유시에 예상되는 미래의 현금의 유입은 현재가치로 환산되어야 한다. 둘째, 그 때의 기회비용은 시장에서 평가되는 적절한 위험도를 반영한 기회비용이어야 한다.

그러면 이와 같이 기업의 가치는 물론 모든 자산의 평가에 있어 시간가치와 위험을 반영하는 자금시장은 과연 어떤 곳인가? 기업의 재무관리를 행하는 데 있어 자금시장에 대한 이해는 필수적인데 먼저 자금시장에 대하여 살펴보기로 하자[사례 11-2 참조].

11.3 자금시장

이미 [그림 11-1]에서 우리는 기업의 재무관리담당자로서 자금을 조달하고 운용하는 데 자금시장에 대한 이해가 필수적이라는 사실을 지적한 바 있다. 또 기업의 가치는 물론 모든 자산이 적절한 시간과 위험의 문제를 고려한 시장가치로서 공정하게 평가되는 곳도 바로 자금시장이라는 사실도 앞 절에서의 예를 통해 볼 수 있었다.

그러면 여기서 자금시장이란 과연 구체적으로 어떠한 시장을 말하는가? 우리는 시장이란 재화가 공급자와 수요자들 사이에서 서로 시장가격에 의해 교환이 이루어지는 곳이라는 사실을 알고 있다. 자금시장이란 그 재화가 바로 자금인 시장이다. 자금의 수요자란 개인이나 기업 또는 정부 등 누구든지 자금을 필요로 하는 축을 의미한다. 또한 자금의 공급자는 말 그대로 자금을 공급하는 축을 말한다.

따라서 주요한 자금의 수요자는 자금을 조달하고자 하는 기업이며, 주요한 자금의 공급자는 여유자금을 공급하는 개인 또는 기업이 될 것이다. 이들이 자금을 교환하는 곳이 바로 자금시장 또는 금융시장이다. 자금시장은 넓은 의미에서 금융수단, 금융기관을 포함하는 모든 금융시장을 의미하는 전반적인 조직을 말한다. 따라서 자금시장은 여러 가지 상품이나 고객에 따라 혹은 지역에 따라 많은 형태를 띠고 있는데, 그 이해를 위해서는 자금의 주요수요자인 기업의 자금조달의 특성이 함께 거론되어야 한다[사례 11-3 참조].

가. 자금조달형태의 따른 분류

우리는 앞에서 기업의 주요 자금의 조달은 크게 자기자본과 차입금의 두 가지 형태가 있다고 하였는데, 자기자본의 조달은 주식발행으로 이루어지고, 차입금은 크게 금융기관으로부터의 차입 및 채권의 발행에 의해 이루어진다. 우리가 흔히 증권시장이라고 부르는 자금시장은 이 중 주식(stock)과 채권(bond)이 거래되는 시장을 의미하며 이를 직접금융시장이라고도 한다.

기업이 직접 주식이나 채권과 같은 증권을 발행하여 자금을 조달하기 때문에 이를 직접금융시장이라고 하는 데 반해, 금융기관으로부터의 차입을 통해 자본을 조달하는 곳을 간접금융시장이라고 한다. 따라서 과거 증권시장이 미처 발달하지 못했던 1970년대까지의 우리나라의 기업 자금조달은 주로 간접금융시장을 통해 이루어졌으나 1980년대 이후 자금시장의 흐름은 주로 직접금융을 통해 이루어진 증권시장이 기업 자금조달의 주요 시장으로 대두되었다.

1) 주식시장

주식은 발행기업의 소유지분을 표시하는 유가증권이며 일반적으로 보통주(common stock)와 우선주(preferred stock)의 두 종류가 있다. 보통주는 매입과 동시에 해당 기업의 주주로서 중요한 의사결정, 예를 들면 이사회의 구성, 배당금의 결정 및 타기업의 인수합병 등에 관한 투표권(voting right)을 가진다. 따라서 진정한 의미에서 기업의 소유주는 바로 이러한 보통주의 소유주들인 주주라고 할 수 있다. 이들은 주식을 보유함으로써 투자에 대한 급부로 배당금(dividend)과 함께 주식가치의 상승으로 인한 자본이득(capital gain)을 기대한다.

따라서 기업이 성공적으로 경영되어 배당금이 충분히 지급되고 나아가 기업가치의 상승이 주식가치의 상승으로 나타나게 되면 이익을 보게 되며, 반대로 기업이 실패하여 파산될 경우에는 투자분을 잃을 위험을 감수하게 된다. 보통 주식의 경우 액면가(par value)가 적혀 있는 액면주와 액면가가 없이 발행되는 무액면주가 있는데, 우리나라의 경우는 액면가가 100원, 500원, 1,000원, 5,000원 등으로 정해져 있으며 많은 외국의 경우에는 무액면주가 일반적이다.

그러나 주식의 가치는 액면가와는 아무런 상관이 없으며 주식시장에서 거래되는 시장가격에 기초를 두고 있다. 이 때문에 우리나라에서도 종종 주식의 액면가를 폐지해야 한다는 논의가 제기되고 있다. 또한 주식의 장부가치(book value)와 시장가치(market value)는 서로 다른 개념인데 시장가치는 우리가 흔히 주식가격이라 부르는 것으로서 일간신문의 경제면 등에서 쉽게 관찰할 수 있는 가격으로 대개 회사의 수익성 및 장래의 전망은 물론 경제 전반의 흐름 등에도 영향을 받아 매일매일 변하는 것으로 투자자들의 기대를 반영하는 가격이다. 한편, 장부가치는 기업의 총자산에서 부채의 가치를 차감한 잔액을 시장에서 거래되는 총주식수로 나눈 장부상의 가격을 의미하는데 보통 시장가치는 장부가치를 상회하는 경우가 많다.

또 우선주는 보통주의 소유주들보다 배당금을 지급받는 순위에서 우선권을 갖는 주식을 의미하며 기업이 파산될 경우에도 보통주보다 우선해서 회사의 잔여자산에 대한 우선 청구권을 갖는다. 그러나 대신 우선주의 소유주들은 보통주의 경우와는 달리 투표권이 주어지지 않는다. 우선주는 보통주보다 투자의 안전성이 크고 종종 투자자들이 필요에 따라 보통주로 전환할 수 있는 선택권을 갖는 특수한 우선주(convertible preferred stock)의 형태로 발행되기 때문에 보수적인 투자자들에게 인기가 있기도 하다. 따라서 우선주도 자기자본의 일부로 포함되지만 많은 기업의 경영자들은 이를 보통주와 채권의 중간형태로 인식하고 있다.

2) 채권시장

채권은 기업의 소유주들에게 소유지분을 뜻하는 주식과는 달리 단순히 기업에 자금을 빌려준 대여자들에게 일종의 차용증서로 교부되는 증권이다. 채권에는 보통 채권자들에게 지급될 확정이자 및 만기일이 표시되어 있고 채권자들은 기업에 대한 자금대여자이므로 기업이 파산 시에는 보통주나 우선주에 앞서 기업자산에 대한 청구권을 갖는 것이 특징이다. 따라서 채권자들은 기업의 주요 의사결정에는 참여할 수 없고 단지 정해진 이자와 만기일에 원금만 지급받을 수 있으며 해당 기업과의 이해관계는 더 이상 있을 수 없는 것이다.

채권은 보통 기업자산을 담보로 하는 담보부사채(secured bond)와 담보가 없이 기업의 신용만을 토대로 하는 무담보사채(debenture)로 발행된다. 우리나라의 경우 과거에는 이자와 원금에 대한 제3자의 지급보증이 있는 보증사채(guaranteed bond)의 형태가 주로 발행되었으나 IMF 위기 이후 외국의 경우와 같이 자체신용을 바탕으로 한 무담보사채의 비중이 점차 커지고 있다.

한편, 채권시장에서 많은 비중을 차지하는 상품 중의 하나가 정부가 발행하는 국채(government bond)이며, 최근 우리나라의 지방자치단체에서 발행할 수 있는 지방채(municipal bond), 그리고 공공단체 및 공기업 등에서 발행하는 공채(public bond) 등도 인기 있는 채권상품으로 대두되고 있다. 특히, 국공채나 지방채 등은 그 이자소득에 대하여 대부분 소득세 감면의 혜택이 주어지기 때문에 일반기업에서 발행하는 사채(corporate bond)에 비해 금리가 낮은 경우가 보통이다.

이외에도 최근 많은 기업들이 특히 해외에서 발행하는 전환사채(convertible bond)가 있는데, 이는 채권의 소유자가 필요시 발행기업의 주식으로 전환할 수 있는 권리를 부여하는 것으로서 일반채권에 비해 낮은 금리로 발행할 수 있기 때문에 기업의 성장가능성이 있을 경우에 발행기업의 자금조달비용을 낮출 수 있어 인기를 모으고 있는 상품이기도 하다.

3) 간접금융시장

지금까지 증권시장을 중심으로 일반투자자들로부터 기업으로 자금이동이 직접 이루어지는 직접금융시장이 논의되었는데 이와는 달리 금융기관을 통하여 기업의 자금조달이 이루어지는 간접금융시장도 있다. 일반적으로 개인투자자들은 금융기관에서 제공하는 각종 금융상품, 예를 들면, 예금이나 적금에 가입하여 자금을 금융기과에 공급하고, 이 자금을 금융기관은 각 기업들에게 단기 혹은 중장기에 걸친 대출상품으로서 기업들에게 판매한다.

그리고 기업은 대출에 대한 이자와 원금을 약정기일에 금융기관에게 지급하고, 금융기관들은 이를 다시 원래의 개인투자자들에게 원리금으로 지급함으로써 중개기관의 역할을 한다. 이러한 시장이 바로 간접금융시장이다. 우리나라의 경우 각종 은행과 투자신탁회사 및 보험회사 등이 그러한 기능을 담당하고 있는데 자세한 금융기관의 분류는 다음[그림 11-2]와 같다.

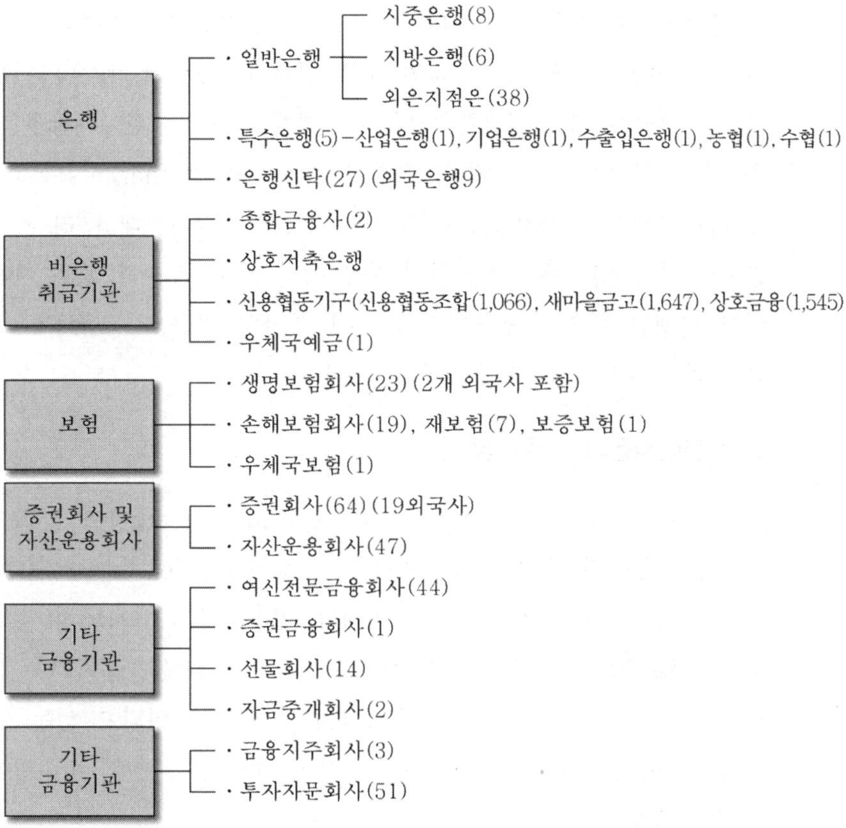

* ( )안은 해당 금융기관의 수.
** 출처: 금융시스템 리뷰, 2005. 1, 한국은행.

[그림 11-2] 우리나라의 금융기관

나. 기타 자금시장의 분류

지금까지 기업들이 자금을 조달하는 주요 시장의 상품을 중심으로 소개하였는데 이외에도 기업의 재무관리자로서 자금시장을 충분히 활용하기 위해서는 다음과 같은 용어들에 대한 간단한 이해가 필요하다.

1) 발행시장과 유통시장

발행시장(primary markets)은 기업들이 신규자본을 조달하기 위하여 증권을 발행하는 시장이다. 예를 들어, 삼성전자가 신주나 신규사채를 발행하여 조달하고자 하면 보통 간사회사(underwriter)의 도움을 받아 대중에게 신규발행증권을 판매하게 된다. 그 판매대금을 기업은 자금으로 활용하게 된다. 유통시장(secondary markets)은 이미 발행된 증권이 투자자들에게 거래되는 시장을 말하는데 우리가 흔히 말하는 주식시장, 채권시장 등이 바로 이러한 유통시장의 좋은 예이다. 이미 발행된 증권은 발행기업에게 더 이상의 자금을 공급하지 않고 단지 파는 투자자들 사이의 거래일뿐이다.

2) 현물시장과 선물시장

현물시장(spot markets)과 선물시장(futures markets)의 차이는 매매가 이루어진 증권이 즉시 인도(on-the-spot delivery)되느냐 혹은 3개월, 6개월, 1년과 같이 미래의 일정시점(delivery at some future date)에 인도되느냐에 있다. 최근 우리나라에도 주가지수 선물시장이 개설될 이후 선물시장의 중요성이 많이 논의되고 있는 만큼 기업의 재무관리담당자로서 선물시장의 이해와 활용 또한 필수적이라 할 수 있겠다.

3) 통화시장과 자본시장

통화시장(money markets)은 단기금융시장을 일컫는 말로써 보통 1년 이내의 만기를 갖는 채권들이 거래되는 시장을 의미한다. 우리나라의 경우 양도성 정기예금(CD)이나 환매조건부채권(RP), 기업어음(CP) 등이 주요 상품이며, 주로 기업의 단기자금조달시장의 역할을 한다. 자본시장(capital markets)은 이에 비해 1년 이상의 만기를 갖는 채권이나 만기가 없는 주식 등이 거래가 되는 장기금융시장을 일컫는 말이다. 따라서 보통 우리가 말하는 증권시장은 바로 이와 같은 자본시장을 의미한다.

4) 국제자본시장

현대기업의 규모가 커지면서 자산운용 및 자금조달과정에서 큰 특징 중의 하나가 세계화현상이다. 자금시장도 과거와 같이 국내기업들만을 상대로 자금조달 및 운용을 허용하던 국내자본시장에서 국제자본시장(world capital markets)으로 확대되어가고 있는 실정이다. 우리나라의 경우만 하더라도 1997년부터 외국기업들의 국내주식시장에 대한 상장이 가능해지기 때문에 더 이상 국내자본시장이라고 볼 수 없다. 그리고 우리나라의 많은 기업들도 해외증권시장, 예를 들면 뉴욕증권거래소(New York Stock Exchange; NYSE)나 런던증권거래소(London Stock Exchange; LSE) 등에서 자금을 조달하기도 한다.

11.4 자본예산과 조달

가. 현금흐름

먼저 기업의 자금흐름을 파악하기 위해서는 기업의 자금을 어떻게 정의할 것인가 하는 문제에 대답해야 한다. 기업의 주요 자금의 원천은 기업이 생산할 물건을 판매하는 데서 올 것이라는 것은 의문의 여지가 없을 것이다. 그러면 A기업이 고객에게 100만원 상당의 물건을 외상으로 판매하였을 때 회계장부에서는 100만원의 외상매출금이 증가하면서 같은 금액의 재고가 줄어들 것이다. 이 때 기업의 자금은 100만원 증가하였는가? 재무관리측면에서 100만원의 외상매출금은 현금으로 기업에 유입되기까지는 자금의 유입으로 보지 않는다. 즉, 외상에 의한 매출의 증대는 미래의 현금유입을 내포하지만 아직은 기업의 자금으로 볼 수 없다는 것이 그 입장인 것이다.

앞 장에서 회계를 공부할 때 우리는 기업의 손익계산서의 당기순이익이 기업 수익의 원천이라고 하였지만 재무관리에서는 보다 구체적으로 현금의 흐름에 그 초점을 맞추는 것이 그 특징이다. 어떤 자산이든지 그 가치는 향후 얼마만큼의 현금을 창출하는가 하는 데 달려 있다. 우리는 앞서 기업경영자의 목적이 기업가치의 극대화라고 정의하였는데 기업가치란 다름 아닌 기업활동을 통하여 현금창출을 얼마나 할 수 있느냐에 달려 있는 것이다. 물론 기업의 순이익이 매우 중요한 것임에는 틀림없지만 그 이익으로 인해 현금이 얼마나 창출되었느냐 하는 것이 보다 중요한 것이다.

기업의 경영활동에는 바로 현금이 필수적이기 때문이다. 기업이 새로운 투자를 하려면 일단 현금이 있어야 하고 배당 및 이자를 지급하려 해도 현금이 있어야 한다. 우리가 종종 듣는 흑자도산이라는 것도 바로 손익계산서상으로는 순이익을 보이고 있음에도 불구하고 현금부족으로 인해 기업이 이자 및 비용을 현금으로 지급하지 못해 도산하는 것을 의미하는 것이다.

기업의 현금흐름(cash flow)이란 일반적으로 매출로부터 나오는 현금에 현금으로 지급되는 매출원가, 현금지급이자, 현금지급 제비용(세금 등)을 공제한 나머지를 의미하는데 재무관리에서는 이를 기업의 자금흐름으로 본다. 따라서 회계에서 의미하는 수입이나 비용이라 할지라도 현금이 수반되지 않는 것은 기업의 자금으로 고려될 수 없는 것이다.

여기서 회계와 재무관리의 가장 큰 차이점인 감가상각을 그 예로 들어보기로 하자. 1억원 상당의 기계(수명은 5년이라 하자)를 현금으로 구입하여 생산활동에 투입하였을 때 회계장부에서는 1억원의 현금지출이 다 비용으로 계상되지 않고 그 수명기간인 5년 동안 감가상각비로 나누어 수익이 과대계상되는 일이 없을 것이기 때문이다. 물론 감가상각의 방법에는 정액법, 정률법 등 여러 가지 방법이 있으나 기업이 회계처리상 5년 동안 감가상각을 나누어야 한다는 사실에는 변함이 없다.

그러면 5년 동안 기업은 매출액으로부터 이 감가상각을 포함한 각종원가를 공제하고 이익을 산출할 것이다. 그러나 1억원의 현금은 사실 기계구입시에 지불된 것이지 다른 비용(예를 들면, 원료대금이나 노임 등)처럼 5년 동안 매년 지급될 수 있는 것은 아니다. 따라서 우리는 감가상각비용은 현금의 지출이 수반되지 않는 장부상의 비용이라는 사실에 유의해야 하며 5년간의 현금흐름을 예측하려면 손익계산서상의 순이익에 감가상각이 다시 더해져야 하는 것이다.

현금흐름을 크게 영업활동관련 현금흐름(operating cash flow)과 비영업활동관련 현금흐름(nonoperating cash flow)으로 나누어볼 수 있는데, 기업의 정상적인 생산, 판매와 관련된 것이 전자이고, 기업의 재무활동(주식이나 채권의 발행 등)이나 영업 본연의 활동과는 관련이 없는 유가증권투자와 같은 투자활동으로부터의 현금흐름이 후자이다. 영업활동관련 현금흐름은 위의 예에서 보인 대로 감가상각 등 비현금관련 수입이나 비용 등이 제외되기 때문에 회계상의 손익과는 약간 다른 개념이다. 따라서 회계상으로 이익을 보더라도 현금흐름 측면에서는 음(-)으로 나타날 수도 있으며 그 반대의 경우도 물론 있을 수 있다.

재무제표와 관련지어 현금흐름을 이해하기 위해서는 위의 [그림 11-3]에 나타나는 기업의 현금흐름을 파악하고 있어야 한다. 기업의 현금흐름도를 보면 대차대조표상의 항목들이 사각형 모양의 물통에 표시되어 있으며 원형 모양에 들어 있는 항목들은 기업의 손익계산서에 영향을 미치는 기업의 주요 영업활동을 의미한다. 사각형 물통은 해당 항목의 현금가치를 담고 있는 것으로 생각할 수 있고 기업들의 영업활동은 손익계산서를 통하여 이와 같은 각 사각형 물통의 현금 수위를 변화시키는 활동으로 이해될 수 있다. 예를 들면, 거래고객에게 나가 있던 외상매출금을 현금으로 지급받았을 때에는 외상매출금이라는 물통의 수위가 줄어들고 동시에 현금물통의 수위가 늘어나는 것으로 볼 수 있을 것이다.

물론 이 현금흐름표의 초점은 현금 및 유가증권이라는 물통이다. 현금물통의 수위를 높이는 방법은 외상매출금을 현금으로 지급받거나 은행에서 현금을 차입하는 것 등이 있고 현금물통의 수위를 낮추는 기업의 활동은 세금, 이자나 배당금을 현금으로 지급하거나 외상매입금을 현금으로 지급하는 것 등을 생각할 수 있다.

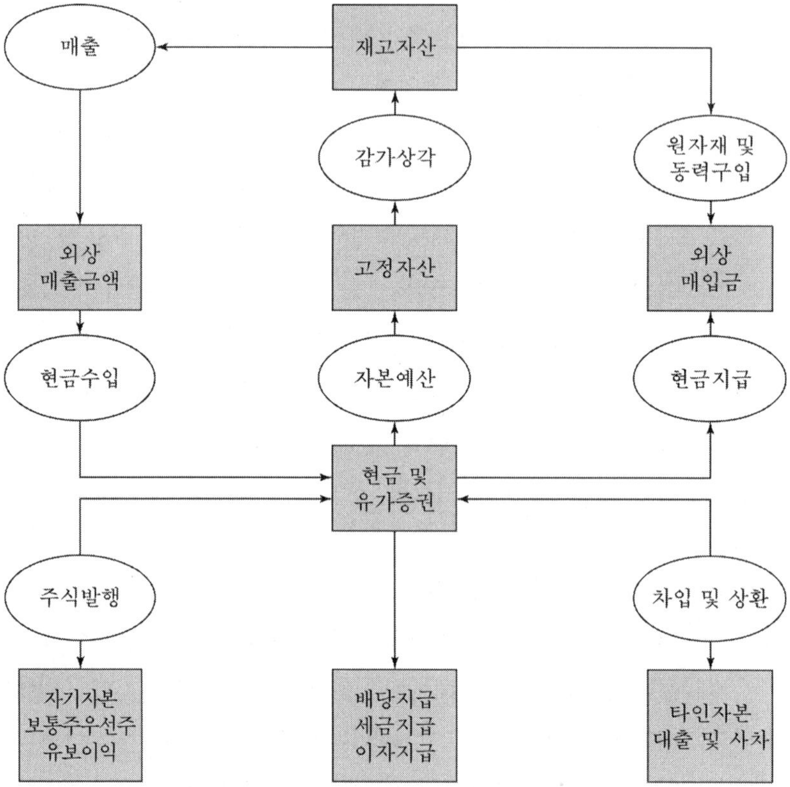

[그림 11-3] 기업의 현금흐름도

이제 현금흐름표를 중심으로 기업활동의 대표적인 경우를 살펴보기로 하자. 먼저 매출액을 증대시키기 위해서 기업은 그에 상당하는 투자를 행해야 하고 현금이 필요하기 때문에 새로운 주식을 발행하거나 은행으로부터 차입금 규모를 늘려야 할 것이다. 그리고 그 투자활동은 먼저 시설투자가 선행될 것인데, 이 때 자본예산(capital budgeting) 방법을 주로 사용한다. 다음 원료 및 중간재, 노동력 등에 대한 투자가 따라야 하고 이는 기업의 재고자산 및 외상매입금 등을 증가시키게 할 것이다.

이와 같이 생산활동을 증대시켜 완성된 제품은 재고자산으로 편입되어 판매를 기다리게 된다. 보통 판매는 현금매출 외에도 외상매출 또한 중요한 부분을 형성하는데, 여기서 우리가 주의할 부분은 이와 같이 기업이 생산, 판매, 현금회수에 이르기까지의 주기가 어느 정도 있기 때문에 차입 및 주식발행을 통한 자금동원이 필요하다는 점이다. 이 과정에서 기업이 제대로 수익을 올렸다면 매출로부터 나오는 현금 유입분이 투자에 따른 현금지출분을 능가하여 결국 현금물통의 수위는 올라가게 된다.

반대로 기업의 수익성이 좋지 않을 때는 현금물통의 수위는 자연히 줄어들게 되는데 이 경우에도 기업이 지속되기 위해서는 차입금을 늘린다든지 회사채를 발행한다든지 하는 방법으로 자금부족을 보충해야 한다. 그러나 자금시장에서 이러한 기업에 무한정으로 자금을 빌려주지는 않기 때문에 어느 시점에 이르게 되면 결국 이런 회사는 도산하고 말 것이다.

이상에서 우리는 기업이 수익성이 높아서 고성장을 거듭할 때는 물론 그 반대의 경우에도 기업의 현금물통의 수위를 일정수준으로 유지하기 위해 차입금의 규모가 늘어날 것임을 보였는데 만일 이런 상태에서 일시적이나마 현금물통의 수위유지에 문제가 발생한다면 기업경영에는 치명적인 결과를 초래할 것임은 두말할 필요가 없다. 따라서 기업의 경영자는 물론 투자자들도 기업의 현금흐름을 정확하게 파악해야 하는데 재무관리에서 이를 강조하는 이유도 바로 여기에 있다.

나. 자본예산

자본예산(capital budgeting)이란 이미 앞에서 시설투자를 결정하기 위한 방법이라고 소개한 바 있다. 여기서 자본이라는 의미는 생산시설 등과 같은 비교적 장기투자의 성격을 가진 고정자산을 의미한다. 그리고 예산이라는 말은 미래 현금흐름의 유입과 지출에 대한 계획이라는 의미를 갖는 실현될 투자결정과 관련한 일체의 계획수립과정을 말한다.

물론 자본예산절차는 반드시 건물, 대지, 기계 등 고정자산투자에만 사용되는 것이 아니라 보다 일반적으로 거액의 투자가 필요한 연구개발프로젝트나 광고, 시장조사프로젝트 등 장기에 걸쳐 그 효과가 나타날 수 있는 모든 자산의 투자결정에 쓰일 수 있는 매우 유효한 기법이다.

자본예산은 우선 해당 프로젝트에 연관된 현금의 흐름을 추정하는 것이 중요하다. 그리고 자본예산에 사용하기 위한 자본비용을 추정해야 한다. 자본비용이란 기업의 자본조달과 관련한 기회비용의 개념으로 프로젝트의 경제성을 분석하기 위한 할인율로 사용한다. 프로젝트의 경제성을 분석하기 위한 자본예산의 기법으로는 주로 자금회수기간법(payback period), 순현재가치법(net present value; NPV), 내부수익률법(internal rate of return; IRR)의 3가지 방법이 사용된다. 간단한 예를 들어 각 자본예산기법을 설명하기로 하자. 먼저 초기 투자비용이 1,000만원인 시설투자프로젝트를 고려한다. 이 생산시설을 이용하여 향후 4년간 매년 각각 500만원, 400만원, 300만원, 100만원의 현금순유입(즉, 현금유입-현금기출)이 예상된다고 하자. 그리고 이 회사의 자본비용은 10%라고 가정하자. 이를 간단하게 시간선(time line)을 사용하여 표시하면 아래와 같다.

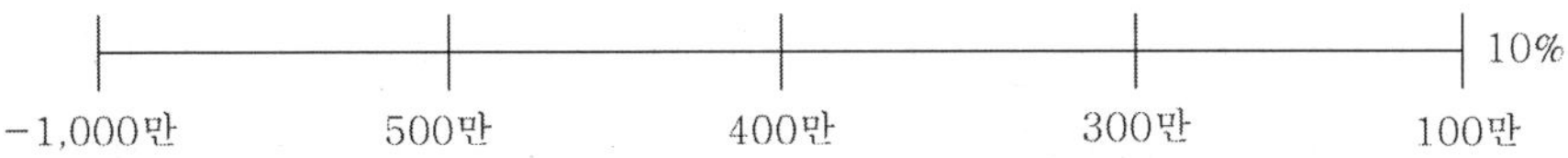

1) 자금회수기간법

자금회수기간법이란 투자자금을 회수하는 데 걸리는 예상기간을 말한다. 앞의 예의 경우 자금회수기간은 1,000만원의 투자자금을 회수하는 데 걸리는 예상기간이므로

$$\text{자금회수기간} = \text{투자자금 완전회수 직전의 연수} + \frac{\text{미회수자금}}{\text{해당 연도현금}}$$

$$= 2 + 100 / 300 = 2.33\text{년}$$

이다. 이는 비교적 간단하게 적용할 수 있는 투자안의 경제성 분석방법으로 많은 기업들이 아직도 애용하고 있는 기초적인 투자분석법이다. 그러나 우리가 앞서 강조하였던 자금의 현재가치가 무시되고 있을 뿐 아니라 자본조달비용이 전혀 고려되지 않고 있다는 약점이 있다. 따라서 자금회수기간법은 투자프로젝트의 경제성분석의 시발점으로 사용할 수는 있으나 보다 현실적인 현재가치를 반영한 순현재가치법이나 내부수익률법이 반드시 추가적으로 행해져야 한다.

2) 순현재가치법

순현재가치법은 투자로 인하여 발생할 모든 현금흐름의 순현재가치(현금유입의 현재가치-현금유출의 현재가치)를 구하여 투자의 경제성을 분석하는 방법이다. 위의 예에서 자본비용 10%를 할인율로 사용하여 예상현금유입의 현재가치와 현금 투자비용 현재가치의 차이를 구하면

순현재가치(NPV)

$$= CF_0 + CF_1/(1+k)^1 + CF_2/(1+k)^2 + CF_3/(1+k)^3 + CF_4/(1+k)^4$$
$$= -1{,}000 + 500/(1.10)^1 + 400/(1.10)^2 + 300/(1.10)^3 + 100(1.10)$$
$$= 78.82(\text{백만원})$$

이다. 여기서 CF_n은 n기의 현금흐름을, k는 할인율을 의미한다. 따라서 이와 같이 구한 순현재가치가 양의 값을 보이면 이 투자안은 경제성이 있는 것으로 평가한다. 즉, 현금유입의 현재가치가 투자비용의 현재가치보다 클 때 순현재가치가 양으로 나타나기 때문이며 이는 기업의 가치를 증대시킬 수 있는 바람직한 투자안이라는 뜻이다.

3) 내부수익률법

내부수익률은 투자로 인한 예상현금유입의 현재가치와 투자비용의 현재가치를 동일하게 만드는 할인율을 지칭한다. 그리고 이 내부수익률을 자본비용과 비교하여 내부수익률이 자본비용보다 크면 투자안의 경제성이 있는 것으로 판단하는 방법을 내부수익률법이라 한다. 이 때 자본비용 대신에 기업이 투자의 경제성을 분석할 때 보통 최저로 필요한 최저요구 수익률을 그 비교대상으로 쓰기로 하는데 실제 내부수익률의 계산방법은 생략하기로 한다.

다. 자기자본과 타인자본

지금까지는 기업의 경영자가 어떤 방법으로 투자결정을 내리는가 하는 문제에 초점을 맞추어 왔다. 그러면 그 필요자금은 어떻게 조달하는가 하는 무제가 다음 문제인데 보통 기업의 필요자금은 크게 부채와 자본의 두 가지 원천으로부터 조달된다. 대차대조표의 차변이 기업의 투자내역을, 대변이 기업의 자금조달내역을 의미하고 있음을 상기하라. 구체적인 자금조달의 원천은 다음 [그림 11-4]에 잘 나타나 있다.

여기서는 기업의 직접금융에 해당하는 주식과 회사채를 중심으로 설명하기로 하자. 먼저 주식은 일정한 만기가 없고 기업의 소유지분을 나타내며, 따라서 기업경영의 주요의사결정을 행하는 주주총회에서의 투표권을 갖는 증권이라는 것은 앞서 설명한 바 있다. 이에 비해 회사채는 특정 만기에 원금상환의 의무와 함께 만기까지 일정시점에 확정이자를 지급해야 하는 의무가 있는 증권이다. 또한 회사채 소유자는 기업의 소유권과는 아무런 관련이 없고 단지 원금과 이자부분에 대한 지급요구권만을 갖기 때문에 기업경영에는 관여할 수 없다.

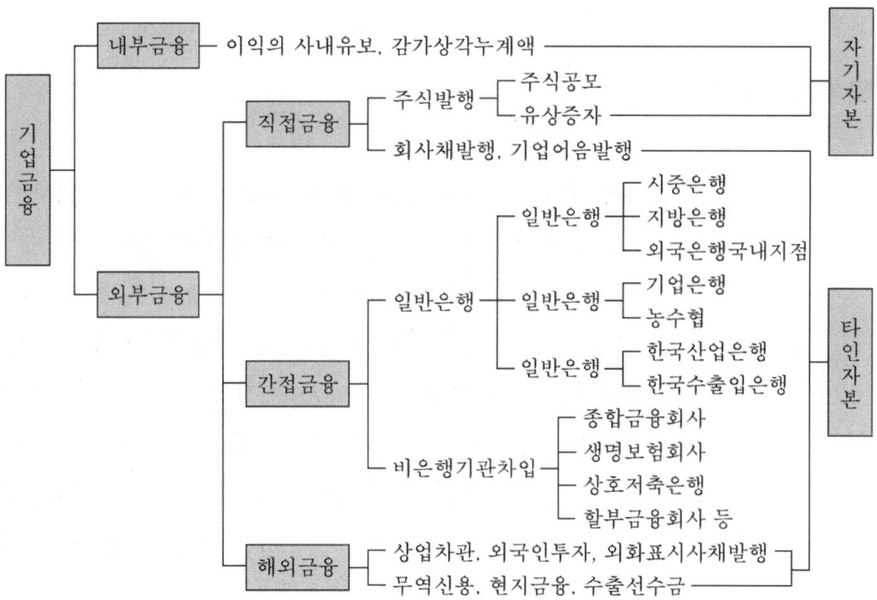

출처: 고동희 외6인, 경영학원론(4판), 명경사, 2006, p. 295.

[그림 11-4] 기업의 자금 조달방법

따라서 회사채 소유자들은 기업에 대한 채권자로서 파산시 기업자산에 대한 우선적 청구권이 부여되고, 주주들은 그 나머지 자산에 대해서만 청구권 행사가 가능하다. 그리고 채권자들이 만기까지 일정이자를 정기적으로 지급받는 데 비해 주주들은 소유주식의 지분에 따른 배당금을 기업이 지급할 때만 받을 수 있다. 따라서 기업의 경영실적이 악화되어 현금유출이 어려울 때는 배당금지급은 유보할 수 있지만 회사채에 대한 이자지급은 특별한 사유 없이 유보할 수 없다. 이런 의미에서 주식에 비해 회사채의 발행이 너무 많을 때는 기업의 부채의존도가 당연히 높아지기 때문에 위험도 또한 높아진다고 볼 수 있다.

따라서 기업경영자는 자금조달에 관한 의사결정시 주식을 발행하여 자기자본을 조달할지 또한 회사채를 발행하여 타인자본을 조달할지 그 조달비용뿐만 아니라 기업의 현재 부채의존도 등 위험도를 고려하여 신중히 결정해야 한다.

라. 재무계획

기업의 경영자는 일상의 경영활동에 관한 순간순간의 의사결정은 물론 단기 및 중장기에 걸친 조직화된 의사결정시스템을 가지고 있어야 한다. 특히, 재무관리담당자는 기업활동에 필요한 소요자금의 조달과 투자에 관한 일련의 계획활동은 물론 그 통제과정까지를 일목요연하게 정리하여 기업의 이해관계자들에게 제시할 수 있어야 하는데 이 전반적인 과정을 재무계획이라 한다. 대다수의 기업들은 이미 매년 연간사업계획을 수립하고 이를 효과적으로 통제, 운용하는 나름대로의 과정을 갖고 있는데 이 중 재무계획이 근간을 이루고 있음은 다시 강조할 필요가 없을 것이다.

구체적으로 재무계획은 우선 향후 계획기간 중의 경영환경을 예측하고, 예측된 환경 하에서 기업목표설정 및 그 달성을 위한 자금조달 및 투자대한들을 유기적으로 제시할 수 있어야 한다. 따라서 각 대안들의 향후 현금흐름 및 그에 따른 신축적인 계획의수정이 항상 가능해야 하며 이를 통해 기업의 목표달성을 위한 최적의 활동대안을 찾아내고 이를 구체화하는 것이 주요 목표이다. 나아가 기업 전체목표의 관점에서 성과측정 기준을 제시하며 통제기준을 수립하여 실행가능한 구체적인 계획을 추진해야 한다.

전통적인 재무계획의 기본내용으로는 계획기간 중의 예상추정재무제표를 작성하고 이에 필요한 자금지출계획 및 그 전략적 배경을 제시함과 동시에 필요자금 조달계획을 갖추어야 한다. 따라서 재무계획은 기업 전체부서의 활동계획을 입수하여 분석, 기업의 성장가능성을 반영한 목표매출액 제시로부터 보통 출발한다. 그리하여 추정손익계산서 및 추정대차대조표를 만들고 이에 필요한 자금조달계획을 구체적으로 수립하는 과정이 재무계획의 일반적인 과정이다.

이와 같은 계획과 통제의 중요성은 최근 기업 경영환경이 급격히 변화하고 있는 가운데 재무계획이 경영자의 필수적인 자질로 인식되고 있어 더욱 강조되고 있다.

[사례 11-1] 한화, 대우조선 인수 실패로 타격

대우조선해양 인수 건이 21일 산업은행 결정으로 무산되면서 우선협상대상자였던 한화는 상당한 유무형의 타격을 받을 것으로 보인다. 당장 약 3천억원에 이르는 이행보증금을 떼일 위기에 처했고 조선업 진출이라는 비전이 사라지면서 향후 그룹을 성장시킬 추동력을 상실한 것이다.

경기가 급격히 하락한 점을 감안하더라도 보다 정밀한 자금조달 계획을 세우지 못해 인수에 실패했다는 점에서 그룹 경영진의 역량에도 부정적 평가가 내려질 공산이 크다. 한화는 국내외 경제상황이 악화된 점을 감안해 숨고르기를 하면서 이행보증금을 반환받기 위한 소송 준비에 주력할 것으로 전망된다.

지난해 국내 M&A 시장에서 최대어로 관심을 모았던 대우조선 인수전에 한화가 뛰어든 것은 조선업을 그룹의 간판산업으로 육성하겠다는 비전에 따른 것이었다. 김승연 회장이 "인생의 가장 큰 승부수를 대우조선해양에 걸고 있다"고 공언할 정도로 한화는 의욕적으로 대우조선 인수에 나섰고 우선협상대상자 자격을 따내는 데 성공했다.

그러나 급격히 국내 실물경기가 침체하고 신용경색이 발생하면서 한화가 인수자금 재원으로 정해 놓은 부동산, 계열사 등 자산의 가치도 급락했고 일부 인수자금을 지원하기로 했던 투자자들도 투자 의사를 접었다. 한화는 인수대금 분할납부와 대우조선 분할매각 등 자금부담을 최대한 덜기 위한 제안을 산은측에 건넸으나 받아들여지지 않으면서 매각은 무산됐다.

이미 납부한 이행보증금 3천억원을 양해각서 내용대로 산은에게 내줘야 할 형편에 놓였고 그룹의 중장기 경영전략과 연동돼야 할 조선업 진출이라는 목표는 공중분해 된 것이다. 한화는 이행보증금이 몰취되면서 금전적 출혈이 발생하고 그룹을 이끌어갈 미래 신성장 사업 목표가 백지화되면서 그룹 전반에 사기저하가 초래될 것으로 예상된다.

또한 한양화학과 대한생명 등을 인수하는 데 성공하면서 M&A 승부사로 불렸던 김 회장 등 그룹 경영진은 이번 인수 무산으로 신인도 타격이 불가피해 보인다. 경기하락과 신용경색이라는 변수가 갑자기 발생한 측면이 있더라도 인수의향서 제출 시점에서는 경제위기를 어느 정도 예견할 수 있었는데, 면밀하게 자금조달 계획을 세우지 못해 결국 인수에 실패했다는 지적으로부터 자유롭지 못하다는 것이다.

목표물을 놓친 한화는 악화된 국내 경제환경 등을 감안해 새 목표를 찾기보다 일단 내공 쌓기에 주력할 것으로 보인다. 우선 한화는 현금흐름 개선에 초점을 맞춰 전 계열사가 경비를 감축하고 복리후생제도를 축소하는 등의 내용을 담은 비상경영계획을 시행하고 있다.

한화 관계자는 "새로 진출할 사업을 다시 고르는 작업은 많은 시간이 소요될 것"이라며 "석유화학과 금융 등 기존 주력사업의 체계를 유지하면서 당분간 내실을 다질 것 같다"고 말했다.

[매일경제, 2009. 1. 21]

[사례 11-2] C & 중공업과 대주건설, 퇴출 ...... 14개사 워크아웃

98개社 내달 2차 평가… 건설 11 · 조선 3社는 워크아웃

대주건설과 C&중공업이 퇴출되고, 경남기업 대한조선을 비롯한 11개 건설사와 3개 조선사가 워크아웃(기업개선작업)에 들어간다.

금융감독당국과 은행연합회는 20일 시공능력 상위 100위 내 92개 건설사와 19개 중소 조선사의 신용위험평가 결과 이같이 결정했다고 밝혔다. 채권은행들은 은행 간 이견 조정을 거쳐 대주건설과 C&중공업을 D등급(부실기업)으로, 건설사 11개와 조선사 3개는 C등급(부실징후기업)으로 분류했다. C등급 판정을 받아 워크아웃에 들어가는 건설사는 경남기업 대동종합건설 동문건설 롯데기공 삼능건설 삼호 신일건업 우림건설 월드건설 이수건설 풍림산업 등 11개이고, 조선사는 대한조선 진세조선 녹봉조선 3개다.

이와 함께 이번 신용위험평가에 포함되지 않은 98개 소규모 건설사와 조선사를 대상으로 내달 2차 평가를 실시하기로 했다. 채권금융사들은 향후 워크아웃 기업들에 대해 자구계획 이행을 전제로 금리 감면, 출자 전환 등 금융 지원을 통해 회생절차를 개시한다. 이와 관련해 김종창 금융감독원장은 "워크아웃 건설사의 기업회생계획안에 의해 협력사가 회수할 수 있는 예상금액을 담보로 운영자금을 지원하도록 할 것"이라고 밝혔다. 김 금감원장은 "이번 1차 평가에 포함되지 않은 건설사와 조선사에 대해 가능한 한 이른 시일 안에 주채권은행을 통해 2차 신용위험평가를 할 계획"이라고 말했다. 그는 이어 "1차 평가에서 A등급(정상기업)과 B등급(일시적 유동성 부족 기업)을 받았으나 향후 일정 기간 안에 특별한 사정 변경 없이 부도 등으로 부실화하면 해당 주채권은행과 임직원에 대해 엄중한 책임을 물을 방침"이라고 강조했다.

[건설 및 조선업체 신용위험 평가결과]

업종	지원중단(D급)	워크아웃(C급)
건설	대주건설	경남기업 풍림산업 우림건설 삼호 월드건설 동문건설 이수건설 대동종합건설 롯데기공 삼능건설 신일건업
조선	C&중공업	대한조선 진세조선 녹봉조선

[사례 11-3] 주식시장 국면별 펀드 고르기

많은 사람들이 과거 수익률이 높은 펀드를 매수한다. 과거 수익률이 높은 펀드의 리스트를 만들어 놓고 손님과 상담하는 직원도 있다. 그러나 장기적으로 높은 수익률을 내는 펀드는 정말로 적다. 혹시 아는가? 일반적으로 주식형펀드는 1년중 30일 동안 전체 수익의 80%를 올린다는 사실을........ 만약 최근 수익률이 높았던 펀드를 찾아 가입한다면 그 펀드는 연간 수익의 대부분을 이미 실현한 상태일 확률이 높다. 그리고 수익률 상위 펀드들이 다음 해에는 수익률 하위 펀드로 전락하는 경우도 많다. 전적으로 모든 펀드가 다 그렇다고 단언하기는 어렵지만 대부분의 수익률 상위 펀드는 펀드 운용을 잘 해서라기보다는 그 펀드의 스타일이 시장국면과 일치했을 경우가 대부분이다. 소가 뒷걸음치다가 쥐를 밟은 경우다. 그 소가 다시 쥐를 밟아 주기를 기다리기보다는 쥐가 나올만한 장소에 있는 소를 찾아보자. 지금의 시장국면을 이해하고 여기에 알맞은 펀드를 골라보는 것이다. 그것이 어렵기는 하지만 참고해 둔다면 지금보다 좀더 나은 수익을 낼 수 있지 않을까 생각한다.

주식시장의 국면을 가르는 기준은 여러 가지가 있지만 일반적으로 금리와의 관계로 설명하는 4가지 국면 구별법이 많이 쓰인다. 4가지 국면은 금융장세, 실적장세, 역금융장세, 역실적장세로 각기 나뉘며 이러한 국면이 차례로 순환되어 추후에 일어날 주가의 변동을 어느 정도 예측할 수 있다는 것이다. 물론 이러한 국면을 판단하는 것이 쉬운 일은 아니다. 하지만 많은 사람들이 주식시장 흐름을 진단하는데 사용하고 있으며, 정확하지는 않아도 나름대로 기준을 가지고 투자하는데 많은 도움을 줄 수 있으리라 생각된다. 각각의 국면과 주요 변수인 주가와 금리의 흐름을 요약하면 다음의 표와 같이 간추려질 수 있겠다.

증시국면	주가	금리
금융장세	상승	하락
실적장세	상승	상승
역금융장세	하락	상승
역실적장세	하락	하락

1. 금융장세

유동성 장세라고도 한다. 금리가 내려감에 따라 시중에 많은 유동성이 풀려서 주식가격을 올리는 경우를 말 한다. 금융장세 기간에 경기는 아직도 불황일 경우가 많다. 정책적인 의사결정 또는 시장의 자율적 작동에 의해 금리가 하락하면서 주가가 상승한다. 어떤 주식이 상승할지 아직 불투명한 상황이다. 이 국면에서는 Top-Down 스타일의 주식형펀드를 권유한다. Top-Down 스타일의 펀드는 일반적으로 종목 선택에 많은 노력을 할애하지 않는다. 전적으로 주식상승기에 주식의 편입비를 늘리고 하락기에는 줄이는 것으로 수익률을 쌓아 나간다. 아직 주도주 판별이 확실하지 않기 때문에 이 국면에서 수익률 상위에 랭크되는 펀드들은 주로 이런 주식의 매수, 매도 시점을 찾는 것에 주력하는 펀드가 될 가능성이 높다. 어떻게 이런 펀드를 고르냐고? '펀드제안서'라는 것을 보여 달라고 한다. 주가가 하락할 때 Hedge를 파생상품에 의존하거나 주식 편입비의 조절을 통해서 한다고 쓰여 있는 펀드가 이에 해당된다. 이것이 복잡하다면 증권사 직원에게 이런 펀드를 소개시켜 달라고 한다. 증권사 직원도 잘 모른다면? 다른 증권사나 지점을 방문하도록 한다. 이를 잘 모르는 증권사 직원은 높은 판매보수를 지급하면서 거래할 만한 자격이 없는 직원이다.

2. 실적장세

금융장세 이후에 일반적으로 실적장세가 시작된다. 기업들이 수익을 내면서 투자가치가 상승하는 장세이다. 요즘 같은 국면이라고 할 것이다. 주가와 금리가 같이 올라간다. 이미 주도주가 확연하게 드러나 있다. 이 경우는 매수, 매도 시점보다는 종목 선택에 의해 성과의 차이가 결정날 경우가 많다. 펀드 스타일을 가치/성장으로 나눈다면 성장주 위주의 펀드들이 수익률 상위에 랭크될 가능성이 높다. 금융장세와는 반대로 Bottom-up 스타일의 펀드를 추천한다. 이 펀드는 매수, 매도 시점보다는 종목의 선택에 노력을 집중하는 펀드이다. 어떻게 찾느냐고? 앞서와 마찬가지이다. 제안서 상에 종목 선택에 많은 노력을 할애하고 있는 펀드를 찾도록 한다. 직원에게 물어봐도 좋다. 직원이 모르면? 증권사나 은행은 많다.

3. 역금융장세

주가가 내려가기 시작하는 국면이다. 정확하게 예측할 수 있다면 주식이나 주식형펀드를 모두 팔고 은행에 예금하면 그만이다. 하지만 그것이 쉽지 않다. 최근 같은 장에서는 시장이 혹시 역금융장세에 들어서지 않았는지 심각하게 고민해 봐야 한다. 주가의 조정이 이루어지고 있고 금리는 대체로 상승 중에 있다. 내년에도 각국의 성장은 지속되지만 성장률은 떨어질 것으로 예측된다. 모두 역금융장세에 해당되는 신호이다. 물론 짧은 조정이나 연착륙에 의해 적당한 조정으로 마무리되는 국면도 있다. 하지만 이럴 때는 조심스럽게 가치주에 대해 생각해 봐야 한다. 성장은 지속되지만 성장률이 감소할 것이라고 예상된다면 일단 성장주들이 조정에 들어갈 가능성이 높아진다. 오랫동안 펀드랭킹의 하위를 이루고 있던 가치주 펀드를 눈여겨볼 때 이다. 나라별로 가치주와 성장주를 나눈다면 선진국시장은 가치주에 가까울 것이고 개도국은 성장주에 가깝다고 할 것이다. 오랫동안 수익률 하위를 차지하여 속을 썩였던 선진국 펀드들을 눈여겨 볼만하다는 것이다. 역금융장세에 대해 확신이 좀더 커진다면 만기가 짧은 채권에 분산투자를 시작해야 한다.

4. 역실적장세

역실적장세에 오는 동안 주식의 비중은 많이 줄어 있어야 한다. 물론 주식을 모두 팔았다면 좋겠지만 아마 그렇게까지 하기는 힘들었을 것이다. 이 상태에서 주식 비중을 줄이는 것은 손실을 감수해야 하는 경우가 많겠지만 그래도 비중의 일부는 줄여가는 것이 좋다. 이기간은 금리가 내려가는 기간이므로 장기채를 투자대상으로 고려하거나 채권형펀드도 좋은 투자 대상이다. 금리가 내려가면 채권형펀드의 수익률이 좋아지기 때문이다. 가능하면 펀드에 편입된 채권의 만기가 긴 펀드를 찾는 것이 유리하다. 주의할 사항은 과거에도 바닥에서 주식형펀드를 대거 환매하는 경우가 많았는데 일정정도의 비중은 유지하는 것이 좋다는 것이다. 이미 손절매를 하기에는 늦었고 새로운 상승장에도 대비해야 하기 때문이다.

[대우증권 자산관리팀장 임한규, fundmkt@bestez.com]

핵심용어

기업가치의 극대화	화폐의 시간가치	현재가치	순현재가치
투자수익률과 위험	주식시장과 채권시장	통화시장과 자본시장	자금시장
현물시장과 선물시장	발행시장과 유통시장	간접금융시장	직접금융시장
현금흐름	자기자본과 타인자본	자금회수기간법	순현재가치법
내부수익률법	자본예산	재무계획	자본구조

연 습 문 제

1. 재무관리의 목표에 대하여 설명하시오.

2. 재무관리의 역할에 대하여 설명하시오.

3. 화폐의 시간적 가치에 대하여 설명하시오.

4. 순현재가치에 대하여 설명하시오.

5. 기업의 자금조달형태와 특징에 대하여 설명하시오.

6. 자본예산기법에 대하여 설명하시오.

7. 재무계획에 대하여 설명하시오.

제 12 장 경영정보시스템

12.1 정보기술과 자동화

가. 정보기술의 발전

컴퓨터와 정보기술(information technology; IT)은 기업의 경영활동은 물론 일반사회생활에도 커다란 영향을 미치고 있으며, 향후 전개되는 사회에서도 더욱 빠른 속도로 영향을 미칠 것이라고 판단된다. 특히 기업 내에서 일어나는 거의 모든 작업들이 컴퓨터와 연결이 되어 있으며, 컴퓨터와 관련이 없는 작업을 한다는 것은 극히 소수의 사람을 제외하고는 있을 수 없을 것이다. 따라서 현대생활을 하면서 컴퓨터를 옳게 인식하고 이해하지 못하는 기업인은 시대에 뒤떨어질 가능성이 크다고 여겨진다.

1) 최고경영층에 미치는 영향

최고경영자가 컴퓨터를 활용하여 기업경영에 관한 의사결정을 한다는 것은 기업에 매우 중요한 자산이 되고 있으며, 그 활용 정도에 따라 기업의 성패를 가르고 있다. 지금까지 경영자들은 자신의 지능, 경험, 용기, 결단력 그리고 비교적 적은 량의 정보를 가지고 경영의사결정을 할 수 있었다. 그러나 오늘날 훨씬 대량의 그리고 복잡하고 고도화된 정보에 접하게 되는 컴퓨터 경영의 단계에서는 이를 잘 처리하고 활용하는 능력을 보유하지 못하면 경영자로서의 자격이 없게 된다.

2) 중간관리층에 미치는 영향

중간관리층에 있어서도 취급할 작업내용이 양적으로나 질적으로 달라지게 되어서, 이에 대응하기 위한 경영자의 자질과 정보기술에 커다란 변화가 요구되고 있다. 따라서 컴퓨터를 중심으로 한 새로운 정보관리시스템을 이용하지 못하는 사람들은 경영자의 지위를 지킬 수 없게 될 것이다.

3) 현장작업층에 미치는 영향

현장작업층에 있어서는 정보처리에 가장 관련이 깊은 직원의 근무하는 모습이 크게 변모되었다. 즉, 수작업적 정보처리시스템 하에서 진행되었던 많은 일상업무가 자동화되었다. 결국 기계로 할 수 있는 작업이 늘어남에 따라, 현장의 작업자들은 보다 고도의 지적능력이 필요한 작업과 인간만이 할 수 있는 작업에 주력하게 될 것이다.

나. 자동화

1) 자동화의 의의와 종류

자동화(automation)는 경영학에 있어 새로운 용어는 아니다. 그러나 1980년대부터 자동화는 종전의 자동화와 전혀 다른 형태로 전개되고 있다. 구체적으로 설계와 제조를 통합하는 자동화, 다품종 소량생산의 자동화, 로봇이 등장하는 자동화, 사고가 발생하면 작동이 중단되는 오토노메이션(autonomation) 그리고 무인공장과 같은 것들이 이미 상당한 정도로 발전하였다. 과거의 장치산업이나 자동차 조립에서의 자동화가 큰 충격을 주었듯이, 지금 진행되고 있는 자동화도 기업뿐만 아니라 사회 전체에 큰 변화를 안겨 주고 있다. 오토메이션 기술은 다음 세 가지 분야로 나뉘어 발전하여 왔다.

① 기계적 자동화(mechanical automation)

기계적 오토메이션은 1946년 포드 자동차회사에서 처음으로 도입하였기 때문에 디트로이트 오토메이션이라고도 한다. 포드회사에서는 재료를 기계에 투입하는 작업, 기계에서 가공물을 추출하는 작업, 작업간의 운반, 폐기물 제거와 같은 일들을 생산속도에 맞추어 실행할 수 있는 기계적 장치에 오토메이션을 적용하였다. 즉, 한 장소에서 단추를 눌러 라인 전체 또는 일부를 통제하는 것이라고 정의할 수 있다.

② 장치공정 자동화(process automation)

화학적 반응이 진행되는 대규모의 복잡한 장치공정은 필요한 장소마다 반응조건의 변화를 측정·기록하고, 허용범위 내에서 통제해주지 않으면 안된다. 이러한 요구를 자동제어의 방법으로 해결하려는 것이 장치공정 오토메이션이다. 이 방식은 석유정제·화학비료 및 기타 화학공업이나, 제철·화력발전 등의 장치공업에서 많이 사용되고 있다.

③ 비즈니스 자동화(business automation)

기계적 오토메이션과 장치공정 오토메이션은 제조공정을 대상으로 발전하였다. 그러나 비즈니스 오토메이션은 제조공정에 한하지 않고 모든 종류의 자료처리과정에 대한 자동화이다. 일반적으로 자료처리과정은 기록, 분류, 정리, 계산, 기억, 검사, 복사, 전송과 같은 단계들로 구성된다. 각 단계별 컴퓨터와 자동기계장치를 도입하여 사무실의 업무처리과정 전반을 자동화한 것이 사무자동화(office automation: OA)이고, 공장업무에 적용한 것이 공장자동화(factory automation: FA)이다. 특히 기업의 빈번한 거래와 복잡한 업무절차를 전산화하고, 아울러 경영자의 의사결정까지 도와줄 수 있도록 구성된 종합시스템을 경영정보시스템(MIS)이라 부른다.

2) 기계기술과 전자기술의 결합 자동화

최근 자동화의 발달추세는 기계기술과 전자기술이 고도로 결합하여 이른바 메카트로닉스(mechatronics)라는 새로운 개념까지 도입되었다. 기계화와 전산화가 분리되지 않고 동시에 이루어지는 것이 메카트로닉스의 특징이다. 이러한 개념에서 한걸음 더 나아가 메카트로닉스와 이코노믹스(economics)를 결합하여, 메카트로믹스(mechatromics)라는 신조어까지 등장하고 있다. 오늘날 세계시장에서 크게 각광을 받는 상품들은 집적회로를 중심으로 하는 메카트로믹스이며, 산업용 로봇, 전자식 금전등록기, 첨단 가전제품, 전자식 카메라, 전자시계와 대형컴퓨터 등이 그 예이다.

① CAD(computer-aided design)

CAD는 공학적 설계과정에 컴퓨터를 활용하는 기술을 의미한다. 초기의 CAD는 컴퓨터 그래픽스(computer graphics)라는 기술을 바탕으로 하여 개발되었다. 컴퓨터 그래픽스 기술을 활용하면 실제 요구조건에 맞는 방안들을 컴퓨터가 다양하게 조합하여 스크린에 보여 주기 때문에, 설계노력이 절약되고 기발한 설계안까지도 얻어낼 수 있다.

② FMS(flexible manufacturing system)

시장수요의 변화에 따른 제품설계의 변경과 공정변경의 요구에 대응하려면 자동기계는 유연성을 갖춰야 하는데, 이 경우 자동장치의 생산성이 떨어진다. 유연생산시스템(flexible manufacturing system; FMS)은 이러한 자동화의 문제, 즉 생산성과 유연성을 해결하려는 시스템이다. FMS는 제조현장 중심의 자동화 기술로서, 컴퓨터지원 제조(computer-aided manufacturing: CAM) 중에서 가장 진보된 형태의 시스템이라고 할 수 있다.

③ CAD/CAM

CAD/CAM은 기술수준이 고도로 진척된 경우의 가장 고차원적인 자동화 기술이다. 이는 컴퓨터에 의한 설계활동과 제조활동을 통합하고, 제품개발비용을 절약과 동시에 설계변경능력을 제고시키고, 기술정보시스템의 체계화를 목적으로 추진한다.

CAD/CAM이 개발되면 설계나 제조부문뿐만 아니라, 기업의 각 부분 활동을 조정 · 통합하는 전반관리에도 크게 공헌할 것이다.

12.2 경영정보시스템의 개요

가. 경영정보시스템의 의의

경영정보시스템(management information system; MIS)이란 조직의 업무수행, 관리 그리고 의사결정기능을 지원하기 위하여 정보를 제공하는 인간과 기계의 종합체계이다. 이 시스템은 컴퓨터의 하드웨어 및 소프트웨어, 수작업 절차, 계획, 통제, 의사결정을 위한 모델, 데이터베이스 등을 활용한다. 그러나 MIS는 단순히 컴퓨터를 포함한 정보처리기기와 기술뿐만 아니라, 이를 사용하는 조직구성원의 행동과 사고방식 그리고 조직요소들로 구성되어 있다.

MIS의 의미가 때로는 전자정보처리시스템(electronic data processing system; EDPS)과 혼동되어 사용되는 경우가 있다. 일반적으로 EDPS란 자료를 처리하고 보고서를 만드는 과정이다. 이것은 업무수행을 위한 기본적이고 정규적인 데이터 처리의 자동화를 의미하며, 컴퓨터 이전에는 자료처리가 수작업이나 단순한 기계로 되었다. EDPS는 경영과정을 지원하기 위한 자료처리이므로, EDPS를 MIS의 일부로 볼 수 있다.

나. 경영정보시스템개념의 발전

1) 의사결정지원시스템

의사결정지원시스템(decision support system; DSS)은 의사결정을 돕는 응용정보시스템이다. DSS는 계획수립, 대체안 분석 그리고 해답을 얻기 위한 시행착오적 탐색에 사용된 다. DSS는 사용자 또는 의사결정자가 단말기나 컴퓨터를 이용하여 정형화되어 있지 않은 전략결정에, 의사결정모형을 적용하여 문제해결을 모색하는 MIS의 특수형태이다.

2) 전략정보시스템

EDPS, MIS, DSS 등은 나름대로 기업의 경영활동에 기여해 왔으나, 경영전략문제로의 접근에는 상당한 거리가 있었다. 그러나 1980년대 중반에 등장한 전략정보시스템(strategic information system; SIS)은 기업의 전략추진에 직접적으로 역할을 하는 정보시스템이라는 점에서 그 의미가 다르다.

기업 간의 경쟁이 더욱 치열해지고 첨단기술이 급속하게 발전됨에 따라, 기업의 정보관리부문에서도 기존의 MIS를 한 차원 뛰어넘은 SIS가 새로운 정보시스템으로 등장하였다. SIS는 정보기술을 전략적으로 활용하고자 하는 정보시스템이다. 이것은 고객의 다양한 욕구와 정보기술의 발달이 가능하게 하였다. SIS는 컴퓨터와 정보통신망이 전략적으로 결합된 시스템으로서, 그 기본구조는 컴퓨터와 정보통신망 그리고 전략이다.

이러한 개념정의에 따르면 SIS의 최종목표는 컴퓨터시스템을 전략적으로 활용함으로써, 급변하는 경영환경과 경쟁상황에 대응하여 기업의 경쟁우위를 확보하는 것이다.

3) 컴퓨터 통합생산방식

컴퓨터 통합생산방식(computer-integrated manufacturing; CIM)은 고객만족경영에 기반을 두고, 제조업의 생산속도와 유연성의 향상을 목표로 한다. 즉, 생산·판매·기술의 각 업무기능에서 낭비와 지연을 원천적으로 제거하고, 업무 자체를 단순화·표준화·자동화시켜 컴퓨터 네트워크로 통합하는 시스템을 말한다. 특히, CIM은 제조업 분야의 SIS라고 볼 수 있다.

제조업계에서 CIM의 붐이 일어나 많은 기업에서 CIM의 도입을 검토했지만, 진정한 의미에서 컴퓨터와 통합된 생산시스템을 실현한 기업은 그리 많지 않다. 그 원인은 CIM를 구축할 때 조직과 업무프로세스의 재검토를 충분히 고려하지 않았기 때문이다.

CIM구축의 최대목표는 '팔릴 수 있는 물건을, 팔릴 시점에, 팔릴 양만큼 만드는 것'으로, 시장의 변화에 선제적으로 대응할 수 있는 생산시스템을 만드는 것이다. CIM구축의 첫째 단계는 물건을 만드는 출발점을 시장에 두고, 판매 위주의 생산시스템을 만드는 것이다. 둘째 단계는 시장에서의 요구변화에 대해 생산계획을 즉시 변경하거나 수정할 수 있도록 하는 것이다.

4) 동시공학

전통적인 생산과정은 제품기획·연구개발·설계·생산준비·제조라는 순차적 방식으로 분업에 의해 효율을 추구하기 위한 과정이었다. 최근에 소개된 동시공학(concurrent engineering; CE)이란 제품 및 그와 관련된 여러 과정, 즉 연구개발·설계·검사 등을 동시적·병행적으로 디자인하기 위한 체계적인 접근방법이다.

이러한 접근방법의 목적은 제품계획에서부터 제품폐기에 이르는 제품의 전체 과정에 포함된 요소들(품질, 원가, 스케줄 및 사용자의 필요조건)을 회사 내외의 관련된 사람들이 처음부터 참여하여 시행착오를 제거하려는 것이다. 원래 CE는 일본기업이 신제품을 개발할 때, 관련부문이 어떻게 움직이면서 성과를 거두고 있는가를 검토하는 과정에서 출발하였다.

이러한 CE의 키워드는 일관적 · 동시적 · 체계적 · 병행적 등이다. 이들 키워드는 기업의 활동방식이나 조직구조에 관한 것이다. 그리고 제품수명주기 · 품질 · 원가 · 스케줄 · 사용자의 필요조건 · 상품기획 · 제품설계 등도 중요하게 다루어져야 할 문제들이다. 따라서 CE는 이런 요소들을 다루는 사람들을 제품개발에서부터 품질검사에 이르는 모든 과정에 참여시켜, 바람직한 제품과 서비스를 제공하려는 것이다.

5) CALS

CALS(Computer-aided Acquisition and Logistic Support)는 미국 국방부가 문서 더미를 전자정보로 변환시켜 공간을 절약하고 신속한 정보검색을 할 수 있도록 한 것이 그 시초이나, 현재는 기업 활동의 모든 것을 전자화시킨 시스템을 말한다.

CALS는 'Commerce At Light Speed'(광속 상거래)로도 불리며, 기존 시스템이 진화한 종합적이며 국제적인 정보시스템이다. 그리고 설계도부터 취급 매뉴얼까지 모든 기업정보를 디지털화함으로써, 경쟁력을 비약적으로 향상시켰다는 측면에서 CALS는 리엔지니어링이라고 할 수 있다.

12.3 경영정보시스템의 응용

가. 전사적 자원관리 시스템

전사적 자원관리 시스템(Enterprise Resource Planning; ERP)이란 기업 활동을 위해 쓰이고 있는 기업 내의 모든 인적, 물적 자원을 효율적으로 관리하여 궁극적으로 기업의 경쟁력을 강화해 주는 역할을 하게 되는 통합정보시스템이라고 할 수 있다.

기업은 경영활동의 수행을 위해 여러 개의 시스템(생산, 판매, 인사, 회계, 자금, 원가, 고정자산 등의 운영시스템)을 갖고 있는데 ERP는 이처럼 전 부문에 걸쳐 있는 경영자원을 하나의 체계로 통합적 시스템을 재구축함으로써 생산성을 극대화하려는 대표적인 기업 리엔지니어링(reengineering) 기법이다.

과거의 경영지원을 위한 각 하부 시스템(Sub-system)들은 해당 분야의 업무를 처리하고 정보를 가공하여 의사결정을 지원하기도 하지만, 별개의 시스템으로 운영되어, 정보가 타 부문에 동시에 연결되지 않는 불편과 낭비를 초래하게 되었다. 이러한 문제점을 해결하기 위해 ERP는 어느 한 부문에서 데이터를 입력하면 회사의 전 부문이 동시에, 필요에 따라서 정보로 활용할 수 있게 하자는 것이다.

ERP를 실현하기 위해서 공급되고 있는 소프트웨어를 ERP 패키지(package)라고 하는데, 이 패키지는 데이터를 어느 한 시스템에서 입력을 하면 전체적으로 자동 연결되어 별도로 인터페이스를 처리해야 할 필요가 없는 통합 운영시스템이다. 또한 ERP 패키지는 주기적으로 새로운 버전의 소프트웨어가 공급되고 있어 신기술의 도입이 쉬우며 최선의 실무(best practice; BP)의 도입에 의한 생산성 향상, 많은 기업의 적용으로 신뢰성 및 안전성 확보, 전 모듈 적용 시 데이터의 일관성 및 통합성으로 업무의 단순화 및 표준화 실현, 실시간 처리로 의사결정 정보의 신속한 제공 등의 장점을 갖고 있다. 따라서 ERP 시스템을 도입함으로써 업무처리 능률을 극대화하기 위한 최선의 실무와 최첨단의 정보기술을 동시에 얻는 효과를 거둘 수 있고, 이는 급변하는 경영환경의 변화와 정보기술의 발전에 필사적으로 대응하려는 기업의 고민을 동시에 해결시켜 주는 솔루션이라고 할 수 있다.

1) ERP 등장배경

ERP는 어느 날 갑자기 생긴 개념이 아니라 경영 및 정보기술(IT) 환경의 변화에 따라 자연스럽게 생긴 것이다. ERP는 제조업체의 핵심 중 하나인 생산부문의 효율적인 관리를 위한 시스템인 자재소요계획(Material Requirement Planning: MRP)에서 비롯되었다. 1970년도에 등장한 MRP는 기업의 가장 큰 고민거리 중에 하나인 재고를 줄일 목적으로 단순한 자재수급관리를 위한 시스템이었다. 1980년도에 출현한 생산자원계획(Manufacturing Resource Planning; MRPⅡ)는 자재뿐만 아니라 생산에 필요한 모든 자원을 효율적으로 관리하기 위한 MRP가 확대된 개념이다. 그러나 MRP, MRPⅡ 시스템은 IT 자원이 충분히 뒷받침되어 주지 않아 만족할 만한 성과를 거두지 못한 것으로 평가되고 있다. MRPⅡ에서 더 확장된 개념의 ERP 시스템은 생산뿐만 아니라 인사, 회계, 영업, 경영자 정보 등 전사적 경영 관점에서 자원의 효율적인 관리가 주목적이다.

1990년대 들어 글로벌 경쟁체제로 들어서면서 급변하는 경영환경과 특히 컴퓨팅 파워가 막강(H/W비용의 급락, 첨단 IT 출현)해지고, 시장구조가 생산자 중심에서 소비자 중심으로 전환되어 가고 있는 가운데 기업체들은 살아남기 위해서 IT자원을 활용한 첨단의 경영기법을 도입해야 하는 상황에 처하게 되었고 자연스럽게 ERP 시스템이 주목을 받게 되었다.

2) ERP의 특징

ERP란 기업의 이익을 최대화하기 위해 생산, 판매, 물류, 회계, 인사 등의 기업 기간 업무를 조직 횡단적으로 파악하고 전사적으로 경영자원의 활용을 최적화하는 계획과 관리를 위한 경영 개념이다. 일반적으로 설명하는 ERP 시스템의 특징은 다음과 같다.

(1) 기능적 특성

① 통합업무

ERP의 가장 큰 특징 중의 하나는 영업, 생산, 구매, 재고, 회계, 인사 등 회사 내의 모든 단위업무를 마치 쇠사슬이나 톱니바퀴처럼 통합하여 상호 긴밀한 관계를 유지하면서 실시간(real time)으로 업무를 처리한다. 관계형 데이터베이스 시스템을 통해 회사 내 인적, 물적 모든 정보가 각각의 거래에 영향을 주고받으면서 업무처리 효율을 극대화한다.

업무통합을 통하여 기존 시스템에서의 부분 최적(local optimum)이 아닌 전체 최적화(global optimum)를 할 수 있고, 업무 중심적에서 고객 지향적이고 프로세스 중심적 처리방식으로 전환이 가능하다. 모든 시스템이 통합되어 있어서 어떠한 정보라도 중복적으로 처리할 필요 없이 거의 한 번의 입력으로 처리가 끝나게 된다(one fact one place). 업무를 실시간에 통합적으로 처리할 수 있게 됨에 따라 영업, 설계, 생산, 관리가 거의 동시에 이루어지게 되는 이른바 동시공학(Concurrent Engineering)도 가능해진다.

② 표준 프로세스

ERP시스템은 첨단 경영기법을 연구하고 세계 초일류 기업의 선진 프로세스를 벤치마킹(Benchmarking)하여 프로세스를 구성하였기 때문에 ERP 패키지에서 구현된 프로세스 자체가 세계적인 표준 업무 프로세스라고 할 수 있다. 이러한 표준 프로세스의 도입을 통해 기업체들은 별도의 투자 없이도 자동적으로 BPR(Business Process Reengineering)을 하게 되는 효과가 있다.

③ 그룹웨어 연동

최근 들어 '종이 없는 사무실(paperless office)'이니 '전자정부'니 하는 말이 유행병처럼 번지고 있다. 이는 서류작업을 최대로 줄여 정보화의 자세를 고취하고 자원의 낭비를 줄이며 업무 능률을 향상하는

데 주목적이 있다고 하겠다. 거의 환상처럼 들리게 되는 종이 없는 사무실은 그룹웨어 시스템의 발달로 가능하게 된다. 국내 시장에서 선보이고 있는 전자결재 시스템이라고 불리고 있는 그룹웨어 제품들은 전자메일이나 전자게시판은 기본으로 하면서 전자결재기능을 통해 작업흐름(work flow)의 자동화를 실현해 주고 있다. 예를 들면 영업 사원이 출장을 갔다 오게 되면 출장비 지급청구를 하게 되는데, 이러한 경우에 업무처리형태는, 우선 차량 유지비와 관련된 유류대나 통행료 관계 영수증과 식대, 숙박비, 접대비 등 출장비와 관련된 영수증을 스캐너(Scanner)를 통해 파일의 형태로 스캔을 받는다. 이어서 자기 PC로 돌아와 전자결재 시스템에서 품의서를 작성하고 스캔받은 파일을 첨부한 후 결재를 올리게 되면, 이러한 서류는 네트워크를 통해 지정된 결재라인에 따라 상급자의 PC에 도착하여 결재를 받게 되는데 기안담당자는 자신의 PC에서 결재 진행 및 결과를 볼 수 있게 된다. 종이 한 장 발생 없이 업무가 처리됨을 알 수 있으며, 기안담당자는 결재판을 들고 결재권자를 찾아다니고 기다리는 번거로움과 사람을 보고 결재를 하는 대면 결재의 부담도 없어지게 됐을 뿐만 아니라 업무의 효율이 크게 향상될 수 있게 되는 것이다. 이러한 그룹웨어 기능과 영업, 생산, 구매, 자재, 회계 등 기간 업무 시스템과의 연동은 필수적이라고 할 수 있다. ERP 시스템의 경우 패키지 자체 내에서 이러한 그룹웨어 기능들을 내장하고 있으나 자체 내에 그룹웨어 기능이 없는 경우에도 외부그룹웨어 시스템과의 연계를 통해 그룹웨어 기능을 제공하고 있다.

④ 파라미터 지정에 의한 개발

ERP 시스템구축에 있어서 가장 중요한 것 중에 하나가 파라미터 지정(parameter setting)이다. 파라미터 지정을 통해서 ERP 시스템은 기존 시스템보다 빠른 시간 내에 구축이 가능해지고 유지보수의 부담이 크게 줄게 된다. ERP 시스템은 패키지 개발 시 해당 업무 프로세스와 관련하여 상정할 수 있는 대부분의 거래유형을 포함해 놓고 있다. 그래서 업종별, 기업규모별로 천차만별인 세계 도처에 있는 기업에 적용이 가능한 것이다. 한편 ERP 근원지인 유럽이나 미국과 크게 다른 기업문화를 가지고 있는 우리나라의 경우에는 외산 ERP 패키지를 도입하는 데 있어 큰 혼란이 발생하고 있지만, 파라미터 지정을 이용하여 별도의 개발과정을 거치지 않고 해당 기업에 맞도록 ERP 시스템을 최적화할 수 있다.

ERP 시스템을 구축할 때는 물론이고 시스템을 통한 업무수행 중에도 파라미터 지정은 유용하게 쓰일 수 있다. 조직과 업무가 변화되더라도 새로운 시스템을 개발할 필요 없이 파라미터 변경으로 대응할 수 있도록 ERP 시스템은 설계되어 있다는 것이 큰 장점이다.

(2) 기술적 특성

① 클라이언트 서버 시스템

1990년대 들어와 하드웨어값의 폭락과 첨단 IT의 출현으로 컴퓨팅 자원이 저비용, 고효율 구조로 바뀌게 되었다. 사무실에서 직원들이 사용하고 있는 1백만원대의 PC는 과거 중앙집중처리 시절에 수십억원대의 주 전산기보다도 성능 면에서 오히려 뛰어나다. 또한 업무가 복잡해지고 빨라지는 등 경영환경의 급변으로 이를 지탱해줄 수 있는 새로운 시스템이 요구되었는데, 이른바 분산처리 구조라고 불리는 클라이언트 서버(Client/Server: C/S)시스템이다. 중앙집중식의 환경하에서는 일반 직원들이 사용하고 있는 터미널은 중앙의 주 전산기로부터 얻어온 정보를 뿌려주는 단순한 단말기 역할만 해서 더미(dummy : 바보, 멍텅구리라는 표현)라고 불렸다. 그러나 지금 일반 직원들이 사용하는 PC(클라이언트라고 표현)의 기능이 강력해지면서 클라이언트는 더 이상 바보상자가 아니라 똑똑한(intelligent) 시스템으로 바뀌게 되고 이러한 클라이언트에게 새로운 역할을 주게 되었으며, 서버는 과거 중앙집중식 방식과 같이 모든 것을 가질 필요가 없어지면서 부하가 크게 줄게 되었는데 이러한 개념에서 등장한 것이 분산처리구조하고 할 수 있겠다.

ERP 시스템 역시 웬만한 일은 대부분 클라이언트 수준에서 처리를 하게 되는 C/S에 기반을 둔 대표적인 분산처리 형태에서 등장한 패키지라고 할 수 있다. ERP의 대명사로 통하고 있는 SAP사의 R/2가 80년대 후반에 설계된 시스템이어서 메인플레임(Mainframe)환경에서 돌아갔으나, 90년대 초에 개발된 R/3 버전부터는 C/S 구조를 취하고 있으며 지금은 거의 모든 ERP 패키지가 C/S의 구조를 택하고 있다.

② 4세대 언어 및 CASE 도구

갈수록 고기능화되어 가고 있는 산업용 소프트웨어를 개발하는데 있어서 기존의 프로그램 개발 방식으로는 한계에 부딪치게 되면서 4세대 언어(4GL)라고 불리는 프로그램 언어들이 등장되었다. 대표적인 4세대 언어는 Visual Basic, C^{++}, Power builder, Delphi, Java 등이 있다. 이와 더불어 고기능성 산업용 소프트웨어를 개발하기 위한 별도의 방법론으로 등장한 것이 CASE(Computer Aided Software Engineering) 도구인데, 이는 소프트웨어를 만드는 소프트웨어라고 할 수 있다.

기존의 프로그램 방법론에서는 한 번 개발된 프로그램을 기업 환경에 맞추어 수정하거나 보완하는 작업이 매우 어려웠다. 그리하여 이에 소요되는 시간이 시스템을 처음부터 다시 개발하는 것과 비슷할 뿐만 아니라, 수정이나 보완을 하더라도 그 시스템이 완성된 후에는 이미 구형 시스템이 되어 버리는 경우가 허다했다. 이에 따른 인적, 물적 자원의 출혈도 막대하다. 소프트웨어 개발뿐만 아니라 유지보수 측면에서 유연성 있게 활용하기 위해서 사용하게 된 것이 4GL이나 CASE 도구라고 할 수 있으며, ERP 시스템 역시 이러한 개념에서 4GL이나 CASE 도구를 기본으로 채택하고 있다.

③ 관계형 데이터베이스 시스템

거의 모든 ERP 시스템은 원장형 데이터베이스 구조를 채택하고 있다. 기존의 파일시스템 구조로는 데이터의 독립성, 종속성에 문제가 있어서 ERP와 같은 고 기능성 산업용소프트웨어에 맞지 않으며 당연히 상용 RDBMS(Relational Data Base Management System)를 통해 ERP 시스템이 돌아갈 수 있게 된다.

ERP 시스템에서 요구하고 있는 대단히 복잡하고 엄청난 데이터 처리를 소화해 내기 위해서는 반드시 저장창고인 DB가 고기능화가 되어야 한다. 현재 ERP 시스템에서 돌아가고 있는 DB는 Oracle, Informix, Sybase, SQL 등인데 DB의 채택은 주로 운용환경(OS: NT, Unix)과 하드웨어 등 전체의 플랫폼에 의해 결정되고 있다. 지금까지 국내의 중견이나 대기업체에서는 Oracle을, 중소기업에서는 상대적으로 값이 싼 SQL를 주로 채택하고 있으며, 이 경우 OS는 NT가 대부분 적용되고 있다.

④ 객체지향기술

ERP 패키지 내의 각 모듈(Module)은 각각 독립된 개체(object) 역할을 하게 된다. ERP 시스템은 이렇게 수많은 모듈들의 집합체이다. 각 모듈들은 자기 고유의 기능을 가지면서 다른 모듈들과의 인터페이스를 통해 전체적으로 시스템의 효율을 향상시킨다.

시스템이 업그레이드되거나 기능이 추가 또는 삭제되는 경우에 기존 시스템이었다면 전체적으로 새로운 시스템의 도입 개념으로 진행되어야 했으나, 객체지향적으로 설계된 ERP 시스템은 전체를 건드릴 필요 없이 해당 모듈에 대한 교체만으로도 시스템의 변경이 가능하다. 마치 레고 블록처럼 영업, 생산, 구재, 자재, 재고, 회계, 인사 등 각 모듈들을 서로 짜 맞추는 식으로 전체를 최적화시켜 나가면 되고, ERP 시스템이 구축된 이후에도 언제라도 단위 모듈의 변경이 가능하다. 즉, 객체지향기술은 소프트웨어의 재사용성(Reusable)을 충분히 보장해 주는 기반 기술이라고 할 수 있다.

3) ERP 도입 필요성

ERP 시스템을 도입하게 되면 업무 측면에서는 원재료, 제품, 저장품 등의 재고관리 능력이 향상되고, 계획생산 체제 구축이 가능해질 뿐 아니라, 생산 실적 관리도 편리해진다. 또한 필요 정보의 공유화가 가능해지고, 영업에서 자재, 생산, 원가, 회계에 이르는 정보의 흐름이 일원화된다.

정보 시스템 측면에서 보면 시스템 표준화를 통해 데이터의 일관성을 유지하고, 개방형 정보 시스템으로 자율성과 유연성이 극대화되는 것은 물론, 클라이언트/서버 컴퓨팅 구현으로 시스템 성능이 최적화되며, GUI(Graphic User Interface)등 신기술을 이용하여 사용하기 쉬운 정보환경을 제공할 수 있다. 이를 좀더 구체적으로 설명하면 다음과 같다.

첫째, ERP 시스템을 도입하게 되면 기업 내의 영업, 생산, 구매, 자재, 회계 등 모든 조직과 업무가 IT로 통합되어 실시간으로 모든 정보를 통합 처리할 수 있게 된다. 기존의 MIS는 각 단위 업무별로 개발되어 업무를 수행하다 보니 단위 업무별로는 최적화가 됐는지 몰라도 전체적인 최적화를 구현시키지는 못했다. 이에 반해 ERP 시스템은 첨단의 정보기술(IT)을 활용하여 회사 내 전체업무를 마치 하나의 업무처럼 통합시킬 뿐만 아니라 실시간으로 모든 업무를 거의 동시에 처리할 수 있도록 설계되어 있다.

둘째, ERP 시스템을 도입하게 되면 ERP 패키지 내에 포함되어있는 최우량사례(Best Practice)라는 선진 프로세스를 회사 내에 적용할 수 있어서 BPR(Business Process Reengineering: 업무흐름재설계)을 자동적으로 수행한 결과를 가져온다. ERP 도입 초기에는 기업체들의 경영혁신을 의한 수단으로 컨설팅회사에 의뢰하여 BPR을 수행하고, BPR 결과가 도출되면 이를 이용해 전산시스템을 전문적으로 개발하는 대기업 계열의 SI(System Integration: 시스템통합)업체에

외주용역(Outsourcing)을 주거나, 자체개발(In House) 또는 BPR 결과에 접합한 ERP 패키지를 선택하는 식으로 ERP 시스템을 도입했었다. 그러나 최근 들어 많은 구축 경험과 검증을 통해 ERP 시스템들이 최우량 사례라는 선진 프로세스를 자체적으로 갖추게 되면서 별도의 BPR을 수행하지 않고 자사의 실정에 맞는 ERP 패키지를 도입하는 추세이다.

셋째, ERP 시스템을 도입하게 되면 복잡 다양해져가는 시대에 충분한 확장성을 보장받을 수 있어, 중장기적인 관점에서 비용을 절약하는 효과가 있다. 1990년 들어 급변하는 정보기술(IT)과 첨단기술에 기업체들이 유연하게 대응해야 하는 상황에서 유지비용이 많이 드는 MIS보다는 유연성과 확장성이 높은 ERP 시스템에 대한 선호가 커지게 되었는데, 이런 결과는 저비용 고효율 구조의 값싼 컴퓨팅 자원(하드웨어 비용은 싸지고 소프트웨어 기능은 고도화) 또한 한 몫을 하고 있다.

나. 공급사슬 관리

공급사슬(supply chains)이란 원자재를 조달하고(suppliers), 이를 가공하여 반제품 및 완제품을 만들고(manufacturing) 최종 제품을 고객에게 전달하는 과정에서(distributors, customers) 참여하는 다수의 설비와 분배 주체로 이루어진 사슬(chain) 또는 망(network)을 말한다. 그리고 공급사슬 관리(Supply Chain Management; SCM)이란 고객 및 이해 관계자들에게 부가가치를 창출할 수 있도록 최초의 공급업체로부터 최종 소비자에게 이르기까지 상품, 서비스 및 정보의 흐름이 이루어지는 비즈니스 프로세스들을 통합적으로 운영하는 전략으로, 가장 최소의 비용으로 수주로부터 고객에게 납품하는 시간을 0에 근접시키기 위한 경영관리 기법 이다. 구체적으로는 이제까지 부문마다의 최적화, 기업마다의 최적화에 머물렀던 정보, 물류, 현금에 관련된 업무의 흐름을 공급 체인 전체의 관점에서 재검토하여 정보의 공유화와 기업 업무 프로세스의 근본적인 변혁을 꾀하여 공급체인 전체 현금 흐름의 효율을 향상시키려고 하는 경영 개념이다. 즉, 원재료의 수급에서 고객에게 제품을 전달하는 자원과 정보의 일련의 흐름 전체를 경쟁력 있는 업무의 흐름으로 관리하려는 관리 시스템으로, 최적화된 SCM은 제품을 생산하는 기업이 부품의 구매, 제조, 판매까지의 모든 일정을 수립하고 고객의 수요계획 및 물류 현황을 체계적으로 정리함으로써 제품의 흐름 (부가가치 물자흐름)을 원활하고 효율적으로 수행할 수 있게 한다.

1) SCM과 ERP와의 관계

ERP 시스템이 기업내부 비즈니스 프로세스를 재구축하고 생산성 향상과 제조원가 절감을 위하여 기업 내의 각종 자원들을 계획하고 통제하는 시스템이라면, SCM은 ERP를 통하여 기업의 비즈니스 프로세스가 성공적으로 정비되고 생산성이 향상된 기반을 토대로 고객과 자재 공급업체, 그리고 물류 창고의 기업과 기업, 부서와 부서 간에 발생하는 유통 과정을 관리하는 시스템이다. 따라서 SCM과 ERP는 상호 보완 관계를 가져야 하고, 유기적인 통합이 필요하므로, 기업들은 개별 기업과 다양한 공급업체와 소비자 집단을 하나의 가상기업(Virtual Enterprise)으로 보고 새로운 프로세스 매핑 작업과 마스터 플랜을 수립하고 그 마스터 계획 하에 ERP와 SCM을 구축하여야 한다.

2) SCM의 필요성

현대의 기업은 제품 수명주기 단축, 경쟁 심화, 고객 기대수준 증가, 정보통신 기술의 발전 등으로 대표되는 환경 변화에 직면해 있으며, 제품수명주기 단축과 신제품/브랜드 증가, 제품수명 단축에 따른 이익 확보 곤란, 신제품의 수 증가, 가격 침식(Price Erosion)에 시달리고 있다. 더구나, 동종/이종 기업의 진출 증가, 제품 및 산업의 통합화, 경쟁의 글로벌화, 완전경쟁 체계로 변화, 관세/비관세 장벽 완화 등으로 인한 경쟁이 치열해지고 있고, 생활수준 향상, 제품의 차별성 저하, 서비스의 중요도 증가, 정보 입수용이, 고객의 영향력 강화, 소비자 주도의 시장으로 인해 고객 기대 수준도 증가했다. 한편으로는 정보통신 기술의 발전으로 계산 능력이 비약적으로 발전하였다.

이러한 상황 변화에 대처하기 위해서는 능동적이고 적극적인 변동의 방지, 감소 및 제어, 기업간 상호 협력과 조정이 필요한데, 이를 위해 체인 간의 프로세스 혁신, 체인간의 프로세스 최적화를 위한 제품 설계 혁신, 체인내 협력 기업간의 정보 공유, 프로세스 통합, 체인전체의 관점에서 통합적인 계획, 체인내 협력 기업간의 전략적 파트너십, 제휴, 적재적소에서 생산, 재고, 유통, 구매 등이 필요하다.

3) SCM의 기능

SCM은 공급망의 계획(planning)과 실행(execution) 기능을 제공한다. 첫째로, 생산 활동을 위해 필요한 원재료의 조달, 처리량(throughput)의 증대, 생산 리드타임의 단축, 원활한 제품 생산을 지원한다. 둘째로, 마케팅 지원을 하는데, 제품의 수요예측, 물류비용 예측 및 이익 예측을 통해 적절한 마케팅 방안을 찾는데 이용할 수 있다. 더불어서, 물류 관련하여, 수주 및 원재료의 조달, 생산, 공장 내 흐름, 제품의 출하, 집하 및 창고, 공항 및 부두에서의 분류, 통관 업무를 지원한다.

4) SCM 적용 시 고려사항

SCM을 도입한 100여 선도업체의 성공사례 및 실패사례를 바탕으로 한 SCM 전략은 다음과 같다. 첫째로, 서비스 수요에 근거한 고객 세분화와 세분화된 부분별 수익성 있는 서비스 개발이 필요하다. 고객의 서비스 수요에 따라 고객을 세분화하고, 이에 맞춘 적절한 서비스를 제공하여야 서비스와 수익성의 균형을 유지할 수 있다. 이를 위해 통계적 분석, OLAP, ABC기법 등을 이용한다. 전통적인 관리 방식은 획일적인 서비스(one-size-fits-all approach)를 제공하였으나, SCM은 고객 세분화를 통해 수익성이 높은 고객을 식별하고, 맞춤형 서비스(tailored service portfolio)를 제공한다.

둘째로, 세분화된 고객요구에 대응하는 최적의 물류망을 구축한다. 세분화된 고객별로 정의된 서비스를 효율적으로 제공할 수 있도록 3PL 업체를 활용하여 물류 네트워크를 유연하게 설계하여야 한다. 이를 위해 최적화 기법이나 시뮬레이션 기법을 이용한다. 기존의 관리 방식에서는 모든 고객의 평균 서비스 요구수준과 일부 고객의 가장 어려운 요구수준을 기준을 하여 단일 기준에 의거한 물류 네트워크 설계를 하였으므로, 자산 이용률이 낮고 고객의 특수한 요구를 수용하는 것이 어려웠다. 그러나 SCM에서는 유연한 물류 네트워크 설계를 통해 세분화된 고객별 서비스 요구 사항을 반영하기 위해 공동물류 또는 3PL 업체를 활용한다.

셋째로, 고객 실수요에 기초한 최적의 수요계획을 수립한다. 기업의 모든 부서가 관련 정보를 공유 및 공동 수요예측을 통하여 정보 전달의 지연 및 왜곡으로 인한 효율성 저하를 최소화할 수 있다. 이를 위해 예측 방법론, 엑스트라넷 및 인트라넷, VMI(Vendor Managed Inventory), ATP(Available To Promise)/CTP, CPFR 등의 기법을 이용한다. 전통적 관리 방식은 독립적이고 중복적으로 수행되는 수요예측을 부서나 기업별로 수행하였는데, 여기에는 사용한 가정이나 척도 및 수요예측 수준의 차이가 존재하였다. 그러나 SCM에서는 여러 기능 부서(cross-functional) 공동으로 수요계획을 하고, 협업과 관련 주체 간의 정보 공유와 협력을 통해 불확실성은 줄인다.

넷째로, 고객 위치에 근접한 제품 고유화를 통해 공급체인 상의 재고를 절감하고 조달기간도 단축한다. 고객의 소비시점과 가까운 지점에서 고객에 맞는 제품을 완성하는 방법을 취하고 부품의 공용성을 높임으로써 수요에 대한 대응력을 높일 수 있다. 이를 위해서는 최적화 기법이나 비즈니스 규칙(Business Rules) 등의 기법을 이용한다. 전통적 관리방식에서는 조달시간은 고정된 것으로 가정하고, 재고를 통해 수요와 공급의 차이를 조정하고자 하였다. 즉, 준비 시간의 최소화나 셀 제조 방식 등의 부분 최적화를 통한 개선을 추구하였다. 그러나 SCM 관리 방식은 모듈러 설계와 제조 프로세스 개선을 통해 고객별 차별화 시점을 가능한 늦추는 (필요한 시점에 즉시 차별화) 방안을 취한다.

다섯째로, 전략적인 외주업체 관리를 통해 공급체인 상의 비용을 절감한다. 전략적 아웃소싱은 가치 중심의 구매라는 패러다임의 변화를 요구하며, 다른 SCM 과제들보다 도입 효과가 큰 것으로 알려져 있는데, 이를 위해 OLAP이나 엑스트라넷 등의 기법을 이용할 수 있다. 전통적인 관리 방식은 가능한 많은 업체의 경쟁을 유도하여 구매단가의 절감에 집중하였다. 그러나 SCM 관리 방식은 시장위치, 산업구조 등을 고려하여, 총 구매 비용의 절감을 목표로 하는 가치 중심 구매를 목표로 한다. 따라서 구매업체와 공급업체 모두에게 이익이 되는 방식을 찾아서 전체 공급사슬 상의 비용 절감을 추구한다.

이외에도, SCM을 위해서는 공급사슬 전반에 걸친 기술 개발, 공급사슬 전체에 공통으로 적용할 수 있는 척도를 개발하여 적용할 필요가 있다.

5) SCM 효과

SCM을 적용 시의 기대 효과로는 다음과 같다. 첫째로, 재고가 감소된다. SCM은 공급체인 전체에 대해 계획하고 실천하는 것이므로, 전체 공급망에 상품이 필요한 수준으로 물 흐르듯 하는 흐름개념으로 파악하고 관리한다. 따라서 각 업체들이 공급망 내의 자사에 해당하는 부분을 연결된 공급망의 일부분으로 인식하여 필요한 물품을 필요한 시점에 필요한 곳에 공급함으로써 재고가 감소된다.

둘째로, 가치가 없는 작업을 제거한다. 전자상거래 환경에서의 업무처리에서는 업무처리에 필요한 절차와 정보형식을 미리 약속하고 정해진 절차에 따라 자동적으로 진행하므로, 불필요한 작업이 제거된다.

셋째로, 업무 절차의 간소화, 업무 처리시간 및 업무 비용 감소를 들 수 있다. 물류비용이 절감되고, 재고와 수송비용도 줄어든다. 더구나, 주문, 조달의 불확실성 및 변동의 제거로 생산계획의 합리화와 납기만족, 고객 및 수요 변화에 대응력이 향상된다.

다. 고객관계 관리

고객관계관리(Customer Relationship Management; CRM)는 고객의 행동 양식에 대한 깊은 이해를 바탕으로 기업경영의 질을 높이기 위해 전략 조직 프로세스 및 기술상의 변화 과정이다. CRM에 대한 정의로는 가트너 그룹에서 '기업이 현재의 고객 및 잠재 고객 관련 정보를 정확하게 파악하여 고객관계관리를 효과적으로 지원하기 위한 경영전략'으로 하였고, Ovum은 '기업이 우수 고객을 지속적으로 유지하는 동시에 신규 고객을 확보하고 고객관련 비용을 최소화하여 기업의 경쟁력을 향상시킴으로써 기업 가치를 극대화하기 위한 경영개념'이라 하였다. 그리고 Carlson 마케팅 그룹에서는 '기업의 모든 구성원과 고객에게 조직에 대한 긍정적인 선호도를 분석하여 고객 유지율과 경영성과를 향상시키는 전략'으로, 한국 소프트웨어 산업협회에서는 '기업이 보유하고 있는 고객 데이터를 수집, 통합, 가공, 분석하여 고객 개개인의 특성에 맞게 마케팅 활동을 계획, 수행, 평가, 수정하는 일련의 과정'이라고 정의하였다.

위의 정의와 유사하게, CRM은 '고객에 대한 정확한 이해를 바탕으로 고객이 원하는 제품과 서비스를 지속적으로 제공함으로써 고객을 오래 유지시키고 결과적으로 고객의 평생가치(Life time value)를 극대화하여 수익성을 높일 수 있는 통합된 프로세스'로 정의할 수 있다.

여기서 고객의 평생가치란 고객이 특정 회사의 제품이나 서비스를 구매하였을 때부터 마지막으로 구매할 것이라고 판단되는 시점까지의 예상 누적 매출 또는 누적 이익이라 할 수 있다. 따라서 고객의 평생가치 극대화란 고객이 평생 동안 경쟁사의 제품 또는 서비스를 구매하지 않고 자사의 것만을 구매할 수 있도록 하는 것을 의미한다. 이를 위해서는 진정한 가치를 주는 고객은 누구인가, 고객이 어떤 특징을 가지고 있는가, 고객이 진정 원하는 것이 무엇인가 등 고객에 대한 올바른 이해가 선행되어야 한다. 이러한 이해를 바탕으로 고객이 원하는 제품과 서비스를 제공하고 고객에 따라 차별화 된 마케팅 전략을 구사하는 등 적절한 대응 전략을 수립하여 실행함으로써 고객과의 관계를 지속적으로 강화해 나가야 한다. CRM은 이렇듯 고객과의 관계를 긴밀히 유지함으로써 새로운 고객을 획득하고, 이탈 고객을 최소화하며, 기존 고객을 좀더 우량 고객으로 변화시키는 것을 목적으로 한다.

1) CRM의 배경

1970년대는 기업이 생산한 제품이나 서비스에 대해 고객은 주로 수동적인 구매자 역할을 하였다. 고객들은 일반적으로 비슷한 욕구를 가진다고 인식하였고, 기업들은 상품을 시장에 공급하기만 해도 판매가 가능하다고 판단하였다. 1980년대에 들어서서 기업들의 경쟁이 심화되고, 기업들의 공급량이 고객의 수요량을 초과하게 됨에 따라 생산자의 고객에 대한 일방적 관계에서 고객 수요 조사 필요성이 생겼고, 품질관리와 고객 만족도 향상을 위한 제품 생산에 관심이 커졌다. 즉 70년 이후 기업주도 경제는 획기적인 공업발전과 더불어 생산량이 초과되었으며, 이로 인하여 기업은 경쟁 환경을 맞이하게 되었다. 기업의 일 방향 전략에서 고객과의 쌍방향적 전략으로 바뀌면서 마케팅 프로세스에 관심을 갖게 되었다. 기업은 고객들의 복잡하고 다양한 욕구에 부응하기 위하여 대량 마케팅(mass marketing)에서 세분화 마케팅(segment marketing)과 틈새 마케팅(niche marketing)으로 마케팅 전략을 변화시켜 왔다.

세분화 마케팅이란 목표 고객의 욕구에 맞춘 서비스를 제공할 수 있도록 하는 마케팅이다. 틈새 마케팅이란 기존 기업들이 관심을 두지 않는 분야나 지역에 적극적으로 개발하여 공략하는 마케팅 기법이다. 대량생산 시대에는 소비자에 대한 관심과 욕구는 생각하지 않고 상품을 만들기만 해도 팔렸으며 다른 기업이 지나치고 있는 틈새를 공략해도 큰 수익을 올릴 수 있었다.

1990년대 초는 고객의 만족도가 경쟁의 핵심 요소로 부각된 시기로, 관계형 데이터베이스를 활용하여 고객 성향을 분석하기 시작하였다. 그러나 고객 데이터는 주로 관리 목적으로 이용되었고, 시장의 분류는 기업의 일방적인 시각에서 인위적으로 이루어졌다. 1990년대의 정보기술의 발달은 고객의 데이터베이스를 구축할 수 있게 해 주었으며 이를 분석하여 마케팅에 활용하는 이른바 데이터베이스 마케팅(DBM) 등장하게 된 배경이다. 그러나 데이터베이스 마케팅을 위해 분석에 사용된 고객 데이터는 주로 관리 목적으로 사용되었고 시장의 분류도 기업의 시각에서 일방적, 인위적으로 이루어지던 상태이다.

1990년대 말에 이르러서는 능동적인 구매자들이 생겨나게 되고, 가치사슬이 고객으로부터 기업으로 향하게 된다. 글로벌화 된 경쟁 심화로 경영혁신이 기업의 필수 조건이 되고, 고객 관리는 생존 전략이 되어, 데이터웨어하우스를 이용한 고객 관리가 필요해졌다. 이러한 분석 결과, 수익이 되지 않는 고객에게 많은 광고와 마케팅 비용을 투자하는 것이 얼마나 소모적인가를 기업들은 깨닫게 되었다. 고객 중 기업에게 수익을 가져다주는 고객은 전체의 일부에 지나지 않으며, 이러한 고객은 지속적으로 투자해야 할 대상이다. 이들 고객을 유지하는 활동으로, 신규고객을 획득하기 위해 투자하는 것보다 훨씬 적은 비용으로 높은 효과를 얻을 수 있다. 회사의 고객층을 파악하고 세분화해서, 이익을 높이는 방향으로 마케팅 활동은 전개되기 시작한 것이다.

1세대 데이터베이스 마케팅은 〈표 12-1〉과 같은 대량마케팅(Mass

Marketing)으로 대량의 광고 전단물을 DM(Direct Mailing)에 투입하여 성과를 산출하였다. 이는 비용의 증가와 함께 성과의 증가를 이루었지만, 투자수익률 측면으로 볼 때는 효율적이라고 할 수 없었다. 이는 특정한 상품에 판매지향 목적으로 마케팅활동을 실시했다.

〈표 12-1〉 대량마케팅과 CRM

	대량마케팅	CRM
주된 관심부분	매스마켓	고객과의 일 대 일 관계
시장접근	제품밀어넣기	혜택의 추출
지표	시장점유율	고객점유율
판매	거래기반	가치기반
서비스	반응적	상호적
전달경로	물리적 단일채널	통합된 멀티채널

한 단계 발전된 〈표 12-2〉의 2세대 데이터베이스 마케팅은 IT기술을 이용하여 기업의 내 외부 자료를 통합, 마케팅 활동을 지원하는 것으로 데이터웨어하우즈, OLAP과 같은 정보기술을 이용하여 마케팅 활동을 실시하는 것이다. 2세대 데이터베이스 마케팅의 특징은 1세대와는 좀더 진보한 형식으로 고객데이터의 활용(Call Center, DM 등)이 좀더 확장된 경향이라고 할 수 있다.

〈표 12-2〉 데이터베이스 마케팅과 CRM

	데이터베이스 마케팅	CRM
주된 관심부분	마케팅	마케팅, 경영 프로세스, 조직의 수행능력
주된 목적	일회적이거나 분리된 개별 데이터베이스 마케팅 프로그램의 수익성 제고	고객생애가치 극대화, 장기적인 수익성 증진
고객과의 커뮤니케이션	산발적이고 조정적(coordinated)이나 통합(integrated)되지 않아 일관성이 약한 고객과의 커뮤니케이션	모든 채널, 상품, 그리고 서비스에 걸쳐 일관성 있게 조정되고 통합된 지속적인 고객과의 커뮤니케이션
고객지식의 공유와 활용	같은 부서나 영업단위에만 이루어지고 제한적	조직전체에서 공유, 전체조직의 훈련과 학습을 통한 조직의 핵심 수행능력 증가

이와 같이 1세대, 2세대 마케팅을 통해 3세대 마케팅인 CRM이 나타나게 되었다. CRM은 고객 수익성을 우선시하여 콜센터, 캠페인 관리도구와의 결합을 통해 고객정보를 적극적으로 활용하는 것이다. 데이터베이스 마케팅과의 차이점은 바로 여기에서 나타난다. CRM에는 기업 내 사고를 바꾸자는 BPR(Business Process Reengineering)적인 성격이 강하게 내포되어 있다. 기업의 내 외부 자료를 이용하자는 측면은 데이터베이스 마케팅과 성격이 같다고 할 수 있다. 그러나 CRM의 경우 고객의 정보를 취할 수 있는 방법, 즉 고객접점이 데이터베이스 마케팅에 비해 훨씬 더 다양하고, 이 다양한 정보의 취득을 전사적으로 행한다는 것이다.

두 번째 차이점은 고객관리에 대한 전략의 확보이다. 데이터베이스 마케팅이 DM(Direct Mailing), TM(telemarketing)과 같은 방식을 이용하여 순간순간의 고객정보를 취하여 이를 다시 매스마케팅에 활용하는 반면, CRM은 고객 데이터의 세분화를 실시하여 신규 고객 획득, 우수 고객 유지, 고객가치 증진, 잠재고객 활성화, 평생 고객화와 같은 사이클을 형성함으로써 고객을 적극적으로 관리하고 유도하며 고객의 가치를 극대화시킬 수 있는 전략을 통하여 마케팅을 실시한다. 전략이 없는 마케팅이 존재할 수 없듯이 전략이 없는 CRM은 상상할 수 없다.

2) CRM의 필요성

첫째, 기존 마케팅 방식은 마케팅팀을 위한 마케팅 부서만의 마케팅이 실시되어 왔다. 특히 기존의 마케팅 투자는 뚜렷한 방향이나 본질적인 요건을 정의하지 못한 채, 변화하는 시장 환경을 따라가는데 급급하였다. 이러한 마케팅의 방향과 환경, 제도를 바꾸는 방안이 CRM인 것이다. 고객에 대한 중요성을 마케팅의 전면에 배치하여 사내 고객과 관련된 부서(콜 센터, 영업부서, 서비스센터, 마케팅부서 등)에서 발생한 모든 정보의 방향과 프로세스, 그리고 사내마인드를 고객관계에 쏟아 넣는 것이다.

두 번째로는 현재 각 기업의 마케팅은 기존고객보다는 신규고객 획득에 초점이 맞춰져 있으며 기존고객의 요구를 파악하지 못하고 있다. 고객들은 모든 광고와 정보의 홍수 속에 살고 있으며, 이들 고객들은 어느 누구보다도 많은 정보를 갖고 있다. 반대로 이런 고객에 대한 분석력은 항상 제자리에 머물고 있다. 고객을 이해하기에는 많은 문제점이 있는 것이다.

세 번째는 고객에 대한 요구를 파악할 수 있는 시스템이 기존에는 존재하지 않았다. 고객에 관한 정보는 하루가 멀다시피 변하지만 이러한 고객정보를 뒷받침할 수 있는 시스템은 전혀 없었다. 어떻게 고객을 세분화할 것인가? 어떻게 목표고객을 설정할 것인가? 목표고객에 대한 포지셔닝은 어떻게 실시할 것인가? 고객에 대한 수익을 어떻게 증가시킬 것인가? 이러한 문제에 대한 해답을 제공할 만한 제반 인프라가 구축되어 있지 않기에 기반조성을 통해 새로운 기회를 엿보며, 새로운 고객에 대한 전략을 실시하는 것이다.

네 번째는 지속적으로 고객에게 서비스를 제공할 방법이 없다. 고객에 대한 정보가 있어도 어떻게 서비스를 실시해야 할지를 모르고 있다. 어떠한 방향으로 고객을 만족시킬 것인지에 대한 대책이 없다면, 아무리 좋은 투자라도 무용지물이 될 것이다. 지속적인 관리방안을 통한 장기적인 계획수립을 통해 고객을 관리해야 한다.

마지막으로 전사적이고 고객 지향적이어야 한다. 더 나은 고객을 위해서라면, 사내 어느 부서에 근무하는 그 누구라도 항상 고객을 위해, 고객에 대해 준비해야 한다. 예를 들어 사후관리(A/S) 부서에 근무하는 직원이야말로 고객을 가장 자주 접하는 사람으로 이 직원은 자주 방문하는 모 아파트 단지 내 고객들의 특성과 정보, 취향을 가장 많이 알고 있다. 그러나 대부분의 기업에서는 가장 확실하고, 가장 신뢰할 수 있는 정보임에도 불구하고 이러한 정보를 제대로 활용하지 못하고 있다. 고객의 불만, 고객의 특징, 고객의 취향 등의 정보를 마케팅부서에서 활용한다면 직접적인 시장의 변화를 느낄 수 있으며, 고객의 변화를 통한 새로운 마케팅이 가능하게 될 것이다. CRM은 이처럼 전사적으로 고객에 대한, 고객정보에 대한 마인드를 바꾸고 개선하며 집중적인 관리를 통해 완전한 정착 단계에 이를 수 있다. CRM은 고객, 정보, 사내 프로세스, 전략, 조직 등 경영 전반에 걸친 관리체계이며, 이를 정보기술을 밑받침으로 하여 구성하는 것이다. 이처럼 CRM은 바로 고객과의 관계를 바탕으로 한 LTV(Life Time Value)를 극대화하는 것으로 귀결된다. 단순하게 고객과의 관계에 머무르지 않고 이를 바탕으로, 다양한 고객접점(영업사원의 고객접촉, A/S 직원의 방문, 고객으로부터 걸려온 전화(Inbound Call), 고객에게 판매촉진을 위해 건 전화(Outbound Call) 등을 활용하여 여기서 발생되는 수많은 데이터를 고객의 요구에 초점을 두어 1:1로 차별화된 마케팅을 실시하는 것이 바로 CRM이라고 할 수 있다. 기존 마케팅이 단발적인 마케팅 전술이라면 CRM은 고객과의 지속적인 관계를 유지하면서 '한 번 고객은 평생고객'이 될 수 있는 기회를 만들며, 평생 고객화를 통해 고객의 가치를 극대화하는 것이다.

3) CRM의 특징

타겟 마케팅은 모든 고객이 아닌 적합한 일부의 고객에 마케팅 노력을 집중하는 것을 강조한다. 1 대 1 마케팅은 한사람 한사람에 이를 정도로 개별적인 고객에 대한 차별적인 마케팅을 전개할 것을 강조한다. 관계 마케팅은 각각의 고객과의 장기적인 관계를 강조한다.

타겟 마케팅은 전략적인 마케팅이라고도 불리며 마케팅의 기본으로 여겨져 왔으나 오늘날에는 다소 진부한 느낌을 준다. 마케팅 대상을 고객보다는 시장이라는 집단으로 보는 경향이 강하기 때문일 것이다. 이에 비해 관계 마케팅이나 1대일 마케팅은 개별 고객을 강조하고 있다. 각각의 개념들은 조금씩은 다른 부분을 설명하고 있지만 CRM의 성격을 파악하기 위해서는 이러한 일련의 개념들을 모두 살펴볼 필요가 있다.

CRM을 기존의 데이터베이스 마케팅이나 고객관리방식과 구별되는 세 가지 측면이 있다. 첫째로 CRM은 업무 및 프로세스 혁신을 추구한다는 점이다. 기존의 데이터베이스 마케팅은 단지 DM 반응률 향상과 같은 미세한 목표들을 중심으로 관리했다면, CRM은 고객과 접하는 프로세스 전체의 효과 및 효율성을 추구한다.

두 번째 측면은 CRM이 범 기능적인(Cross-Functional) 업무 프로세스의 통합을 추구한다는 것이다. 고객에 대한 모든 정보를 통합하고 이를 이용하여 통합된 업무 프로세스와 조직에 의해 처리하고자 하는 것이다. 전사적인 고객 중심주의라는 사상과 업무시스템의 통합이라는 두 가지가 결합되는 것이다. 이로 인해 업무 처리상의 효율성을 높일 수 있게 되고 고객 입장에서의 편의성도 제고될 수 있다.

마지막 측면은 고객 접점의 업무에 대한 연구개발을 지속적으로 수행하고자 한다는 것이다. 많은 제조업체들이 제품과 생산과정에 대한 연구개발을 수행해 왔던 것처럼 마케팅이나 고객 서비스 등 고객 접점의 업무에 대해서도 과학적인 방법을 적용하고자 하는 것이다. CRM은 OLAP이나 데이터마이닝과 같은 진보된 정보기술을 바탕으로 고객을 분석하여 고객에 대응하기 위한 방법을 연구하고 개발하고자 한다.

고객에 대한 정보 관리는 CRM에서 가장 핵심적 요소들 중의 하나이다. 그 목적은 경쟁사보다 잘 관리해야 할 고객을 선별하고 관리 방법을 결정하기 위한 것이다. 이를 위해 고객에 대한 적극적인 측정이 필요하다. CRM 수행 과정상에서 가장 중요한 척도는 고객의 평생가치(Lifetime Value: LTV)이다.

LTV는 한 고객이 고객으로 존재하는 전체기간 동안 기업에게 제공하는 이익의 합계이다. LTV는 한 시점에서의 단기적인 가치가 아니라 고객과 기업간에 존재하는 관계의 전체가 가지는 가치이다. 또 LTV는 매출액이 아니라 이익을 나타낸다. LTV를 산출해서 기업은 어떤 고객이 기업에게 이로운 고객인가를 판단할 수 있으며 그 고객과 앞으로 어떤 관계를 가지도록 하는 것이 합리적인가를 파악할 수 있다.

반대로, 고객의 입장에서 보면 고객 자신이 느끼는 가치에서 고객이 지불하는 비용을 뺀 차이가 얼마인가가 선택의 척도가 된다. 여기서 고객이 느끼는 가치를 좌우하는 것은 단지 제품의 품질이나 수량만이 아니기 때문에 고객이 느끼는 가치를 높이기가 쉽지 않다. 더구나 오늘날의 고객들은 각자 서로 다른 욕구를 가지고 있기 때문에 각 고객이 가지고 있는 욕구들을 파악하는 것 자체도 매우 어려운 일이다. 하지만 기업은 목표를 달성하기 위해서 모든 가능한 수단을 동원해서 고객을 만족시키고 그로부터 LTV를 높여야 한다. 그런데 고객의 만족 수준과 고객의 충성도간의 관계는 업종이나 경쟁 상황에 따라 크게 다를 수 있다고 한다. 어떤 경우에는 만족하고 있는 고객들이 기업을 떠날 수 있다는 것이다. 미국의 경우 특히 자동차나 PC 같은 업종의 경우에는 만족도가 높은 고객들도 이탈하는 경향이 강한 것으로 조사되었다. 보통 수준의 만족도를 가진 고객과 높은 수준의 만족도를 가진 고객들이 충성도에 있어서 서로 다른 성향을 보인 것이다.

왜 이러한 현상이 발생했을까? 경쟁이 매우 심한 업종에서는 불만족을 느낀 고객이 이탈하는 것이 매우 용이하다. 반대로 경쟁이 약한 업종에서는 이탈을 하기 어렵다. 통신시장의 경우를 생각해 보면 많은 가입자들이 서비스에 만족하지 못하더라도 이탈해도 더 나은 서비스를 기대할 수 없어서 고객들이 쉽게 움직이지 않는 것이다. 이를 알고 있는 기업들이라면 서비스를 높은 수준으로 올리기 위해 경쟁하지 않아도 될 것이다. 물론 장기적으로 본다면 불만족한 고객들은 기회만 주어진다면 다른 서비스로 이동할 것이고 높은 수준의 서비스를 제공한 것에 대한 보상이 주어질 것은 분명하다. 이와 같이 업종의 특성이나 경쟁 환경의 특성에 따라 만족도와 충성도간의 관계가 달라진다는 것을 인식한다면 기업은 고객유지 방안을 생각하기 이전에 업종 특성에 따른 고객 유지 전략의 채산성을 우선적으로 고려하여야 할 것이다.

과거의 고객관리는 업무의 핵심보다는 부수적인 일로 간주되어 왔으며, 기업의 이익에 직접 기여하는 것으로 인식되지 못했다. 따라서 고객을 관리하기 위한 적극적인 노력을 하지 않았던 것이다. 고객관리의 성과가 수치에 의해 측정되기가 어려운 것으로 인식되어온 것도 그 이유 중의 하나이다. 또한 고객을 관리하는 활동 자체가 구체적인 수준까지 계획되거나 관리되지 않았다.

4) CRM의 주요 기능

CRM시스템의 구성은 고객정보 분석 부문, 실행 부문, 공통 부문으로 구성된다. 고객정보 분석 부문은 분석 도구, 의사결정지원 도구, 계획 도구가 있으며, 효과적인 고객정보 관리를 위한 고객 세분화, 고객 요구사항 파악, 마케팅 방안에 대한 분석이 이루어진다. 실행부문에는 채널 관리자, 로직 저장소, 캠페인 관리자, 플로우 관리자가 있으며 실제 고객과의 상호작용을 위한 요소로 구성되어 있다. 그리고 공통 부문은 고객정보 분석, 실행 부문에서 공통적으로 사용되는 고객정보저장소, 지식관리자가 있다.

5) CRM의 기대효과

CRM을 적용하면 기업 업무처리와 정보기술의 활용 측면에서 다음과 같은 효과를 기대할 수 있다. 첫째로, 고객 관계 관리를 통한 수익성 제고 효과이다. 고객정보를 모은 고객 프로필의 전략적 영업 정보화를 하고 휴면 고객의 활성화, 고객정보 분석을 통한 타깃 마케팅 활동이 가능해진다. 더불어서, 이탈 가능성이 있는 고객을 사전에 분석해 집중 관리를 하여, 우량 고객의 이탈을 방지할 수 있다

둘째로, 수익 지향적인 영업 및 마케팅 활동이 가능해진다. 고객 지향의 상품개발을 하고, 교차 판매 등을 통한 수익성을 제고하며, 영업 및 마케팅 활동의 효과 분석이 가능해진다.

셋째로, 콜센터, 인터넷, 사이버 등의 신 채널과의 연계를 통한 통합 마케팅 활동이 가능해지는데, 이를 통해 효과적인 일 대 일 마케팅이 가능해진다. CRM을 통한 정보기술 활용은 다음과 같은 효과도 얻을 수 있다.

넷째로, 최종 사용자는 전산 부서의 의존도를 감소하게 하고 신속하게 원하는 분석 결과를 얻을 수 있다. 부서 간 연계한 데이터의 활용이 가능해지고, GUI 환경을 통한 용이한 전산 정보 접근이 가능해진다.

다섯째, 정보기술 개발자는 운영 데이터에 대한 요구가 감소하므로 시스템 유지보수 잔업이 감소하고, 새로운 시스템화 요구를 수용할 수 있게 된다. 또한 리포트 작성 업무가 감소되고, 유지 보수비용이 절감되며, 패키지화된 솔루션을 통한 빠른 구축이 가능해진다.

마지막으로, 그동안 관리되지 못한 데이터를 재해석하고 재사용할 수 있게 되는 정보 자산의 효율적 활용이 가능해진다. 이를 통해 전략경영을 위한 기술을 축적할 수 있다.

[사례 12] "글로벌 수준으로 경쟁력 강화 계기"

국방 품질은 한 나라가 가지고 있는 과학과 기술, 경제의 총화(總和)라고 볼 수 있다. 이는 첨단무기 개발에만 국한된 것은 아니다. 군수품의 안정적 생산과 관리를 위해 개발된 통계적 품질관리(SQC)와 각종 군대규격이 민간기업에 보급됨으로써 20세기는 생산성 혁명의 시대로 자리매김할 수 있었다. 국제적 품질인증시스템으로 널리 통용되고 있는 ISO 9000 시리즈 역시 군수업체의 체계적 품질보증을 위해 군대에서 도입한 MIL-Q-9858A(품질 프로그램 요건)'에서 유래됐다. 또한 군수품의 효율적 공급과 유지관리를 위해 개발된 병참 기술은 현대적 공급사슬관리와 설비관리 기술의 토대가 됐다.

과학적 경영방법론인 경영과학 역시 제한된 자원으로 국방능력을 극대화하기 위한 작전·운용연구에서 유래했다. 군수지원시스템의 전산화를 위해 미국 국방부가 도입한 CALS는 군대와 방위산업체뿐만 아니라 민간 산업계에까지 확대돼 주문에서부터 납품 및 대금결제에 이르기까지 모든 상거래가 초고속 통신망을 통해 이루어지는 광속상거래로 발전했다. 이처럼 군에서 개발된 각종 고유기술과 관리기술이 민간 산업계로 유입돼 산업 경쟁력을 높이는 데 크게 기여했다. 이와 더불어 무한경쟁에 노출된 민간부문 역시 이를 한층 더 발전시켜 경영의 총체적인 질을 높이기 위한 경영혁신 방법들을 개발하고 성공적으로 적용해 왔다. 이에 따라 민간부문의 탁월한 경영혁신 방법과 사례들이 군으로 환류(還流)되면서 군과 민간은 서로 상승적으로 발전하고 있다.

남북이 분단되어 있는 특수한 현실 때문에 한국의 군수 및 방위산업체들은 정부의 보호와 육성에 힘입어 발전했지만 폐쇄된 환경 아래 운영돼 왔기 때문에 민간부문과 상승적 발전에 소홀했던 것도 사실이다. 이번에 새롭게 제정된 국방품질상은 우수한 군수 및 방위산업체를 선발해 격려하고 성공사례와 경험을 널리 공유함으로써 국방분야의 전반적 경쟁력을 높이는 데 크게 기여할 것이다.

또한 국방품질상 심사기준은 이 분야 전문가들이 경영품질의 세계적 기준으로 인정받고 있는 미국의 말콤볼드리지 품질상이나 유럽 품질상의 심사기준을 토대로 국내 환경에 맞도록 연구·개발한 것이기 때문에 국내 군수 및 방위산업체들이 글로벌 표준에 눈높이를 맞추고 경쟁력 강화에 나서는 전기가 될 것이다.

국민소득 2만달러의 선진경제에 진입하기 위해서는 양적 성장에서 질적 성장으로 전환이 하루 속히 이뤄져야 한다. 이를 위해 산·관·학이 합심해 범국가적으로 노력해야 할 시기에 국방품질상이 갖는 의미는 더 없이 크다.

〈매일경제, 2004. 12. 1.〉

핵심용어

정보기술	자동화	유연생산시스템	경영정보시스템
의사결정지원시스템	동시공학	컴퓨터 통합생산	CALS
공급사슬관리	고객관계관리	전사적 자원관리시스템	전략정보시스템

연습문제

1. 정보기술과 자동화가 경영자에 미치는 영향에 대하여 설명하시오.

2. 컴퓨터 통합생산방식(CIM)에 대하여 설명하시오.

3. 전사적 자원관리(ERP) 시스템과 자재소요량계획(MRP)과의 관계를 설명하시오.

4. 동시공학(CE)에 대하여 설명하시오.

5. 공급망관리 시스템의 기능을 설명하시오.

6. 경영정보시스템 개념의 발전과정에 대하여 설명하시오.

제 4 부

기업의 성장과 지식경영

제 13 장 기업설립과 성장

13.1 기업의 설립

가. 기업설립의 개요

기업의 설립이란 일반적으로 창업이라고 하는데, 고객의 욕구를 만족시킬 사업 아이디어를 가지고, 자본을 동원하여 특정한 제품이나 서비스를 생산하는 기업이 만들어지는 과정이라고 정의할 수 있다. 새로운 기업이 끊임없이 설립되는 이유는 새로운 아이디어의 미래가치와 이에 내포된 위험에 대한 도전의식과 모험정신에서 찾을 수 있다. 새로운 아이디어를 가진 사람은 이것을 기존의 기업에 파는 것보다는 직접 사업을 하는 '창업'을 선택하게 한다. 새로운 아이디어가 기존 기업으로부터 배척당한 대표적인 사례를 소개하면, 체스터 칼슨(Chester Carlson)은 자신의 아이디어가 코닥(Kodak)에서 거부된 다음에 직접 제록스(Zerox)를 창립하였고, 스티브 잡스(Steve Jobs)가 IBM과 휴렛 팩카드(Hewlett Packard)에서 거부당한 아이디어로 직접 매킨토시(Macintosh) 컴퓨터를 만들었다.

1) 창업의 3요소

위와 같은 정의에 따르면, 기업의 설립, 즉 창업을 위해서는 기본적으로 사업 아이디어, 창업자와 자본의 3가지 요소가 있어야 한다.

(1) 사업 아이디어

실제로 창업은 특정한 사업 아이디어에 의해 이익을 창출할 수 있다는 확신이 있을 때 시작된다. 다시 말해 어떠한 제품이나 서비스를 생산하여 판매할 것인가 하는 사업 아이디어가 창업의 가장 중요한 요소라는 의미이다.

그러나 아이디어가 성공적이라고 사업에서 반드시 성공하는 것은 아니다. 사업을 감당해낼 경영능력이 있어야 하고, 기업의 성장과 환경변화에 따라 효과적 전략을 선택해야만 확실한 성공을 보장받을 수 있다. 이러한 사업 아이디어는 반드시 획기적인 기술을 통해 개발되는 제품이나 서비스이어야만 하는 것은 아니다. 예를 들어 고객을 감동시킬 수 있는 단순한 서비스일지라도, 이를 개발하는 사업 역시 훌륭한 창업이 될 수 있기 때문이다.

(2) 창업자

창업자는 반드시 사업 아이디어의 소유자일 필요는 없다. 사업 아이디어의 출처가 어디이든 그것을 기초로 자본을 동원하여, 기업을 설립하는 사람이 창업자이다. 창업요소 중에서 사업 아이디어와 자본은 피동적인 요소이나, 창업자는 기업을 이끌어가는 능동적인 창업의 주체이다. 따라서 창업자의 재능 · 지식 · 경험 등은 설립되는 기업의 효율성, 기업환경의 적응력, 성장 등에 영향을 미치는 가장 중요한 요소이다.

(3) 자본

자본은 창업에 필요한 인력 · 설비 · 기술 · 원자재 등을 동원하는데 이용되는 원천적 자원이다. 창업자본을 제공하는 사람은 창업자본가 또는 모험자본가(venture capitalist)라 불리며, 개인투자자나 금융기관 또는 정부가 될 수도 있다.

2) 기업창업의 특성

창업은 누구라도 할 수 있지만 그렇다고 아무나 성공하는 것도 아니다. 이러한 창업의 특성에 대해 살펴보면 첫째, 창업은 지금까지 경험하지 못한 새로운 사업을 시작하는 것이기 때문에, 그 결과에 대한 불확실성이 높다. 아무리 완벽한 사업 아이디어와 창업계획을 갖고 있다고 하더라도, 그 자체가 성공을 보장하는 것은 아니다. 왜냐하면, 새로운 사업을 시작할 때, 전혀 예상하지 못한 문제가 발생할 수도 있기 때문이다.

둘째, 창업에는 신규 인적자원과 자본의 투입이 필요한데, 이에 따른 위험부담이 크다는 특징을 들 수 있다. 왜냐하면, 이러한 투입자원에 대한 회수는 장기간에 걸쳐서 서서히 진행되며, 또한 그 회수의 양도 불확실하기 때문이다.

셋째, 창업이란 근본적으로 모험적인 특성을 갖고 있다는 점이다. 앞에서 언급한 예측 불가능성이나 위험부담 등을 극복하기 위해서는, 창의력과 진취적인 기업가정신이 필요하다는 것이다.

이러한 특성이 내포되어 있는 창업을 성공적으로 수행하기 위해, 창업자가 구사할 수 있는 전략은 〈표 13-1〉과 같다.

〈표 13-1〉 창업전략

전 략	내 용
틈새시장의 공략	소비자의 욕구가 충족되지 않은 시장을 선점
신시장의 개척	소비자의 욕구 변화나 기술개발 추세에 따라 새로운 시장을 예상하여 진출
핵심기술의 개발	기존 시장에서 독특한 핵심기술을 적용한 신제품 개발
규모의 경제	대규모 시장을 대상으로 대량생산에 의한 원가우위 확보

3) 벤처창업

벤처(Venture)란 위험부담을 지닌 행위, 즉 모험을 의미한다. 따라서 벤처기업은 새로운 기술을 보유한 모험기업으로 정의할 수 있다. 실무적으로, 벤처기업은 새로운 첨단기술을 이용한 분야나 대기업이 직접 하기 어려운 분야에 진출한, 위험이 높은 모험적 기업을 말한다. 이러한 벤처기업은 처음에 주로 제조업의 첨단기술을 응용한 산업분야에만 국한되었으나, 점차 유통·서비스·정보통신 등 다양한 산업분야로 확산되고 있다.

벤처창업은 다른 일반적인 창업에 비해 위험이 매우 높은 편이지만, 반면에 그에 대한 보상인 이익이 높다는 특성이 있다. 왜냐하면, 벤처창업은 주로 신기술을 적용하므로 상용화의 가능성이나 상용화된 제품의 인지도가 낮아 위험이 큰 편이지만, 이러한 제품이 일반화만 되면 엄청난 이익을 창출하기 때문이다.

따라서 벤처창업은 성공하면 폭발적인 성장('대박')이 가능하지만, 실패하면 큰 손실('쪽박')을 감수하게 된다. 따라서 벤처창업의 성공을 위해서는 첨단기술과 함께 벤처기업가의 강인한 모험정신도 필요하다.

나. 기업창업의 고려사항

1) 기업의 규모

기업의 규모는 기업이 채택하는 업종이라든가, 입지조건, 소요자산, 그리고 관리능률에 따라 그 크기를 달리하게 된다. 일반적으로 제품단위당 평균비용이 최소가 될 수 있는 경영규모라든가, 노동자 1인당 부가가치가 최대가 될 수 있는 경영규모를 최적규모라고 할 수 있다. 그것은 대량생산에 따른 원가절감의 효과와 대규모화에 따른 관리비용의 증대효과가 상쇄될 수 있는 경영규모를 의미한다. 대기업과 중소기업은 각각의 장단점을 지니고 있으므로, 기업의 규모가 커진다고 해서 반드시 유리한 것만은 아니다. 따라서 업종에 따라 현재의 모든 조건을 고려하여, 가장 유리한 규모를 결정하여야 한다.

2) 기업의 입지

기업입지(business location)란 기업의 경영활동이 이루어지는 장소를 뜻한다. 기업을 신설하게 되는 경우는 물론, 기존의 입지를 다른 장소로 이전하게 될 경우, 가장 경제적이며 이상적인 기업입지를 검토할 필요가 있다. 여기서 이상적인 기업입지란 제품이나 서비스를 생산·판매할 때, 그 단위당 비용이 최저가 되는 것을 말한다. 어떤 기업을 특정한 장소에 입지하도록 결정하는 입지요인은 〈표 13-2〉와 같다.

〈표 13-2〉 기업의 입지요인

종 류	내 용
자연적 입지요인	온도, 습도, 공업용수의 양과 질 등
경제적 입지요인	원료와 노동력의 공급, 토지와 건물의 이용, 기업의 확장가능성 등
인위적 입지요인	세제상의 우대조치, 공업단지 조성, 금융기관과 금융서비스의 근접성
귀속적 입지요인	광산, 유전, 온천, 명승지 같은 특정 지역, 도시계획에 따른 제한구역 등

3) 기업의 자금조달

앞에서 검토한 바와 같이 기업의 규모와 입지를 결정하고 나면, 이에 따른 기업자원을 조달하고 생산과 판매 등의 경영활동을 하게 된다. 사기업의 자본은 개인이나 금융기관을 통해 조달되며, 공기업의 경우에는 정부나 공공단체로부터 제공된다.

다. 기업의 창업과정

(1) 예상시장과 제품의 분석; 소비자조사를 통한 수요규모와 제품의 시장성 파악

(2) 경제상황의 분석과 예측; 경기변동과 이자율 등 경제환경 검토
(3) 기업 활동목표 및 범위의 결정; 구체적인 사업분야와 제품의 종류 등
(4) 제품의 설계; 제품의 성능, 디자인의 특성, 가격범위 등을 결정
(5) 기업규모의 결정; 판매예상량에 기초한 기업규모
(6) 입지의 선정; 다양한 입지요인을 고려한 기업의 위치 결정
(7) 공장배치; 효율적 생산을 위한 기계와 설비 등의 물리적 시설 배치
(8) 조직구조와 인력계획
(9) 소요자금의 조달
(10) 사업개시

13.2 기업의 성장

가. 기업성장의 개념

기업성장이란 일반적으로 기업이 동일성(identity)을 유지하면서, 기업의 규모나 능력이 증가하는 것을 의미한다. 이러한 기업의 성장은 산업의 성장으로, 나아가서는 국가경제 전체의 성장으로 이어진다. 기업의 성장방법은 다음과 같이 나눌 수 있다.

-자력성장: 기업 내부에 축적된 자본과 기술로 성장
-유도성장: 국가정책과 같은 외부요인에 의한 성장
-양적성장 : 기업규모나 종업원 수의 증가와 같은 성장
-질적성장: 기술력, 생산성, 수익성의 향상과 같은 성장

동일한 산업 내의 비슷한 기업들이라 하더라도 경영능력, 기업환경,

성장 패턴 등에 따라 성장 정도가 다르다. 그리고 성장산업에 속하는 모든 기업이 고수익을 올리고 성장하는 것은 아니며, 사양산업에 속하는 모든 기업이 도산하는 것도 아니다. 이러한 기업의 다양한 성장요인을 정리하면 다음과 같다.

(1) 기업 외부환경의 양호한 조건
(2) 신제품, 신기술, 신시장, 새로운 원료시장의 개발
(3) 기업다각화
(4) 인재의 확보와 육성
(5) 건전한 재무관리
(6) 성공적인 해외전략
(7) 양호한 노사관계와 근로의욕의 향상
(8) 좋은 소비자 관계
(9) 흡수 · 합병 · 계열화 등

나. 성장전략

성장전략, 즉 성장방법으로 내적 발전, 합병, 콩글로머리트(conglomerate)에 알아보자.

(1) **내적 발전**: 기업 내의 유보된 이익이나 차입 또는 주식발행을 통한 증자 등에 의해 기업이 확대되는 것이다.

(2) **합병**: 둘 이상의 회사가 법률이 정한 절차에 따라 합병계약을 맺고, 하나의 회사로 통합하는 것을 말한다. 법률상으로 볼 때 합병에는 하나의 회사가 존속하고 다른 회사는 흡수되어 없어지는 흡수합병과 합병하는 모든 회사가 없어지고 새로운 회사가 설립되는 신설합병의 2가지 방법이 있다.

(3) **콩글로머리트(복합기업)**: 기업 외부에서 성장기회를 잡기 위한 방식으로, 다른 업종의 기업을 흡수 · 합병한 거대한 복합기업을 의미한다. 즉, 이는 동일 업종이나 관련 업종의 기업간 합병이 아니라, 다른

업종의 기업간 합병이다. 동일 업종간의 기업합병은 시장독점 또는 집중화를 초래하는 문제점이 있는 반면, 콩글로머리트는 이를 피하여 합법적인 기업집중·결합에 의해 과점할 수 있는 장점을 가지고 있다. 우리나라 재벌은 콩글로머리트와 유사하다고 볼 수 있다.

다. 기업의 다각화와 계열화

1) 기업의 다각화(business diversification)

기업다각화는 서로 다른 업종이나 산업에 진출하는 것만을 말하지만, 넓게 보면 기업이 생산과정에서 생긴 부산물을 판매하는 것과 같이 수직적으로 다각화하는 경우도 포함한다. 그리고 동종산입의 다른 제품품목을 추가적으로 제조・판매하는 경우도 포함한다.

기업이 다각화하는 이유는 환경의 변화나 경쟁의 격화로 야기되는 기업 위험의 분산을 통하여, 기업의 안정성을 확보함과 아울러 경영의 합리화를 도모하기 위함이다. 또한 기업의 성장을 촉진하고 나아가서 시장지배력을 강화하며, 이익을 증대하거나 특정 제품의 진부화를 사전에 대비하기 위함이다. 특히 계절상품(seasonal products)이 주력제품일 때, 취급제품을 다양화함으로써 일정한 조업도를 유지할 수 있다.

2) 기업의 계열화(business integration)

기업이 다각화하면서 다른 기업을 계열화하는 경우가 있는데, 기업의 계열화란 기업들이 생산・판매・자본 및 기술상의 여러 가지 이유로 상호관계를 가지게 되는 것을 말한다.

기업의 계열화는 첫째, 대기업이 다른 대기업과 관련을 맺어 집단화함으로써 이루어지는 계열화(기업집단)가 있다. 구체적으로 대기업간 주식의 상호 보유, 중역의 상호 파견과 같은 인사교류, 기술제휴, 특정 은행을 중심으로 하는 융자 등에 의한 결합을 의미한다. 둘째, 대기업이 중소기업을 자사의 지배하에 두고자 하청관계를 맺는 계열화가 있다. 이처럼 대기업이 중소기업을 계열화하는 이유는 다음과 같다.

(1) 중소기업을 흡수·합병하는 데 필요한 자금이나 설비자금의 부족

(2)) 거래관계와 주문규모를 조정함으로써 경기변동에 대처

(3) 설비투자로 인한 자본의 고정화·위험성의 회피

(4) 원가가 싼 중소기업제품을 이용함으로써 생산비를 절약함

(5) 한정된 가용자금을 자기 회사의 중점부문에 투자할 수 있음

13.3. 기업의 도산

가. 기업도산의 원인

기업이 환경변화에 적응하지 못하거나 최저 필요이익을 창출하지 못한 경우, 그 기업은 도산하게 된다. 신생 기업이 실패하는 가장 큰 이유로 현금흐름(cash flow)을 소홀히 생각하는 경향을 든다. 손익을 생각하면 큰 이익이 실현된 것 같지만, 제조된 상품이 재고로 남아 있거나 외상매출금을 적기에 회수하지 못하면 자금의 압박을 받게 되고, 그 정도가 심하면 부도의 위기(흑자도산)에 몰리게 되는 것이다. 사업 초기에 확보해야 할 운전자금(working capital)을 소홀히 생각하면 큰 어려움에 봉착할 수 있다.

기업이 도산하게 되는 구체적인 원인으로는 방만한 경영, 경영계획의 실패, 경기변동에 의한 판매부진, 업계부진, 과당경쟁, 화재 및 재해, 인적자원의 태만과 부정 등을 들 수 있다.

나. 기업의 해산과 청산

1) 기업의 해산

기업의 해산이란 법인으로서의 회사가 그 법인격을 소멸시키는 원인이 발생했을 때, 회사가 해산되는 것을 말한다. 이에 해당하는 원인으로는 회사 존립시기의 만료나 정관에서 정한 해산 사유의 발생, 회사의 합병, 회사의 파산, 해산 명령과 판결, 주주총회의 해산 결의 등을 들 수 있다.

2) 기업의 청산

모든 생명체의 수명은 유한하다는 사실에 바탕을 두고 살펴보면 냉혹한 합리성이 작용하고 있음을 알 수 있다. 환경변화에 대한 적응력과 경쟁력을 상실한 기업이 수명을 다하고 청산되는 것은, 동정의 여지가 있을지 모르지만, 나름대로 왜곡되었던 자원의 배분상태가 정상화되는 경제적 순기능이 있다. 기업이 해산할 때에는 합병과 파산의 경우를 제외하고는, 소정 기간 내에 해산등기를 하고 청산절차에 들어간다.

기업의 청산은 청산인에 의해 이루어지므로, 이사는 그 기능을 잃게 되고, 청산인과 주주총회 그리고 감사인만이 계속 청산기관으로 존속한다. 청산인은 현존 업무를 종결하고, 채권을 추심하여 채무를 변제하고, 계산서류를 작성하고, 주주총회를 소집하며, 각종의 보고와 신고와 등기 등의 사무도 맡음으로써 이사의 기능도 대행한다.

청산이 종결되면 청산인은 청산보고서 등을 작성하여 주주총회의 승인을 얻고, 이 승인이 있은 후 소정의 기간 내에 청산을 종결하는 등기를 한다.

[사례 13-1] '유니콘' 된 BTS에서 기업이 배워야 할 성공요인

방탄소년단(BTS)이 전 세계를 휩쓸면서 소속 기획사의 기업가치가 유니콘 기업 수준으로 올랐다는 분석이 나왔다. 현대경제연구원은 6일 내놓은 '방탄소년단(BTS)의 성공요인 분석과 활용방안'에서 BTS를 탄생시킨 빅히트엔터테인먼트의 기업가치가 약 1조2,800억~2조2,800억원 사이로 추정된다고 밝혔다. 기업가치 10억달러(약 1조1,700억원) 이상인 벤처기업을 의미하는 '유니콘'에 해당되는 셈이다. 연구원은 산업과 국가 경쟁력 관계를 설명하는 마이클 포터 하버드대 교수의 '다이아몬드 모델'을 적용해 분석한 결과, 구성원의 역량과 기획사의 역할 등을 BTS의 핵심 성공요인이라고 분석했다.

최근 글로벌 경쟁력을 갖춘 한국기업들의 활약이 미약하다. 미국 경제전문지 포브스가 지난달 발표한 '글로벌 2,000대 기업'에서 한국기업들은 62개로 전년 대비 5개나 감소했다. 향후 성장 가능성이 큰 글로벌 유니콘 기업 평가에서도 한국과 달리 미국과 중국 기업들의 성장세는 부러울 정도다. 전세계 유니콘 기업은 357개 정도인데 이 중 한국기업은 8개에 불과하다. 미국 178개, 중국 91개와 대조적이다. 기업가치 100억달러 이상의 스타트업인 '데카콘 기업' 중에선 한국기업은 전무하다. 글로벌 시장에서 한국기업들의 경쟁력이 약해지고 있다는 방증이기도 할 것이다.

이런 상황에서 방탄소년단의 눈부신 성공은 중요한 의미를 가진다. 만들어진지 6년 정도인, 신생기업에 가까운 아이돌 그룹에게 우리 기업들이 배워야 할 점은 많다. 따라서 우리 기업들은 BTS의 성공 경영전략을 벤치마킹할 필요가 있다. 이를 경쟁력 및 기업가치 제고를 위한 기회로 삼아야 한다. 동시에 정부의 역할도 중요하다. 새롭게 조성된 한류 문화의 확산과 국내 기업의 가치 창출을 위해 제대로 된 중장기적 전략 마련이 필요한 시점이다. 규제완화, 투자환경 조성 등을 통해 '제2의 BTS'를 계속 키워내야 한다.

(디지털타임스, 2019-06-06)

[사례 13-2] 열심히 일하면 CEO가 될 수 있을까?

'우아한 형제들', 신생 IT기업의 가파른 상승 요인은?

■ 임윤선의 블루베리 – 출연 : 문성후 박사, 박정호 연구원, 알파고 시나씨 기자

이제부터는 비교적 신생 IT기업에 대해 살펴볼 텐데요. 배달의 민족 서비스로 친숙한 기업이죠? 바로 우아한형제들입니다.

우아한형제들은 배달 어플로 대박나서 2018년 말에는 유니콘 기업으로도 선정됐잖아요. 최근 우아한형제들 출신 CEO가 만든 스타트업이 서비스 론칭한 달여 만에 큰 규모의 투자를 받아서 화제라면서요? 창업한 지 10년도 채 안 된 IT기업이 유니콘 기업이 된 것도 놀라운데, 다양한 분야의 스타트업 CEO를 배출하다니, 어떻게 이런 CEO들을 배출한 거죠?

우아한형제들 출신 CEO들만이 가지고 있다는 특유의 경쟁력, 좀 전에 '배민다움'이라고도 말씀하셨는데, 그게 정확히 뭔가요? 우아한형제들을 비롯해서 NHN, 넥슨의 CEO들은 공통적으로 '환경'을 강조하고 있어요. IT기업 CEO들은 왜 하나같이 '환경'을 강조하는 건가요? 앞으로 성공하는 스타트업들이 많이 나와야 경제에도 활력이 생길텐데, 그러려면 앞서 이야기했듯, 환경이 참 중요한 거 같아요. 그런데 우리나라는 스타트업이 한 번 실패하면 회생하기 어려운 환경이잖아요.

앞으로 성공하는 스타트업이 많이 나오려면 국내 IT 생태계에 뭐가 필요할까?

(자세한 내용은 동영상을 시청하시기 바랍니다.)

(SBSCNBC, 2019.07.18.)

핵심용어

기업의 설립	벤처창업	기업의 성장	합병	콩글로머리트
기업의 다각화	기업의 계열화	기업의 도산	기업의 해산	기업의 청산

연 습 문 제

1. 기업 창업의 기본적 3요소에 대하여 설명하시오

2. 벤처창업의 특성에 대하여 설명하시오.

3. 기업도산의 원인에 대하여 설명하시오.

4. 기업의 해산과 청산에 대하여 비교 · 설명하시오.

5. 기업을 설립하는 동기에 관해서 설명하시오.

6. 기업의 성장요인에 대하여 설명하시오.

제 14 장

지식경영

14.1 지식경영의 개요

지금 세계 각국은 경제성장의 원동력이 되는 핵심기술의 선점을 위해 공공 및 민간부문을 망라하여 연구개발 투자를 지속적으로 확대하고 있으며, 연구개발의 주요 성과물인 특허 등 지식재산권을 확보하기 위해 국가의 모든 역량을 집중하고 있다. 또한 한-미 및 한-EU FTA 등 국경을 초월한 무한경쟁과 이로 인한 국가간의 권리분쟁이 지속적으로 증가할 것으로 예상되는 등 지식재산권을 둘러싼 환경은 급속하게 변화하고 있다. 이러한 환경변화에 대응하기 위해서 기업에서는 특허 등 지식재산권을 중심으로 경영전략 수립에 심혈을 기울이고 있고, 이를 담당할 지식재산 인력을 확충하고자 다양한 노력을 하고 있다.

지식경영(knowledge management)이란 과거의 경험에서 얻어진 조직내외부에 있는 지식을 관리하여 새로운 가치를 창조할 수 있는 자산으로 바꿔 가는 경영방식이다. 구미 기업들 사이에 널리 정착해 있는 지적자산을 최대한 활용하던 방법으로 정보통신 서비스의 고도화 진전을 배경으로 1980년대 후반부터 형성되었다. 구체적으로는 정보기술을 구사하여 사원이 갖가지 업무경험에서 얻어낸 전문지식, 노하우, 정보 등을 회사 전체에서 일원적으로 관리하여 사내 네트워크에서 정보를 교환하면서 정보 공유화를 꾀하는 것을 말한다. 개인 및 부문별로 편재하는 지적재산을 데이터화하여 사내외의 문제해결, 기술, 용도, 상품개발로 연결시켜 활용한다.

지식기반경제에서 가장 핵심적인 상품은 지식이다. 지식이 경제활동에 막대한 영향을 미치므로 재산으로서 지식의 가치는 전통적인 상품의 가치를 훨씬 능가할 수 있다. 또한, 지식의 창출은 높은 수준의 창조력을 바탕으로 이루어지므로 큰 비용을 요구하는 경우가 있다. 그러나 지식은 계량화하기가 쉽지 않으며, 매우 쉽게 복제되고 유통될 수 있다. 따라서 지식 기반경제에서는 지식을 하나의 독립된 재산권으로 보호할 필요가 있다.

우리 사회는 이러한 지식을 지식재산권이라는 형태로 보호하고 있다. 지적재산권 이외에도 정보사회에서는 지식경영이 필요하다. 지식경영은 정보사회에서 지식노동자의 중요성과 그에 따른 기업경영의 변화에 대해 주목한다. 단순한 자료의 축적 및 제공을 넘어서 지식창출, 출산율감소, 불평등한 소득분포, 국제경쟁력 강화, 경제적 현실과 정치적 현실의 불일치 등과 같은 정보사회에서 나타나는 변화에 대비하여 기업과 개인들은 새로운 경영패러다임을 갖추어야 한다.

지식경영을 통한 새로운 경영패러다임은 조직구성원 개개인의 지식이나 경험을 체계적으로 발굴하여 조직 내 보편적인 지식으로 공유한다. 이를 통해 조직 전체의 문제해결능력이 향상될 것을 요구하며, 이는 조직 내 지식의 활발한 창출과 공유를 제도화하는 것을 목표로 한다.

오늘날 세계는 지식기반사회로의 이행이 급속히 진전되고 있다. 지식기반사회에서는 노동이나 자본과 같은 전통적인 생산요소보다는 첨단기술, 브랜드, 디자인 등 인간의 지적 창조물인 무형의 지식재산이 국가경쟁력과 기업이윤 창출의 중요한 원천으로 부각되고 있다. 이와 더불어 국경을 넘나드는 무한 경쟁이 심화되면서 이제는 제품 하나를 만들더라도 새로운 아이디어가 접목된 차별화된 제품과 서비스만이 세계시장을 무대로 경쟁에서 우위를 차지할 수 있게 되었다. 이에 따라 세계 각국은 신기술 확보에서 우위를 선점하기 위한 국가적인 노력을 경주하고 있음은 물론, 개발된 기술에 대해서는 철저히 지식재산권으로 보호하여 기술에 대한 독점지배력을 강화해 나가고 있다. 이러한 경쟁 환경의 변화에 직면하여 우리나라가 향후 선진 경제권으로 발돋움하기 위해서는 끊임없는 기술혁신과 함께, 개발된 기술을 지식재산권으로 권리화되고 산업화하는 노력이 무엇보다 절실히 요구되고 있으며, 아울러 지식재산의 보호, 창출, 사업화는 기술혁신 환경을 조성하고, 지식창출을 유도해 내는 핵심적인 정책 수단으로서 그 역할과 위상이 부각되고 있다.

지난 반세기 동안 한국경제의 고도압축 성장과 더불어 지식재산 분야 또한 비약적으로 발전하였다. 무엇보다 우리 국민들의 기술개발에 대한 열정과 창의적인 노력에 힘입어 2003년도에는 특허, 실용신안, 의장, 상표 등 산업재산권 연간 출원규모가 30만 건을 상회하여 세계 4위의 특허출원국의 면모를 유감없이 발휘하였다. 특허행정 또한 갈수록 증가하는 산업재산권 출원과 기술개발 라이프 사이클의 가속화에 대응하여 신속하고 효과적인 신기술의 보호와 그 활용을 도모하기 위하여 부단한 혁신노력을 전개해오고 있다. 첨단 IT 기술을 바탕으로 세계적 수준의 특허행정 정보시스템을 구축 운영하고 있고 1억 건을 상회하는 국내외 특허기술정보 데이터베이스를 국가연구개발에 적극 활용하고 있으며 지식재산의 창출과 사업화를 체계적으로 지원하기 위한 인프라를 확대해 나가고 있다.

이와 함께 한국특허청은 세계지식재산권기구(WIPO)로부터 세계에서 10번째로 국제조사기관(ISA), 국제예비심사기관(IPEA)으로 지정받았으며, 특허심사 정보의 상호 활용을 위한 국가간 협력사업을 전개하는 등 특허심사 정보의 상호 활용을 위한 국가간 협력사업을 전개하는 등 특허행정의 전문성에 대하여 국제사회에서의 위상을 높여나가고 있다. 다만, 이처럼 긍정적인 측면에도 불구하고 아직까지는 국민 생활이나 기업활동에서 지식재산을 적극 보호 활용하는 마인드가 충분히 성숙되었다고 보기는 어렵다. 또한 정부의 경제정책 입안과정에서도 지식재산권은 연구개발의 결과로 나타나는 부수적 성과물이라는 정도의 주변 활동적 성격에 머무르고 있는 실정이다. 따라서 지금부터라도 지식재산권의 주요성에 대한 인식을 재확인하는 한편, 지식재산권의 관리활동을 우리 경제 및 산업의 중심적인 활동으로 삼아 이를 바탕으로 끊임없는 기술혁신을 유도하고 연구개발의 효율성을 극대화하여 우리 산업의 경쟁력을 강화하고 21C에 우리 경제의 성장잠재력을 키워 나가는 것이 시급히 요구된다.

14.2 지식재산권의 유형

사람이 가치가 있다고 판단하여 소유하고 있는 것을 재산(property)이라 하고, 타인에게 그 가치를 주장하고자 할 경우에는 재산권이라고 한다. 사람이 소유하고 있는 재산권에는 실체를 가시적으로 볼 수 있는 유형의 재산권(tangible property rights)과 그 실체를 가시적으로 볼 수 없는 무형의 재산권(intangible property rights)이 있다. 유형의 재산권은 실생활에서 흔히 들을 수 있고 볼 수 있는 부동산, 현금, 유가증권 등과 같은 것이고, 무형의 재산권에는 기업 등의 영업활동을 영위할 수 있는 영업권, 영업비밀 등과 사람의 지적 창작의 결과물인 저작권, 신업재산권, 신지식재산권과 같은 지식재산권(interlectual property)이 있다.

산업재산권은 특허권, 실용신안권, 디자인권, 상표권의 4권을 말한다. 최근에는 지적재산권 이외에 지식재산권이란 말도 사용되고 있으며 지적재산권의 범주가 점점 넓어지는 추세에 있다. 지적재산권은 지적창작물에 부여된 재산권에 준하는 권리를 말한다. 지적재산권은 보통 산업분야의 창작물과 관련된 산업재산권(특허권, 실용신안권, 상표권, 디자인권)과 문화예술분야의 창작물과 관련된 저작권으로 나눈다. 이 밖에도 반도체 배치설계나 온라인 디지털콘텐츠와 같이 전통 지적재산권의 범주에 속하지 않는 것을 따로 분류하여 '신지적재산권'이라고 한다. 최근에 지적재산권이란 용어 대신 지식재산권이란 용어를 사용하는데, 지적재산권은 원래 일본에서 사용하던 용어로서 이를 한국말로 바꿔 표기하기 위하여 지적재산 용어 대신 '지식재산'이란 용어를 대한민국 특허청에서 새로 만들었다. 그러나 학계나 법조계를 비롯한 모든 영역에서 지적재산권이란 용어를 사용하고 있으며, 유독 특허청에서만 지식재산권이란 용어를 쓰고 있다. 특허청에서는 1998년 4월 특허행정 정책자문위원회의 심의를 거쳐 지적재산권을 지식재산권으로 이름을 고쳐 사용하기로 하였다. 2007년 6월 말에 서명된 한미 FTA 협정문에는 '지식재산권'이란 용어를 사용하지 않으며, '지적재산권'이란 용어를 사용하고 있다(협정문 제18장). 한국의 행정부처 중 '지적재산권'과 관련이 있는 부처는 문화체육관광부, 정보통신부, 농림수산식품부 등이 있는데 이 부서들은 모두 '지식재산권'이란 용어를 사용하지 않고 '지적재산권'이란 용어를 사용하고 있다.

가. 산업재산권

산업재산권(industrial property right)은 산업분야의 창작물과 관련된 특허권, 실용신안권, 디자인권, 상표권의 4권을 말한다.

1) 특허(patent)

특허는 산업재산권의 대표적인 것으로 고도의 발명에 대하여 인정되는 것이다. 발명이란 자연법칙을 이용한 기술적 사상의 창작으로서 고도의 것을 말하며 이러한 발명에 대하여 권리를 부여한 것이 특허권이다. 발명에 대한 특허는 특허출원 후 심사와 출원공개를 거쳐 등록을 해야만 비로소 권리가 생기며 그 권리의 존속기간은 설정등록일로부터 출원일후 20년이다. 새로운 물건이나 장치는 물론 새로운 물질이나 방법에 대한 발명도 특허권으로 보호받을 수 있다.

2) 실용신안(utility model)

산업상 이용할 수 있는 것으로 물품의 형상, 구조 또는 조합에 관한 고안에 대하여 부여하는 것으로 특허보다는 낮은 단계의 발명에 대하여 부여하는 것이다. 실용신안은 반드시 높은 수준의 새로운 기술일 필요는 없으며 물품의 형상이나 구조 또는 이들의 조합에 의해 종전보다는 새로운 기술효과가 인정되는 경우에 실용신안권이 부여된다. 실용신안은 소(小)발명으로서 중소기업의 존립과 성장발전에 크게 기여하고 있다. 실용신안은 선(先)등록 제도의 도입으로, 실체 심사없이 출원시에 최초 1년분의 등록료를 납부하고, 형식적 요건에 하자가 없으면 통상 출원일로부터 3개월 정도 만에 등록된다. 실용신안권의 존속기간은 설정등록이 된 날로부터 출원일후 10년이다.

3) 디자인권(design)

의장(意匠)이라 함은 물품의 형상, 모양이나 색채 또는 이들이 결합한 것으로 시각을 통하여 미감(美感)을 일으키게 하는 것으로 물품 그 자체의 외관상의 미적 고안에 대하여 부여하는 권리이다. 의장은 기술적인 것을 요하지 않는 대신 그 외관으로부터 심미감을 느낄 수 있는 것이다. 의장은 실용신안과 마찬가지로 물품에 관한 고안이며 어떤 경우에는 하나의 물품이 실용신안과 의장이 중복해서 보호될 수 있는 데 물품의 형상 및 구조에 의한 기술적 내용을 실용신안으로 그리고 물품의 형상, 모양이나 색채는 의장으로 보호되기도 한다. 의장은 물품의 외관에 관한 고안이므로 타인에게 쉽게 모방될 수 있기 때문에 출원공고 없이 그냥 등록해 주는 것이 특허 및 실용신안과 다른 점이다. 단지, 의장은 물품에 대한 “도면”을 제출해야 하며 의장권의 존속기간은 등록일로부터 15년간이다.

4) 상표(trademark)

상표란 상품을 업으로서 생산, 가공, 발명 또는 판매하는 자가 자기의 상품을 타업자의 상품과 식별시키기 위하여 사용하는 기호, 문자, 도형 또는 이들의 결합으로서 특별히 현저한 것을 말한다. 즉, 상표는 자기의 상품을 타인의 상품과 구별하기 위하여 사용되는 것으로서 출처표시 기능, 품질보증 기능, 광고선전 기능, 재산적 기능 등을 갖는다. 상표권은 출원후 심사와 출원공고를 거쳐 설정 등록되며 그 존속기간은 등록일로부터 10년간이나 매 10년마다 갱신 등록하여 그 유효기간을 연장할 수 있는 반영구적인 권리이다. 상표출원시에는 상품견본을 제출하고 사용할 상품을 반드시 지정해서 출원해야 한다.

나. 저작권

저작권(copy right)은 문학, 학술 또는 예술의 범위에 속하는 저작물에 대해 저작자가 가지는 권리이며 법률이 인정하는 일정한 범위 내에서 이 권리를 배타적으로 행사할 수 있다. 저작권은 문학이나 미술 등 예술적 창작물의 권리인 협의의 저작권과 실연가나 음반제작가, 방송사업자 등이 갖는 권리인 저작인접권 등이 있다. 저작권은 저작인격권과 저작재산권으로 나뉘는데, 저작인격권은 저작자의 일신에 전속하므로, 사망과 동시에 소멸하며, 저작재산권은 저작자의 생존하는 동안과 사망 후 50년간 존속한다(상속인이 향유).

다. 신지식재산권

신지식재산권(new interlectual property)이란 산업의 형태가 다양화되고 발전함에 따라 법률로서 보호할 필요는 있지만, 기존의 전통적인 산업재산권이나 저작권으로는 보호하기가 적당하지 않거나 할 수 없는 대상에 대해서 별도의 법률을 제정하여 보호하는 지식재산권을 의미한다. 대표적인 신지식재산권으로는 반도체집적회로 배치설계권, 부정경쟁방지법과 영업비밀, 컴퓨터프로그램 보호법 등이 있다.

14.3 특허 분쟁

가. 특허 분쟁의 개요

특허 분쟁은 특허권을 둘러싸고 벌어지는 다툼으로, 주로 기업 간에 발생하며 특정 디자인이나 기술을 다른 기업이 모방했다고 생각될 때 벌어지게 된다. 법적으로 특허를 지키고 확고히 다지기 위한 기업이나 개인 간에 일어나는 다툼을 말한다. 특히 규모가 큰 특허 분쟁은 특허 전쟁(Patent war)이라고 한다. 특허는 국내외의 기술 동향, 특허맵과 현 사회의 요구사항을 분석할 수 있는 중요한 기술정보자원으로, 이러한 이유로 기업들은 전략 수립, 신제품과 신기술 연구방향 설정, 미개척분야 사업진출 등에 특허정보를 활용하여 경쟁우위를 확보하고 있다.

특허 분쟁은 여러 다국적 기업들이 치르는 전 세계적인 현상으로 다양한 기술 분야에서 일어난다. 특허 분쟁을 하고 있는 회사의 종류는 다양하며, 전자통신 계열 회사에는 삼성, 애플, 페이스북, 야후, 모토로라, 오라클, LG, IBM, 마이크로소프트, 노키아, 팬택, 에릭슨 등을 들을 수 있다.

특허 분쟁은 과거에서부터 일어났으며, 대중들에게 알려진 사례는 라이트 형제의 법적인 조치가 계기가 되었다고 할 수 있다. 그들은 비행기를 발명하고 경쟁자가 생기는 것을 방지하기 위해 법적인 조치를 취하였고, 이는 특허 분쟁으로 이어졌다. 또 다른 유명한 사례로는, 전화기를 발명한 알렉산더 그레이엄 벨은 그의 경쟁자들을 상대로 11년 동안 600개의 소송을 통해 특허 분쟁을 했으며, 이 중에서 전화기의 또 다른 발명자로 인정받는 일라이셔 그레이의 특허를 산 웨스턴 유니온과의 소송 사건이 가장 잘 알려져 있다.

특허 분쟁은 빠른 정보의 공유와 교류를 통한 혁신으로, 많은 양의 특허가 나오는 디지털 시대에 더 화제가 되었다. 1980년대에 미국과 일본의 기업들 간의 특허 분쟁이 많이 일어났고 이는 1990년대에 이르러 가라앉았다.

2000년대에는 스마트폰을 둘러싼 특허분쟁이 일어나고 있다. 2000년대 후반에 애플이 경쟁상대인 구글의 안드로이드 운영체제(OS)에게 스마트폰 특허에 대한 분쟁을 일으켰다. 이를 시작으로 모바일 장치 시장에 거대기업들의 특허 분쟁이 많이 발생했고 점점 규모가 커지고 있다.

특허는 본래 지식재산권을 보호하고 기술의 혁신을 장려하기 위한 수단이다. 하지만 특허가 기업들 간의 법적인 공격과 방어를 위해 사용되면서 기업들은 기술개발에 사용해야 하는 시간과 노력과 돈을 특허 분쟁 자체에 투자를 하는 경향이 있다. 현재 특허 분쟁의 손해를 줄이기 위한 여러 방법이 고안되고 있다. 트위터는 2012년 4월에 특허를 방어의 목적으로만 사용한다는 새로운 특허표준으로 '혁신자의 특허협약' 초안을 발표했다.

나. 특허 분쟁의 사례

1) 코닥 대 폴라로이드

특허분쟁 역사상 가장 유명한 사건으로는 1976년 4월 이스트먼 코닥(코닥)과 폴라로이드 간에 벌어진 특허소송이 꼽힌다. 카메라·필름 등 사진촬영용품 제조업체인 코닥과 광학기기 제조업체인 폴라로이드는 둘 다 미국 유명한 기업들이다. 이 전쟁의 승자는 폴라로이드였다.

폴라로이드는 특허장벽을 쌓으며 특허 분쟁을 철저히 준비한 것에 비해 코닥은 그렇지 못하여 분쟁에서 완패했다.

폴라로이드는 코닥이 자사의 즉석사진 관련 특허 12개를 침해했다며 소송을 제기했다. 코닥도 즉각 반격에 나서서 폴라로이드가 주장하는 12개의 특허가 모두 무효라고 주장하는 소송을 제기했다. 두 회사는 원래 동업자 사이였지만, 막대한 이해관계가 얽힌 특허권 때문에 어제의 친구가 오늘의 적으로 돌변한 셈이다. 인정사정 볼 것 없는 냉정한 비즈니스 세계의 적나라한 단면이 아닐 수 없다.

코닥은 폴라로이드에 손해배상금 8억7,300만달러를, 1976년부터 1심서 패소 판결을 받은 1985년까지 판매한 1,650만대의 즉석카메라를 다시 사들이는 데 5억달러를, 소송을 담당한 변호사에게 1억달러를 지불했다. 더 큰 충격은 15억달러를 투자한 공장도 폐쇄할 수밖에 없었다는 점이다. 덩달아 700여명의 공장 근로자들도 해고되는 날벼락을 맞았다. 이 특허소송의 패소로 말미암은 코닥의 총 손실액은 무려 30억달러에 달했다.

삼성 대 애플[2]
페이스북 대 야후[3]
애플 대 노키아[4]

2) 한미약품 대 아스트라제네카

역류성식도염 개량신약을 대상으로 2011년 2월, 스웨덴 제약사 Astrazeneca社 등은 미국 뉴저지 지방법원에 한국 한미약품 등을 제소하였다. 2011년 2월 9일, ASTRAZENECA AB(이하 아스트라제네카)가 미국에서 한미약품 등을 상대로 뉴저지 지방법원에 특허침해 소송을 제기했다.

아스트라제네카는 한미약품이 자사의 역류성 식도염 치료제인 Nexium®의 제네릭 버전(esomeprazole)을 생산하기 위한 신약승인

절차에서 혼합물에 관한 미국 특허(US5714504)와 위산 관련 질병의 치료법 및 오메프라졸의 거울상이성체 투약법에 대한 미국 특허(US5877192)를 침해했다고 주장했다. 미연방순회 항소법원은 특허침해가 아니라며 원고(아스트라제네카) 패소를 판결했다.

3) CJ제일제당 대 화이자

2011년 3월 CJ제일제당(현 CJ헬스케어)등 10개 '리리카(프레가발린)' 보유 제약사들이 오리지널사인 한국화이자제약의 신경병증성 통증 및 간질적응증 치료제 '리리카'에 대한 특허무효심판 청구소송을 제기했다. 특허무효소송 결과는 1심에서는 CJ제일제당이 패소했고, 특허존속 기간 중 진입한 제네릭군에 대해 오리지널사의 손을 들어준 사실상의 첫 사례라는 점에서 주목이 되고 있으며, CJ측의 항소로 현재 2심은 진행중이다. 이번 판결로 화이자는 리리카 제네릭 리딩품목 보유업체인 CJ를 상대로 판매정지 가처분 신청을 제기한 것으로 확인됐다.

4) 스노피아벤티스 대 보령제약

보령제약과 제일약품이 2010년 6월 다국적제약사 사노피-아벤티스의 항암제 '탁소텔'(성분명: 도세탁셀 삼수물)의 물질특허에 관한 사노피 아벤티스社와의 특허무효심판에서 승소했다. 특허심판원(1심)은 심결문을 통해 "명세서에는 정제과정을 거쳐 최종 생성물로서 도세탁셀 삼수물을 얻었다는 기재만 있을 뿐, 그 생성을 확인할 수 있는 데이터나 물리·화학적 성질에 대한 기재, 용도 및 효과에 대한 기재가 전혀 없어 특허요건을 만족시키지 않는다."며 보령제약(청구인)의 주장을 받아들였다.

본 특허가 무효됨에 따라 보령제약 등 도세탁셀 삼수물을 주성분으로 하는 제네릭을 준비 중인 국내 제약사들은 보다 안전하게 판매할 수 있게 됐다. 현재 '탁소텔'은 400억원 대의 시장을 형성하고 있으며,

보령제약을 포함해 한미약품, 유한양행, 종근당 등 13개 회사가 의약품 허가를 받고 출시를 준비하고 있다.

특히 보령제약은 최근 '옥살리플라틴 액상제제'(제품명: 엘록사틴), '아나스트로졸 초기유방암 치료제'(제품명: 아리미덱스)에 이어 이번에 '도세탁셀 삼수물'(제품명: 탁소텔)을 무효시킴으로써 주력분야인 항암제 부분에서 공격적인 특허전략을 구사하고 있다.

보령제약측은 국내 제약사의 진입을 막기 위한 다국적 제약사의 과도한 특허권 남용을 방지하기 위해서는 보다 공격적인 특허전략이 필요하다며 향후 한-미 FTA를 대비해서 제약사가 선택할 수 있는 방향을 제시한 것이라고 말했다.

14.4 창의적 사고와 문제해결

가. 창의적 사고

창의적 사고(creative thinking)란 기존의 지식이나 경험을 바탕으로 상황에 맞는 새롭고 가치 있는 결과물을 만들어 내는 능력. 또는 새로운 의견이나 아이디어를 제시할 수 있는 정신적 능력을 의미한다. 오늘날 세계는 무한경쟁시대를 맞이하여 창의력이 풍부한 인재를 필요로 하고 있고, 많은 기업들이 창의적 문제해결력을 생존전략의 핵심과제로 내세우며 변화와 혁신을 꾀하고 있다.

창의력과 창의적인 문제해결능력이 중요하게 인식되는 이유는 창의력이 있어야 새로운 아이디어가 나오고 다양한 관점의 견해와 문제를 통합적으로 사고하고 해결할 수 있는 능력이 개발되기 때문이다. 창의력 발휘를 위해서는 어떤 분야든지 그 분야에서 필요로 하는 기본 지식이 풍부해야 한다. 따라서 창의력을 배양하기 위해서는 다양한 분야의 독서를 통해 배경지식을 쌓아야 하며, 나아가 자료를 탐색하고 취사선택하여 재정리할 수 있는 능력도 함께 갖추어야 한다.

창의력의 발휘를 위해 필요한 자세는 폭넓은 지식의 수집과 정리, 호기심, 고정관념 탈피, 도전과 실행, 생각의 결합, 거꾸로 생각하기, 자유발상과 메모습관, 인내력 등이 있으며, 창의적 사고는 유창성(fluency), 융통성(flexibility), 민감성(sensitivity), 독창성(originality), 정교성(elaborateness), 상상력(imagination) 등으로 구성된다.

나. 문제해결

우리는 살아가면서 다양한 문제와 그 문제를 해결하기 위한 합리적인 방법을 구하기 위해 끊임없이 생각을 한다. 어떤 문제가 해결되지 않으면 우리의 생각은 더욱 깊어지고 그 방법을 찾기 위한 노력 또한 더욱 더 지속된다.

문제해결(problem solving)이란 어떤 문제에 대해 가지고 있는 지식과 자료를 활용하여 최선의 대안을 찾아내는 것이라고 할 수 있고, 이러한 과정에서 지식과 자료를 유용하게 활용하여 경제적으로나 정신적으로 창의적인 문제해결능력이 요구된다. 문제해결에 필요한 능력은 의사소통능력, 논리사고력, 실행력, 집중력 등을 들 수 있다.

창의적인 문제해결방법은 문제의 발견(문제의 인식), 문제의 정의(문제 설정), 아이디어 창출(해결책 모색), 아이디어 평가, 문제해결방법의 창출(해결책 결정), 문제해결안의 실행 및 평가의 절차(과정)를 따른다.

[사례 14-1] '삼성전자 vs 애플' 특허 소송 합의 배경은?

삼성전자와 애플이 7년간 지속한 특허침해소송에 전격 합의한 배경이 관심이 되고 있다. 양사 소송은 글로벌 스마트폰 시장 양대산맥인 삼성전자와 애플은 자존심과 명예를 걸고 한 치 양보 없는 소송을 지속했다. 양사가 소송 중단에 합의한 요인으로 △시장 상황 변화 △비용 부담 △이미지 훼손 △다른 특허 분쟁 △CEO 교체 등이 손꼽힌다.

◇7년 동안 확 달라진 시장 상황

시장조사업체 스트래티지 애널리틱스(SA)에 따르면 삼성전자와 애플은 2011년 글로벌 스마트폰 시장에서 각각 19.9%, 19%를 차지했다. 점유율이 1%포인트도 차이나지 않았다. 당시 화웨이 점유율은 3.4%에 불과했고 샤오미와 오포는 글로벌시장에 진입조차 하지 못했다. 애플은 2007년 가장 먼저 스마트폰(아이폰)을 선보였지만, 삼성전자에 1위 자리를 빼앗겨 자존심을 구겼다. 갤럭시 스마트폰 흠집내기 전략이 필요했던 시기였다는 건 부정할 수 없는 사실이다. 애플이 2011년 삼성전자에 디자인 특허 소송을 제기한 결정적 이유다. 삼성전자도 애플이 원하는 조건으로 패소할 경우 심각한 명예 실추가 불가피했기 때문에 사력을 다해 소송에 대응했다.

하지만 2018년 1분기 세계 스마트폰 시장 상황은 2011년과는 확연히 달라졌다. 삼성전자와 애플이 각각 22.6%, 15.1% 점유율을 차지하며 라이벌 구도를 확립하고 있지만, 화웨이·샤오미·오포·비보 등 중국 제조사 점유율이 삼성전자와 애플 시장점유율의 합을 상회할 만큼 급성장했다. 삼성전자와 애플이 서로를 견제하는 건 의미가 없어졌다. 삼성전자와 애플 모두 중국 제조사 추격을 선제적으로 견제해야 하는 상황이다.

2011년과 현재 소비자가 느끼는 스마트폰 디자인 가치는 상이하다. 당시 터치형 네모 스마트폰이 참신하고 신선하게 느껴졌을 수 있지만, 현재는 새롭지 않다. 폴더블 스마트폰 시대가 도래할 것으로 예상되는 만큼 과거에 얽매인 소송은 불필요하다는 판단이 양사 합의의 중요 변수가 됐을 것이라는 분석이다. 마이클 캐리어 럿거스 로스쿨 교수는 "애플과 삼성전자가 소송으로 힘겨루기를 하는 것은 이상적인 방법이 아니었다."면서 "수년간 지속된 소송에서 양사가 대체 무엇을 얻었는지 모르겠다."고 지적했다.

◇막대한 비용 부담만 커져

법조계에서는 막대한 비용 지출에 따른 손실이 소송을 중단시킨 결정적 요인으로 지목했다. 일각에서는 삼성전자와 애플이 스마트폰 시장에서는 경쟁하는 관계지만, 부품을 공급하는 협력사 관계로서도 밀접하기 때문에 이 같은 점을 고려하여 비즈니스적인 차원에서 합의를 도출했을 것이라고 관측했다.

유철현 변리사는 "통상 지적재산권(IP) 소송은 법률대리인 대금을 시간 단위로 지급하는데 이번 사건은 개인이 맡은 것도 아니고 수십명 팀 단위로 움직이다 보니 7년간 막대한 소송비용이 집행됐을 가능성이 높다."면서 "소송이 언제 끝날지 모르는 불확실성이 커지는 가운데 불어나는 비용까지 지출하면서까지 소송을 끌고 가긴 어려웠을 것"이라고 분석했다.

그는 이어 "법률대리인 입장에서도 막대한 비용이 투입된 장기 소송전에서 원하는 결과를 얻지 못했을 경우 심각한 타격이 불가피하다고 판단했을 것"이라며 "삼성전자와 애플이 전면에 나서 합의를 했을 가능성보다는 법률대리인끼리 사전조율하고 양사가 최종 확인하는 방식으로 전개됐을 가능성이 농후하다"고 덧붙였다.

박휘영 변호사는 "삼성전자와 애플은 스마트폰 시장에서는 경쟁하지만, 큰 맥락에서 보면 사업상 이해관계가 얽혀 있는 협력자"라며 "소송 과정에서 비즈니스에 대한 입장이 오갔을 것이고 이는 결국 합의를 타결하는 중요 변수가 됐을 것"이라고 추측했다.

외신은 양사가 브랜드 이미지를 고려해 이 같은 결정을 내렸을 것이라고 봤다. 줄다리기 소송이 이어지면서 애플은 과도한 이익에 집중하는 기업으로 삼성전자는 카피캣이라는 이미지를 심어줄 수 있기 때문에 서로에게 득될 게 없었다는 것이다. 폴 버그호프 특허 전문 변호사는 "양사는 이제 다른 문제에 집중할 수 있을 것이고 소송이 종료된 것을 기쁘게 생각할 것"이라고 말했다.

◇합의문 예상 내용은

삼성전자와 애플은 디자인 특허 소송을 중단키로 합의하면서 별도의 '합의문'을 작성한 것으로 알려졌다. 그러나 합의문 내용은 공개되지 않았다. 전문가는 합의문에 △서로 요구하는 조건을 수용하는 개별 계약 내용 △소송 과정에서 노출된 지적재산권 비밀유지 △동일 건에 대한 추가 소송 제기 시 패널티 부과에 대한 내용 등이 담겼을 것이라고 판단했다.

박 변호사는 "7년 동안 소송을 진행하면서 누가 어느 정도 잘못을 했고 최소 얼마의 배상 책임이 있다는 점은 인지했을 것으로 보인다"면서 "판사 판결에 따라 배상금을 지급하게 될 경우 이미지는 물론 주가 등에도 악영향을 줄 수 있기 때문에 원한만 조건에서 해결하기 위한 요구조건과 이행 약속을 합의문에 담겼을 것"이라고 말했다.

그는 이어 "소송이 오랜 기간 지속되다 보니 기업 비밀이 재판 과정에서 드러났을 가능성이 크다"면서 "이에 대한 리스크를 최소화하기 위해 서로가 파악한 상대 기밀을 외부에 알리지 않고 활용하지 않겠다는 합의 내용도 포함했을 것"이라고 추론했다.

(전자신문 : 2018.06.28.)

[사례 14-2] 에디슨 젓가락 특허 분쟁 사례

상품명	에디슨 젓가락	밥 먹는 젓가락
특허출원명	지능개발용 학습저	지능이 향상되는 젓가락&숟가락
출원번호	특허 2002-0044749	특허 2005-0022848
초록	본 고안은 지능개발용 학습저(學習箸)에 관한 것으로, 더욱 상세하게는 한쌍의 막대 일 끝단에 연결부재가 착탈 가능하게 설치되고....... 하단에 물건을 집을 수 있도록 한 패드를 착탈 가능하도록 한 학습저를 젓가락질이 서투른 어린이 또는 외국인들이 사용즉시 바로 젓가락질을 할 수 있도록 함과 동시에 재활원 등지에서 재활을 목적으로 사용할 수 있도록 하고, 가정 및 교육기관 등에서 지능개발 완구게임용으로 사용할 수 있게 한 학습저........	본 발명은 젓가락에 관한 것으로서, 한 쌍의 젓가락에 파지구를 부착하고, 그 상단부를 힌지로 연결한 젓가락으로....... 젓가락의 각각의 하단부에는 서로 반대방향으로 확장된 반쪽 숟가락 형상부재가 형성되어, 한 쌍의 젓가락을 서로 인접시키면 반쪽 숟가락 형상부재가 합쳐져서 숟가락을 형성하도록 구성되므로, 젓가락 용도와 아울러 숟가락 용도로도 용이하게 전환할 수 있어서, 젓가락을 바꿔 잡는 번거로움을 피할 수 있어서, 사용성이 우수하고 교육효과도 탁월한 젓가락을 제공할 수 있다.
주요 이슈	'에디슨젓가락'고안의 핵심사항인 손가락 삽입구와 연결부를 모방	별도의 디자인권을 갖고 있어 '에디슨젓가락'의 특허권과 무관하다고 주장
분쟁 결과	㈜아이엔피(에디슨 젓가락)와 ㈜영우(밥 먹는 젓가락)간 젓가락 특허분쟁이 특허청의 '밥 먹는 젓가락' 디자인등록 취소처분으로 마무리 국면에 접어들었다.	

핵심용어

지식경영 지식재산권 산업재산권 특허권 실용신안권
디자인권 상표권 신지식재산권 저작권 창의적 사고
문제해결절차

연 습 문 제

1. 경영환경의 변화와 지식의 관련성을 설명하시오

2. 지식재산을 분류하고 각각의 특징을 설명하시오.

3. 지식재산권의 유형별 사례를 1가지씩 구체적으로 조사해 보시오.

4. 창의력을 발휘하는데 필요한 자세에 관해서 설명하시오.

5. 문제해결절차에 관해서 설명하시오.

찾아보기

(ㅇ)

(ㅍ)

(ㅎ)

〈기 타〉

[저자 소개]

• 석영기(昔永基)

〈학력 및 경력〉
강원대학교 경영학과(경영학사)
고려대학교 대학원 경영학과(경영학석사)
미국 The University of Mississippi(경영학박사)
(현) 선문대학교 IT경영학과 교수

〈저서 및 논문〉
『6시그마의 이해』, 북스힐, 2006
『오퍼레이션 경영』, 강원대학교 산학협력중심대학사업단, 2007
『경영학원론』(공동번역), 사이텍미디어, 2007
『디지털경영의 이해』, 진샘미디더, 2012
Group Decision Support Systems, Int'l Journal of Management, 1995
Measuring the Impact of TQM on Efficiency using DEA in the Hospital Industry, 1998

경영학의 이해-창의와 도전을 향한

2020년 2월 20일 초판인쇄
2020년 2월 25일 초판발행

저 자 석 영 기
발행인 유 성 열
발행처 **청목출판사**
서울특별시 영등포구 신길로 40길 20
전화 (02) 849-6157(代) · 2820 / 833-6091
FAX (02) 849-0817
등록 제318-1994-000090호

파본은 바꾸어 드립니다. 값 25,000원

http : //www.chongmok.co.kr

ISBN 978-89-5565-774-6